新しい土器の考古学

三辻利一

同成社

まえがき

　日本は「土器の国」である。環状列石遺跡を作った縄文時代や、邪馬台国女王、卑弥呼の弥生時代にも土器は大量に作られ、祭祀用の土器として、また、日常生活に必要な煮沸土器としても広く使用された。古墳時代の初めころ、朝鮮半島から固い「やきもの」を作る高度の土器製作技法が伝えられ、「須恵器」という固い「やきもの」を作り始めた。古墳時代には古墳での祭祀道具として使われたが、須恵器は固いばかりではなく、水を洩らさないため保存容器として役立つことが認識され、平安時代には、日常生活には不可欠の用具として普及した。一方、日本列島の地質の基盤は花崗岩類で構成されている。花崗岩類に由来する粘土は固い「やきもの」の素材として適していた。須恵器を大量に生産した窯跡群は日本列島の北部では青森県から、南部では鹿児島県にいたるまでの全国各地で発見されている。平安時代には、須恵器生産は古代最大の窯業生産として発達した。この伝統は備前陶器・瀬戸陶器・常滑陶器・越前陶器や珠洲陶器などの中世陶器を通して21世紀の現代まで受け継がれ、「茶碗」として、日本人の日常生活にはなくてはならないものとなっている。これが日本は「土器の国」であるといわれる所以である。

　日本では1950年に文化財保護法が施行され、都道府県・市町村の教育委員会が中心となって各地の遺跡を発掘することになった。いわゆる「行政発掘」である。行政発掘によって、全国各地の遺跡からは膨大な量の土器遺物が発掘された。日本ほど、土器遺物を大量に発掘し、保管している国は世界にない。土器遺物には土器の生産・供給に関する過去が秘められている。土器遺物は日本の歴史を知る材料となりうる訳である。とくに、文字がない古墳時代以前の日本古代史を知る鍵を握る重要な研究材料である。そのためには、土器遺物に秘められた過去を引き出すための「方法論」を開発しておかなければならない。日本では土器遺物の考古学研究の中核は土器遺物の形式観察による比較研究であった。土器遺物の形式は世界では比類のないくらい詳細に研究されており、土器遺物が出土する地層と土器型式の対応から、出土土器の年代観が得られる状況にある。その結果は各地で、各時代の土器編年表としてまとめられている。しかし、伝統的な土器型式論では地理的情報が得られず、土器遺物の産地問題の研究には十分役立っていなかった。すでに、イギリス、オックスフォード大学の研究者たちは地中海東部地域にある、B.C.1400～B.C.1200年ころの遺跡から出土した多数のギリシャ陶器を元素分析し、これらの陶器がクレタ島産ではなく、ギリシャ本土のミケーネ産であることを実証した。この時期にはすでに、クレタ文明が衰退期に入っており、逆に、ミケーネ文明が繁栄期に入っていたことを示し、歴史学者の研究結果と一致した。はじめて、歴史研究に自然科学の方法が役立つことを示したのである。

　日本でも元素分析による土器遺物の産地推定法を開発すれば、土器遺物の生産・供給問題や伝播に関する研究を推進することができ、行政発掘によって発掘された、膨大な量の土器遺物を歴史研究に役立てることができるはずである。土器遺物の地理的情報を得ようとすれば、各地に生産地が

残っている土器遺物が必要である。生産地である窯跡が残っている土器があった。「須恵器」という古代陶器である。須恵器窯跡は全国各地に残っており、そこからは大量の須恵器破片が出土していた。これらを元素分析すれば、各地の須恵器の化学特性が得られるはずである。窯跡出土須恵器は須恵器産地推定法の開発研究には絶好の分析対象であることに気がついた筆者は完全自動式の蛍光X線分析装置（波長分散型）を30年間にわたって駆動させ、全国各地の窯跡から出土した須恵器試料、10万点以上を分析した。その結果、K、Ca、Rb、Srの4元素が有効に地域差を示すことが実証された。これら4元素は母岩である花崗岩類を構成する主成分鉱物、長石類に由来する元素である。同時に、日本列島の地質の基盤を構成する花崗岩類も分析され、K-Ca、Rb-Srの両分布図上で地域差を示すことが実証された。その結果、窯跡出土須恵器は地理的情報をもつことがわかり、これら4元素を中心とした須恵器産地推定法の開発が可能となった。須恵器産地推定法は統計学の方法を取り入れた2群間判別分析法として提示された。この方法を古墳出土須恵器に適用した結果、陶邑産須恵器が一方的に全国各地の古墳へ供給されていたことが実証された。この方法は埴輪をはじめ、土師器、弥生土器、縄文土器などの生産地が残っていない軟質土器の伝播に関する研究にも適用できる。

　本書では、蛍光X線分析法による「須恵器産地推定法」の開発の経緯と、「須恵器産地推定法」の考え方を解説するとともに、この方法を適用して、消費地遺跡から出土した種々の時代の土器遺物の産地問題を研究する方法も提示した。ここに、土器遺物を通して、日本の古代歴史を考える「新しい土器の考古学」を展開する道が開かれたのである。

　本書の出版を契機に、全国各地の教育委員会が大量に保管している土器遺物のもつ意味が再認識され、「土器の国」、日本で土器の考古学研究が一層発展することを期待するとともに、私たちが日常生活で使っている「茶碗」のように身近に、卑弥呼や倭の五王の古代が親しみをもって考えられるようになれば幸いである。

目　次

まえがき

第1章　土器遺物の考古科学的研究 …………………………………………3
1. 土器遺物の考古科学的研究の始まり　3
2. 土器遺物とは何か　4
3. 岩石、粘土、製品土器、土器遺物　5
4. 日本産土器の系譜　10

第2章　蛍光X線分析法とはどのような分析法か ……………………13
1. 電磁波としてのX線　13
2. 蛍光X線分析の原理　15

第3章　土器遺物の考古科学的研究における分析化学 ……………17
1. 蛍光X線分析法と放射化分析法　17
2. 分析対象の選択　18
3. 地域差を示す元素の発見　18
4. K-Ca、Rb-Sr分布図　21
5. 母集団と試料集団　22
6. JG-1による標準化法　26

第4章　窯跡出土須恵器の分析化学的研究 …………………………31
1. 小さな地域差と大きな地域差　31
2. 各地の窯跡群出土須恵器にみられる地域差　35

第5章　ビーチサンドの分析化学的研究 ……………………………85

第6章　花崗岩類の分析化学的研究 …………………………………89
1. 花崗岩類の地域差とその原因　89
2. 花崗岩類のベルト帯　98
3. 花崗岩類と窯跡群出土須恵器の関係　100

第7章　須恵器産地推定法 ……………………………………… 107

1. 窯跡群出土須恵器の相互識別　107
2. 試料集団の試料の分散分布とその分布式　109
3. Hottelling の T^2 検定　110
4. 須恵器産地推定法　111
5. 須恵器産地推定法の適用　113

第8章　古墳出土須恵器の産地問題の研究 ……………………… 119

1. 九州地方の須恵器　119
2. 四国地方の須恵器　126
3. 中国地方の須恵器　134
4. 朝鮮半島の陶質土器　136
5. 近畿地方の須恵器　144
6. 北陸地方の須恵器　150
7. 中部地方の須恵器　155
8. 関東地方の須恵器　155
9. 東北地方の須恵器　160

第9章　陶邑産須恵器の伝播 ……………………………………… 163

第10章　埴輪の生産・供給問題の研究 ………………………… 169

1. 窯跡群出土埴輪の生産と供給　169
2. 古墳群出土埴輪の化学特性　177
3. 古墳での埴輪配置と胎土との関係　192

第11章　その他の土器の胎土研究の方法 ……………………… 197

1. 律令体制下の須恵器の生産・供給問題　197
2. 中世陶器の生産・供給問題　198
3. 縄文土器、弥生土器、土師器の伝播　199

第12章　分析化学者からみた土器遺物の考古科学的研究 …… 211

参考文献　217
あとがき　219

新しい土器の考古学

第1章　土器遺物の考古科学的研究

1. 土器遺物の考古科学的研究の始まり

　第2次世界大戦後、イギリス、オックスフォード大学の研究者たちは地中海東部地域の遺跡から出土したギリシャ陶器の元素分析を始めた。それには訳があった。ギリシャ文明にはクレタ島を中心として繁栄したクレタ文明とギリシャ本土のミケーネを中心として栄えたミケーネ文明があった。前者はヨーロッパ最古の文明であり、B.C.3000〜B.C.1200年ころまで続いた文明である。線形文字を残すほど高度に発達した古代文明であった。他方、ミケーネ文明はB.C.1600〜B.C.1200年ころに栄えた文明である。両文明が生産した釉薬をかけない陶器は美しさの点でエジプト陶器にまさり、地中海東部地域へ大量に供給された。ただ、クレタ陶器とミケーネ陶器は外見上、相互識別は困難であった。どちらの陶器が地中海東部地域に交易によって供給されたのかは、その時期、どちらの文明が繁栄していたかを示す指標になると考えられた。そこで両者の相互識別に自然科学の方法である元素分析法が適用された。最初の胎土分析の目的は単なる土器遺物の産地推定ではなく、土器遺物の生産・供給問題の再現であった訳である。オックスフォード大学の研究者たちは両文明が併存したとみられるB.C.1400〜B.C.1200年ころの遺跡から出土したギリシャ陶器を発光分光分析法で大量に分析し、複数の元素の分析データをつかったクラスター分析法で分類した。その結果、エジプトのテル・エル・アマルナ遺跡を含めて地中海東部地域の遺跡から出土するギリシャ陶器は大部分がギリシャ本土で作られたミケーネ陶器のグループと同じグループに分類され、ミケーネ陶器が地中海東部の遺跡に供給されていたことを実証した。この研究成果は歴史学者たちの結論と一致し、自然科学の方法が歴史研究に役立つことを実証した点で画期的な研究であった。これが土器遺物の理化学的胎土分析の始まりであり、自然科学の方法を導入した新しい考古学研究、「考古科学」の始まりであった。これを機に、「物」である考古遺物を自然科学の方法で研究するという考え方が欧米諸国を中心に広がり、日本にも波及することとなった。

　他方、日本では1950年に文化財保護法が施行されて以来、大学などの研究機関ではなく、行政機関が遺跡発掘の主体を担うこととなった。いわゆる、「行政発掘」である。戦後の国土開発に伴われて各地で考古遺物が出土し、遺跡の発掘調査が迫られることになった。大きな財源と多くの人手が必要となる発掘事業には研究・教育機関である大学ではなく、行政機関が発掘する「行政発掘」が不可欠であった。各地の都道府県・市町村の教育委員会を中心に、全国各地で多数の遺跡が発掘された。それに伴われて、膨大な量の土器遺物が出土した。日本ほど多くの土器遺物を発掘し、保

管している国は他にはないであろう。当然、土器遺物の考古学研究は盛んになった。考古学研究の伝統的な方法は遺物の形式観察とその比較研究である。日本における土器遺物の型式学研究は世界のどの国よりも詳細である。土器形式は土器遺物が出土する地層と結び付けられた。一方、地質学分野では地層は古いものから順に堆積するという経験則がある。「地層累重の法則」である。地層間の層序関係に、各地層から出土する土器の形式を結び付ければ、土器遺物の相対的な年代観が得られる。土器形式を相対的な年代観に結び付けた結果は詳細な土器編年表としてまとめられている。その背後には、行政発掘によって膨大な量の土器遺物が発掘されているという事実がある。土器遺物を通して年代観が得られたことは土器遺物の考古学研究の第一歩であった。

他方、行政発掘によって、須恵器窯跡のような生産地遺跡の発掘作業も進むと、消費地遺跡から出土する土器遺物がどこで生産され、どの消費地遺跡へ供給されたのかが問題となった。いわゆる、土器遺物の産地問題の研究である。産地問題の研究にも土器形式が活用されたが、これまでのところ、産地推定の方法論としてはまとめられていない。したがって、古墳から出土する須恵器を形式観察しても、朝鮮半島から持ち込まれた陶質土器であるとか、和泉陶邑で作られた須恵器であるとか、地元にも須恵器窯跡が発見されている地域では地元産の須恵器であるという具合に、考古学者によって推定産地の結果も異なり、結論を出すことはできなかった。当然、須恵器の生産・供給問題は考古学側からは提示されなかった。そのため、この時期（5世紀代）に和泉陶邑に100基を超える大規模な須恵器窯跡群があったことの意味も解釈されずにいた。文字がない古墳時代の須恵器の生産と供給問題に関する研究を推進する方法論がなかったのである。

一方、岩石学研究では各地に種々の岩石の露頭があることが知られている。玄武岩、安山岩、花崗岩類などの岩石種の違いはこれらの岩石を構成する鉱物種の違いであり、鉱物は複雑な化合物であるから、岩石種が異なれば、構成元素からみても地域差があるはずである。そうすれば、岩石が風化して生成した粘土を素材として作った土器にも地域差があるかもしれない。もし、土器にも地域差があることが実証されれば、オックスフォード大学の研究者たちのように、土器の元素分析によって、土器がどの地域で作られたのかを知ることができる。日本でも土器遺物の産地推定法を開発することができれば、土器遺物の生産と供給の関係を再現することによって、文字のない古墳時代以前の歴史に関しても考察を進めることができるであろう。オックスフォード大学の研究者たちの研究は膨大な土器遺物を抱えた日本に大きな刺激を与えている。こうした考え方で土器遺物の分析化学的研究が開始された。

2. 土器遺物とは何か

京都帝国大学文学部に日本で最初に開設された考古学研究室の初代の教授として赴任した濱田耕作（青陵）は1913～1916年にわたって、ヨーロッパに留学し、エジプト考古学とメソポタミア考古学を学んだ。当時すでに、エジプトでは王家の墓の壁画などに書かれていた古代文字ヒエログリフが次々と解読されており、メソポタミアでは砂丘に埋もれていた遺跡が次々に発掘されていた。さらに大量に発掘された粘土板に刻み込まれた楔形文字の解読作業が進み、旧約聖書に書かれてい

た洪水物語を刻んだ粘土板も発掘され、ヨーロッパ世界（キリスト教世界）の人々を驚かせた。地下から発掘された遺跡や遺物は過去の人々が残した活動の遺物であるという意識を、濱田耕作がヨーロッパ留学中にもつようになったであろうことは想像に難くない。後年彼が著した啓蒙書『考古学入門』の中では、考古学と考古遺物について次のように定義されている。「考古学という学問は、人間が世界に現れて以来、今日にいたるまでの長い年月のあいだに、この世界中に残したいろいろな品物、これを私たちは遺物といっておりますが、その遺物によって、人間の過去の時代の生活の模様だとか、文化の状態だとかを研究する学問であります。しかし、新しい時代になるほど、いろいろの書き物などが残っておりますので、それによって昔のことがたいていわかりますから、遺物ばかりで調べる必要はありませんが、ずっと時代が古くなり、書き物があまりなかったり、また、まったくない古い時代になりますと、どうしても遺物ばかりで研究するほかありません」。つまり、考古学とは考古遺物を通して過去を再現する歴史研究の学問分野であると定義している。それ以来、日本考古学の碩学たちはこの考古学の定義を踏襲している。また、濱田耕作は、考古遺物とは過去の人々が残した活動の遺物であると定義しており、考古遺物には過去の人々が活動した過去が秘められている訳である。ここに考古遺物から秘められた過去を引き出す方法論の開発研究が必要であるという重大な意味がある。

　通常、我々は書き残された文書から過去を再現し、これを「歴史学研究」という。そのためには古代文字の解読ができるかどうかが問題となる。エジプトやメソポタミアでは19世紀中ごろまでに、ヒエログリフや楔形文字が解読され、遺跡や遺物に刻まれた古代文字から古い時代の歴史の解明が進んでいた。ヨーロッパでは考古学研究は歴史研究の学問分野であるという意識は早くからできていたものと考えられる。

　日本で現存する最古の文書は「古事記」（712年）であり、最初の歴史書は「日本書紀」（720年）である。それ以前には、木簡や稲荷山古墳から出土した鉄剣などのように、文字が記された例があるが、長い文書ではない。したがって、それ以前の弥生時代や古墳時代の歴史については考古遺物を通してしか、秘められた過去を知ることはできない。日本における考古学研究では考古遺物が秘めている過去を引き出す方法と方法論を開発することが不可欠となる。行政発掘によって発掘された膨大な量の土器遺物はその生産と供給に関する過去を秘めているはずである。もし、土器遺物の産地推定法を開発することができれば、その方法をつかって、土器遺物の生産と供給の関係を再現することが可能であり、そのデータを集積することによって、文字のない時代の歴史を知ることができる。日本では行政発掘で発掘された膨大な量の土器遺物を活用して、考古学研究に新しい展望を開くことができる。

3. 岩石、粘土、製品土器、土器遺物

　土器遺物の分析作業に入る前に、分析対象となる土器遺物の素材である粘土、さらに原材料である岩石との関係について理解しておくことが必要である。

　図1には世界における新生代火山のアルカリ系岩とカルクアルカリ系岩の分布図を示す。アルカ

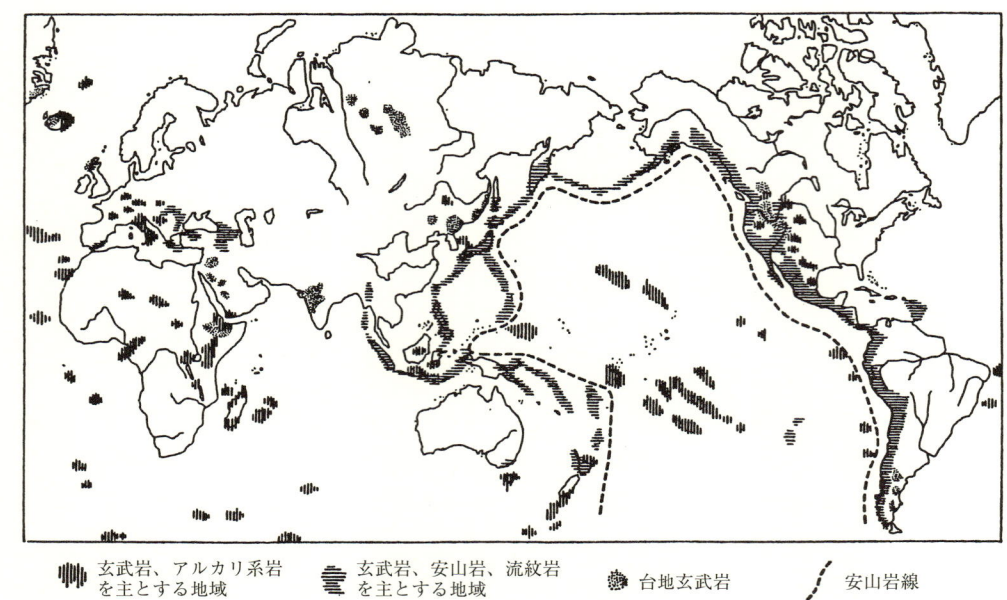

図1 世界における新生代火山の分布と安山岩線（久野 1976）

リ（K、Naなどのアルカリ元素）に富み、シリカ（二酸化ケイ素）に乏しい岩石をアルカリ系岩と呼び、大西洋や太平洋内部の火山島、および、地中海沿岸から東部アフリカにかけて分布する。このうち、地中海、東部アフリカに分布するアルカリ系岩には K_2O が多く、岩石種として玄武岩、安山岩からなるのに対して、太平洋内部のものには K_2O よりも、Na_2O が多く、岩石種としては玄武岩が圧倒的に多い。他方、太平洋を取り巻く火山帯の岩石は比較的アルカリに乏しく、シリカに富む。この特徴をもつ岩石をカルクアルカリ系岩という。岩石種としては玄武岩、安山岩、デイサイト、流紋岩（花崗岩類）などである。太平洋を取り巻くカルクアルカリ系岩からなる火山帯を環太平洋火山帯と通称している。日本列島の地質の基盤は花崗岩類からなり、その露頭は日本列島各地にみられるが、玄武岩、安山岩などの露頭も各地にある。カルクアルカリ系岩の各種岩石の平均化学組成を表1に示す。この表によると、カルクアルカリ系岩でも、玄武岩はシリカ（SiO_2）が少ない塩基性岩であるが、流紋岩（花崗岩類）はシリカの多い酸性岩である。流紋岩と花崗岩類の違いは前者が地表近くでマグマが凝結してできた岩石であり、岩石を構成する鉱物粒子は細かい。これに対して、後者は地下深くでマグマがゆっくりと凝結して生成した岩石であり、石英、長石類、角閃石、雲母などの主成分鉱物の粒子は粗粒であることの違いであり、構成鉱物や元素組成は同じである。表1にある玄武岩、安山岩、デイサイト、流紋岩（花崗岩類）の順は塩基性岩から酸性岩への順を示す。日本列島各地に露頭がある花崗岩類（花崗岩、花崗閃緑岩）はシリカに富む酸性岩である。表1から、塩基性岩と酸性岩ではアルミナ（Al_2O_3）の含有量には大差はないが、酸化鉄（Fe_2O_3、FeO）の含有量は玄武岩が最も多く、安山岩、デイサイト、流紋岩（花崗岩類）へと次第に減少する傾向がある。MgO、TiO_2 の含有量も同様であるが、CaO の含有量は玄武岩から流紋岩（花崗岩類）へと次第に減少するのに対して、K_2O の含有量は逆に増加する傾向があることもわか

る。岩石種によって、主成分元素の含有量も異なる訳である。したがって、これらの火成岩に由来する粘土にも地域差があることが期待できる。

表2には地殻を構成する主要な元素の平均組成を示す。重量にして80％以上をO、Si、Al原子が占め、体積にして90％以上をO原子が占める。いわば、地殻（岩石）はO原子を中心としたSi、Al原子との化合物、すなわち、アルミノケイ酸塩の塊であると考えられる。

一般に、岩石は石基（微細な結晶の集合体とガラス質）と鉱物の結晶からなる。結晶間には結晶を結び付ける力はないが、結晶を固く結び付けているのは石基中のガラス質である。岩石を構成する鉱物（結晶）はイオン性構造をもつ。Oだけが陰イオンで他の元素は陽イオンである。表2に示すように、各イオンの大きさ（イオン半径）は異なる。最大のイオン半径をもつのはOで、最も小さいイオンはSiである。表2より、地殻（岩石）を構成する元素の中で原子数が最も多いのはO原子で、次いでSi原子である。両者を合わせて80％を超える。したがって、鉱物の結晶を構成する元素もO原子とSi原子が中核を占めることになる。まず、原子数が最も多いO原子が詰め合わされ、次いで、最少のイオン半径をもつ陽イオンSiがその隙間に入って、立体

表1 デイリーによるカルクアルカリ系岩各岩型の平均化学組成

	玄武岩	安山岩	デイサイト	流紋岩
SiO_2	48.78	59.59	66.91	72.60
Al_2O_3	15.85	17.31	16.62	13.88
Fe_2O_3	5.37	3.33	2.44	1.43
FeO	6.34	3.13	1.33	0.82
MgO	6.03	2.75	1.22	0.38
CaO	8.91	5.80	3.27	1.32
Na_2O	3.18	3.58	4.13	3.54
K_2O	1.63	2.04	2.50	4.03
H_2O	1.76	1.26	1.13	1.52
TiO_2	1.39	0.77	0.33	0.30
P_2O_5	0.47	0.26	0.08	0.06
MnO	0.29	0.18	0.04	0.12
Total	100.00	100.00	100.00	100.00

（久野 1976）

表2 地殻における主要な化学元素

	重量％	原子％	イオン半径（A）	体積％
O	46.60	62.55	1.40	93.77
Si	27.72	21.22	0.42	0.86
Al	8.13	6.47	0.51	0.47
Fe	5.00	1.92	0.74	0.43
Mg	2.09	1.84	0.66	0.29
Ca	3.63	1.94	0.99	1.03
Na	2.83	2.64	0.97	1.32
K	2.59	1.42	1.33	1.83

（B.メイスン 1970）

的に安定な構造をとる。それがケイ酸塩「SiO_4」$^{4-}$である。図2に示すように、Siは常に4個のO原子に取り囲まれた立体構造をとる。Si原子とO原子は共有結合で結ばれており、その結合力はきわめて強い。これが鉱物の結晶の基本単位となる。「SiO_4」$^{4-}$の正四面体がMg、Feイオンで結び付けられてできた結晶がカンラン石族の鉱物である。また、この「SiO_4」$^{4-}$が隣の「SiO_4」$^{4-}$のO原子との共有結合によって結合し、さらに、もう一つ向こう隣りの「SiO_4」$^{4-}$のO原子と共有結合を繰り返していくと、図3に示すように、一方向に鎖状に連結する「SiO_4」$^{4-}$の集団が形成される。そして、鎖と鎖の間に2価の陽イオンが入って鎖は2次元、3次元方向に広がり、最小単位(X、Y)ZO_3の化学式をもつ鉱物が形成される。XにはMgやFe^{2+}が、YにはAlやFe^{3+}が入り、ZにはAlが入る。X、Y、Zの位置に入る陽イオンの入り方によって種々の輝石が形成される。これらをまとめて、(X、Y)ZO_3の一般化学式で表される鉱物を輝石族の鉱物と呼ぶ。

また、「SiO_4」$^{4-}$の一重鎖はもう一つの「SiO_4」$^{4-}$の一重鎖とO原子間の共有結合によって互いに結び付けられ、二重鎖を作る。この二重鎖の間に陽イオンが入って2次元、3次元の方向に次々と結

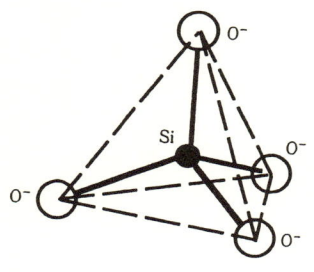

図2 「SiO$_4$」$^{4-}$四面体 (高橋 1999)

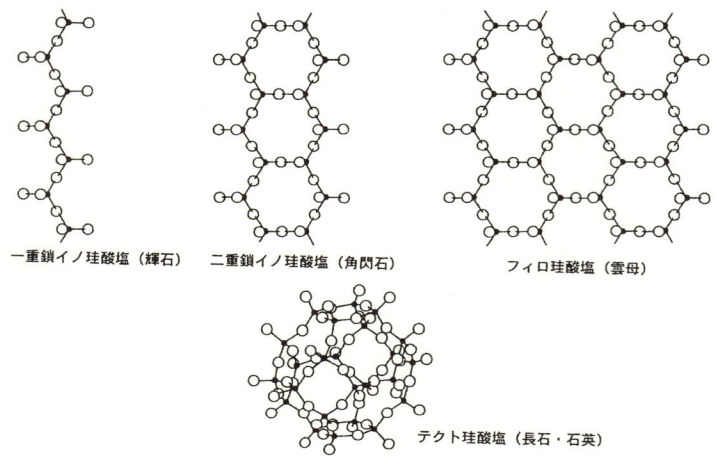

図3 ケイ酸塩の分類 (高橋 1999)

び合わされ、最小単位W$_2$(X, Y)$_5$(Z$_4$O$_{11}$)(O、OH、F)の一般化学式をもつ鉱物を形成する。角閃石族の鉱物である。WにはCa、Na、Kイオンが、XにはMg、Fe^{2+}、Mn^{2+}が、ZにはFe^{3+}、Ti、Alが入る。

また、Si-O四面体の底面に配置されている三つのO原子が隣のSi-O四面体のO原子と次々に共有結合を繰り返し、2次元方向に広がっていけば、2次元の網目状のネットが形成される。このネットの間にできる六角形の空所にOHイオンが入り、3次元方向にネット間を結び付けていくと、図3に示すようなネットが何層にも重なった層状構造が形成される。この構造をもつ鉱物はW(X, Y)$_{2~3}$(Z$_2$O$_5$)$_2$(O、OH、F)$_2$の一般化学式で表される。Wには主として、Kが入り、XにはMg、Fe^{2+}が、YにはTi、Fe^{3+}、Alが入り、ZにはAlが入る。これが雲母族の鉱物である。雲母族の鉱物は層状構造をもつので、劈開性がある。

上述したように、輝石族、角閃石族、雲母族の鉱物はいずれも、鎖やネット間を結び付ける陽イオンの中にFeイオンが含まれるので、これらの鉱物を総称して鉄化合物と呼ぶ。

最後に、Si-O四面体のすべてのO原子が隣のSi-O四面体のO原子と共有結合を繰り返し、3次元方向に広がると、堅固な結晶が形成される。石英と長石類である。石英はSiO$_2$の化学式で示されるが、長石類はWZ$_4$O$_8$の一般化学式で表される。WはNa、K、Caの陽イオンが入り、ZにはSiとAlが入るが、Si:Alの比が3:1から1:1の範囲で変動する。これらのシリカ鉱物が火成岩を構成する最も重要な主成分鉱物となる。このことは火成岩中の最も重要な主成分鉱物である長石類（K、Caを含む）が岩石の地域差を示す重要な鍵を握っていることを示唆している。

火成岩は上述した長石類、石英のシリカ鉱物と角閃石、雲母、輝石などの鉄化合物を主体としているので、火成岩を構成する主成分元素はSi、Al、K、Ca、Na、Fe、Mg、Mn、Tiの9元素となる。この他にRb、Srを含む多数の微量元素が含まれている。これが元素からみた岩石である。

地表の岩石は熱と水の作用によって地質学的時間をかけて分解する。しかし、粘土はただ単に、岩石が分解して小さな粒になったものではなく、岩石がいったん水に溶解して生成したコロイド溶液中から、正四面体構造をもつシリカ（SiO$_2$）と正八面体構造をとるアルミナ（Al$_2$O$_3$）が再結晶し

て粘土鉱物を形成したものである。言い換えれば、粘土化の過程は岩石が構造的な変化を受ける、大きな変化過程である。再結晶する粘土鉱物は種々の結晶構造をもつ。これらの粘土鉱物の集合体が粘土である。粘土鉱物の結晶は雲母の結晶に類似した網目状構造をもっており、(X、Y) 平面上に広がってネットを形成している。主

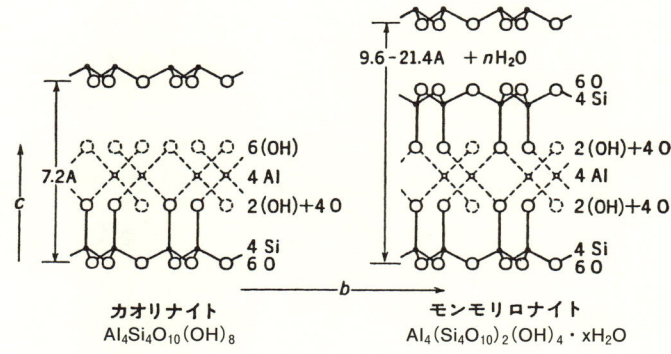

図4　主要粘土鉱物の図式的表現（B.メイスン 1970）

要な粘土鉱物であるカオリナイトとモンモリロナイトの結晶構造を図4に示してある。カオリナイトの結晶構造は1枚のアルミナ・水酸基層が1枚のシリカ層（Si_4O_{10}）に結合したものからなりたっている。他方、モンモリロナイトの結晶構造は2枚のシリカ層に挟まれた1枚のアルミナ・水酸基層を単位とする層状構造をとる。粘土を水に浸すと、これらの層間に水分子が入り込み、水分子による分子間力によって、網状ネット層間を結び付ける。ただ、この分子間力はO原子とSi原子、O原子とAl原子間を結び付ける共有結合ほど強くないので、外部から力が働くと、ネット層間に沿ってズレが生じる。これが粘土の可塑性である。

　しかし、粘土は理想化学式（$Al_2O_3 \cdot nSiO_2 \cdot mH_2O$）で示されるような単純なものではない。自然界に産出する粘土の蛍光X線スペクトルやガンマ線スペクトルに示されるように、主成分元素と多数の微量元素を含んでいることは火成岩と同様である。粘土化の過程で水に溶けやすいNa、K、Caなどの陽イオンは溶け出すが、コロイド粒子には母岩を構成した鉱物粒子が含まれているので、これらの粒子が粘土中に取り込まれると、粘土の化学特性は母岩の化学特性とは無関係ではなくなる。実際に、自然界に分布する粘土には石英、長石、雲母、角閃石、輝石などの鉱物粒子が観察されている。土器遺物中に含まれる鉱物を観察する胎土分析はこのことを利用している訳である。したがって、粘土の主成分元素も岩石同様、Si、Al、K、Ca、Fe、Na、Mg、Mn、Tiである。ただ、粘土化の過程で、Na、Ca、Kなどの溶けやすい陽イオンはある程度溶出しており、岩石に比べて含有量が少なくなっている。逆に、粘土鉱物の骨格を構成するSiとAlや、Fe、Ti、Mnなどの水に溶け難い元素の含有量は岩石よりも多くなっている。これが元素からみた粘土である。

　一方、粘土を高温焼成して土器をつくる過程は一種の熱変成作用の過程である。粘土を高温で焼成すると、まず、粘土鉱物の結晶のネット層間を結び付けていた水分子が取り除かれて、粘土鉱物の結晶が変化し始める。比較的低温で焼成される軟質土器には素材粘土中に含まれていた石英、長石、雲母、角閃石などの鉱物粒子は保存されたままで、製品土器の胎土中にも残されているが、1000℃を超える高温で焼成される須恵器胎土にはこれらの鉱物粒子は残っていない。これらの鉱物や粘土鉱物の結晶形も変化し、ムライト、クリストバライトなどの高温型の鉱物の結晶へと変化する。同時に粘土中に含まれていた長石類の微粒子が融けてガラス状になり、粘土粒子間を埋めるので、水も洩れない固いやきものとなる。これが固いやきものができる条件である。このように、須恵器

焼成の過程で水分子は蒸発するが、粘土自体は固体のままで、焼成前に成形された土器の形はそのまま保存されている。したがって、高温焼成過程は粘土中に含まれていた鉱物の結晶形が変化する熱変成作用の過程であると考えることができる。この過程では成形された土器の形が保存されているので、構造的な変化を受けた訳ではない。粘土中の水分子は蒸発するものの、他の原子については大きな物質移動が起こるとは考え難い。したがって、製品土器中の主成分元素も岩石や粘土同様、Si、Al、K、Ca、Fe、Na、Mg、Mn、Tiである。また、岩石、粘土同様、多数の微量元素も含有する。これが元素からみた製品土器である。

このように、原材料である岩石、素材である粘土、そして、製品土器は元素からみれば同じ材質である。ただ、粘土、土器製品には岩石に比べて、シリカ、アルミナが多く、K、Ca、Naなどの陽イオンは減少している。土器製品も岩石同様、同じ材質であるという認識は、膨大な量の土器試料をルーチン分析していく上には重要である。

土器製品は歴史的時間をかけて地下に埋没し、土器遺物となる。もともと、素材粘土は地質学的時間をかけて、岩石から風化し、生成したものである。地質学的時間に比べてはるかに短い歴史的時間の間、地下に埋没していたからといって、材質の変化は期待できない。土器遺物がもとのままの形態をとどめている限りは、材質として大きな変動をうけたとは考えられない。ただ、高温での焼成過程で自然灰釉のように、製品土器の表面に付着するものがあるので、分析作業に入る前の試料処理法として、土器表面を研磨器で研磨してから、土器を粉砕し、蛍光X線分析の作業に入る。

このように、原材料である岩石、素材である粘土、そして、土器製品、土器遺物までの状態の変化を考えると、この全過程で最も大きな物質の移動が起こるのは、岩石が構造的変化をうけ、粘土化する過程であることが理解できる。したがって、土器製品に元素からみて地域差があることが確認されたとき、窯跡の後背地を構成する岩石も元素分析することが必要となる。

4. 日本産土器の系譜

日本ではB.C.1万3000～B.C.900年ころまでを縄文時代と呼んでいる。この時期に作られた土器は縄目状の文様をもっているところから縄文土器と呼ばれるようになった。器種は精製・粗製の深鉢が主体である。次いで、稲作が広がるB.C.900年ころからA.D.3世紀半ばころまでを弥生時代と呼んでいる。この時期に作られた土器が弥生土器である。縄文土器に比べて、単調な模様の赤焼けの土器で、器形は壺、甕、鉢、高坏などがある。縄文土器も弥生土器も摂氏で数百度程度の比較的低い温度で焼成された軟質の土器である。熱伝導性がよいため、煮沸土器として使用された。食材は煮沸することによって柔らかくなり味付けもできるので、古代の人々の食生活を豊かにする上で役立った。弥生時代の後期には甕棺や器台も作られ、祭祀道具としても使用された。古墳時代から平安時代の間には、伝統的な方法で製作された赤褐色の素焼きの土器が土師器である。弥生土器と同様、軟質の土器であり、日常生活には欠かせない煮沸土器として広く使用された。これらの軟質土器を焼成した窯跡はほとんど残っていない。中世、近世にも土師器は作られた。現代の土師器は土鍋である。鍋焼きうどんなどに土鍋が使用されることは古代以来の伝統ともいえる。

こうした伝統的な土器の系譜がある一方、古墳時代の半ばの5世紀代に、朝鮮半島から新しい土器の製作技法が導入された。ロクロを回して粘土を成形し、堅固な窯を構築して、1000℃ を超える高温で焼成した固いやきもの、須恵器である。高温焼成に耐えうる粘土が選択的に採取された。須恵器は熱伝導性が悪いため、煮沸土器としては使用できない。当初、古墳での祭祀道具として使用された。硬質土器は朝鮮半島や中国大陸でも祭祀道具として使用された。当初は古墳での祭祀道具として使用されたが、その後、日常生活において、甕、壺などの保存容器として役立つことが認識され、須恵器は日常生活でも広く使用されることになった。

　8〜9世紀代の律令体制下では、各地に数十基以上の窯跡が集まる大規模な窯跡群で大量の須恵器を生産した。須恵器は古代最大の窯業生産の産物である。これらの窯跡は行政発掘により全国各地で発掘調査され、その数は数千基を超えるといわれている。古代土器では生産地である窯跡が残っている唯一の土器である。北海道、山梨県、神奈川県、長崎県、沖縄県を除く全県で須恵器窯跡群が発掘調査されている。しかも、窯跡群から出土した大量の須恵器破片は各地の都道府県・市町村の教育委員会が収蔵庫に保管している。元素からみて、各地の窯跡群出土須恵器に地域差があるかどうかを調べる研究をする上でこれほど有利な条件を備えた土器はない。

　オックスフォード大学の研究者たちは地中海東部地域の遺跡から出土するギリシャ陶器がクレタ島産か、ミケーネ産かのどちらであるのかを決めることが求められた。日本の胎土分析の研究では古墳から出土する須恵器がどの地域の窯跡群で作られたのかを推定できる方法論の開発が求められたのである。伝統的な方法で作られた軟質土器とは異なり、新しい製作技法で作られた、大量の須恵器は個人で作れるものではなく、当初は朝鮮半島から渡来した技術者を中心とした工人集団が作ったものと考えられる。当然、新しい土器の製作技術は大豪族が手に入れたものであり、工人集団は大豪族の配下で須恵器生産に携わったものと推察される。このような背景をもつ須恵器はどこの窯跡群で製作され、どこの古墳へ供給されたのかを知ることができれば、文字のない古墳時代の歴史研究に役立つ可能性は十分ある。このような考え方で窯跡群出土須恵器が分析対象として選択された。

第 2 章　蛍光 X 線分析法とはどのような分析法か

　大量の土器遺物を分析できるのは完全自動式の蛍光 X 線分析装置である。本章では蛍光 X 線と蛍光 X 線分析装置について説明する。

1. 電磁波としての X 線

　多くの自然科学分野で、その基礎となる土台が構築されたのは 19 世紀代の 100 年間である。物理学分野でも 19 世紀後半に、ある物質に光を当てると、蛍光を発する現象（蛍光現象と呼ばれる）に興味がもたれた。物理学者たちは陰極線管（一種の真空管）の中で、両電極間に高圧をかけ、電子線を走らせる（陰極で発生した電子が対陰極の金属板に衝突する）と、真空管の壁から蛍光が発生することに興味をもった。レントゲンも陰極線管を作動させたときに発生する蛍光現象の研究中に、透過性の強い「光」が発生することを発見し、この未知の光に「X 線」という名称を与えた。1985 年のことである。これが目に見えない光線、X 線の発見である。物質を透過する能力をもつ、不思議な光線であった。それまでは、目に見える可視光線だけが「光」であった。可視光線には物質を透過する能力はない。その後、X 線は波長が短い光であることがわかり、ガンマ線、紫外線、可視光線、赤外線、電波とともに、電磁波としてまとめられることになった。
　可視光線には、反射や屈折や回折などの現象があることは古くから知られていた。この現象は光の持つ性質が波であると考えると説明しやすい。ここから、光は波動であるという考え方が出てきた。光の波動説である。海面を伝播する波のように、空気中を伝播する光が波動であれば、一定の波長をもつことになる。海面の波の伝播は海水を構成する水分子の上下運動によって、波は伝播すると説明される。波の伝播には、媒体である水が必要なのである。他方、宇宙空間から伝播してくる太陽光や星の光はどのようにして、宇宙空間を伝播してくるのであろうか？　一時、宇宙空間にはエーテルと呼ぶ仮想媒体があると考えられた。しかし、宇宙空間は真空であり、エーテルの存在を実証することはできなかった。光の波動説では宇宙空間を太陽や星の光が伝播することは説明できなかったのである。他方、ニュートンは太陽光（白色光）をプリズムに通すと、魔法のように虹が発生し、7 色の光に分光されることを示した。いわゆる、太陽光のスペクトルである。ところが、2 枚のプリズムを逆向きに組み合わせて、太陽光を通すと、7 色の虹は消え、もとの白色光に戻ることをニュートンは実験で示した。この実験から、ニュートンは白色光とは種々の色（種々の波長）の光が混ざったものであると考えた。つまり、太陽光が白色光であるのは、種々の波長をもつ可視光線が混ざりあって白色光になったものであり、白色光を 1 枚目のプリズムに通すと、屈折現象に

よって、個々の波長の光（それぞれ、一定の波長をもつ光）に分光されるのである。その分光された光を逆向きに組み合わせた2枚目のプリズムに通すと、再度、光は屈折現象でもとの白色光に戻ると解釈された。この実験データから、ニュートンは光が波ではなく、「光子」と呼ぶ、微粒子の集合体であると考えた。これが光の粒子説である。粒子であれば、微粒子といえども、一定の運動エネルギーをもち、光が宇宙空間を伝播することは説明できる。こうした背景から、光の波動説と粒子説はニュートンが生きていた昔から対立し、学者の間で長い間、論争されることになった。

この論争に決着をつけたのが「光電効果」という現象である。1902年、ある種の金属に紫外線を照射すると、その金属表面から電子が放出されるという現象がレーナルトによって見つけられた。この現象を光電効果と呼ぶ。この現象は1905年アインシュタインの量子論によって説明されることになった。その結果、光（電磁波）には波動的な側面と粒子的な側面があることが示され、ここに、長い間論争されてきた光の波動説と粒子説は統合されることになった。この結果は次式によって表示される。

$$E = h \cdot \nu$$

Eはエネルギーであり、νは振動数である。エネルギーは粒子がもつ性質であり、振動数は波動が持つ性質である。上式は粒子性と波動性を結び付ける式であり、両者を結び付ける定数hはプランクの定数と呼ばれる。

また、波動は波長（λ）と振動数（μ）で特性化される。波長（λ）と振動数（μ）の間には次式で示される関係がある。

$$波長（\lambda）\cdot 振動数（\mu）=（光の速度）$$

一つの波には一定の間隔をもつ山と谷がある。この山と谷が規則的に繰り返されて波は伝播していく。一つの山と次の山の間の間隔を波長と呼ぶ。また、1秒間に繰り返す波の上下運動の数を振動数と呼ぶ。したがって、波長と振動数をかければ、光が1秒間に進む距離、すなわち、光の速度ということになる。

また、振動数は波数（1cmの間隔の中に繰り返す波の数）としても表示される。したがって、波長と波数をかければ、1になる。

$$波長（\lambda）\cdot 波数（\bar{\mu}）=1$$

これが波動のもつ性質であり、種々の波は波長と振動数（または、波数）によって特性化されることがわかる。上式から波長と振動数（または波数）の間には逆比例の関係があることもわかる。したがって、可視光線のように、比較的波長の長い電磁波は振動数が少なく、逆に、X線のように波長の短い電磁波は振動数が大きくなる。X線の波長は10^{-8}cm程度であり、原子の大きさと同じ程度である。そのため、物質を構成する原子間をX線がすり抜けることができる。このことがX線が物質を透過する性質をもつ理由である。これに対して、可視光線の波長はX線の波長の100倍以上の大きさであり、これでは到底、物質を構成する原子間をすり抜けることはできない。すなわち、透過性はないということになる。X線のもつこの性質はその後、医学や、その他の多くの分野で活用されることになった。

X線の波長は原子の大きさと同じ程度であり、このような極微の世界では、物質は波動性と粒子

性の両方の性質をもつことをアインシュタインの式は示している。X線は波動性と粒子性の両方の性質をもっていることになる。したがって、X線が物質と相互作用して起こる現象は波動説でも、粒子説でも説明できることになる。蛍光X線分析の装置には波長分散型とエネルギー分散型があるのはそのためである。X線が波動であるとして作られた装置が波長分散型の装置であり、粒子であるとして作られた装置がエネルギー分散型の装置である。この違いは物質から発生する種々の蛍光X線の束を分光するときに現れる。前者では蛍光X線の分光に分光結晶を使うのに対して、後者では、半導体検出器の中で起こる光電効果の現象によって、種々の異なる運動エネルギーをもつ電子が発生する。これらの電子を波高分析器でエネルギー分析をすることになる。

2. 蛍光X線分析の原理

1906年、イギリスの物理学者バークラはX線を物質に照射したとき、特定の透過能をもった2次的なビームが発生することを発見した。特性X線の発見である。今日、この2次的に発生する特性X線のことを「蛍光X線」と呼んでいる。さらに、1915年、イギリスの物理学者モーズリーは元素の原子番号が増加するにつれて、2次的に発生する蛍光X線の波長が短くなること（逆に、エネルギーが大きくなる）を発見した。モーズリーの法則である。各元素から発生する蛍光X線のエネルギーは原子番号の順に大きくなる。したがって、エネルギー分散型の装置で得られる蛍光X線スペクトルでは原子番号の低い元素から順にスペクトル線は並ぶことになる。逆に、波長分散型の装置による蛍光X線スペクトルは波長の長い、言い換えれば、エネルギーの低い元素から並ぶことになる。したがって、蛍光X線スペクトルの横軸はエネルギー分散型と波長分散型では目盛は逆向きになっている訳である。エネルギー分散型の装置では測定しつつ、蛍光X線スペクトルを表示することができる特徴がある。これに対して、波長分散型の装置では分光結晶で分光された種々の波長の蛍光X線を検出するために、検出器を回転させて同一試料から発生した種々の波長の蛍光X線強度を測定することになるので、測定中、スペクトルを表示することはできない。測定終了後、スペクトルを表示することになる。

モーズリーの法則を応用すると、仮に、真鍮（銅と亜鉛の合金）に強いエネルギーを持つ1次X線を照射すると、それぞれ、エネルギーが異なる銅の蛍光X線と亜鉛の蛍光X線が発生することになる。銅と亜鉛の蛍光X線は波長（エネルギー）が異なるから、分光結晶で銅の蛍光X線と亜鉛の蛍光X線に分光することができる。発生する蛍光X線の強度と含有量が比例するとすれば、分光された、それぞれの元素の蛍光X線強度を測定することによって真鍮に含まれている銅と亜鉛の含有量を同時に知ることができる。こうして、真鍮に含まれる複数の元素が同時に分析できることになる。これが同時多元素分析法である。古典的な分析法では、真鍮をいったん融解し、溶液にしてから、銅と亜鉛を化学的に分離したのち、銅と亜鉛の量を測定するという、面倒の作業をしなければならなかった。しかし、モーズリーの法則を活用すれば、蛍光X線強度を測定することによって真鍮中の銅と亜鉛の含有量を同時に測定することができる。これが多数の元素を含む物質の同時多元素分析である。

岩石や岩石が風化して生成した粘土を素材とした土器中には多くの元素が含まれている。これらの元素の分析に蛍光X線分析法を適用すれば、多くの元素の含有量に関する情報が同時に得られ、大変便利な分析法となる。ただ、そのためには、優れた分解能をもつ分光結晶や高い検出能力をもつ検出器の開発が必要である。モーズリーの法則が現実に活用されるまでには、これらの機器が開発されるのを待たなければならなかった。

　1945年の第2次世界大戦後はコンピューターが普及した。1980年代には蛍光X線分析装置も完全自動化され、安定したX線管球や、すぐれた機能をもつ分光結晶や波高分析器も開発され、長期間にわたって、膨大な数の土器試料を分析できる完全自動式の蛍光X線分析装置が市販されることになった。ここに、土器遺物を考古科学的研究の分析対象として分析できる時代が到来したのである。日本では行政発掘によって、膨大な数の土器遺物を発掘した。当然、分析化学者はこの機会を見過ごすはずはなかった。

第 3 章　土器遺物の考古科学的研究における分析化学

　すぐれた機能をもつ完全自動式の蛍光Ｘ線分析装置の開発によって、大量の土器遺物の試料の分析が可能になった。行政発掘によって、膨大な量の土器遺物を発掘した日本で、土器遺物から過去を再現する研究を推進する背景が準備された訳である。このようなことは、シングルチャンネル型の波高分析器をつかってガンマ線スペクトルを観測していた筆者の大学院生の頃には考えられなかったことである。現在では、装置の運転の仕方さえ会得すれば、分析化学者でなくても土器遺物を大量に分析することができる。しかし、得られたデータをどう解釈するのかについてはまだ、研究段階にある。分析化学の応用分野の一つである「土器遺物の考古科学的研究」における分析化学の理論（考え方）がまだできあがっていないのである。本章では応用分野である土器遺物の考古科学的研究における分析化学の考え方について説明する。

1. 蛍光Ｘ線分析法と放射化分析法

　土器遺物は火成岩同様、多数の元素を含むことはその蛍光Ｘ線スペクトルやガンマ線スペクトルから容易にわかる。これらの元素を分析するためには、同時多元素分析法が有利であることは言うまでもない。同時多元素分析法としては蛍光Ｘ線分析法と放射化分析法がある。前者は土器遺物中の主成分元素の分析に、また、後者は微量元素の分析に適する。

　土器遺物の考古科学的研究では膨大な数の土器試料の分析が必要である。膨大な数の土器試料を分析処理するためには、試料やデータの処理法が簡単であるという点で蛍光Ｘ線分析法のほうがはるかに有利である。また、放射化分析では放射化された元素のガンマ線強度は原子炉での放射化直後から、半減期にしたがって減衰するので、試料のガンマ線強度を測定するまでの時間補正が必要であり、その計算が面倒である。筆者は京都大学原子炉実験所の大学共同利用研究の一環として、20年以上にわたって土器遺物の放射化分析を続けてきたが、土器遺物の考古科学的研究の分析法としては放射化分析法よりもむしろ、蛍光Ｘ線分析法のほうがより適していると判断した。放射化分析には原子炉という特殊な大型施設が必要であり、かつ、放射性物質の取り扱いに熟練した研究者が必要である点からも、土器遺物の考古科学的研究には適しているとは言い難い。しかし、今後、この分野の研究が進み、微量元素も有効に地域差を示すことが示されると、放射化分析も必要になる時期が必ずくるであろう。

2. 分析対象の選択

　土器遺物の考古科学的研究では土器の素材である粘土と、できあがった製品土器の二つが分析対象として考えられる。粘土は火成岩が風化して生成したものである。火成岩は SiO_2 と Al_2O_3 を主体としたアルミノケイ酸塩からなる種々の鉱物の集合体である。粘土鉱物も SiO_2 と Al_2O_3 を主体とする。したがって、両者は材質としては同じものである。自然界には花崗岩類から生成した粘土もあれば、玄武岩から生成した粘土も分布している訳である。さらに、これらの火成岩の直上で風化生成した、いわゆる残留粘土もあれば、母岩から遠く離れたところに堆積した漂積粘土もある。その中間の粘土も分布しているはずである。その分布は複雑であることが考えられる。したがって、粘土の分布図は作成されていない。粘土試料を採取する段階から、非常な困難が予想された。他方、花崗岩類、玄武岩などの種々の岩石の分布を示す地質図は長年にわたる岩石学研究によって作成されている。

　粘土を研究材料として、粘土鉱物の結晶構造は研究されていても、全国各地に分布する粘土の地球化学的研究は行われていなかったのである。このような粘土を分析対象として選択すると、試料採取の段階から、研究は大きな障壁に突き当たることが予想された。

　一方、製品土器には、縄文土器や弥生土器のように土器を焼成した窯跡が残っていない土器もあるが、須恵器のように、1000℃ を超える高温で焼成された土器では、堅固に作られた窯跡が全国各地に残っており、しかも、その灰原には大量の須恵器破片が残されていた。これらの須恵器破片を大量に分析すれば、生産地出土須恵器の化学的な特性（これを化学特性と呼んでいる）に関する情報が得られるはずである。古代最大の窯業生産の産物である須恵器は土器遺物の産地推定法の開発研究における分析対象としては絶好の条件を備えている訳である。しかも、その生産地が全国各地に残っている唯一の古代土器である。もし、窯跡出土須恵器を分析して、生産地ごとにまとまった化学特性をもち、地域差もあることが実証されれば、元素分析法による須恵器産地推定法を開発することができる。こうした考え方から、「窯跡出土須恵器」が分析対象として選択されることになった。

3. 地域差を示す元素の発見

　蛍光 X 線分析によって、土器中に含まれる複数の元素が分析できる。まず、測定される元素の中に地域差を示す元素があるかどうかである。地域差を示す元素を見つけ出すことができなければ、はじめから、この研究は成り立たないのである。

　地域差を示す元素が発見できれば、須恵器産地推定法の開発研究への道は開かれる。ただ、この研究には長年にわたって、大量の土器試料の分析が必要なので、安定性の良い分析装置が必要であることはいうまでもない。

　その他にもいくつかの条件が必要である。まず、完全自動式の分析装置であることが必要である。

筆者はこれまで、30年間にわたって、3台の蛍光X線分析装置を使用したが、いずれも完全自動式の分析装置であった。須恵器産地推定法を開発しようとすると、これまでの常識では考えられないくらいの膨大な数の土器試料の分析が必要である。連日分析作業をするとしても、試料の入れ替え、データの打ち出しのことを考慮に入れると、完全自動式の装置は不可欠である。

最初の装置はアメリカ、Kevex社製のエネルギー分散型の装置であった。最初に自動化されたのはエネルギー分散型の装置であったからである。スペクトル線の分解能と、得られる蛍光X線の強度を考慮に入れて、2次ターゲット方式の分析装置が採用された。X線管球で発生した1次X線を土器試料に照射すると、土器中に含まれる種々の元素の蛍光X線が2次的に発生する。蛍光X線は各元素固有のエネルギーをもっているので、蛍光X線のエネルギーが低い軽元素から高い重い元素までのさまざまなエネルギーをもつ蛍光X線が発生することに

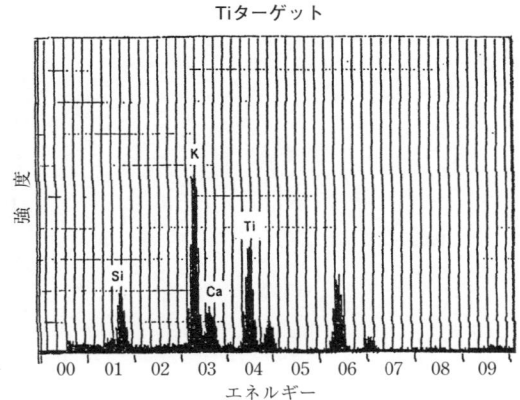
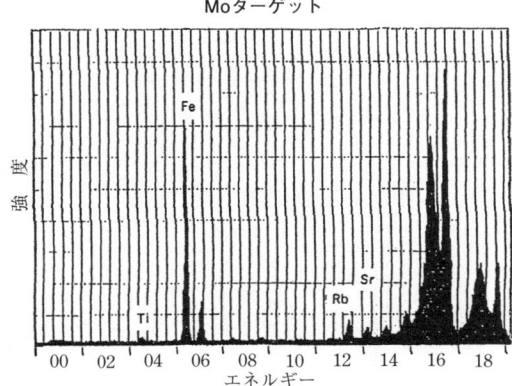

図5 土器遺物の蛍光X線スペクトル（2次ターゲット方式のエネルギー分散型の装置による）

なる。これらの蛍光X線がSi-Li半導体検出器の中で、光電効果によって、種々のエネルギーをもつ電子を発生させることになる。波高分析器をつかって、さまざまなエネルギーの電子の集団を分けると、蛍光X線スペクトルが得られる。ちょうど、プリズムをつかって太陽光線（白色光）を分けると、7色の虹に分けられるのと同じである。7色の虹は可視光線であるので、肉眼でも観測できる。しかし、波長の短いX線は目には見えないので、電気的な機器をつかってスペクトル図にしてはじめて、目に見える形となる。

エネルギー分散型の装置で測定した、土器試料の蛍光X線スペクトルの一例を図5に示す。蛍光X線エネルギーの低い軽元素から順にスペクトル線が並ぶことになる。ただ、これらの元素の蛍光X線を1本の検出器で感度よく検出することは困難である。そのため、2次ターゲット方式をとる。

2次ターゲット方式というのは、X線管球からの1次X線を直接試料に照射せず、いったん、2次ターゲットとなる物質に照射し、その物質から発生する蛍光X線を試料に照射する形をとる。筆者はK、Caの軽元素を測定するためにTiを、また、中重元素のRb、Sr、Y、Zrなどを測定するために、Moを2次ターゲットに使用した。Moの蛍光X線エネルギーよりも、励起エネルギーが少し低いZr、Y、Sr、Rbの蛍光X線の励起効率がよくなるため、微量元素Rb、Sr、Y、Zrのスペク

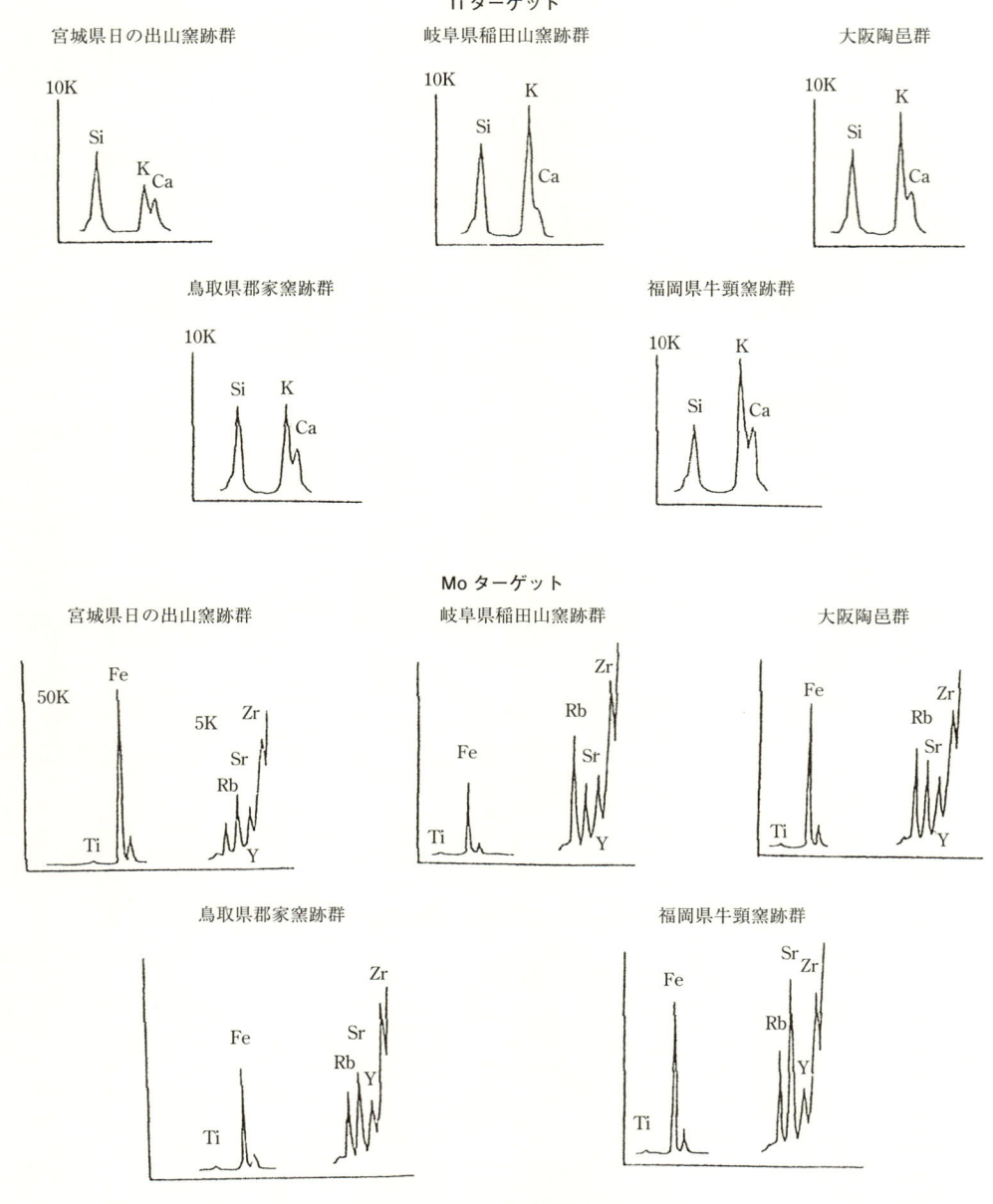

図6 各地の窯跡群出土須恵器の蛍光X線スペクトルの比較

トル線は観測できる。同時に主成分元素のFeも測定できた。他方、Moの蛍光X線では励起エネルギーがずっと低いK、Caの蛍光X線の励起効率が悪く、発生する蛍光X線の強度が低いため、K、Caの蛍光X線スペクトルは観測できない。そのため、2次ターゲットを入れ替え、Tiを2次ターゲットとして真空下でK、Caを測定した。したがって、2次ターゲットを入れ替えて、同一試料を2度測定しなければならなかった訳である。そのため、1日に測定できる試料数は20点程度に限られた。これでは到底、膨大な数の試料を分析しなければならない須恵器産地推定法の開発

は困難である。

　ただ、エネルギー分散型の装置では測定しつつ、スペクトルを観察できるという利点がある。この利点が地域差を示す元素を見つけ出す上に役立ったのである。図6には、全国各地の主要な窯跡群出土須恵器の蛍光X線スペクトルを比較してある。KとCa、RbとSrのスペクトル線は並んで観測されるので、ピークの高さは比較しやすい。同じ窯跡群出土須恵器のスペクトルは類似しているのに対して、窯跡群が所在する地域によっては、RbとSrのピークの高さが逆転することがしばしば観測された。RbとSrは地域差を示す元素であることは容易にわかった訳である。他方、KとCaのピークの高さは逆転することはなかったが、ピークの高さの比は地域によって大きく変動することがわかった。K、Caも地域差を示す元素であることもわかった。波長分散型の装置ではこのように簡単に地域差を示す元素を見つけ出すことはできなかったであろう。最初に使用した装置がエネルギー分散型の装置であったので、その利点を生かして、地域差を示す元素が発見できたのである。これは全くの幸運であった。

　こうして、地域差を示す元素の発見によって、土器遺物の考古科学的研究が開始できたのである。もし、この発見がなければ、土器中には多くの元素が含まれるので、有効に地域差を示さない元素まで測定していると、測定とデータ解析に手間がかかり、研究は混迷に陥ったであろう。このように、研究には避けては通れないところがある。この関門を突破できれば、次のステップへの道が開かれる。

4. K–Ca、Rb–Sr分布図

　全国各地には須恵器窯跡は多い。これらの窯跡から出土する須恵器が具体的にどのような地域差を示すのかを知るためには、全国各地の窯跡出土須恵器の蛍光X線スペクトルの定性的な比較だけでは不十分である。これら4元素の蛍光X線強度を定量的に測定し、主成分元素同志を組み合わせたK–Ca分布図と微量元素同志を組み合わせたRb–Sr分布図を作成し、分布領域を比較することが必要になる。この作業は容易ではない。まず、全国各地の教育委員会から大量の試料を提供してもらわなければならない。さらに、提供された膨大な数の試料の蛍光X線分析の作業がこれに続く。この作業には完全自動式の蛍光X線分析装置は不可欠である。筆者はこの作業に10年を超える年月を費やした。このデータが産地推定法の開発研究の基礎データとなる。その結果は次章で詳しく説明する。

　筆者は13年間、エネルギー分散型の装置を使用したのち、スペクトル線の分解能や観測される蛍光X線強度からみても、より分析能力の優れた波長分散型の装置に切り替えた。2台目の装置は理学電機製3270型の装置（波長分散型）であった。この装置を8年間使用して、奈良教育大学を定年退職し、大阪大谷大学に勤務することになった。大阪大谷大学では理学電機製RIX 2100型の装置（波長分散型）を12年間にわたって使用して、現在に至っている。この装置は3枚の分光結晶（TAP、Ge、LiF）と二つの検出器（ガスフロー比例計数管とシンチレーションカウンター）を装備しており、50試料が同時に搭載できる自動試料交換器も連結されている。これらはコンピュー

ターの制御によって、自動的に交換される。データの打ち出しや測定試料の交換も自動的に行うが、むしろ、分光結晶と検出器を自動的に交換できる点に大きな意味がある。これによって、測定時間は短縮され、測定試料の数を上げることができたからである。もちろん、真空下で測定され、測定試料室内の真空度が 13 Pa を超えると、Na の蛍光 X 線強度が測定できないので、自動的に測定はストップする仕組みになっている。データはバックグラウンドを差し引いた正味のカウント数として打ち出されてくる。

　この装置は土器遺物の考古科学的研究には最適の蛍光 X 線分析装置である。使用している X 線管球は Rh 管球（出力 3.0 kW）で、使用条件は 50 kV、50 mA である。この条件下で土器遺物中の微量元素 Rb、Sr の蛍光 X 線は十分測定できる。筆者はこの装置で Na、K、Ca、Fe、Rb、Sr の 6 元素を測定している。蛍光 X 線強度が低い元素は測定しなかった。これらの元素を測定しようとすると、長時間を要するからである。その結果、測定時間を短時間に抑えることができたので、多数の土器試料を測定することができた。1 試料、6 元素の測定時間は 6〜7 分程度で、1 日に約 50 試料を測定している。毎日測定すると、1 週間で約 250 試料、1 か月で約 1000 試料、1 年間で約 1 万点を超える土器試料が分析できることになる。この程度の分析能力をもった装置でないと、須恵器産地推定法の開発研究は困難である。

　Ti や Mn も測定できるが、ピークの高さが低く、十分なカウント数を得ようとすると、測定時間を長くしなければならないので測定しなかった。また、Si、Al も測定できるが、これら 2 元素は粘土鉱物の骨格を構成する元素であるので、地域差を示す元素としてはあまり期待できないと判断し、はじめから測定しなかった。

　測定元素数を必要最低限におさえ、地域差を有効に示す元素であることが確認された K、Ca、Rb、Sr の 4 元素を中心に分析し、両分布図上で地域差を定性的に比較する作業に専念した。

5. 母集団と試料集団

　分析化学分野では均質試料を分析するのが原則である。土器試料は細かく粉砕したとしても不均質系試料である。したがって、粉末試料が準均質系試料であることを確認した上で土器試料の分析作業を行うことになる。

　通常、同一試料を同じ日に数回繰り返し測定しても、各測定元素の測定値は同じではない。必ず、ばらつきがでる。このばらつきは変動係数にして 1〜2% 程度であった。このばらつきは装置自身による「ゆらぎ」と解釈している。日本地質調査所（現・産業技術総合研究所　地質調査総合センター）から配布された岩石標準試料 JG-1（粉末試料）から、錠剤試料（内径 20 mm、厚さ 5 mm）を 10 点程度作成し、同じ日に測定すると、そのばらつきも 1〜2% 程度であった。装置自身の「ゆらぎ」と同じ程度のばらつきであれば、粉末試料でも準均質系試料であると考えられる。一つのビンの中に詰められた JG-1 粉末試料は準均質系試料であることが確認された訳である。土器試料も通常、タングステンカーバイド製乳鉢の中で、100 メッシュ以下に粉砕される。粉末試料を錠剤化し準均質系試料として測定している。したがって、純正科学における分析化学の原則通り、均質試

料として、土器試料を分析していることになる。

　これに対して、灰原も含めて1基の窯跡から出土する須恵器の破片を任意に50点程度採取して分析すると、どの元素についても、変動係数にして数%から十数%程度のばらつきがあった。装置自身の「ゆらぎ」よりも大きな「ばらつき」である。1基の窯跡から出土する須恵器は同じ場所で採取された粘土を素材としているとは限らない。もし、少し離れた場所で粘土を採取しておれば、自然界に分布する粘土の不均質性による「ばらつき」があるはずである。

　しかし、全国どこの窯跡出土須恵器も例外なく、試料群は1基の窯としてまとまることがわかった。両分布図上で1基の窯跡から採取した試料群がまとまるというデータは重要な情報を提供する。1基の窯跡から採取した試料群の分析データがまとまるということは窯跡出土須恵器全体が一つの「母集団」としてまとまることを意味するからである。つまり、4元素からみて一つの生産地として、1基の窯跡は特性化できる訳である。

　一つの「母集団」のすべての試料を分析することは不可能であるが、この中から、任意に多数の試料を選択して分析することはできる。これが「試料集団」である。試料集団は母集団の一部であるから、両者の化学特性は同じであると考えることができる。「母集団」のすべての試料を分析できる訳ではないので、「母集団」と「試料集団」の関係を定量的に結び付けようとすると、数理統計学の考え方の導入が必要となる。このことについては後述する。

　1基の窯跡から出土した須恵器の「試料集団」を分析すると、必ず、装置自身のゆらぎ以上に大きい「ばらつき」があることがわかった。この「ばらつき」は自然界に分布する粘土自体の「ばらつき」であると考えられた。自然界に分布する粘土は不均質系試料である。それにもかかわらず、4因子にみられる分析データが1基の窯としてまとまるということは、同じ岩石を母岩として風化生成した粘土であるを示している。このことは窯跡が所在する同じ地域内で採取された粘土（同じ母岩に由来する粘土）が須恵器の素材となったことを意味する。

　こうして、一つの「母集団」である1基の窯跡から採取された須恵器片の「試料集団」が一定の化学特性をもつことの意味が理解されたのである。「試料集団」は「母集団」の一部であるから、定性的には両者の化学特性は同じであると考えられるので、K-Ca、Rb-Srの両分布図上で「試料集団」の分布位置を「母集団」の分布位置と考えることもできる。筆者は「試料集団」のほとんどの試料を包含するようにして長方形で囲い、1基の窯跡出土須恵器の分布領域を定性的に示すことにしている。分布領域を作ることによって、他の窯跡出土須恵器の分布と比較しやすくなるからである。

　一方、全国的にみて、須恵器窯跡は1基単独で存在する場合は少ない。ほとんどの場合、数キロメートル四方程度の地域内に多数の須恵器窯跡が集まって「窯跡群」を形成している。このことは高温で焼結する良質の粘土は何処にでもある粘土ではなく、特定の岩石に由来する粘土であり、そのような粘土は特定の地域内にまとまって分布していることと関係がある。

　和泉陶邑（大阪府堺市）では、5世紀代でもすでに、100基を超える窯跡が発見されている。このような大規模な須恵器窯跡群は全国各地に20〜30か所ほどある。窯跡群内のいくつもの窯跡から出土した須恵器の破片を任意に100点程度採取し分析した結果、その分析値の「ばらつき」は1

基の窯跡出土須恵器の「ばらつき」よりももっと大きいが、窯跡群の試料集団としてデータはまとまることも実験データで示された。このことは一つの「窯跡群」も一つの「母集団」として把握できることを示している。同じ母岩に由来する粘土が「窯跡群」を構成する数キロメートル四方の地域内に分布しているからである。このことから窯跡群出土須恵器の素材として、在地産の粘土が使用されたと考えられた。古代の窯業生産では、良質の粘土を求めて、窯跡を構築し、窯跡群を形成したのである。窯跡群の須恵器の分析データの「ばらつき」が大きくなるのは、同じ地域内でも、粘土を採取する場所が異なることによる、したがって、自然界特有の粘土の不均質性に原因があると考えられる。

こうして、化学特性の類似性から、小さな母集団（1基窯跡）をより大きな母集団（一つの窯跡群）へとまとめていくことができることがわかった。この作業は全国各地に数千基はあるといわれる須恵器窯跡をまとめ、少数の「窯跡群」に整理する上に役立った。この整理作業が進まないと、須恵器産地推定法の開発研究も進まなかったであろう。この考え方は後述するビーチサンドの分析化学的研究で地質試料にも適用できることが確かめられることになる。

分析化学の応用分野で、このように、全国各地に広く分布している試料を大量に分析するのはこの研究がはじめてであろう。このような研究に完全自動式の蛍光X線分析装置が活用されたもはじめての例でもあろう。新しい蛍光X線分析装置で大量の土器試料の分析データを出して、この研究での哲学を構築することになる。その意味でも、この研究は新しい研究である。

ここで、基礎データとして、窯跡群出土須恵器や古墳群出土埴輪の分析データを示しておく。表3には初期須恵器の窯跡群出土須恵器の化学特性を、表4には平安時代の主要な窯跡群出土須恵器の化学特性を、また、表5には窯跡群および、古墳群出土埴輪の化学特性をまとめてある。これらの窯跡群出土須恵器、埴輪のばらつきは装置自身の「ゆらぎ」に比べてずっと大きいことがわかる。この「ばらつき」は窯跡群から採取された試料集団の「ばらつき」である。同じ窯跡群といっても、いくつも窯跡があり、これらは同時に操業されたわけでもない。年代の異なる窯跡もある。その場合、粘土の採取場所も同じ地域内であっても異なると考えられる。こうして、不均質系試料である窯跡出土須恵器の試料集団を両分布図上で特性化できること、また、分布位置の類似性から、多数の窯跡を一つの窯跡群にまとめることができることがわかった。

その結果、試料処理法として、「粉末法」で十分、窯跡または窯跡群出土須恵器、古墳群出土埴輪の地域差を比較研究できることが

表3　窯跡群出土初期須恵器の化学特性

窯群名		K	Ca	Rb	Sr
陶邑窯群 (145)	平均値	0.468	0.117	0.586	0.335
	標準偏差	0.070	0.055	0.100	0.104
	変動係数(%)	14.90	47.00	17.10	31.00
朝倉窯群 (109)	平均値	0.317	0.419	0.280	0.298
	標準偏差	0.062	0.068	0.039	0.031
	変動係数(%)	19.60	16.20	13.90	10.40
神籠池窯 (20)	平均値	0.530	0.355	0.487	0.738
	標準偏差	0.036	0.051	0.039	0.097
	変動係数(%)	6.800	14.40	8.000	13.10
市場窯群 (14)	平均値	0.481	0.284	0.583	0.384
	標準偏差	0.047	0.064	0.027	0.043
	変動係数(%)	9.800	22.50	4.600	11.20
三郎池窯 (30)	平均値	0.312	0.069	0.503	0.225
	標準偏差	0.063	0.018	0.079	0.045
	変動係数(%)	20.20	26.10	15.70	20.00
宮山窯 (24)	平均値	0.373	0.301	0.507	0.442
	標準偏差	0.034	0.060	0.036	0.043
	変動係数(%)	9.100	19.90	7.100	9.700
大蓮寺窯 (15)	平均値	0.229	0.233	0.218	0.323
	標準偏差	0.025	0.048	0.018	0.056
	変動係数(%)	10.90	20.60	8.300	17.30

()内の数字は試料数を示す。

表4 平安時代の主要な窯跡群出土須恵器の化学特性

窯群名		K	Ca	Rb	Sr	窯群名		K	Ca	Rb	Sr
牛頸窯群 (100)	平均値	0.552	0.300	0.604	0.731	小松窯群 (182)	平均値	0.395	0.126	0.519	0.345
	標準偏差	0.060	0.061	0.059	0.092		標準偏差	0.063	0.053	0.109	0.072
	変動係数(%)	10.90	20.30	9.800	12.60		変動係数(%)	15.90	42.10	21.00	20.30
天観寺山窯群 (100)	平均値	0.368	0.294	0.389	0.613	押水高松窯群 (86)	平均値	0.524	0.165	0.658	0.607
	標準偏差	0.031	0.055	0.044	0.120		標準偏差	0.052	0.046	0.055	0.095
	変動係数(%)	8.400	18.70	11.30	19.60		変動係数(%)	9.900	27.90	8.400	15.70
伊藤田窯群 (125)	平均値	0.203	0.196	0.260	0.356	鳥屋窯群 (39)	平均値	0.584	0.148	0.671	0.508
	標準偏差	0.051	0.063	0.066	0.072		標準偏差	0.057	0.031	0.068	0.066
	変動係数(%)	25.10	32.10	25.40	20.20		変動係数(%)	9.800	20.90	10.10	13.00
八女窯群 (47)	平均値	0.489	0.227	0.595	0.361	羽咋窯群 (33)	平均値	0.509	0.181	0.580	0.446
	標準偏差	0.057	0.070	0.066	0.067		標準偏差	0.068	0.054	0.089	0.057
	変動係数(%)	11.70	30.80	11.10	18.60		変動係数(%)	13.30	29.80	15.30	12.80
周防陶窯群 (36)	平均値	0.735	0.129	0.895	0.300	小泊窯群 (42)	平均値	0.364	0.208	0.486	0.447
	標準偏差	0.042	0.028	0.061	0.032		標準偏差	0.046	0.074	0.064	0.115
	変動係数(%)	5.700	21.70	6.800	10.70		変動係数(%)	12.60	35.60	13.20	25.70
熊が迫窯群 (80)	平均値	0.637	0.172	0.928	0.420	末野窯群 (91)	平均値	0.460	0.273	0.456	0.331
	標準偏差	0.067	0.049	0.100	0.067		標準偏差	0.066	0.059	0.069	0.046
	変動係数(%)	10.50	28.50	10.80	16.00		変動係数(%)	14.30	21.60	15.10	13.90
大井窯群 (113)	平均値	0.468	0.181	0.584	0.535	南比企小谷窯群 (150)	平均値	0.231	0.219	0.234	0.379
	標準偏差	0.047	0.037	0.065	0.054		標準偏差	0.049	0.040	0.061	0.066
	変動係数(%)	10.00	20.40	11.10	10.10		変動係数(%)	21.20	18.30	26.10	17.40
相生窯群 (144)	平均値	0.473	0.118	0.720	0.331	南比企広町窯群 (136)	平均値	0.262	0.229	0.260	0.395
	標準偏差	0.080	0.047	0.094	0.066		標準偏差	0.062	0.038	0.073	0.069
	変動係数(%)	16.90	39.80	13.10	19.90		変動係数(%)	23.70	16.60	28.10	17.50
加古川窯群 (99)	平均値	0.503	0.217	0.769	0.488	会津大戸窯群 (65)	平均値	0.611	0.159	0.653	0.283
	標準偏差	0.051	0.067	0.077	0.084		標準偏差	0.054	0.047	0.050	0.057
	変動係数(%)	10.10	30.90	10.00	17.20		変動係数(%)	8.800	29.60	7.700	20.10
魚住窯群 (68)	平均値	0.368	0.129	0.474	0.312	宮城河南町窯群 (130)	平均値	0.324	0.259	0.305	0.535
	標準偏差	0.041	0.027	0.035	0.043		標準偏差	0.056	0.055	0.055	0.112
	変動係数(%)	11.10	20.90	7.400	13.80		変動係数(%)	17.30	21.20	18.00	20.90
吹田窯群 (130)	平均値	0.459	0.100	0.582	0.341	酒田・山海窯群 (69)	平均値	0.427	0.222	0.445	0.419
	標準偏差	0.037	0.030	0.052	0.048		標準偏差	0.051	0.058	0.075	0.056
	変動係数(%)	8.100	30.00	8.900	14.10		変動係数(%)	11.90	26.10	16.90	13.40
美濃須衛窯群 (97)	平均値	0.480	0.079	0.726	0.326	秋田・竹原窯群 (50)	平均値	0.259	0.183	0.363	0.305
	標準偏差	0.046	0.027	0.084	0.046		標準偏差	0.061	0.039	0.057	0.059
	変動係数(%)	9.600	34.20	11.60	14.10		変動係数(%)	23.60	21.30	15.70	19.30
尾北窯群 (57)	平均値	0.422	0.053	0.631	0.219	海老沢窯 (19)	平均値	0.562	0.165	0.660	0.491
	標準偏差	0.053	0.026	0.093	0.038		標準偏差	0.060	0.055	0.062	0.060
	変動係数(%)	12.60	49.10	14.70	17.40		変動係数(%)	10.70	33.30	9.400	12.20
東山窯群 (75)	平均値	0.422	0.062	0.579	0.238	秋田大沢窯群 (97)	平均値	0.410	0.145	0.492	0.317
	標準偏差	0.047	0.034	0.067	0.036		標準偏差	0.042	0.027	0.057	0.050
	変動係数(%)	11.10	54.80	11.60	15.10		変動係数(%)	10.20	18.60	11.60	15.80
豊橋窯群 (38)	平均値	0.400	0.097	0.523	0.312	岩手瀬谷子窯群 (49)	平均値	0.341	0.222	0.385	0.469
	標準偏差	0.040	0.029	0.072	0.049		標準偏差	0.050	0.050	0.059	0.050
	変動係数(%)	10.00	29.90	13.80	15.70		変動係数(%)	14.70	22.50	15.30	10.70
湖西窯群 (102)	平均値	0.426	0.166	0.507	0.418	五所川原窯群 (111)	平均値	0.324	0.269	0.434	0.360
	標準偏差	0.069	0.051	0.087	0.061		標準偏差	0.051	0.055	0.070	0.041
	変動係数(%)	16.20	30.70	17.20	14.60		変動係数(%)	15.70	20.40	16.10	11.40
清ヶ谷窯群 (16)	平均値	0.493	0.109	0.563	0.417						
	標準偏差	0.057	0.015	0.052	0.035						
	変動係数(%)	11.60	13.80	9.200	8.400						

( )内の数字は試料数を示す。

表5 窯跡群および古墳群出土埴輪の化学特性

窯群名		K	Ca	Rb	Sr	窯群名		K	Ca	Rb	Sr
新池窯群 (80)	平均値	0.486	0.075	0.524	0.293	権現西窯群 (44)	平均値	0.162	0.137	0.149	0.207
	標準偏差	0.052	0.021	0.054	0.035		標準偏差	0.018	0.036	0.030	0.027
	変動係数(%)	10.70	28.00	10.30	11.90		変動係数(%)	11.10	26.30	20.10	13.00
古市窯群 (94)	平均値	0.459	0.308	0.440	0.563	桜山窯群 (38)	平均値	0.155	0.198	0.152	0.281
	標準偏差	0.034	0.054	0.041	0.097		標準偏差	0.034	0.044	0.034	0.056
	変動係数(%)	7.400	17.50	9.300	17.20		変動係数(%)	21.90	22.20	22.40	19.90
菅原東窯群 (60)	平均値	0.433	0.074	0.454	0.264	本郷窯群 (40)	平均値	0.548	0.734	0.412	0.469
	標準偏差	0.049	0.025	0.045	0.042		標準偏差	0.039	0.112	0.038	0.105
	変動係数(%)	11.30	33.80	9.900	15.90		変動係数(%)	7.100	15.30	9.200	22.40
東院東窯 (30)	平均値	0.428	0.178	0.562	0.394	駒形窯群 (39)	平均値	0.277	0.546	0.245	0.563
	標準偏差	0.021	0.038	0.055	0.064		標準偏差	0.059	0.126	0.081	0.087
	変動係数(%)	4.900	21.30	9.800	16.20		変動係数(%)	21.30	23.10	33.10	15.50
上人ヶ平窯群 (52)	平均値	0.455	0.142	0.444	0.354	大和柳本古墳群 (37)	平均値	0.392	0.551	0.366	0.617
	標準偏差	0.057	0.036	0.069	0.066		標準偏差	0.044	0.171	0.082	0.093
	変動係数(%)	12.50	25.40	15.50	18.60		変動係数(%)	11.20	31.00	22.40	15.10
公津原窯 (20)	平均値	0.180	0.195	0.138	0.231	馬見古墳群 (65)	平均値	0.352	0.394	0.352	0.656
	標準偏差	0.017	0.064	0.027	0.028		標準偏差	0.058	0.111	0.129	0.144
	変動係数(%)	9.400	32.80	19.60	12.10		変動係数(%)	16.50	28.20	36.60	21.90
生出塚窯群 (51)	平均値	0.169	0.272	0.145	0.316	佐紀古墳群 (64)	平均値	0.422	0.155	0.508	0.348
	標準偏差	0.018	0.078	0.031	0.066		標準偏差	0.051	0.034	0.057	0.041
	変動係数(%)	10.70	27.80	21.40	20.90		変動係数(%)	12.10	21.90	11.20	11.80
馬室窯群 (34)	平均値	0.323	0.207	0.300	0.362	矢倉古墳Ⅰ群 (26)	平均値	0.490	0.366	0.441	0.671
	標準偏差	0.055	0.033	0.053	0.058		標準偏差	0.025	0.060	0.035	0.078
	変動係数(%)	17.00	15.90	17.70	16.00		変動係数(%)	5.100	16.40	7.900	11.60
姥ヶ沢窯群 (50)	平均値	0.148	0.198	0.113	0.298	矢倉古墳Ⅱ群 (35)	平均値	0.445	0.114	0.428	0.367
	標準偏差	0.018	0.048	0.019	0.047		標準偏差	0.037	0.031	0.066	0.054
	変動係数(%)	12.20	24.20	16.80	15.80		変動係数(%)	8.300	27.20	15.40	14.70

( ) 内の数字は試料数を示す。

わかった。

6. JG-1による標準化法

　もう一つの問題は分析値の表示法である。蛍光X線分析装置による測定で、直接得られるのは蛍光X線強度である。同一試料を別の装置で測定すると、同一元素でも、得られる蛍光X線強度は異なる。つまり、蛍光X線強度は普遍化された値ではない訳である。装置によって異なるのである。研究にはどの装置を使っても、分析値が比較できる普遍化された値で表示しておかなければならない。そのため、通常、分析化学では前もっていくつかの標準試料を測定して得られた蛍光X線強度と含有量の間に直線性があることを確認し、その直線（検量線）をつかって、未知試料の、測定された蛍光X線強度から含有量を求める。いわゆる、検量線法を採用する。

　通常、主成分元素の含有量は百分率（％）で表示される。（％）表示は普遍化された値である。100gの試料中に含まれる主成分元素の質量を（g）数で簡単に示すことができる。岩石学研究でも主成分元素の含有量が酸化物形で百分率（％）表示される。また、微量元素は元素形で（ppm）表示される。ppmとは1トン（1000 kg）の岩石試料中に含まれる微量元素の（g）数である。主成分元素の含有量を百分率で表示すると、100gの岩石試料中に含まれる主成分元素（酸化物形）の重量が簡単に（g）単位で求められる。

他方、化学分野では「モル」という量を使う。「モル」とは原子量や分子量に（g）という単位を付加した量と定義されている。質量を表す単位であるが、ドルトンの原子論によると、1モルの物質中に含まれる原子数や分子数は 6.02×10^{23} 個である。これをアヴォガドロ数と呼んでいる。したがって、「モル」とは物質の質量を表すと同時に、物質中に含まれる原子数や分子数を表す量ということになる。「モル」表示をすれば、物体の質量と物体を構成する原子・分子数の情報が得られる訳である。質量は天秤で測定される巨視的世界の量である。他方、原子数や分子数は目には見えない微視的世界の粒子の数である。「モル」とは巨視的世界と微視的世界を結び付ける量であるということになる。

　化学分野では化学反応式を考えるので、「モル」の概念は不可欠なのである。岩石学分野でも岩石中に含まれる鉱物種（化合物）を考えるので、「モル」の考え方を応用して、「ノルム」計算が行われる。ノルム計算によって、岩石を構成する鉱物種とその組成について考えることができる。この作業は岩石学研究では不可欠である。したがって、岩石学研究では各主成分元素の分析データを百分率（％）で表示しなければならないのである。

　他方、須恵器の産地推定法の開発研究では 1000℃ を超す高温で焼成された須恵器胎土中には鉱物形は残っていない。KやCaもどんな状態で存在するのかも不明である。岩石学研究のように、主成分元素の分析値を百分率で表示しなければならない理由は何もない。むしろ、これまでの常識を破る多数の須恵器試料を分析し、試料集団間の地域差を比較するので、それに適した分析値の表示法を考案したほうが胎土分析の研究を推進するためには役立つ。筆者は地質調査所が配布している岩石標準試料 JG-1 を標準試料として選択し、各元素の蛍光X線強度を JG-1 の各元素の蛍光X線強度で標準化する方法を考案した。

　このような方法は放射化分析でも採用されている。放射化分析では測定されたガンマ線強度を時間補正したのち、同じラビット（粉末試料を詰め込むポリエチレン製の小容器）内に詰め込まれ、原子炉内で放射化された JG-1 試料のガンマ線強度で標準化した値に、地質調査所から公表されている JG-1 の各元素の分析値を乗じて（％）や（ppm）で表示している。（％）や（ppm）表示の必要性がなければ、JG-1 による標準化値をそのまま使うことになる。長年、放射化分析をしてきた筆者はこの考え方をそのまま、この研究に活用しただけである。

　岩石標準試料の中から JG-1 を標準試料として採用した理由は、JG-1 の蛍光X線スペクトルからみて、KとCa、RbとSrのスペクトル線の高さはほぼ同じであり、これら4元素を同時に定量分析する上に、有効な標準試料となりうるからである。JB（玄武岩）やJA（安山岩）系の岩石標準試料ではKとCa、RbとSrのピークの高さが不均衡で、これら4元素を同時に定量分析する上には有効な標準試料とはならない。このような理由で、JG-1（群馬県産の花崗岩類）を土器類や花崗岩類の定量分析のための、最適の標準試料として採用した。

　JG-1 は日本地質調査所が調整した岩石標準試料の一つであり、全国各地の関連する大学や研究機関に配布されており、微量元素も含めて、その詳細な分析データが地質調査所から公表されている。JG-1 による標準化値から、（％）や（ppm）表示へ変換することも容易である。したがって、JG-1 による標準化値も普遍的な分析値の表示法であると考えられる。

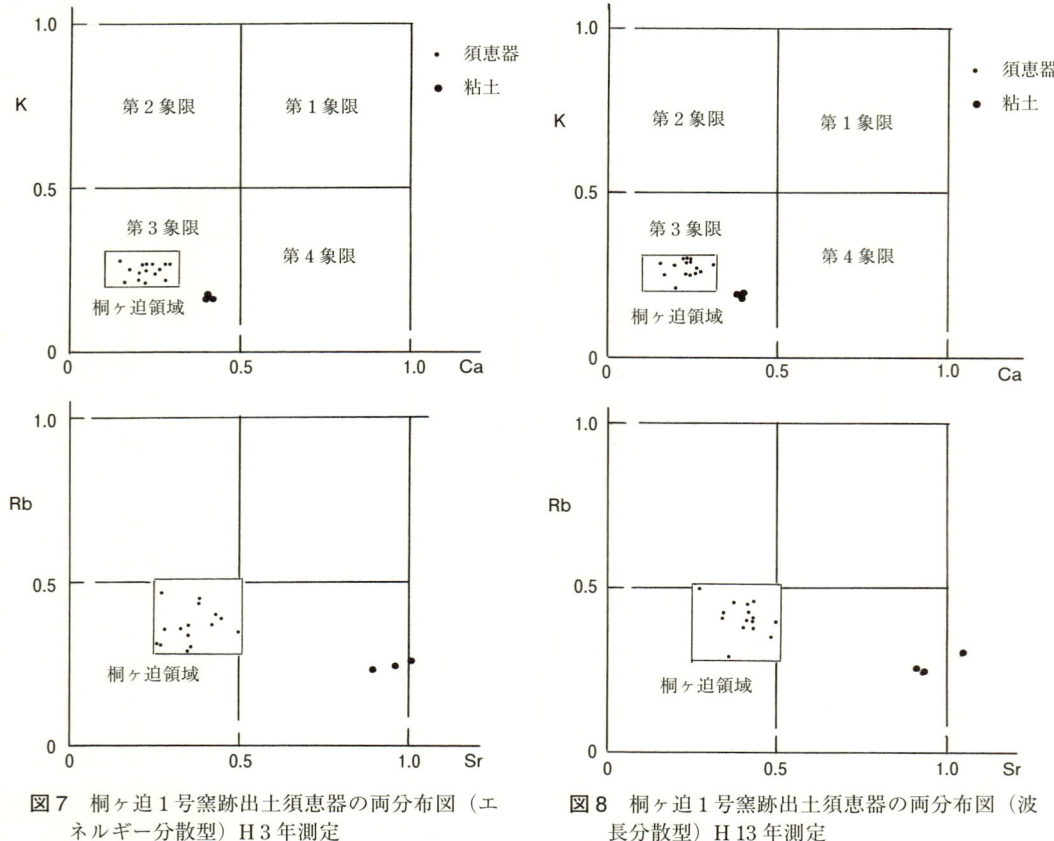

図7　桐ヶ迫1号窯跡出土須恵器の両分布図（エネルギー分散型）H3年測定

図8　桐ヶ迫1号窯跡出土須恵器の両分布図（波長分散型）H13年測定

　実際、筆者が使用してきた、いずれの装置でも、同一窯跡群の試料集団の分析結果は両分布図で、同じ領域に分布し、再現性もよいことが示されている。その一例として、桐ヶ迫1号窯跡（大分県）出土須恵器試料の分析例を示す。図7には、平成3年度にエネルギー分散型の装置で測定した須恵器と粘土の両分布図を示してある。また、図8には、その10年後の平成13年度に波長分散型の装置で測定した結果を示してある。両分布図では比較対照のために、桐ヶ迫領域を描いてある。すべての試料は同じ桐ヶ迫領域に分布しており、再現性がよいことを示している。粘土はこの桐ヶ迫領域を大きく外れて分布している。このことはこの粘土が桐ヶ迫窯で製作した須恵器の素材粘土ではないことを明示している。このように、10年後に、別の装置で測定した結果もほとんど同じ結果であることがわかる。長期間にわたる研究に、JG-1による標準化法がいかに有効であるかがわかる。

　さらに、胎土分析の研究では材質からみた粘土、すなわち土器のもつ特異性がある。火成岩が風化し、粘土が生成する過程で粘土中のK、Ca、Rb、Srなどの溶けやすい元素は溶出する。したがって、その分析値はJG-1による標準化値で1以下である。両分布図を作成するときに、両軸にJG-1による標準化値をとると、窯跡出土須恵器は標準化値で1以下の正方形の領域（これを土器領域と呼ぶ）に分布することになる。

一方（％）表示をすると、JG-1のKの含有量はK_2Oとして3.95％であり、Caの含有量はCaOとして2.15％である。狭い領域の中で地域差を比較しなければならなくなる。JG-1による標準化法のほうが、データのグラフ表示でもはるかに便利である。また、土器試料の分析作業に入る前に、必ず、標準試料JG-1を測定する。JG-1の各元素の蛍光X線強度の一定性を確認することによって、蛍光X線分析装置の安定性もチェックすることができる。

さらに、後述するように、統計学的距離（マハラノビスの汎距離）を計算する場合にも、4元素のJG-1による標準化値は1以下で、分析値の桁数がそろっている点で好都合である。仮に主成分元素の含有量を（％）で表示し、微量元素の含有量を（ppm）で表示すると、主成分元素と微量元素の分析値の数値の桁が違い、これら4元素の分析値を同等に取り扱うことはできなくなる。これら4元素をつかって統計計算する上には、何らかの形で標準化しなければならなくなる。地域差を比較する胎土分析の研究と、岩石を構成する鉱物種の組成を考える岩石学研究とでは研究目的も全く異なるのである。後述するように、JG-1による標準化法で理化学的胎土分析の研究を進めるほうがいかに便利で、有効であるかが理解できるであろう。

要するに、JG-1による標準化法の考え方は化学熱力学におけるエンタルピー差を求める考え方と同じである。個々の化学物質のもつ絶対エンタルピーを測定することは容易ではないが、一定の基準値からのエンタルピー差は熱量計で簡単に測定することができる。エンタルピー差で化学反応を十分考察することができる。この方法が定着することによって、化学熱力学は大きく進展することになったといっても過言ではない。胎土分析の研究でも同様である。個々の土器試料に含まれる元素の絶対量よりも、試料集団間の元素含有量にみられる差、すなわち、地域差が問題となる。「差」を求める点では胎土分析の研究は化学熱力学と共通する。このような場合、どんな標準試料を使うかが重要な問題となる。権威のある研究機関で調整された標準試料が必要である。

以上が、膨大な数の須恵器試料を長期間にわたって分析し、自然科学の方法をつかって土器遺物の考古科学的研究を進めようとする研究分野の分析化学に対する考え方である。

次に、JG-1による標準化法をつかって、K–Ca、Rb–Srの両分布図を作成し、全国各地の窯跡群出土須恵器にどのような地域差があるかを示す。全国各地の窯跡群出土須恵器の化学特性を把握しておくことは、この研究の出発点となる。まず、定性的に地域差があることを確認しておいて、その後で、窯跡群間の定量的な相互識別法を考案しようというのである。

第4章　窯跡出土須恵器の分析化学的研究

　基礎研究の結果、窯跡や窯跡群から出土した須恵器の試料集団はK、Ca、Rb、Srの4元素で特性化できることがわかった。「化学特性」はK-Ca、Rb-Srの両分布図上で具体的に表示される訳である。全国各地の窯跡群出土須恵器の化学特性を比較することは、この研究を推進するためには不可欠である。本章では、全国各地の窯跡および窯跡群出土須恵器の両分布図を紹介するとともに、窯跡群周辺の消費地遺跡から出土した須恵器が地元産の製品であるのか、それとも、外部地域からの搬入品であるのかを知るために、両分布図上で地元窯跡群への対応も試みた。

1. 小さな地域差と大きな地域差

　図9には、古代最大の須恵器生産地であった和泉陶邑窯跡群の窯跡の一つであるTG-231号窯跡（栂地区の窯跡をTGと略する）の須恵器試料の両分布図を、図10には、TG-232号窯跡の須恵器試料の両分布図を示してある。別名、大庭寺1、2号窯跡として知られる両窯跡は数メートル離れて並んでいる。両窯跡とも陶邑での須恵器生産の初期の頃の窯跡と推定されており、その製品は外見上、韓国の考古学者がみても、日本の考古学者がみても、朝鮮半島産の陶質土器とは区別ができないといわれている。両図には比較のために、TG-231号窯跡の試料をほとんど包含するようにしてTG-231号領域を描いてある。この領域は定性的な領域であるが、他の窯跡出土須恵器試料の分布と比較する上には有効である。TG-232号窯跡の試料のほとんどもこの領域に分布しており、胎土の化学特性はほとんど同じである。両窯跡では同じところで粘土を採取したことを物語る。ほとんど同じ時期に操業した窯跡と推定されている。

　他方、図11には、同じ陶邑地域内の大野池地区の窯跡であるON-231号窯跡（大野池地区の窯跡名をONと略する）の須恵器試料の両分布図を示す。この窯跡も5世紀代と推定されている。ON-231号窯跡の試料もまとまって分布する。図11ではON-231号窯跡の須恵器試料のほとんどを包含するようにして、ON-231号領域を描いてある。また、比較のために、TG-231号領域も描いてある。そうすると、ON-231号窯跡の須恵器試料は両分布図でTG-231号領域の左側に少しずれて分布していることがわかる。つまり、4元素にみられる化学特性には少しずれがある。陶邑内でも「小さな地域差」がみられる訳である。この「小さな地域差」は同じ母岩に由来する粘土の不均質性による地域差と解釈している。したがって、TG窯跡とON窯跡の須恵器の素材粘土は同じ地域内の別場所で採取されたと推定される。

　上記3窯跡の須恵器試料の化学特性は表6に比較してある。各元素の平均値はTG-231号窯跡と

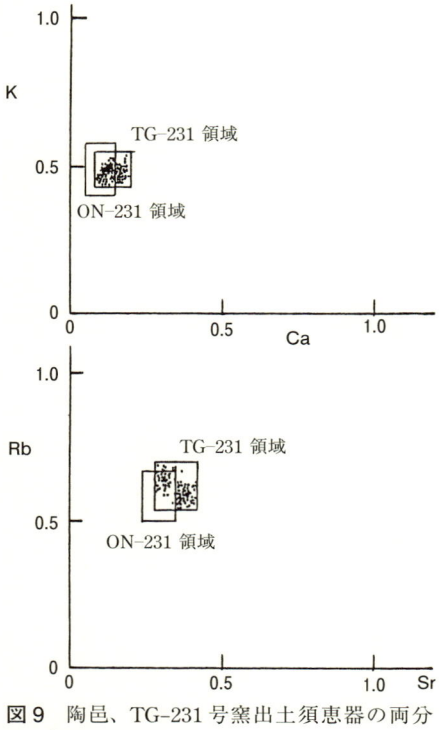

図9 陶邑、TG-231号窯出土須恵器の両分布図

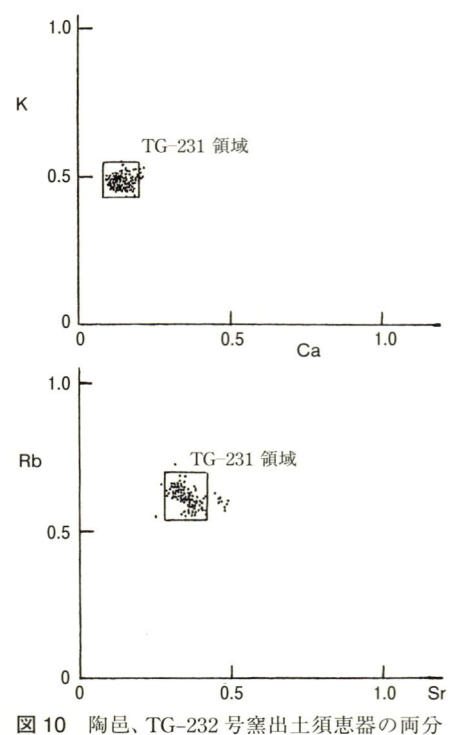

図10 陶邑、TG-232号窯出土須恵器の両分布図

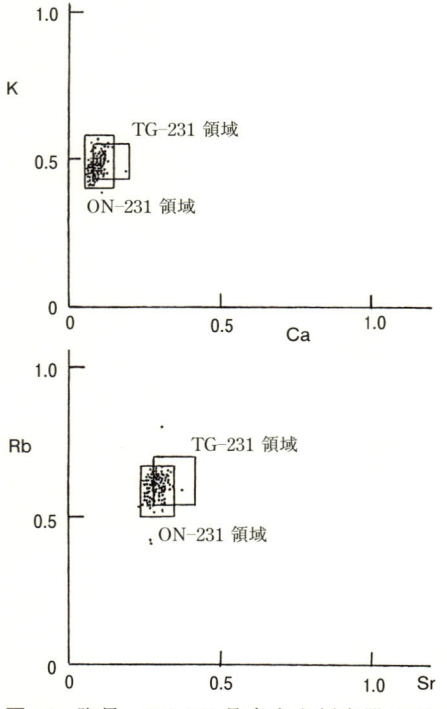

図11 陶邑、ON-231号窯出土須恵器の両分布図

TG-232号窯跡ではほとんど同じで、両窯跡の須恵器試料の化学特性がいかに類似しているかがわかる。これに対して、ON-231号窯跡の須恵器試料はK以外の元素はTG-231、232号窯跡の須恵器試料とは少し異なる。さらに、これら3窯跡の須恵器試料の各元素のばらつきは変動係数にして、数パーセント以上であり、装置自身による「ゆらぎ」よりも大きい。1基の窯跡出土須恵器試料といえども、ばらつきがある訳である。この小さな地域差は自然界における粘土の不均質性に原因があると考えている。

和泉陶邑には数キロメートル四方の地域内に、栂地区や大野池地区などのいくつかの区域に分かれて多数の窯跡がまとまって分布している。その総数は5～8世紀代で500基を超えるといわれる。須恵器生産が始まる5世紀代にもすでに100基を超える窯跡が見つけられている。一例として、栂

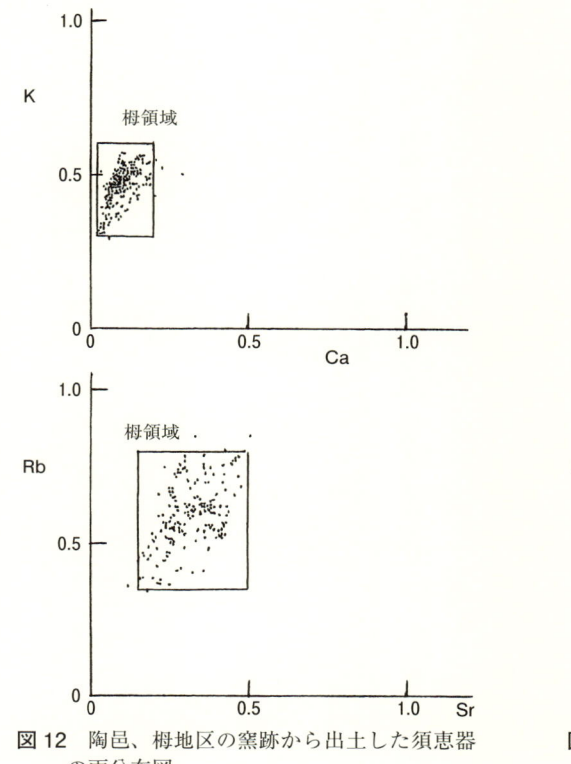

図12 陶邑、栂地区の窯跡から出土した須恵器の両分布図

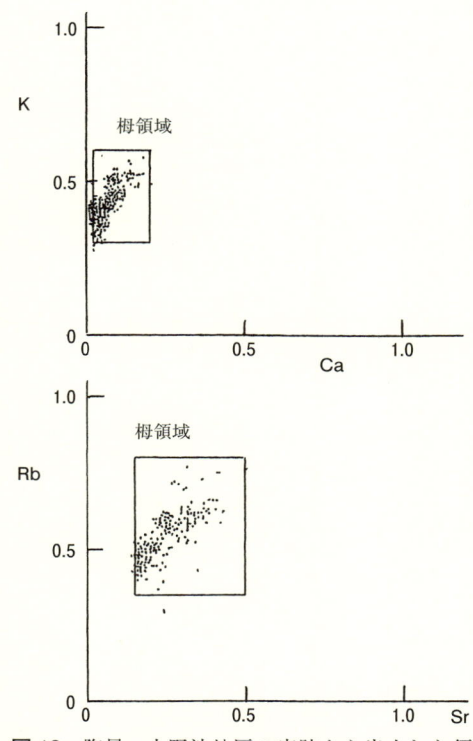

図13 陶邑、大野池地区の窯跡から出土した須恵器の両分布図

地区の須恵器試料の両分布図を図12に、また、大野池地区の須恵器試料の両分布図を図13に示す。両分布図には比較のために、栂領域を示してある。大野池地区の須恵器試料は明らかに栂領域内でも偏在して分布していることがわかる。これも素材粘土の「小さな地域差」と考えられている。数キロメートル四方の範囲内でもこの程度の「小さな地域差」がみられるのである。このことは素材粘土が各地区内の別の場所で採取された粘土であることを物語る。古代の窯業生産では素材粘土を求めて窯を構築したのである。各地区内の粘土は同じ母岩に由来すると考えられているが、その化学特性には自然界に存在する粘土特有の微妙な違いがある訳である。

陶邑内の各地区の窯跡出土須恵器試料の化学特性を表7に比較してある。表6と表7の比較から、各地区内の窯跡出土須恵器試料のばらつきは1基の窯跡出土須恵器試料のばらつきよりも、変動係数にしてさらに大きくなっていることがわかる。粘土の採取場所の拡大につれてその化学特性のばらつきもさらに大きくなる訳である。通常、これらは陶邑窯跡群としてまとめられ、他の地域の窯跡群の分布領域と比較される。図14には陶邑窯跡群の須恵器試料集団の両分布図を示してある。このように、窯跡群の試料群も一定の化学特性をもっているのである。窯跡群としてまとまるという分析データは重要な情報である。多数の窯跡を窯跡群としてまとめて整理できるからである。全国各地の窯跡群出土須恵器の試料集団が窯跡群ごとにまとまり、さらに、窯跡群が所在する地域によって、地質の違いが原因である「大きな地域差」があることを実証することができれば、元素分析による産地推定法の開発への道は開かれるからである。このことを実験データで確認することが

表6 TG-231、232号およびON-231号窯出土須恵器の化学特性

窯群名		K	Ca	Fe	Rb	Sr	Na
TG-231 （97）	平均値 標準偏差 変動係数	0.480 0.0215 4.5	0.141 0.0280 19.9	2.07 0.238 11.5	0.613 0.0372 6.1	0.350 0.0397 11.3	0.301 0.043 14.3
TG-232 （101）	平均値 標準偏差 変動係数	0.488 0.0222 4.5	0.150 0.0308 20.5	1.99 0.309 15.5	0.615 0.0349 5.7	0.362 0.0501 13.8	0.319 0.045 14.1
ON-231 （100）	平均値 標準偏差 変動係数	0.481 0.0380 7.9	0.094 0.0199 21.1	2.65 0.330 12.5	0.598 0.0472 7.9	0.293 0.0260 8.9	0.246 0.042 17.1

（ ）内の数値は分析資料数を示す。

表7 陶邑、栂地区、大野池地区、高蔵地区、光明池地区の窯跡から出土した須恵器の化学特性の比較

窯群名		K	Ca	Fe	Rb	Sr	Na
TG群 （192）	平均値 標準偏差 変動係数	0.464 0.0663 14.3	0.105 0.0451 43.0	2.12 0.439 20.7	0.601 0.110 18.3	0.318 0.082 25.8	0.196 0.0734 37.4
ON群 （195）	平均値 標準偏差 変動係数	0.432 0.0645 14.9	0.071 0.0443 62.4	2.45 0.438 17.9	0.548 0.080 14.6	0.254 0.0720 28.3	0.166 0.0734 44.2
TK群 （60）	平均値 標準偏差 変動係数	0.478 0.0599 12.5	0.152 0.0547 36.0	2.27 0.282 12.4	0.574 0.0517 9.0	0.368 0.0938 25.5	0.269 0.111 41.3
KM群 （60）	平均値 標準偏差 変動係数	0.529 0.0608 11.5	0.141 0.0469 33.3	1.88 0.388 20.6	0.700 0.0849 12.1	0.401 0.0728 18.2	0.237 0.0638 26.9
MT群 （42）	平均値 標準偏差 変動係数	0.474 0.0897 18.9	0.125 0.0721 57.7	2.28 0.486 21.3	0.560 0.0969 17.3	0.360 0.136 37.8	0.227 0.143 63.0

（ ）内の数値は分析資料数を示す。

「窯跡群出土須恵器の分析化学的研究」の目的である。

このように、数キロメートル四方の範囲内でも、粘土の化学特性に「小さな地域差」が両分布図上でも観測された。窯間の距離をもっと遠く離すと、地質の違いによる、つまり、母岩の岩石種の違いによる、「大きな地域差」があることが予想された。一例として、図15には福岡県甘木市に所在する、初期須恵器の朝倉窯跡群（小隈、山隈、八並の3基の窯跡が見つけられている）の須恵器の試料集団の両分布図を示す。図15には比較のために、陶邑領域も描いてある。朝倉領域は明らかに陶邑領域とは異なることがわかる。定性的に描かれた両分布図上での分布でも地域差が明確にわかるくらい、大きな地域差である。「大きな地域差」の原因は地質の違いである。

図14 陶邑窯群の須恵器の両分布図

図15 朝倉窯群の須恵器の両分布図

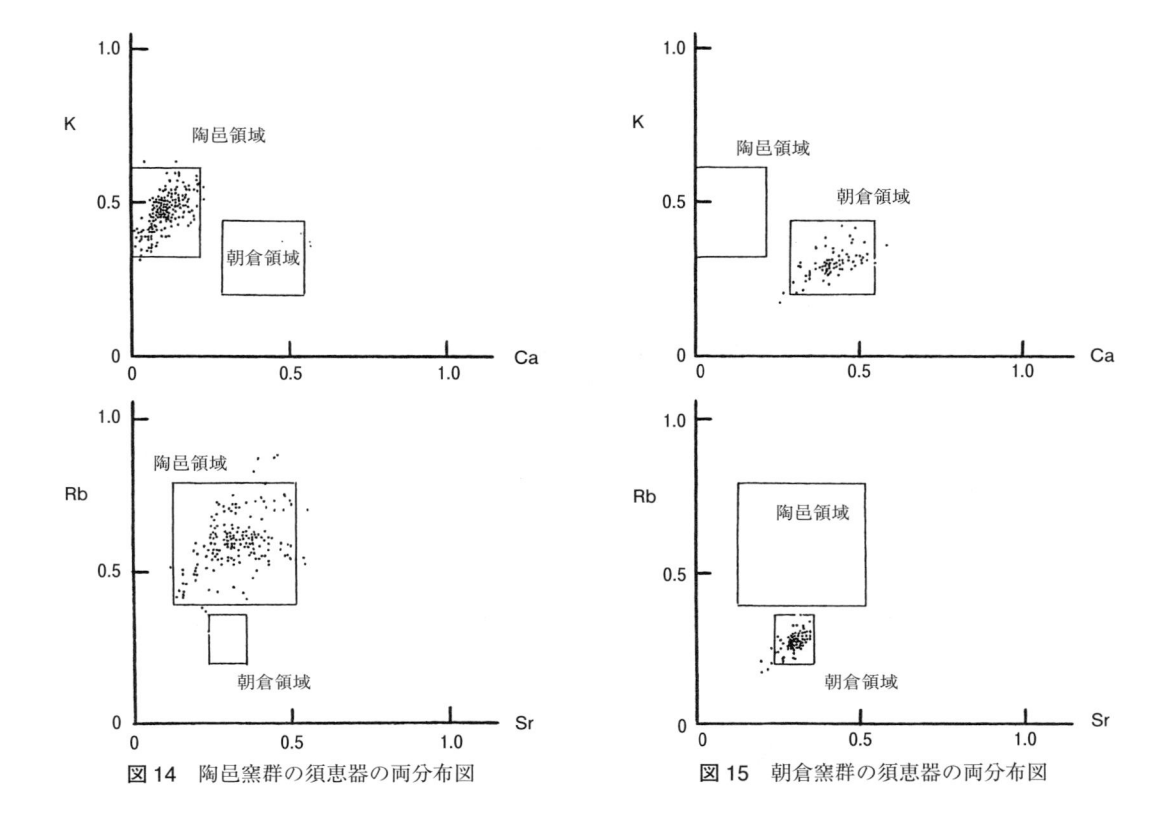

2. 各地の窯跡群出土須恵器にみられる地域差

本節では、全国各地の窯跡群出土須恵器にどのような地域差があるのかをK-Ca、Rb-Srの両分布図上で具体的に示すとともに、地元の消費地遺跡から出土した須恵器が在地産の製品か、それとも外部地域からの搬入品かを両分布図上で定性的に探ってみた。以下に、全国各地の窯跡群出土須恵器の両分布図を紹介する。

A）東北地方

青森県内には9世紀代以前の須恵器窯跡はない。唯一の須恵器窯跡群は日本海側の五所川原市に在る五所川原窯跡群である。10世紀代に操業され、30基ほどの窯跡が発見されている。五所川原窯跡群内の各窯の分布地図を図16に示す。五所川原窯跡群でも4～5km四方程度の地域内に多数の窯跡が分布する。この中から、広野遺跡（KY-1と略す）、隠川（1）遺跡（MZ-6）、前田野目遺跡（MD-16）から出土した須恵器試料の両分布図を図17に示してある。3か所の窯跡出土須恵器の試料集団の分析データをまとめて五所川原群とした。ほとんどの試料を包含するようにして五所川原領域を描いてある。全国各地の窯跡群出土須恵器は両軸を1とした正方形の範囲内に分布するので、この領域を「土器領域」と呼ぶ。この領域は両軸が0.5のところに線を引き、第1象限から第4象

図16 五所川原窯跡群における窯の分布

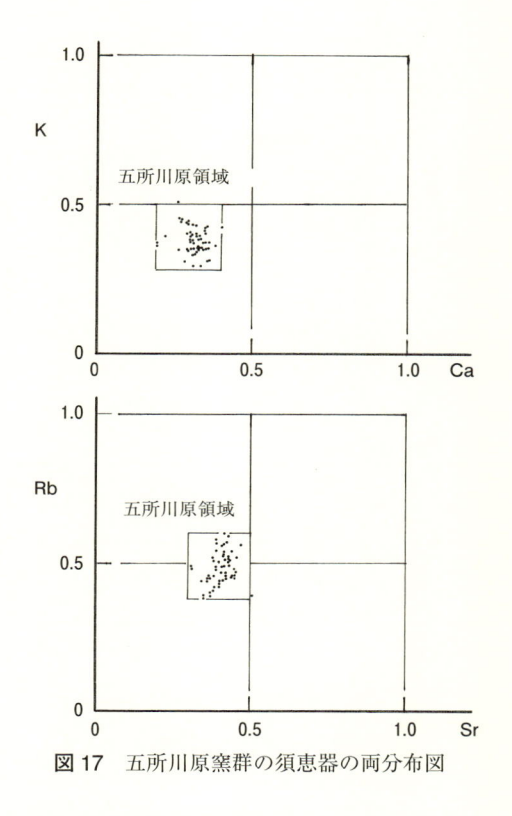

図17 五所川原窯群の須恵器の両分布図

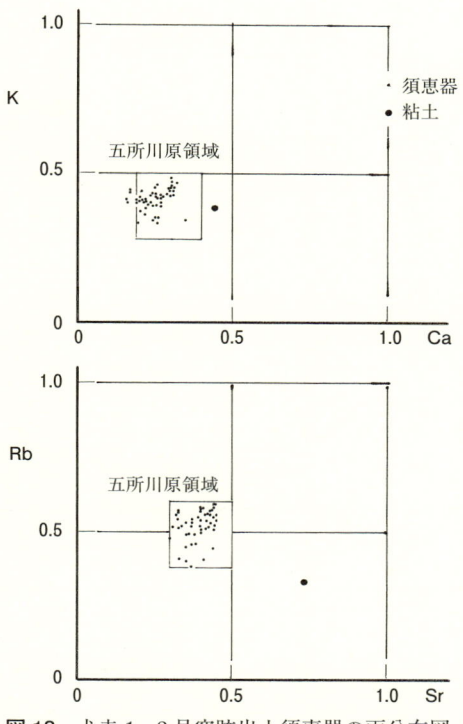

図18 犬走1、2号窯跡出土須恵器の両分布図

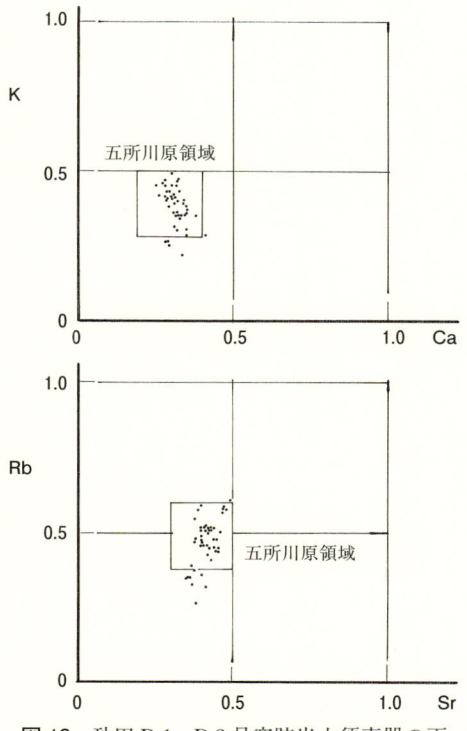

図19 砂田D1、D2号窯跡出土須恵器の両分布図

限までの四つの象限に区分される。そうすることによって、各地の窯跡群出土須恵器の化学特性が比較しやすくなるからである。五所川原窯跡群の須恵器はK-Ca分布図では土器領域の第3象限に、Rb-Sr分布図でも第2象限の下部から第3象限にかけて分布する。後述する西日本の窯跡群出土須恵器の試料集団に比べて、K、Rbが比較的少ないという化学特性をもつ。このデータを補足するために、五所川原窯跡群内に在る犬走1、2号窯跡の須恵器試料の両分布図を図18に、砂田D1、D2号窯跡の須恵器試料の両分布図を図19に示す。いずれも、ほとんどの試料は五所川原領域に分布していることがわかる。改めて、五所川原領域が確認できた訳である。図20には五所川原群、犬走1、2号窯跡、砂田D1、D2号窯跡の須恵器試料のFe因子を、また、図21にはNa因子を比較してある。K、Ca、Rb、Sr因子のみならず、Fe、Na因子でも五所川原群としてまと

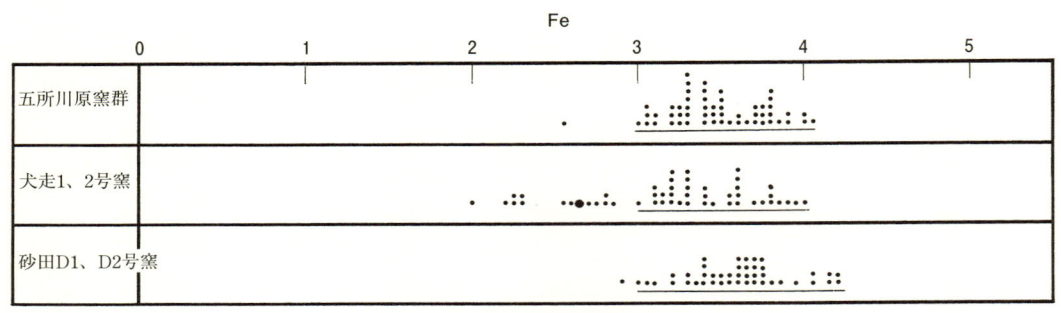

図20 Fe因子の比較

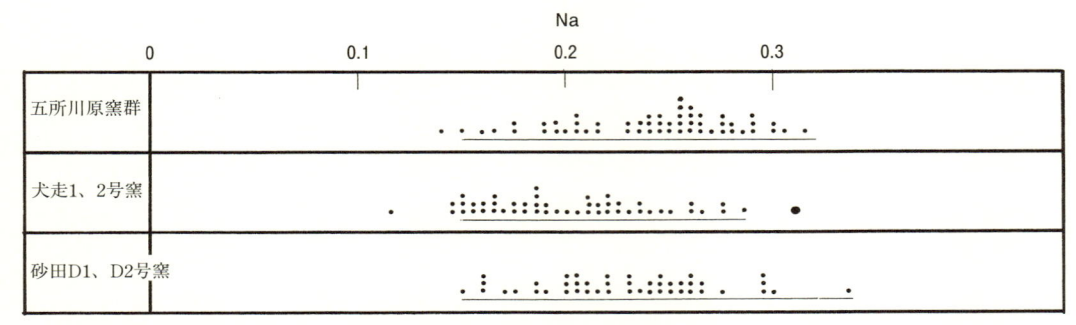

図21 Na因子の比較

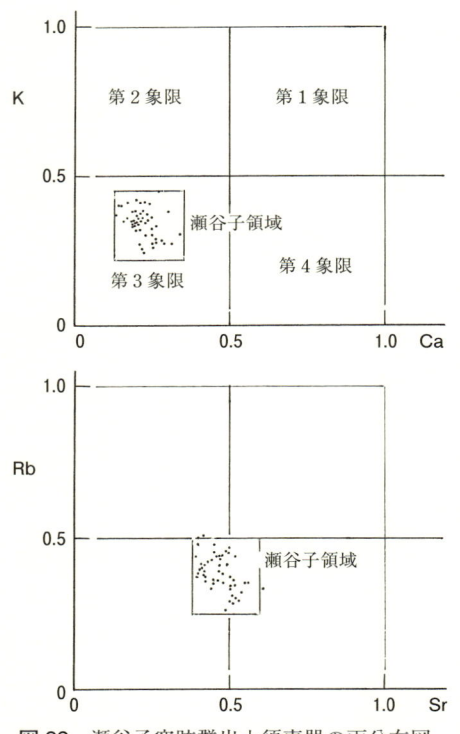

図22 瀬谷子窯跡群出土須恵器の両分布図

　まることがわかる。

　岩手県内にも須恵器窯跡は少ない。唯一の窯跡群は胆沢城周辺に分布する瀬谷子窯跡群である。瀬谷子窯跡群の須恵器試料の両分布図を図22に示す。図17の五所川原領域と比較すると、瀬谷子窯跡群の須恵器試料はK-Ca分布図では五所川原窯跡群の須恵器試料と同じ第3象限のほぼ同じ位置に分布するが、Rb-Sr分布図ではRbがやや少なく、Srは五所川原製品よりもやや多い。したがって、五所川原領域の斜め右下にずれて分布する。五所川原窯跡群とは相互識別できる可能性がある。瀬谷子窯跡群の製品は主として、近辺に在る大消費地遺跡である胆沢城に供給されていたものと推定される。岩手県内の、瀬谷子窯跡群が操業していたのと同時期の、他の消費地遺跡にも瀬谷子製品が供給されていたことが考えられる。徳丹城跡出土須恵器試料の両分布図を図23に示す。この図には比較対照の領域として、瀬谷子領

図23　徳丹城跡出土須恵器の両分布図
図24　志波城跡、大釜館跡出土須恵器の両分布図

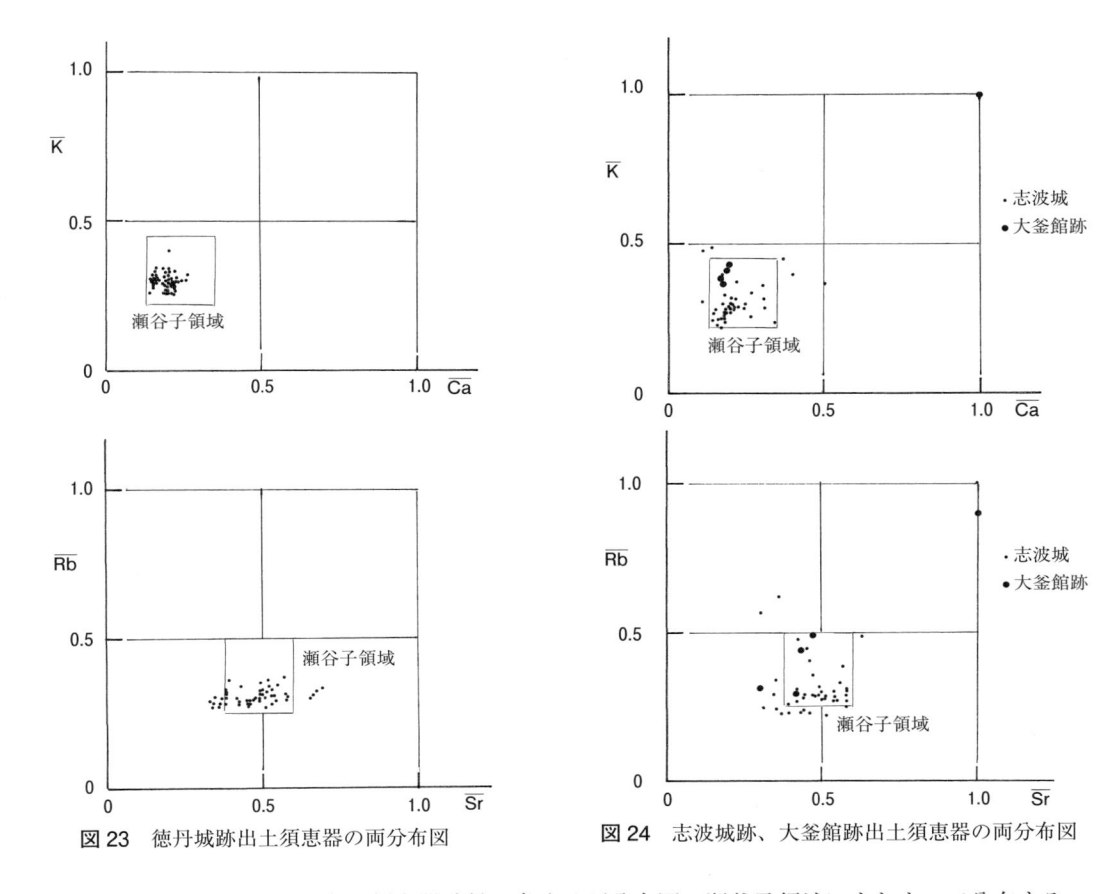

域を描いてある。徳丹城跡出土須恵器試料の多くは両分布図で瀬谷子領域にまとまって分布する。ただ、瀬谷子領域の下部に偏って分布するところから、瀬谷窯群内の特定の窯から供給された製品である可能性が高い。図24には志波城跡、大釜館跡出土須恵器試料の両分布図を示す。ほとんどの試料は瀬谷子領域に対応しており、瀬谷子窯群の製品とみられる。図23、24を比較すると、両消費地遺跡の須恵器試料の分布領域は瀬谷子領域でも、同じ位置に分布しており、同じ時期に、同じ窯跡で作られた製品である可能性が高い。

　秋田県内には、大和朝廷の東北経営の日本海側の拠点であった古代秋田城跡があった。そのためか、秋田県内には青森県や岩手県に比べて、須恵器窯跡の数は多い。秋田城周辺に分布する窯跡群を新城窯跡群としてまとめ、秋田県内に散在する、他の窯跡出土須恵器の化学特性と比較した。図25には秋田城周辺の窯跡の一つである大沢I窯跡出土須恵器の試料の両分布図を示してある。この図には新城窯跡群のほとんどの須恵器を包含するようにして、新城領域を描いてある。大沢I窯跡出土須恵器試料は新城領域の左下側に偏って分布することがわかる。図26には大沢II窯跡出土須恵器の試料集団の両分布図を示す。大沢I窯跡の須恵器試料とほとんど同じ領域に分布する。図27には古城巡り窯跡出土須恵器試料の両分布図を示す。新城領域内でも、大沢I、II窯跡の須恵器試料とは少しずれた位置に分布する。小さな地域差がある。大沢I、II窯跡の須恵器とは別場所で採取された粘土が素材となっていると推察される。図28には右馬之丞窯跡出土須恵器試料の両

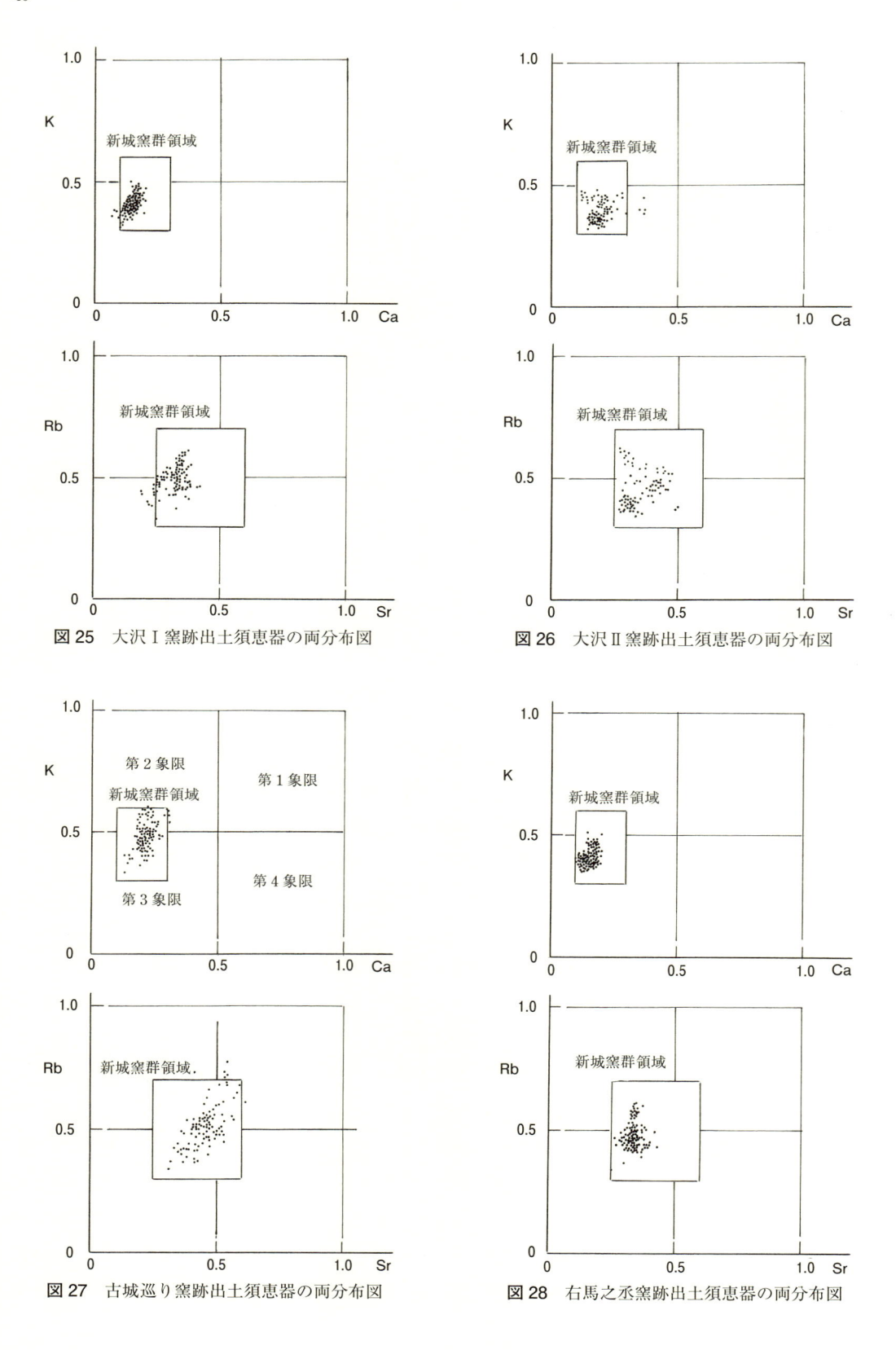

図25　大沢Ⅰ窯跡出土須恵器の両分布図

図26　大沢Ⅱ窯跡出土須恵器の両分布図

図27　古城巡り窯跡出土須恵器の両分布図

図28　右馬之丞窯跡出土須恵器の両分布図

分布図を示す。大沢Ⅰ、Ⅱ窯跡出土須恵器試料とほぼ同じところに分布する。秋田城周辺の窯跡出土須恵器試料は新城窯跡群としてまとめられことがわかる。新城窯跡群の須恵器はRb-Sr分布図で瀬谷子窯跡群の須恵器の分布位置とは異なり、その相互識別は可能である。周辺の消費地遺跡としては、図29には秋田城跡と払田柵跡出土須恵器試料の両分布図を示す。ほとんどの須恵器試料が新城窯跡群領域に分布しており、秋田城周辺に分布する新城窯跡群から供給された須恵器であることが推察される。このように、在地産の製品は両分布図で地元の窯跡群の領域に対応させることによって、生産地の手がかりを得ることができる。その上で、土器形式を対応させることが必要である。そうすることによって、考古学側も胎土分析による産地推定の結果を受け入れることができるようになるであろう。

　図30には秋田市の新城窯跡群とは離れた別の場所に在る手形山1、2号窯跡の須恵器試料の両分布図を示す。手形山窯跡の試料も、K、Rbの分析値は新城窯跡群の須恵器と同じである。一般的に、同じ地域内の窯跡群から出土する須恵器のK、Rbの分析値は類似している場合が多いが、Ca、Srの分析値は異なる場合が多い。同じ秋田市内の窯跡群であるが、手形山窯跡の試料集団のCa、Sr量は比較的少なく、新城領域の左側に少しずれて分布し、その化学特性は異なることがわかる。手形山1、2号窯跡の須恵器試料には新城窯跡群の須恵器に比べて、Feも多く、秋田市内ではあっても、新城窯跡群の須恵器とは別場所で採取された粘土が素材となったことを示している。この窯跡の製品が何処の消費地遺跡へ供給されたのかは不明である。

　図31には秋田市から離れて内陸部に位置する大仙市の成沢1、2、3号窯跡の須恵器試料の両分

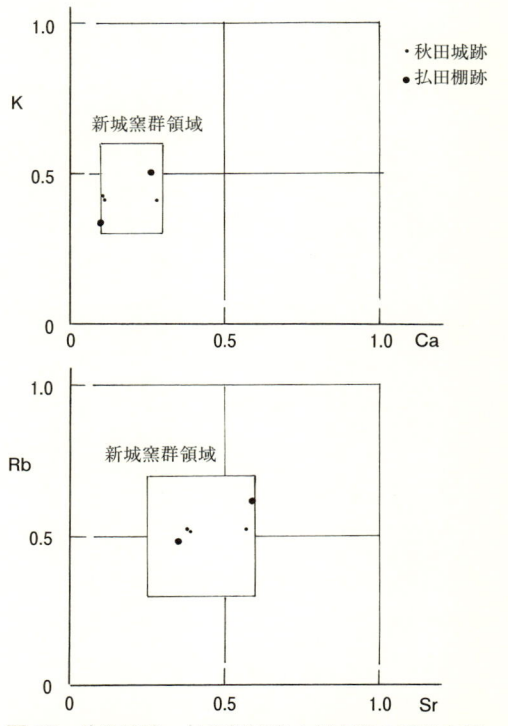

図29　秋田城跡、払田柵跡出土須恵器の両分布図 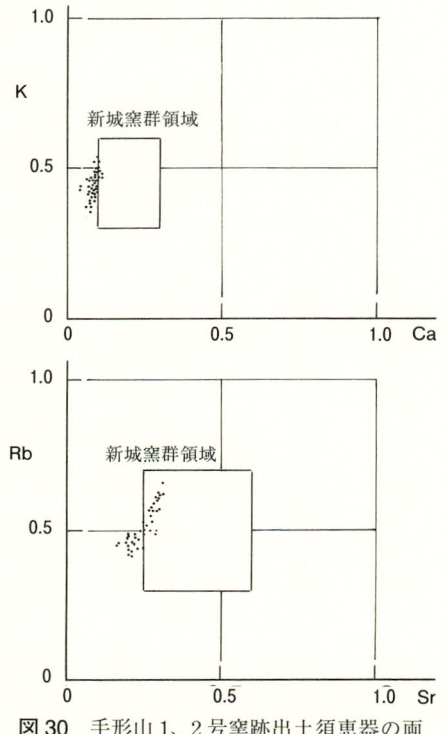　　図30　手形山1、2号窯跡出土須恵器の両分布図

図31　成沢1、2、3号窯跡出土須恵器の両分布図

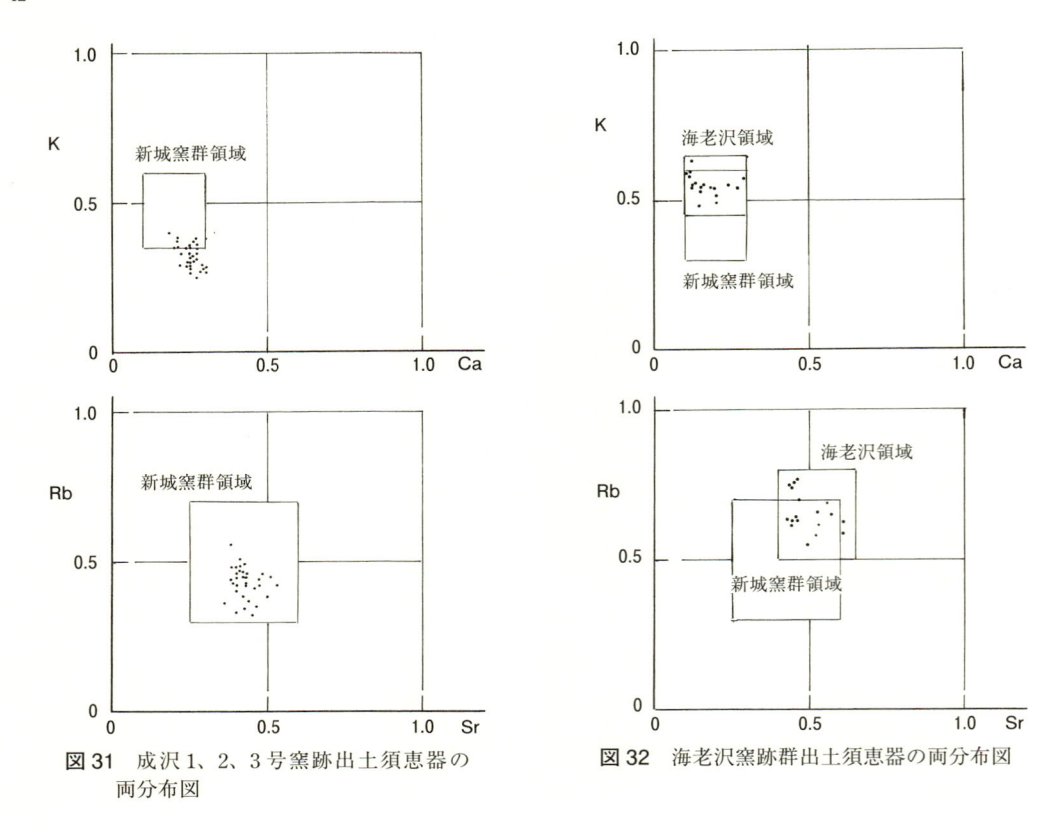

図32　海老沢窯跡群出土須恵器の両分布図

布図を示す。K-Ca分布図では新城領域をずれて分布し、秋田城周辺の窯跡群出土須恵器とは識別できる。成沢窯跡の須恵器試料の分布位置は図22の瀬谷子窯跡群の須恵器の分布位置と重なる。Rb-Sr分布図でも、瀬谷子窯跡群の須恵器試料の分布位置と重なり、その相互識別は困難である。

　一方、日本海に突き出した男鹿半島の付け根に位置する男鹿市には、9～10世紀代の操業と推定される海老沢窯跡群がある。この窯跡群から出土した須恵器試料の両分布図を図32に示す。新城窯跡群の須恵器に比べて、KとRbが多い傾向があり、両分布図で新城窯跡群の須恵器の分布位置から少しずれる。また、五所川原領域とも異なる。胎土分析によって、この窯群の製品は五所川原製品とともに、北海道の遺跡へ供給されていた可能性があることが示されている。

　秋田県内の窯跡出土須恵器試料の多くは両分布図で第2象限から第3象限に分布するものが多く、第3象限から第4象限にかけて分布する青森県、岩手県の窯跡出土須恵器試料とは少し異なる化学特性をもつことがわかる。このことは元素分析によって、秋田県産の須恵器を青森県、岩手県の須恵器から識別できることを示している。

　山形県内には、秋田県同様、須恵器の窯跡は多い。日本海側の酒田市に在る山海窯跡群の須恵器試料を中心に化学特性の比較を試みた。図33には山海窯跡群の須恵器試料の両分布図を示してある。ほとんどの試料を包含するようにして、山海領域を描いてある。山海領域は秋田城周辺の新城窯跡群の須恵器試料の分布領域に重なり、化学特性が類似することを示す。この山海領域を比較対照の領域として、山形県内の窯跡出土須恵器試料の化学特性を比較した。図34には酒田市に在る

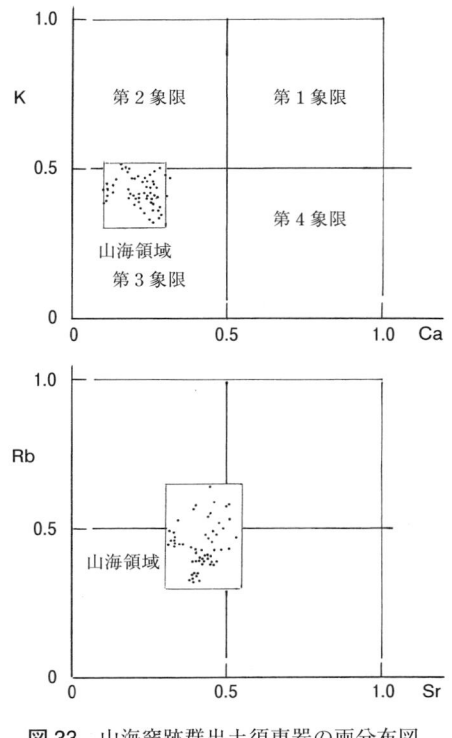

図 33　山海窯跡群出土須恵器の両分布図 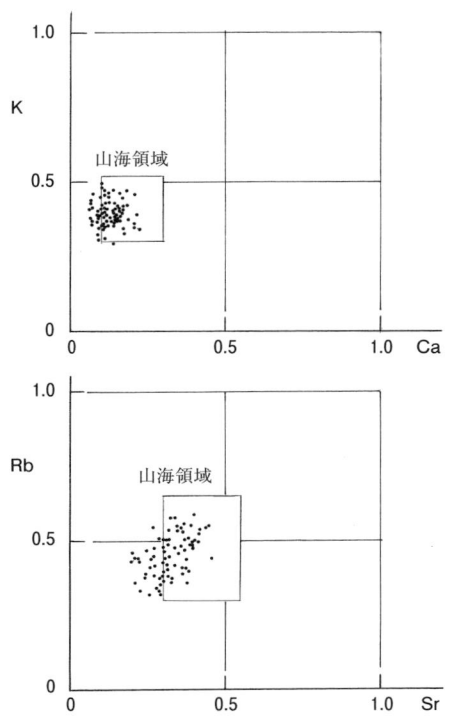　　　　　図 34　山形県日本海側の窯跡群(泉谷地、城輪、願瀬窯群)出土須恵器の両分布図

泉谷地、城輪、願瀬窯跡群の須恵器試料の両分布図を示してある。山海跡窯群の須恵器に比べて Ca、Sr がやや少なく、山海領域の左側に偏って分布し、山海窯跡群の須恵器試料の化学特性とは少し異なることがわかる。山海窯跡群の須恵器試料とは別場所で素材粘土が採取されたことを示す。図 35 には鶴岡市の荒沢窯跡の須恵器試料の両分布図を示す。明らかに、Ca、Sr が山海窯跡群の須恵器試料に比べて少なく、両分布図では山海領域の左側にまとまって分布する。荒沢窯跡の須恵器試料の両分布図における分布位置は秋田市の手形山 1、2 号窯の須恵器試料の分布位置と重なる。ただ、荒沢窯跡の須恵器試料には手形山窯跡の須恵器試料に比べて Fe が少なく、素材粘土は同じではない。このように、酒田市周辺の窯跡群出土須恵器試料に比べて、鶴岡市周辺の窯跡出土須恵器試料には Ca、Sr が明らかに少ない傾向がある。両分布図上では秋田城周辺の新城窯跡群、酒田市の山海窯跡群の須恵器試料は秋田市の手形山窯跡、鶴岡市の荒沢窯跡の須恵器試料とは異なる位置に分布する。その相互識別は可能である。図 36 には山形県内陸部の寒河江市に在る平野山 1、2、3、12 号窯跡の須恵器試料の両分布図を示す。図 36 を図 34 と比較すると、K-Ca 分布図では平野山窯跡群の須恵器試料は泉谷地、城輪、願瀬窯群の須恵器試料とは逆に、山海領域の右側に偏って分布し、その化学特性が少し異なることを示している。このように、山形県内の窯跡群出土須恵器試料にも、窯跡群が所在する場所によって、須恵器試料の化学特性が異なり、元素分析によって、相互識別できる可能性がある。

　宮城県内には東北地方最大多数の須恵器窯がある。それは大和朝廷の東北地域の経営の拠点であ

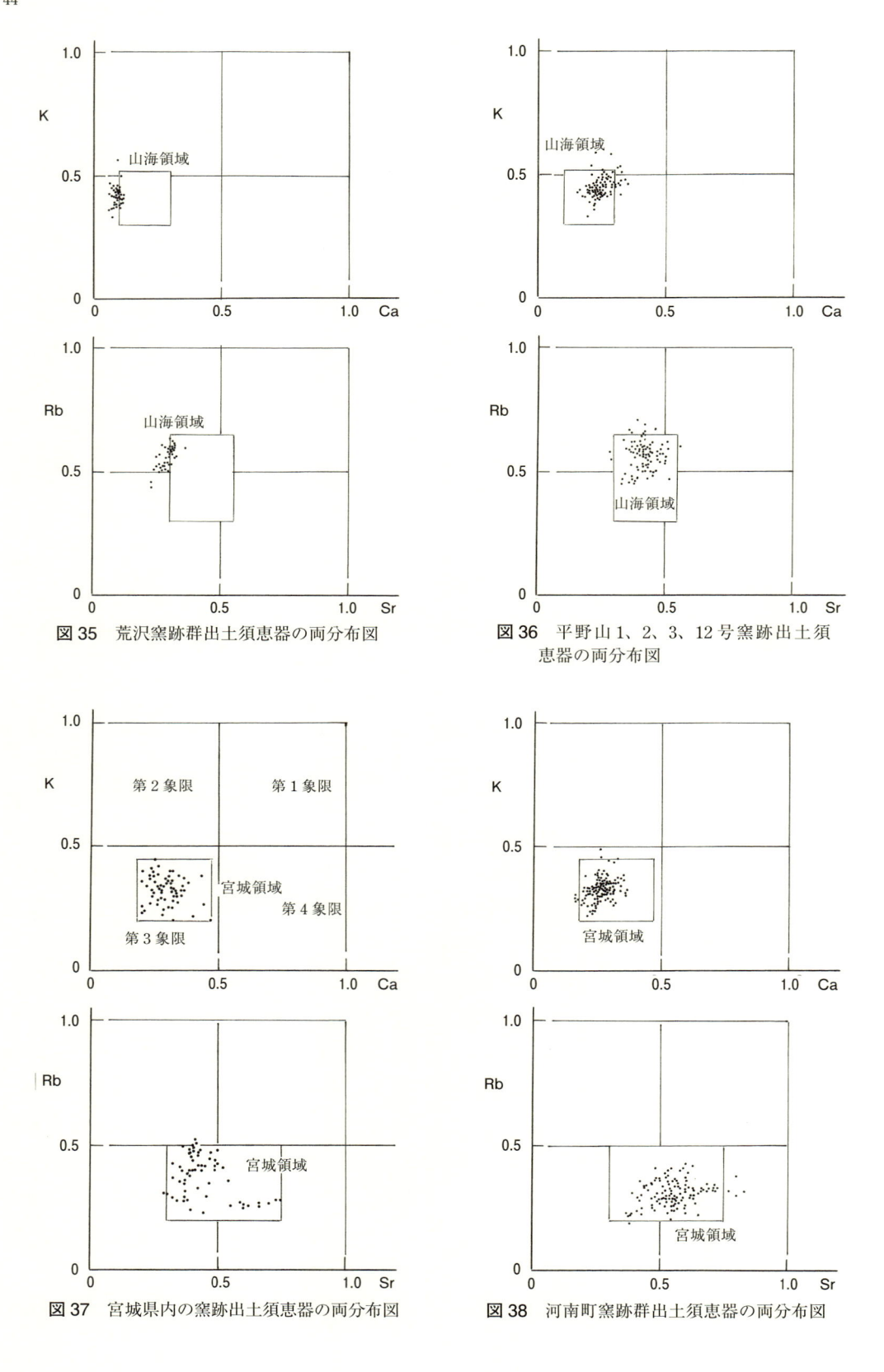

図35 荒沢窯跡群出土須恵器の両分布図

図36 平野山1、2、3、12号窯跡出土須恵器の両分布図

図37 宮城県内の窯跡出土須恵器の両分布図

図38 河南町窯跡群出土須恵器の両分布図

る多賀城があることと関係があるものとみられる。宮城県内各地に分布する木戸窯、吹付窯、河原窯、横前窯、吹端窯、硯沢窯跡などから出土した須恵器試料の分析データをまとめて、その両分布図を図37に示す。ほとんどの試料を包含するようにして、宮城領域を描き、県内の窯跡出土須恵器試料の比較対照の領域とした。K、Rbが比較的少なく、0.5以下の領域に分布することが特徴である。図38には河南町の河南町窯跡群の須恵器試料の両分布図を示してある。偏在はするものの、宮城領域内に分布することがわかる。陸前古川市に在る日の出山窯跡群の須恵器試料の両分布図を図39に示す。宮城領域に分布するが、宮城領域の左下側に偏って分布する点で河南町窯跡群の須恵器胎土とは異なる。図40には仙台市の土手内窯跡の須恵器試料の両分布図を示す。宮城領域内に分布するが、日の出山窯跡窯の須恵器試料とほぼ、同じ領域に分布する。図41には白石市に在る一本杉窯跡群の須恵器試料の両分布図を示す。Caの含有量が多く、K-Ca分布図では宮城領域の右側にずれて分布し、宮城県内の他の窯跡群の須恵器試料とは化学特性が異なることを示している。このように、県内に窯跡群が散在する場合には、その地域の中核となる窯跡群の分布領域を設定し、両分布図上で他の窯跡群の製品と比較すると、化学特性は理解しやすい。宮城県内には5世紀代と推定される古い須恵器窯跡が仙台市で発見されている。大蓮寺窯跡である。大蓮寺窯跡出土須恵器や瓦試料も宮城領域に分布した。陶邑製品が宮城県内の古墳へ供給されていたかどうかを判断する場合には、両分布図上で、陶邑領域と大蓮寺領域へ対応させることになる。

　秋田県や山形県の、日本海側に分布する窯跡群出土須恵器に比較して、太平洋側の宮城県の窯跡群出土須恵器試料にはK、Rbが少ないという特徴があることがわかった。したがって、もし、平

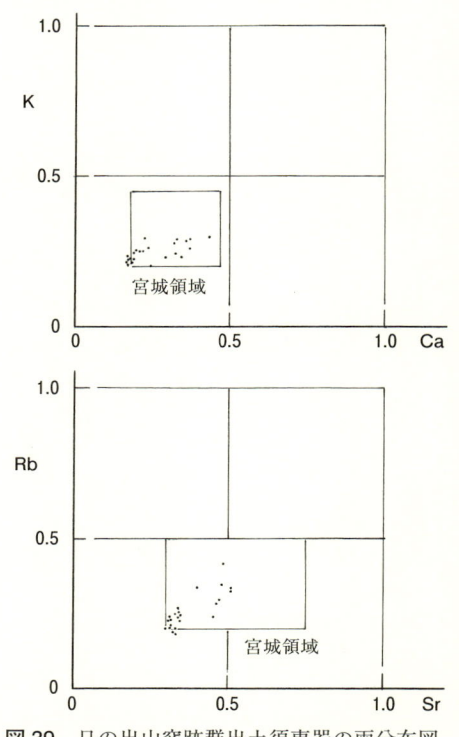

図39　日の出山窯跡群出土須恵器の両分布図

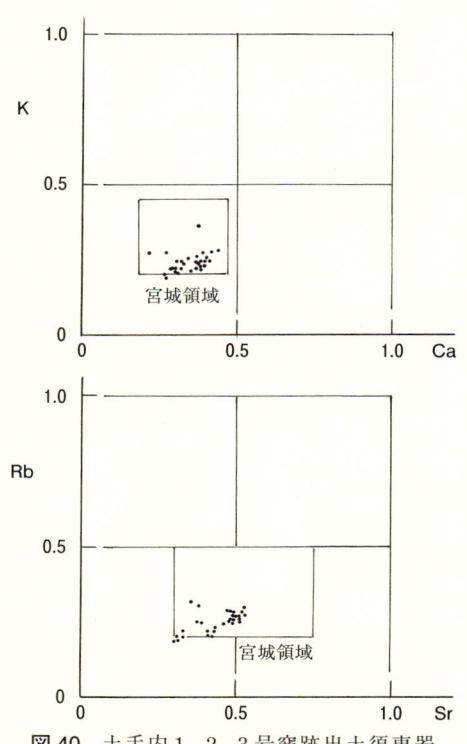

図40　土手内1、2、3号窯跡出土須恵器の両分布図

安時代の須恵器で太平洋側の窯跡群で作られた製品が日本海側の消費地遺跡へ、逆に、日本海側の窯跡群の製品が太平洋側の消費地遺跡へ供給されておれば、比較的簡単に検出できる。以下に、宮城県内のいくつかの消費地遺跡から出土須恵器の両分布図を示す。

　図42には亀岡遺跡出土須恵器の両分布図を示す。宮城領域に分布しており、宮城県内産の須恵器と推定される。その分布位置は図39、40に示した日の出山窯跡群や土手内窯跡の須恵器試料の分布位置と重なる。日の出山窯跡群か、土手内窯跡の製品である可能性がある。どちらの製品であるかは、年代や土器形式などの考古学の情報を参考とすることが必要である。

　図43には仙台市の郡山遺跡、山口遺跡、栗遺跡出土須恵器試料の両分布図を示す。1点、宮城領域を大きくずれる試料があるが、他の須恵器は宮城領域にほぼ、対応しており、地元産の須恵器であると推定される。

　図44には玉ノ壇遺跡、中田南遺跡、今泉城跡出土須恵器試料の両分布図を示す。ほとんどの試料は両分布図で一本杉領域に分布しており、白石市の製品である可能性が高い。他方、宮城領域を大きくずれて、第2象限に分布する2点の須恵器試料は宮城県内の製品ではなく、外部地域からの搬入品である。近距離にある生産地を優先すると、福島県会津若松市の大戸窯跡群の須恵器が分布する領域に対応している。大戸窯跡群は東北地方有数の須恵器窯跡群である。多数の須恵器窯跡が発見されている。大戸窯跡群の須恵器は両分布図で第2象限に分布し、秋田県や山形県の日本海側の窯跡群出土須恵器の化学特性に類似するが、太平洋側の東北地方の他の窯跡群の須恵器の化学特性とは異なる。両分布図での定性的な産地推定でも、容易に識別することができる。2点の須恵

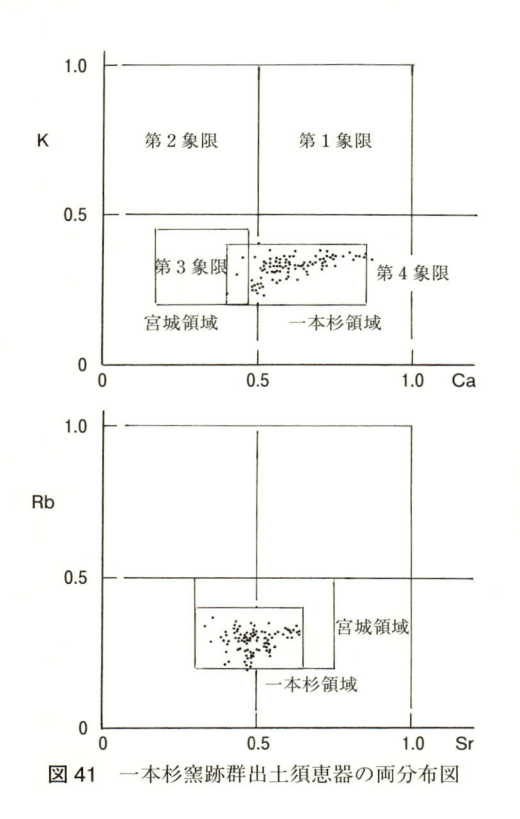

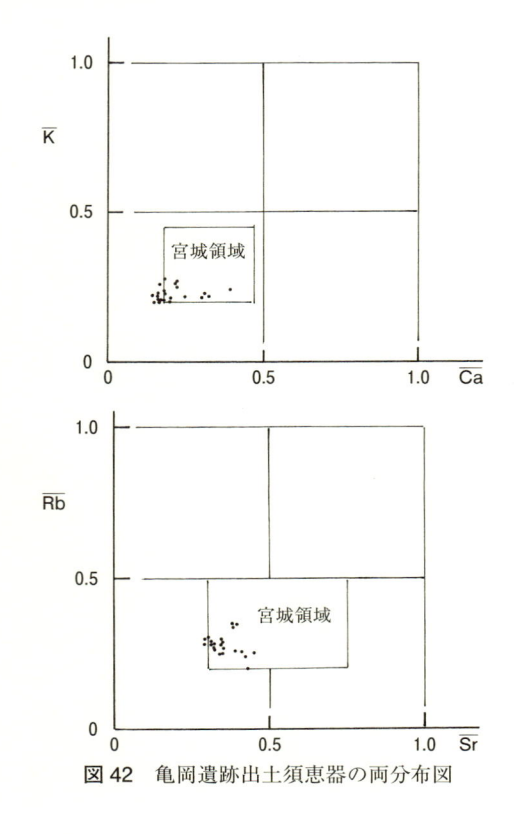

図41 一本杉窯跡群出土須恵器の両分布図　　　　**図42** 亀岡遺跡出土須恵器の両分布図

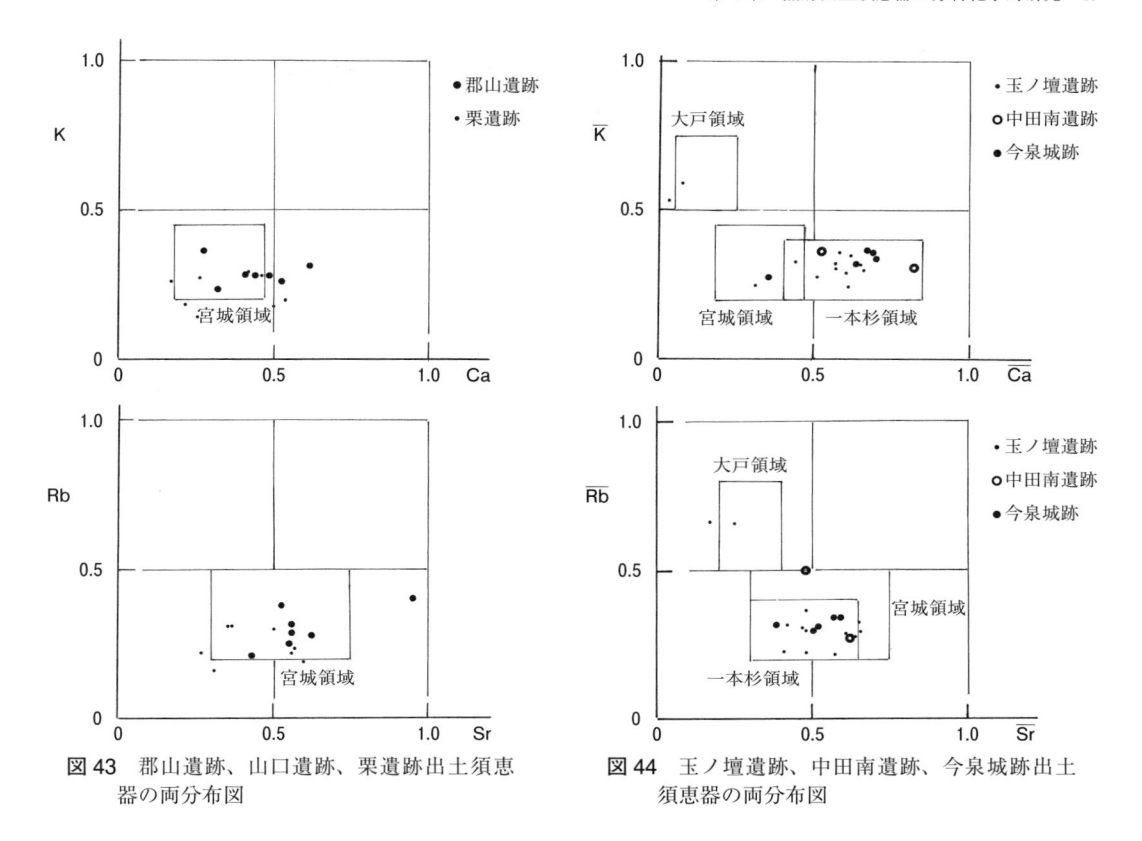

図43 郡山遺跡、山口遺跡、栗遺跡出土須恵器の両分布図

図44 玉ノ壇遺跡、中田南遺跡、今泉城跡出土須恵器の両分布図

は大戸窯跡群の製品である可能性が高い。

図45には安藤前遺跡出土須恵器試料の両分布図を示す。3点の須恵器試料はK-Ca分布図で宮城領域に分布しており、Rb-Sr分布図でも宮城領域に分布した。宮城県内の窯跡群の製品である。他の多くの試料は両分布図で一本杉領域に分布しており、白石の製品であると推定される。また、大戸領域に分布する9点の試料は会津若松からの搬入品と推定される。このように、両分布図での分布位置からでも、消費地遺跡出土須恵器試料の産地は定性的に推定できるが、これに、年代や、土器形式などの考古学の情報があれば、産地推定の正確度はさらに高くなり、その結果は考古学者にも受け入れられるであろう。土器遺物の生産・供給問題の研究では胎土分析の情報だけではなく、考古学側の情報も必要なのである。それが新しい土器の考古学の考え方である。

福島県内にも、須恵器の窯跡群は多い。図46には会津若松市の大戸窯跡群の須恵器試料の両分布図を示す。大戸窯跡群は福島県内の須恵器生産の中核をなすので、県内に散在する窯跡から出土する須恵器試料の化学特性は大戸窯跡群の製品の化学特性と対比される。

これまでに取り上げた東北地方太平洋側の窯跡群出土須恵器試料のほとんどは両分布図でK、Rbが少ない傾向があり、土器領域の第3象限から第4象限にかけて分布した。これに対して、大戸窯跡群の須恵器試料には、K、Rbが多く、土器領域の第2象限に分布し、西日本的な胎土をもつ。したがって、大戸製品が東北地方の消費地遺跡に供給されておれば、容易に検出することができる。大戸窯跡群では中世陶器も作られていた。図47には大戸窯群の中世陶器片試料の両分布図を示す。

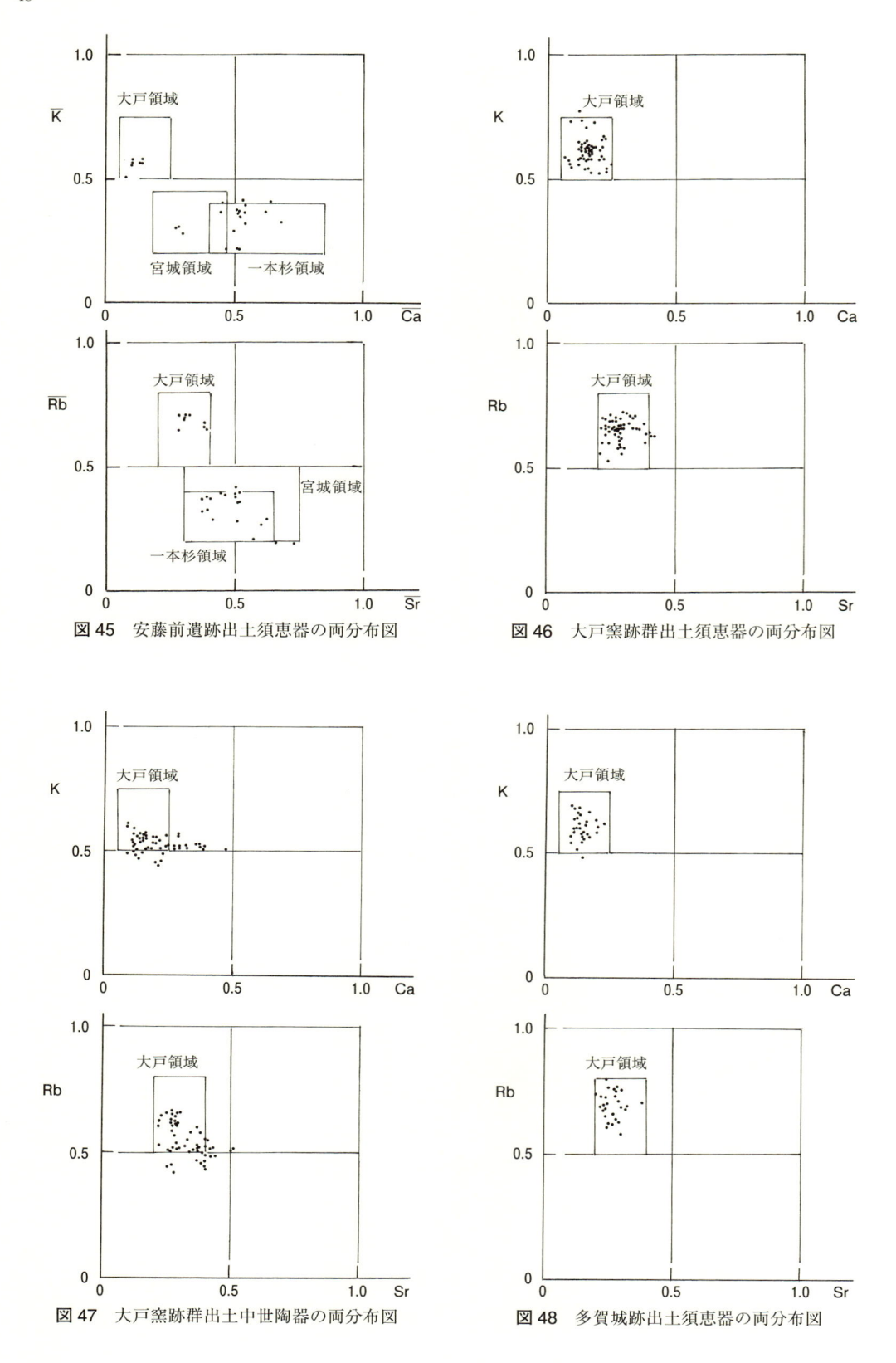

図45　安藤前遺跡出土須恵器の両分布図

図46　大戸窯跡群出土須恵器の両分布図

図47　大戸窯跡群出土中世陶器の両分布図

図48　多賀城跡出土須恵器の両分布図

K、Rb が高いという点では大戸窯群の須恵器試料と同じ化学特性をもち、在地産の粘土が素材となったことを示している。須恵器の大戸領域から少しずれて分布する中世陶器もあることがわかる。大戸窯群の中世陶器の素材粘土は須恵器とは少し離れた場所で採取されと推定される。しかし、中世陶器も須恵器と類似した化学特性をもっており、会津若松市の中世陶器が東北地方の太平洋側の消費地遺跡へ供給されておれば、須恵器と同様、容易に検出することができる。

ここで、東北地域最大の消費地遺跡である多賀城跡から出土した、土器形式からみて、会津若松産と推定された須恵器試料の両分布図を図48に示す。すべて、大戸領域に分布しており、土器形式から推定されたように、胎土分析で会津若松市からの搬入品であることが確認された。大戸窯群の製品はどこまで供給されていたのかは興味深い問題である。多賀城跡には各地の生産地からの須恵器が検出される可能性があり、今後の研究課題の一つである。

次に、福島県内に散在する他の須恵器窯跡から出土した須恵器の両分布図を示す。図49には、河沼郡に在る新田山窯跡の須恵器試料の両分布図を示す。多くの、太平洋側の窯跡群出土須恵器と同様、K-Ca分布図では第3象限に分布し、また、Rb-Sr分布図では第3象限から第4象限にかけて分布する。大戸窯跡群の須恵器の化学特性とは全く異なることがわかる。図50には善光寺窯跡、図51には伊達窯跡、図52には入道迫窯跡、図53には大久保窯跡、図54には泉崎窯跡の須恵器試料の両分布図を示す。いずれも、両分布図で、同じ太平洋側の宮城県の窯跡群出土須恵器と類似した領域に分布することがわかる。これらの窯跡の製品は両分布図では相互識別が困難である。

一般的に、東北地方太平洋側の窯跡群出土須恵器試料は日本海側の製品に比べて、K、Rbが少

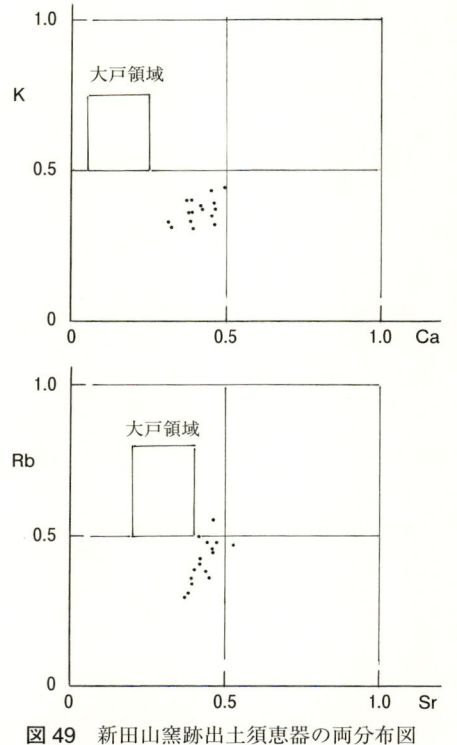

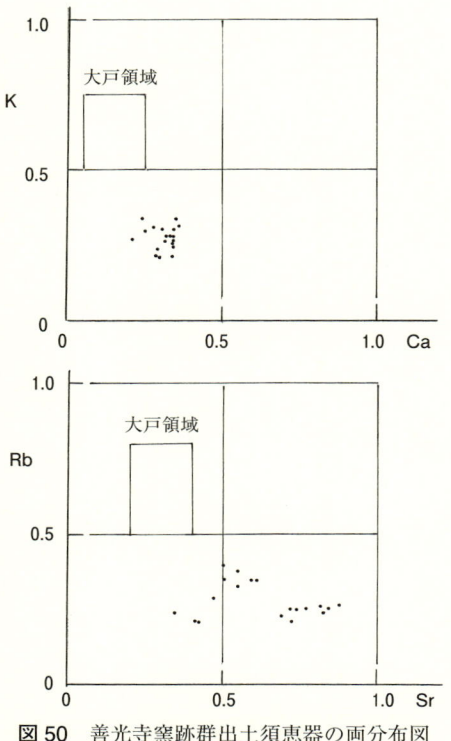

図49 新田山窯跡出土須恵器の両分布図　　**図50** 善光寺窯跡群出土須恵器の両分布図

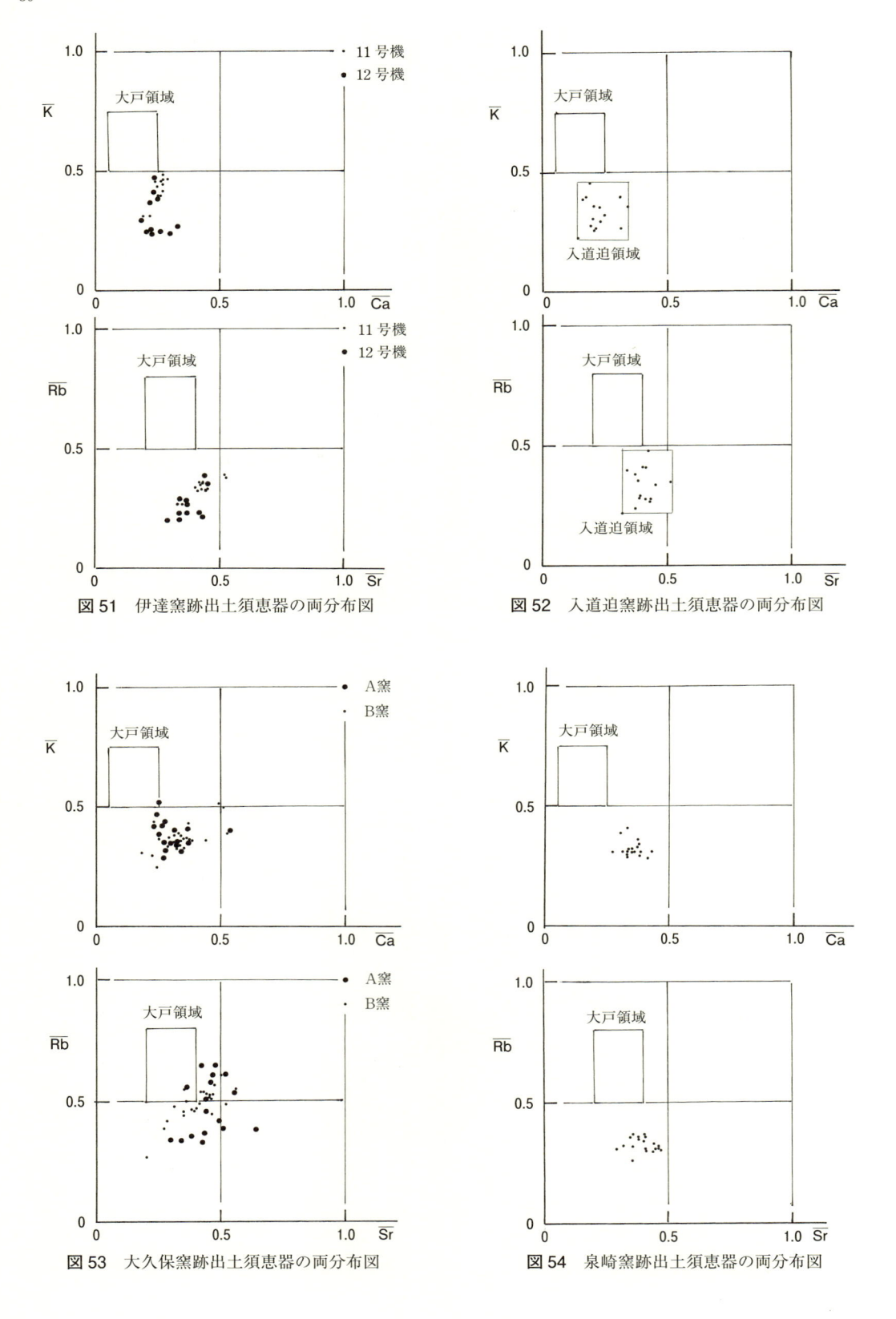

図51 伊達窯跡出土須恵器の両分布図

図52 入道迫窯跡出土須恵器の両分布図

図53 大久保窯跡出土須恵器の両分布図

図54 泉崎窯跡出土須恵器の両分布図

ない傾向があり、土器領域の第3象限から第4象限にかけて分布するものが多い。他方、日本海側の窯跡群出土須恵器には太平洋側の窯跡群出土須恵器に比べて、K、Rb が高い傾向があり、逆に、Ca、Sr が比較的少ない傾向がある。典型的な例は会津若松市の大戸窯跡群の須恵器、中世陶器である。K、Rb が多く、逆に、Ca、Sr は比較的少なく第2象限に分布し、太平洋側の東北地域の窯跡出土須恵器試料とは異なる化学特性をもつことがわかった。したがって、太平洋側の東北地域の消費地遺跡から、会津若松の製品を元素分析によって検出することは容易である。

他方、Ca、Sr 因子は日本海側の窯跡群出土須恵器試料でも、異なる場合がある。秋田市の手形山窯跡や鶴岡市の荒沢窯跡の須恵器試料には Ca、Sr が少なく、秋田城周辺の窯跡群や酒田市周辺の窯跡群の須恵器から識別できる。さらに、太平洋側の須恵器でも、Ca、Sr 因子が異なる場合がある。とりわけ、白石市の一本杉窯跡群の須恵器試料には Ca、Sr が多く、他の窯跡の須恵器と識別することができる。一本杉窯跡群の製品の検出も容易である。他の窯跡群の間でも、Ca、Sr は微妙に異なることが両分布図での分布位置の比較からわかった。Ca、Sr には K、Rb とは違った性質がある。

B) 関東地方

関東地方では埼玉県を中心に各地に須恵器窯跡群が発見されている。図55には埼玉県寄居町の末野窯跡群の須恵器試料の両分布図を示す。第2象限下部から第3象限の上部にかけて分布する。ほとんどの試料を包含するようにして、末野領域を描き、関東地域の他の窯跡群出土須恵器試料と

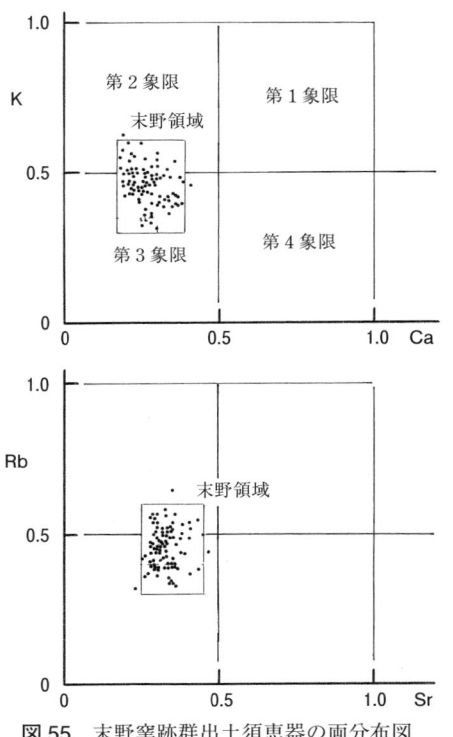

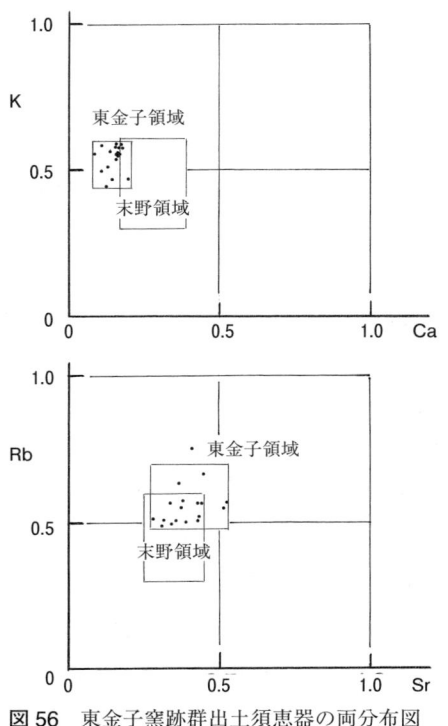

図55 末野窯跡群出土須恵器の両分布図　　　**図56** 東金子窯跡群出土須恵器の両分布図

図 57　南比企窯跡群出土須恵器の両分布図　　　図 58　南多摩窯跡群出土須恵器の両分布図

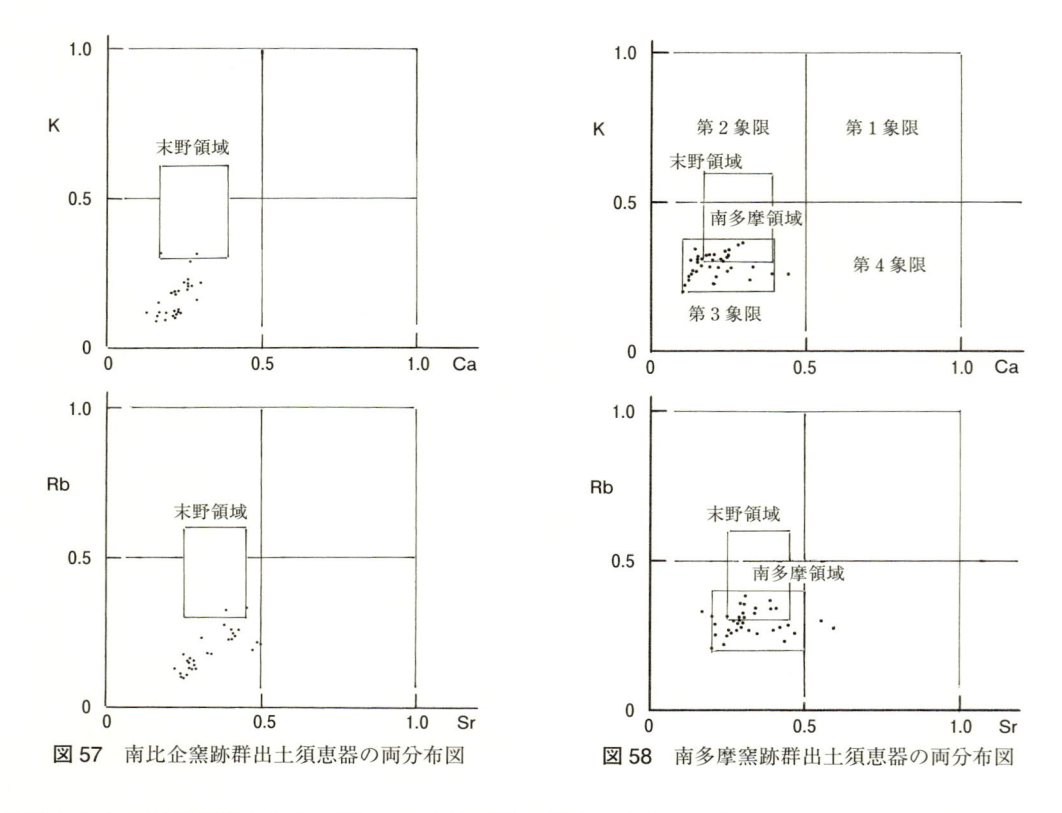

比較する上の対照領域とした。図 56 には埼玉県入間市の東金子窯跡群の須恵器試料の両分布図を示してある。末野窯跡群の須恵器試料に比べて、Ca が少なく、Rb が多いので、東金子領域は末野領域とは少しずれる。一方、図 57 には、南比企窯跡群の須恵器試料の両分布図を示してある。K、Rb が少なく、第 3 象限下部に分布し、末野窯跡群、東金子窯跡群の須恵器試料とは明らかに化学特性が異なることがわかる。Fe が多いことも、南比企窯跡群の須恵器がもつ特徴である。

図 58 には南多摩窯跡群の須恵器試料の両分布図を示す。南多摩窯跡群は東京都内に在る唯一の須恵器窯跡群であり、瓦も焼成されていた。両分布図で第 3 象限中部に分布し、南比企窯跡群の製品よりも K、Rb がやや多い。両者は相互識別の可能性がある。

関東地方では末野窯跡群や東金子窯跡群の須恵器のように、埼玉県北部の窯跡群出土須恵器試料には K、Rb が比較的多い傾向があり、逆に、南部の南比企窯跡群や南多摩窯跡群の須恵器試料には K、Rb が比較的少ない傾向があることは図 55～58 の両分布図における、分布位置の比較からわかる。南下するにつれて K、Rb が減少する傾向があることを示している。

この傾向は房総半島の窯跡出土須恵器試料の化学特性にもみられる。図 59 には、千葉県市原市に在る永田・不入窯跡群の須恵器試料の両分布図を示す。両分布図で第 3 象限から第 4 象限にかけて分布し、K、Rb がともに少ないことがわかる。図 60 には、市原市の石川 1、2、3 号窯跡の須恵器試料の両分布図を示す。この図には、図 59 に描かれた、永田・不入領域を描いてある。石川窯跡の須恵器試料は永田・不入領域に分布しており、永田・不入窯跡群の須恵器試料と同じ化学特性をもつことがわかる。ほぼ、同じところで素材粘土を採取したと推定される。図 61 には金親町窯

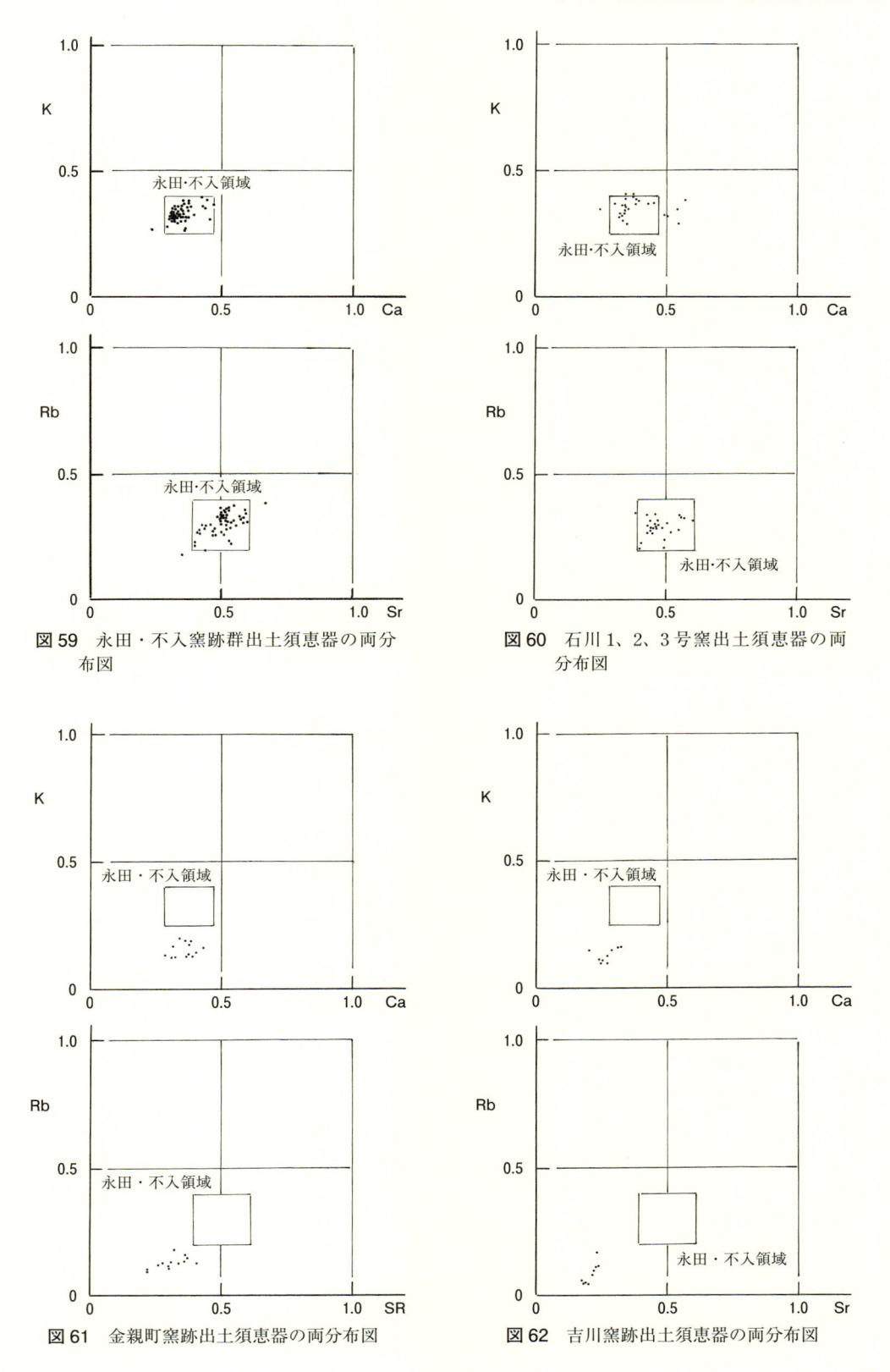

図59 永田・不入窯跡群出土須恵器の両分布図

図60 石川1、2、3号窯出土須恵器の両分布図

図61 金親町窯跡出土須恵器の両分布図

図62 吉川窯跡出土須恵器の両分布図

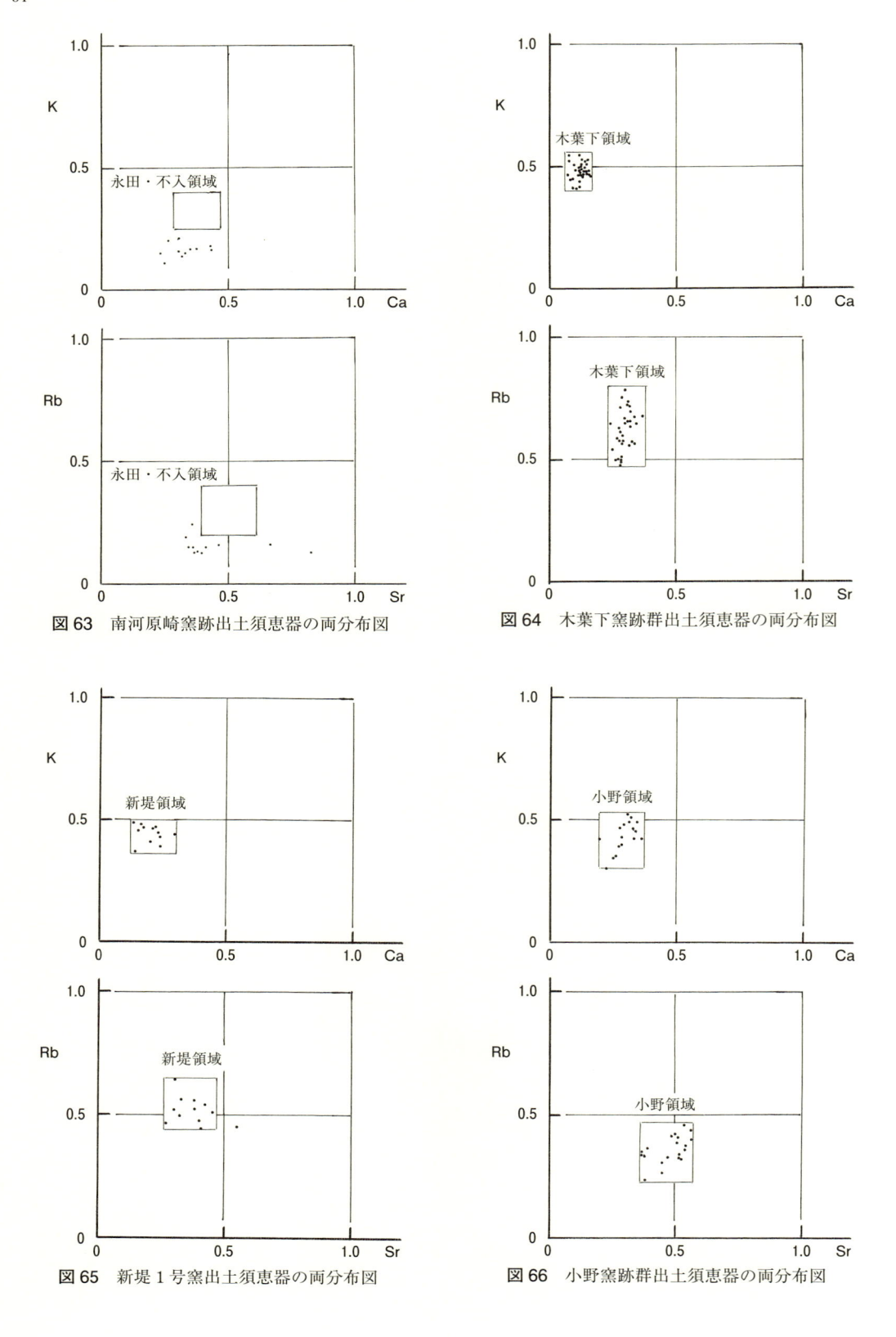

図63 南河原崎窯跡出土須恵器の両分布図

図64 木葉下窯跡群出土須恵器の両分布図

図65 新堤1号窯出土須恵器の両分布図

図66 小野窯跡群出土須恵器の両分布図

跡、図62には吉川窯跡、図63には南河原崎窯跡の須恵器試料の両分布図を示してある。いずれも、第3象限の下部に分布しており、房総半島の須恵器特有のK、Rbが少ない特徴を示している。千葉県内には規模の大きな須恵器窯跡群はない。小規模な窯跡群が散在しているが、いずれの窯跡の製品もK、Rbが少ないという共通の特徴をもつが、Ca、Srは窯跡の所在する地域によって微妙に異なり、相互識別できる場合がある。

このように、関東地方では内陸部から房総半島にかけて、次第にK、Rbが減少する傾向がある。したがって、内陸部の製品が南下すれば、容易に検出できる訳である。

他方、房総半島から北上して、茨城県側に入ると、再び、K、Rbが増加する。図64には水戸市の木葉下窯跡群の須恵器試料の両分布図を示す。Kは埼玉県の末野窯跡群の須恵器試料と同程度であるが、Caは木葉下窯跡群の須恵器試料のほうが少ない。図65

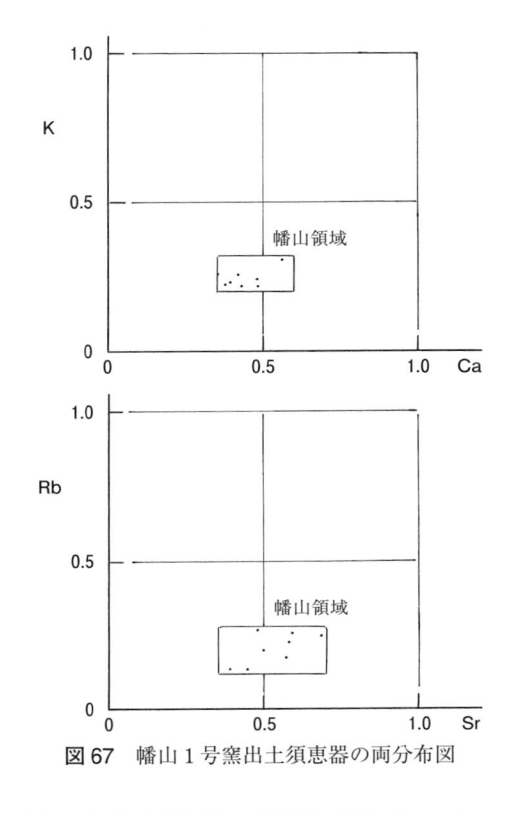

図67 幡山1号窯出土須恵器の両分布図

には、笠間市の新堤1号窯跡の須恵試料の両分布図を示す。木葉下窯跡群の須恵器試料に比べて、Kが少なく、Caが多い。図66には新治村の小野窯跡群の須恵試料の両分布図を示す。Rb-Sr分布図で新堤1号窯跡と小野窯跡群の須恵器試料は区別できる。図67には常陸太田市の幡山1号窯跡の須恵器試料の両分布図を示す。K、Rbとも少なくなり、茨城県内の他の窯跡群の須恵器胎土とは異なる。むしろ、房総半島の窯跡出土須恵器胎土に類似し、両分布図では第3象限から第4象限にかけて分布する。このように、茨城県内の窯跡群出土須恵器試料も窯跡群が所在する場所によって、その化学特性は異なり、両分布図上でも相互識別できる場合がある。

C) 中部地方

愛知県を中心とした東海地域は日本有数の陶器の生産地である。古代から近世にいたるまで、須恵器、灰釉陶器、山茶碗、中世陶器などの陶器が大量に生産され、外部地域へ供給された。東海地域の窯跡群出土須恵器の化学特性は名古屋市の猿投窯跡群の須恵器を中心として比較された。図68には、名古屋市の猿投窯跡群の須恵器の両分布図を示す。東山名大1号窯、東山2、3、5、11、27号窯、光真寺窯などの窯跡出土須恵器試料が分析された。これらの試料のほとんどを包含するようにして猿投領域が描かれた。猿投窯群の製品の特徴はCa、Srが比較的少ない上に、Na、Feも少ないことである。この特徴は名古屋市を中心とした地域の窯跡出土須恵器の化学特性である。

図69には岐阜県各務原市の美濃須恵窯跡群（御坊山南9、10号窯、天狗谷3、4、10、11号窯、寒洞1〜3号窯、稲田2号窯、老洞1、2号窯）の須恵器試料の両分布図を示す。K-Ca分布図では

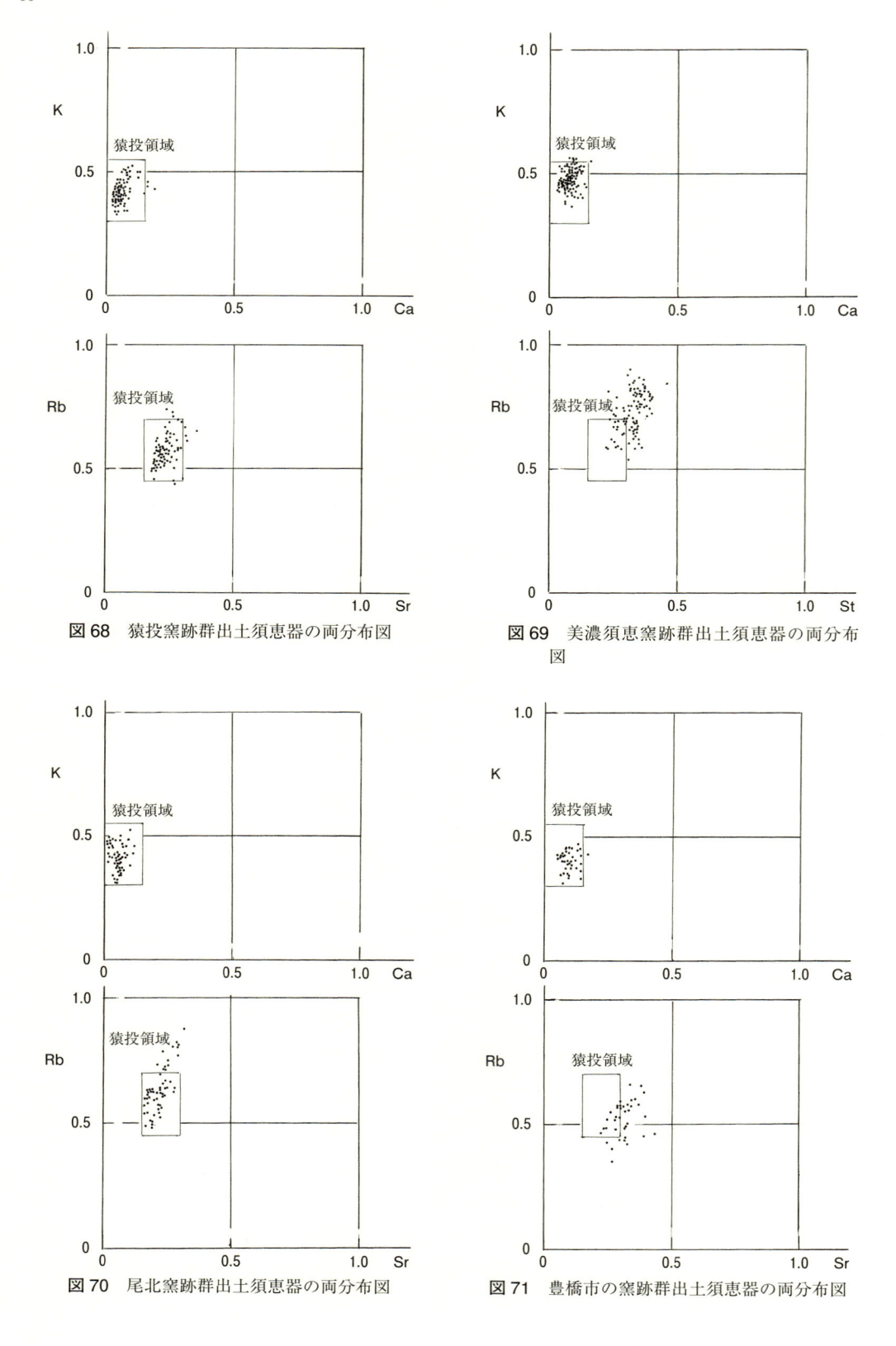

図68 猿投窯跡群出土須恵器の両分布図

図69 美濃須恵窯跡群出土須恵器の両分布図

図70 尾北窯跡群出土須恵器の両分布図

図71 豊橋市の窯跡群出土須恵器の両分布図

猿投領域の上部に偏って分布するが、Rb-Sr 分布図では、明らかに猿投領域の右上にずれて分布し、胎土が異なることを示している。美濃須恵窯跡群の須恵器試料にも、Na、Fe は比較的少ない。図 70 には愛知県小牧市の尾北窯跡群（篠岡 56、47、78、81、87、96、112 号窯）の須恵器試料の両分布図を示す。その分布領域は猿投窯跡群の須恵器試料の分布領域と重なり、胎土が類似することを示す。尾北窯跡群の須恵器試料にも Na、Fe は少ない。この特徴は猿投窯跡群、美濃須恵窯跡群、尾北窯跡群の須恵器のもつ共通の化学特性である。

　名古屋市から東へ、豊橋市周辺でも須恵器、灰釉陶器を焼成した多数の窯跡が発見されている。図 71 には豊橋市の大沢窯、東籠田窯、小谷窯、中田窯跡の須恵器試料の両分布図を示す。K-Ca 分布図では猿投領域の右下部に偏って分布し、Rb-Sr 分布図では猿投領域の右側にずれて分布する。K、Rb が減少し、逆に、Ca、Sr が増加する傾向がある。

　さらに東へ行って、静岡県内にも多数の須恵器、灰釉陶器を焼成した窯跡が発見されている。図 72 には静岡県湖西市の湖西窯跡群（北早稲川窯、大沢窯、矢崎南山窯、上ノ原 1、2、5 号窯、古見 6 号窯、谷上窯、東笠子 1、2 号窯）の須恵器試料の両分布図を示す。豊橋群に比べて Ca、Sr がさらに多くなり、両分布図で豊橋窯跡群の右側にずれて分布し、豊橋窯跡群の須恵器胎土とも異なることは図 71 と図 72 を比べればわかる。Na もさらに多くなる傾向がある。

　このように、名古屋市から東へ行くにつれて、窯跡群出土須恵器、灰釉陶器の両分布図における分布は猿投領域の右下方へずれる傾向があり、逆に Na は増加する傾向がある。さらに、東へ行って、静岡県大須賀町の清ヶ谷窯跡群の須恵器試料の両分布図を図 73 に、藤枝市の助宗窯跡の須恵試料の両分布図を図 74 に示す。両窯跡の須恵器試料は両分布図でほぼ同じ位置に分布しており、

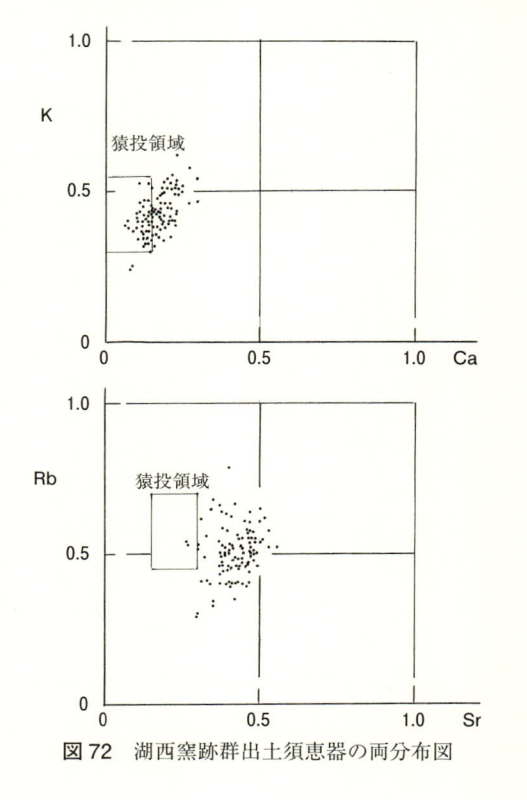

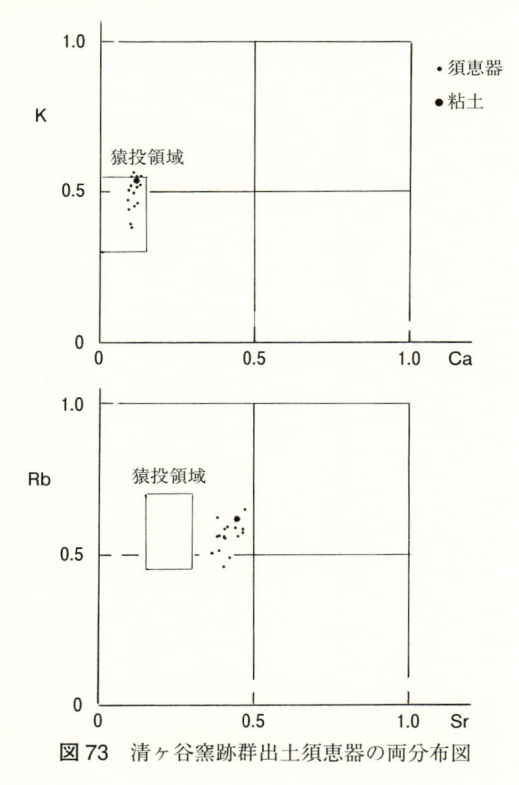

図 72 湖西窯跡群出土須恵器の両分布図　　　　**図 73** 清ヶ谷窯跡群出土須恵器の両分布図

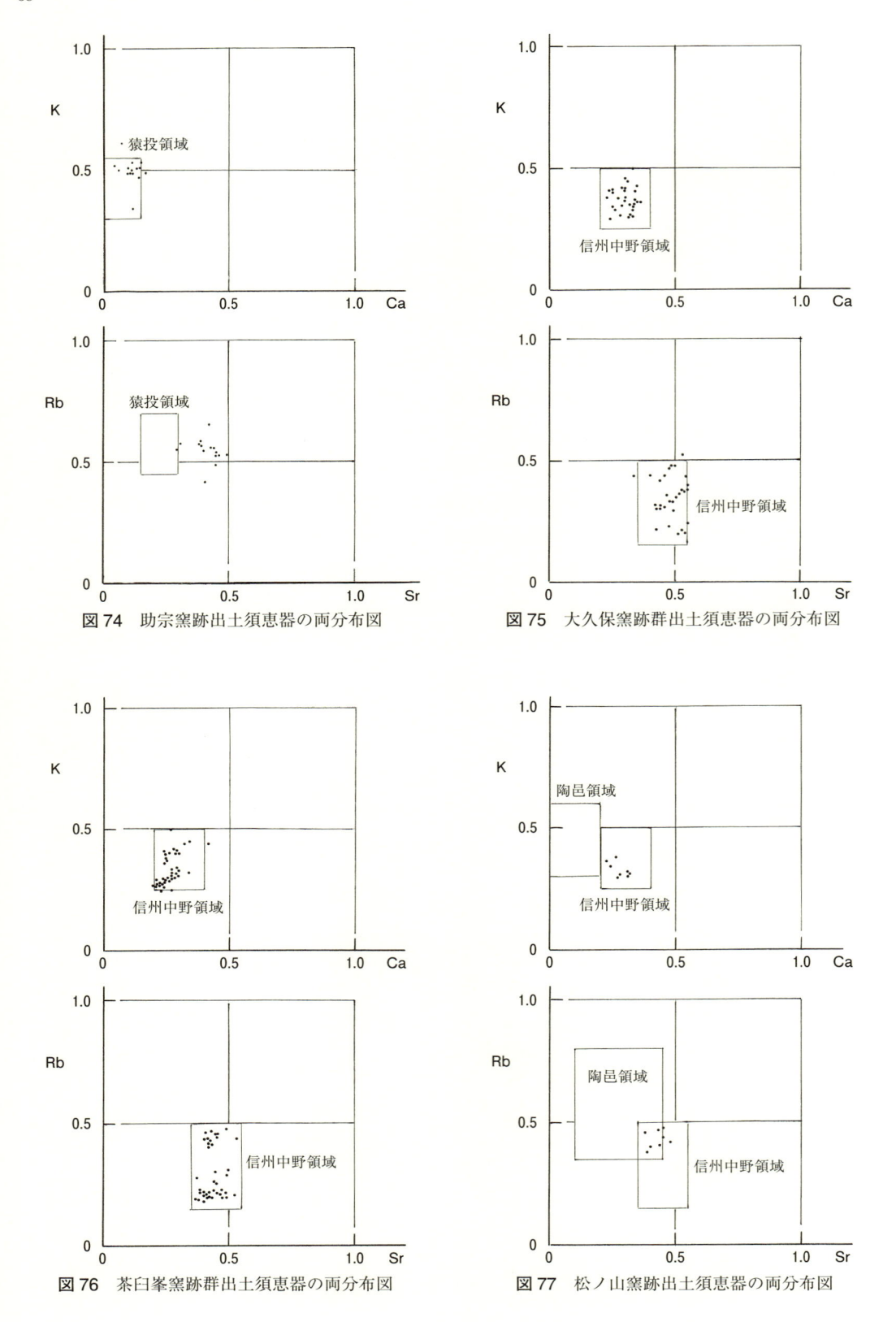

図74 助宗窯跡出土須恵器の両分布図

図75 大久保窯跡群出土須恵器の両分布図

図76 茶臼峯窯跡群出土須恵器の両分布図

図77 松ノ山窯跡出土須恵器の両分布図

胎土は類似する。静岡県内の窯跡群出土須恵器は愛知県内の窯跡群出土須恵器に比べて、K、Rbが比較的少なく、逆に、Ca、Srが増加する傾向があり、両者の相互識別は両分布図上でも可能である。

　長野県内には、北部の長野市周辺と南部の佐久盆地周辺に須恵器窯跡群がある。そのほとんどは8～9世紀代の須恵器の窯跡である。北部の信州中野市周辺に在る大久保窯跡群の須恵器試料の両分布図を図75に、茶臼峯窯跡群の須恵器試料の両分布図を図76に示す。これらの試料を包含するようにして、信州中野領域を描き、長野県内の須恵器の比較対照の領域とした。

　図77には、長野市に在る、6世紀代の松ノ山窯跡出土須恵器試料の両分布図を示す。信州中野領域に分布する。この図には古墳時代最大の須恵器生産地である陶邑窯跡群の須恵器が分布する領域も描いてあるが、松ノ山窯跡出土の須恵器は陶邑領域には分布しないことがわかる。したがって、陶邑製品が長野市周辺の古墳へ供給されていれば、容易に検出できる訳である。長野市に近い更埴市には、5世紀代の森将軍塚古墳がある。森将軍塚古墳出土須恵器試料の両分布図を図78に示す。この図には、信州中野領域とともに、陶邑領域を示してある。森将軍塚古墳出土須恵器試料はすべて、両分布図で陶邑領域に入り、信州中野領域には対応しない。地元産の製品ではなく、陶邑からの搬入品であると推定される。

　このように、古墳時代には和泉陶邑に100基を超える窯跡があるのに対して、地方では限られた地域に数基程度の窯跡しか発見されていない。したがって、両分布図上でも、地元産か陶邑産かを容易に判断することができる場合が多い。

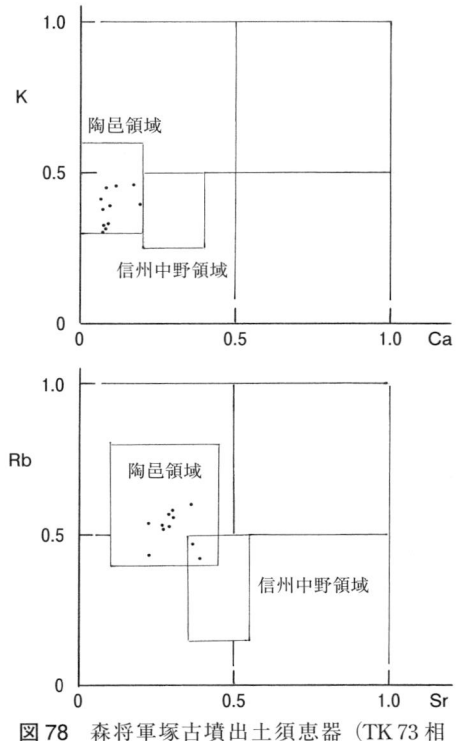

図78 森将軍塚古墳出土須恵器（TK 73 相当の甕）の両分布図

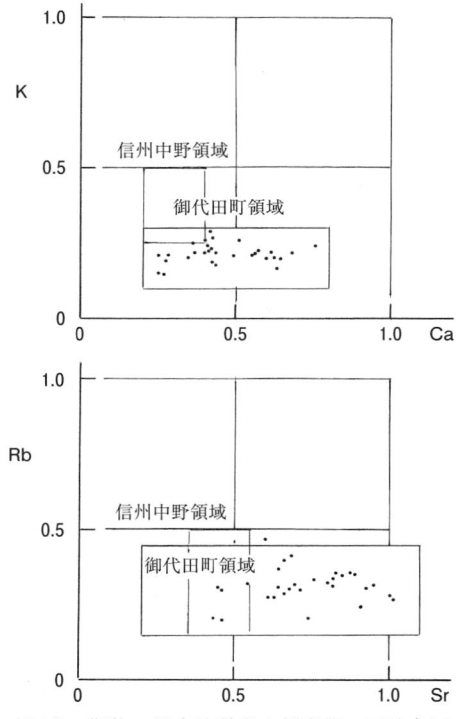

図79 御牧ヶ原窯跡群出土須恵器の両分布図

図80 八重原窯跡群出土須恵器の両分布図

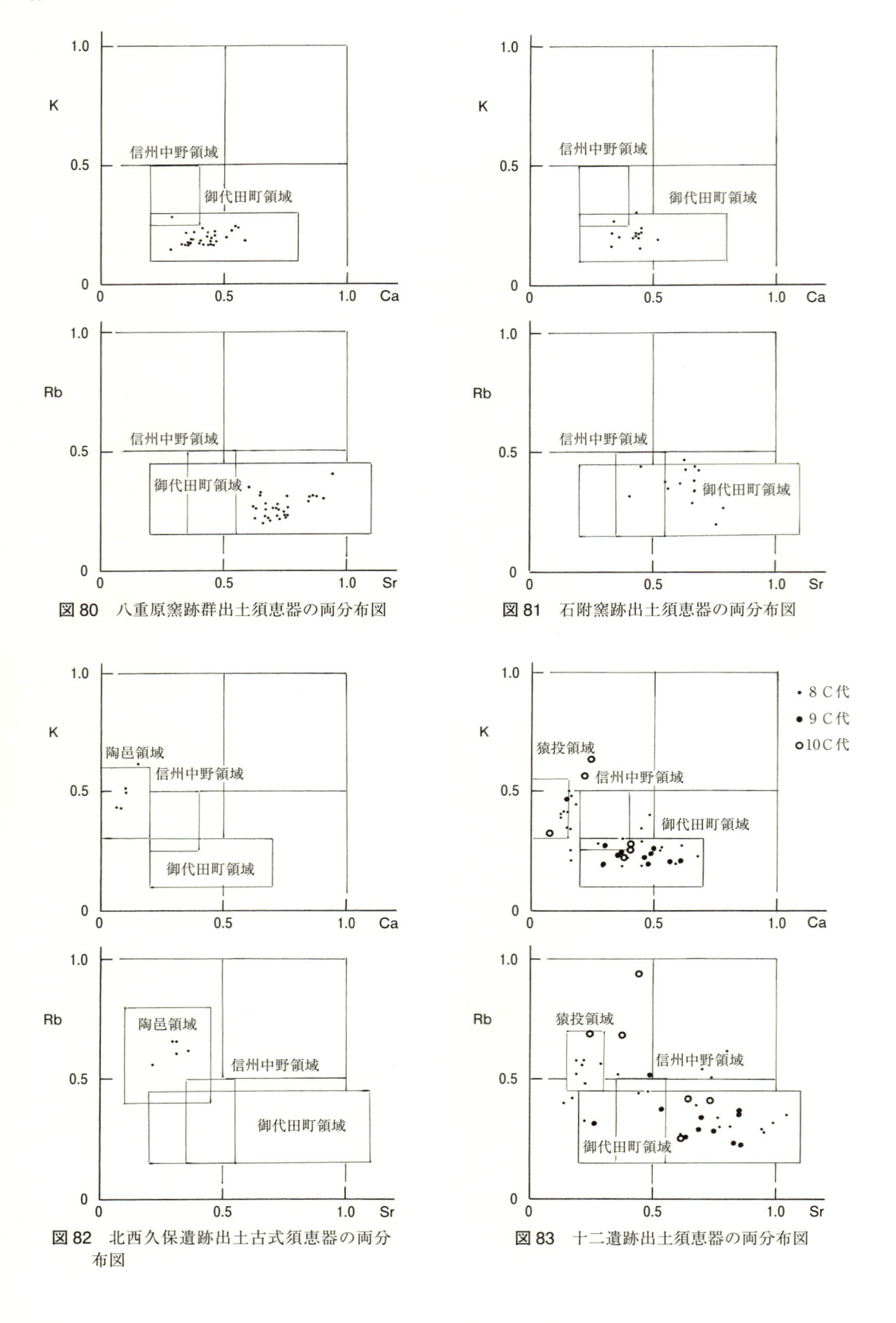

図81 石附窯跡出土須恵器の両分布図

図82 北西久保遺跡出土古式須恵器の両分布図

図83 十二遺跡出土須恵器の両分布図

第4章 窯跡出土須恵器の分析化学的研究 61

佐久盆地周辺にも多数の窯跡が発見されている。佐久市に近い御代田町の御牧ヶ原窯跡群の須恵器試料の両分布図を図79に、八重原窯跡群の須恵器試料の両分布図を図80に示す。これらの試料を包含するようにして、御代田町領域を描いてある。御代田町周辺の窯跡出土須恵器試料にはCa、Srが多く、かつ、大きくばらつく特徴がある。御代田町領域はRb-Sr分布では茶臼峯領域と一部重なるが、K-Ca分布図では重ならない。したがって、両者の相互識別は可能である。

佐久市にも奈良時代の須恵器窯跡が発見されている。石附窯跡である。石附窯跡出土須恵器試料の両分布図を図81に示す。両分布図で御代田町領域に分布し、佐久市周辺の須恵器の化学特性をもっている。佐久市の北西久保遺跡からは古式須恵器が出土している。その両分布図を図82に示す。5点の試料はすべて、陶邑領域に分布し、御代田町領域にも、信州中野領域にも対応しない。陶邑からの搬入品と推定される。古墳時代には、佐久盆地周辺の遺跡にも、陶邑製品が供給されていたのである。

図83には、御代田町の十二遺跡から出土した須恵器試料の両分布図を示してある。この遺跡は複合遺跡であり、8～10世紀代の須恵器が出土している。8世紀代の須恵器胎土には2種類あることがわかる。地元、御代田町領域に分布する須恵器と、K、Rbが高く、逆に、Ca、Srが少ない、名古屋市周辺の須恵器胎土の特徴をもつ須恵器である。前者が在地産の須恵器であり、後者は名古屋市周辺からの搬入品と推定される。土器型式でも比較する必要がある。9世紀代の須恵器試料は1点を除いてすべて、在地産の須恵器である。1点は名古屋市周辺からの搬入品である。10世紀代の須恵器試料にも、在地産と名古屋市周辺からの搬入品が混ざっている。このデータから、8世紀代以降、佐久地域は名古屋市周辺の須恵器生産地と密接な関係があったことが推察される。

D）近畿地方

近畿地方では古墳時代には大阪府堺市の和泉陶邑を中心に、また、平安時代には兵庫県を中心に大量の須恵器を生産した。近畿地域は最大の須恵器生産地であった。したがって、多数の須恵器窯跡が発見されている。

近畿地方北部の窯跡群出土須恵器の化学特性からみてみよう。図84には京都府夜久野町の、8～9世紀代に操業した夜久野窯跡群（高内カマ谷1、2号窯、高内宮の谷1号窯、来外山窯、未天神田窯、未日ノ本窯、未ビシャミ窯、未坊主道窯、未幸次郎谷窯、未広畑窯、未ナゲ1、2号窯）の須恵器試料の両分布図を示す。Rb-Sr分布図では第2象限に分布する。東海地方から西の西日本ではRb-Sr分布図で第2象限に分布する須恵器が多くなる。

夜久野町に近い福知山市には6世紀前半と推定される鴨野窯跡が発見されている。図85には鴨野窯跡出土須恵器試料の両分布図を示す。両分布図で第3象限に分布し、夜久野窯跡群の須恵器の胎土とは異なる。鴨野窯跡の製品は福知山市周辺の古墳に供給されていたことが考えられる。図86には、福知山市に在る、6世紀前半と推定される池の奥古墳群（1、3、4、6号墳）と宝蔵山古墳から出土した須恵器試料の両分布図を示す。いずれの須恵器も両分布図では鴨野領域に対応しており、地元、鴨野窯跡の製品は池の奥古墳群とその周辺の古墳へ供給されていたことがわかる。図87には、同じ福知山市に在る、6世紀前半の他の古墳（稲葉山3、5、8、11号墳と安井古墳）出土須恵

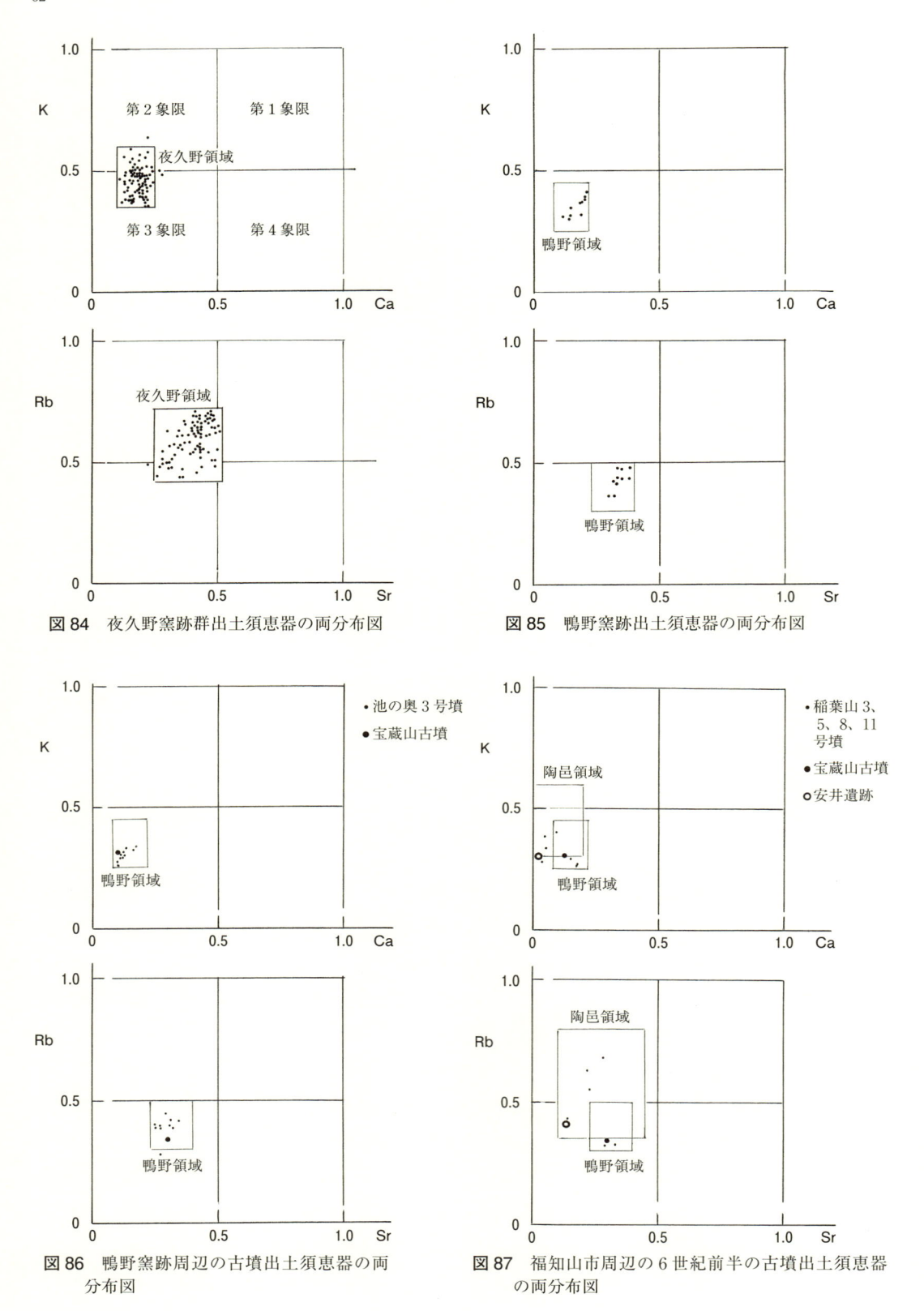

図84 夜久野窯跡群出土須恵器の両分布図

図85 鴨野窯跡出土須恵器の両分布図

図86 鴨野窯跡周辺の古墳出土須恵器の両分布図

図87 福知山市周辺の6世紀前半の古墳出土須恵器の両分布図

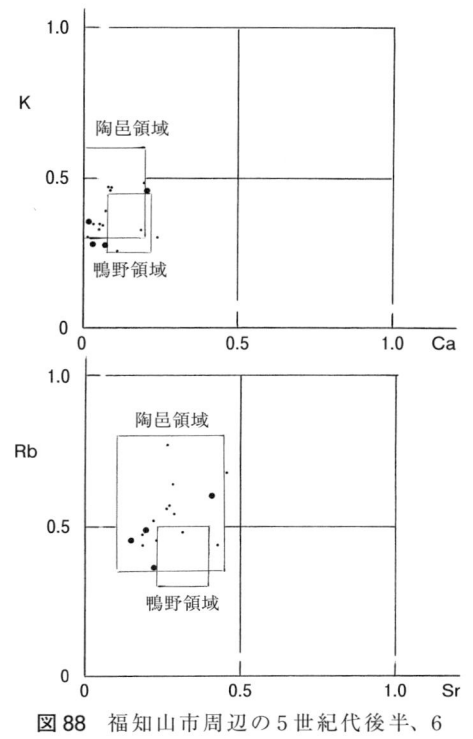

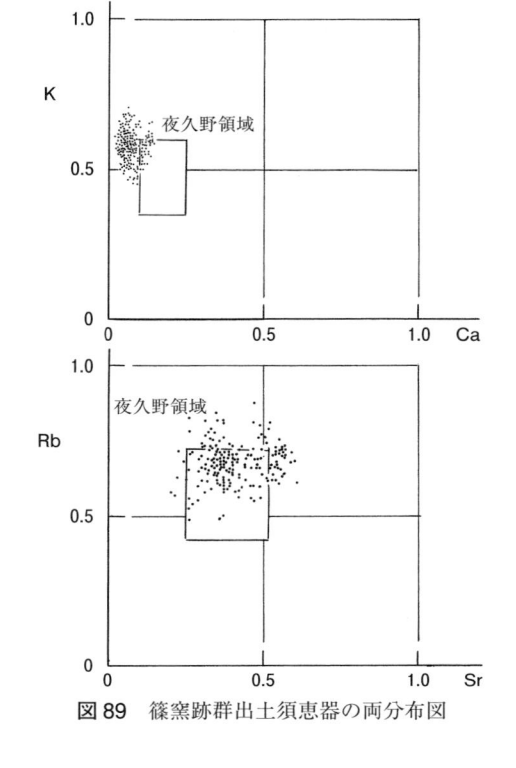

図88 福知山市周辺の5世紀代後半、6世紀代後半の古墳出土須恵器の両分布図

図89 篠窯跡群出土須恵器の両分布図

器の両分布図を示す。2点の須恵器試料は地元、鴨野領域に分布するが、他の須恵器試料は陶邑領域に対応することがわかる。福知山市周辺の古墳には地元、鴨野製品とともに、陶邑からの供給品があることがわかる。図88には、福知山市に在る5世紀代後半と推定される寺ノ段古墳群Bと、6世紀代後半と推定される城ノ尾遺跡、小屋ヶ谷古墳、洞楽寺古墳、広峯遺跡から出土した須恵器試料の両分布図を示す。両分布図でほとんどの須恵器試料は鴨野領域には対応せず、むしろ、陶邑領域に対応する。このデータからみると、鴨野窯跡の操業は6世紀代前半だけで、それ以前の5世紀代後半や、それ以降の6世紀代後半には陶邑から須恵器が供給されたことを示している。このようにして、古墳時代には、圧倒的に陶邑に須恵器生産力が高く、地方窯の生産力が低いので、地方の古墳出土須恵器の産地は両分布図をつかって、容易に生産地を推定することができる。

図89には長岡京に近い、京都府亀岡市の篠窯跡群出土須恵器試料の両分布図を示す。夜久野窯跡群の須恵器に比べて、Kも多くなり、胎土は異なる。両分布図で第2象限に分布する。亀岡市周辺の遺跡へ供給されたことが考えられるが、京都市周辺の遺跡へも供給された可能性もある。今後の研究課題である。図90には福知山市に近い、綾部市の菅窯跡（7世紀代）と西原瓦窯跡（8世紀代）の須恵器試料の両分布図を示す。両者は両分布図では同じ領域に分布し、素材胎土は同じであることを示している。菅窯跡と西原瓦窯跡は操業時代が異なるので、同じところで粘土を採取したかどうかはわからない。それにもかかわらず、両者の粘土が同じ化学特性をもつことは、素材粘土は地元、綾部市周辺に分布していることを示唆している。図91には京都府舞鶴市の城屋窯跡（8

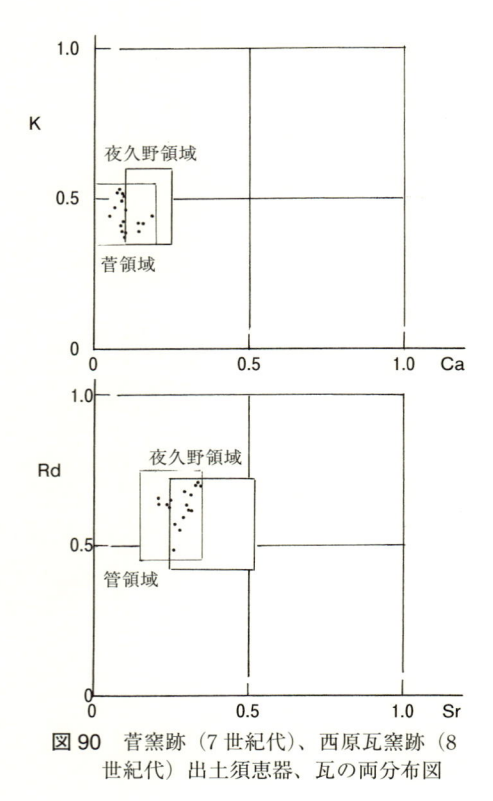

図90 菅窯跡（7世紀代）、西原瓦窯跡（8世紀代）出土須恵器、瓦の両分布図

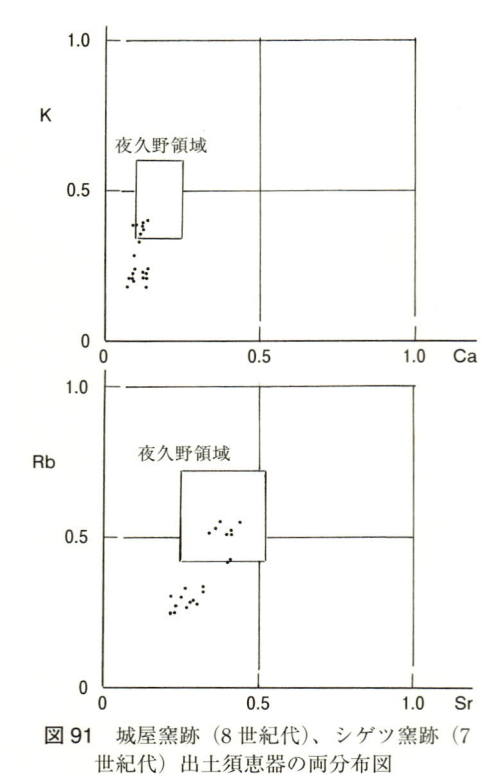

図91 城屋窯跡（8世紀代）、シゲツ窯跡（7世紀代）出土須恵器の両分布図

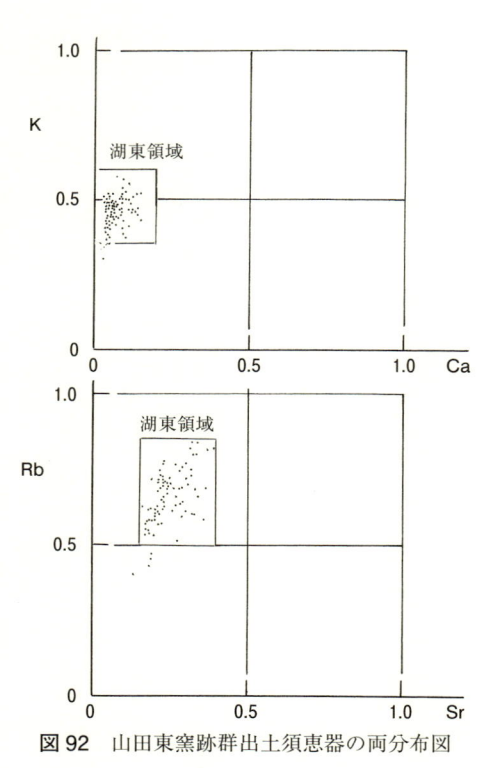

図92 山田東窯跡群出土須恵器の両分布図

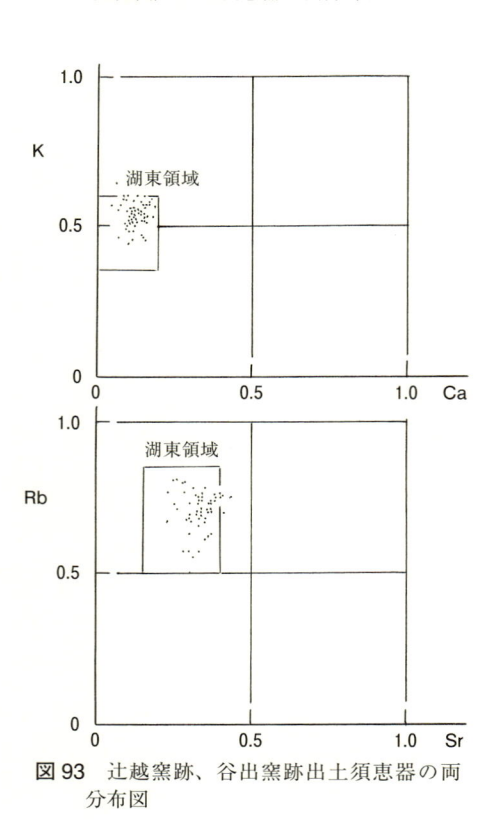

図93 辻越窯跡、谷出窯跡出土須恵器の両分布図

第4章　窯跡出土須恵器の分析化学的研究　65

世紀代）とシゲツ窯跡（7世紀代）の須恵器試料の両分布図を示す。シゲツ窯跡の須恵器試料のほうがK、Rbは高く、化学特性に少しずれがあるが、夜久野領域とは異なる領域に分布しており、福知山市や綾部市の須恵器とは胎土が異なることがわかる。

京都府北部地域でも、所在する場所が違えば、窯跡出土須恵器の化学特性も微妙に異なることが両分布図における分布の比較からわかる。

次に、滋賀県内の窯跡出土須恵器の化学特性をみてみよう。滋賀県内には大規模な須恵器窯跡群はない。県内各地に小規模な須恵器窯跡群が散在する。これらの窯跡群出土須恵器の化学特性を比較した。滋賀県は琵琶湖を挟んで、湖東地域と湖西地域に分かれる。

はじめに、湖東地域に在る窯跡群出土須恵器の化学特性を両分布図で示す。図92には栗東市に在る山田東窯跡、図93には、辻越窯跡、谷出窯、図94には竜王町の鏡谷窯跡出土須恵器試料の両分布図を示す。ほとんどの試料を包含するようにして湖東領域を描いてある。図95には大津市南郷の南郷窯跡、図96には同じ大津市瀬田一里山に在る山の神窯跡の須恵器試料の両分布図を示す。多くの窯跡出土須恵器は湖東領域の上部に偏って分布するが、山の神窯の須恵器試料は逆に、湖東領域の下部に偏って分布し、他の窯跡出土須恵器の化学特性とは異なることを示している。このように、湖東地域に散在する窯跡出土須恵器の化学特性は窯跡の所在地によって微妙に異なる。このデータから、山の神窯跡の製品の供給先は見つけ出しやすいことがわかる。

次に、琵琶湖西岸の湖西地域の窯跡群出土須恵器の化学特性をみてみよう。図97には大津市堅田に在る天神山窯跡群、図98には大津市迎木の式内社裏山窯跡、図99には高島市の寺谷窯跡、図

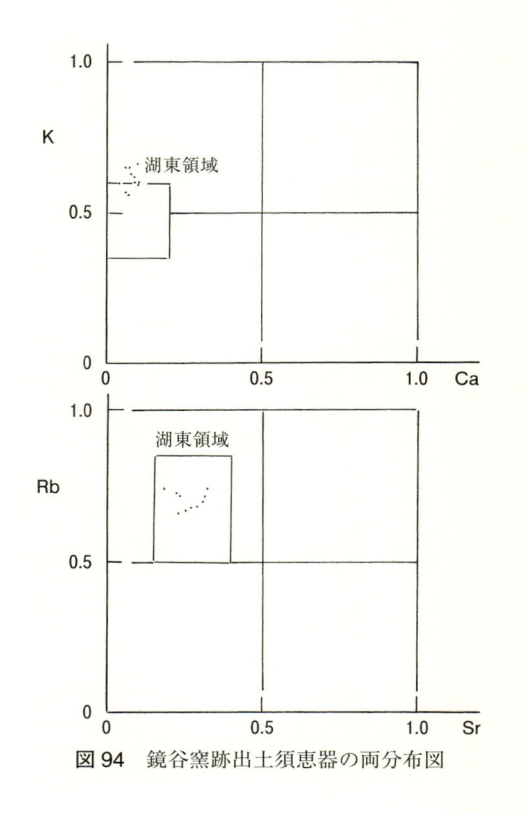

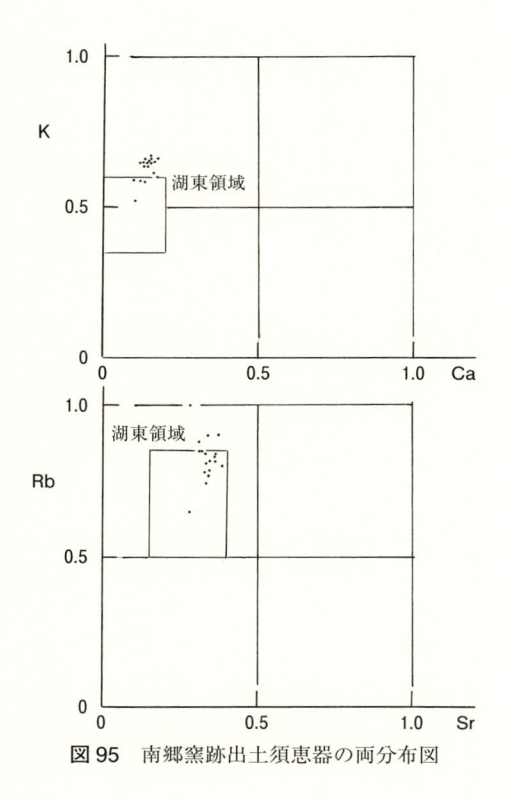

図94　鏡谷窯跡出土須恵器の両分布図　　　　**図95**　南郷窯跡出土須恵器の両分布図

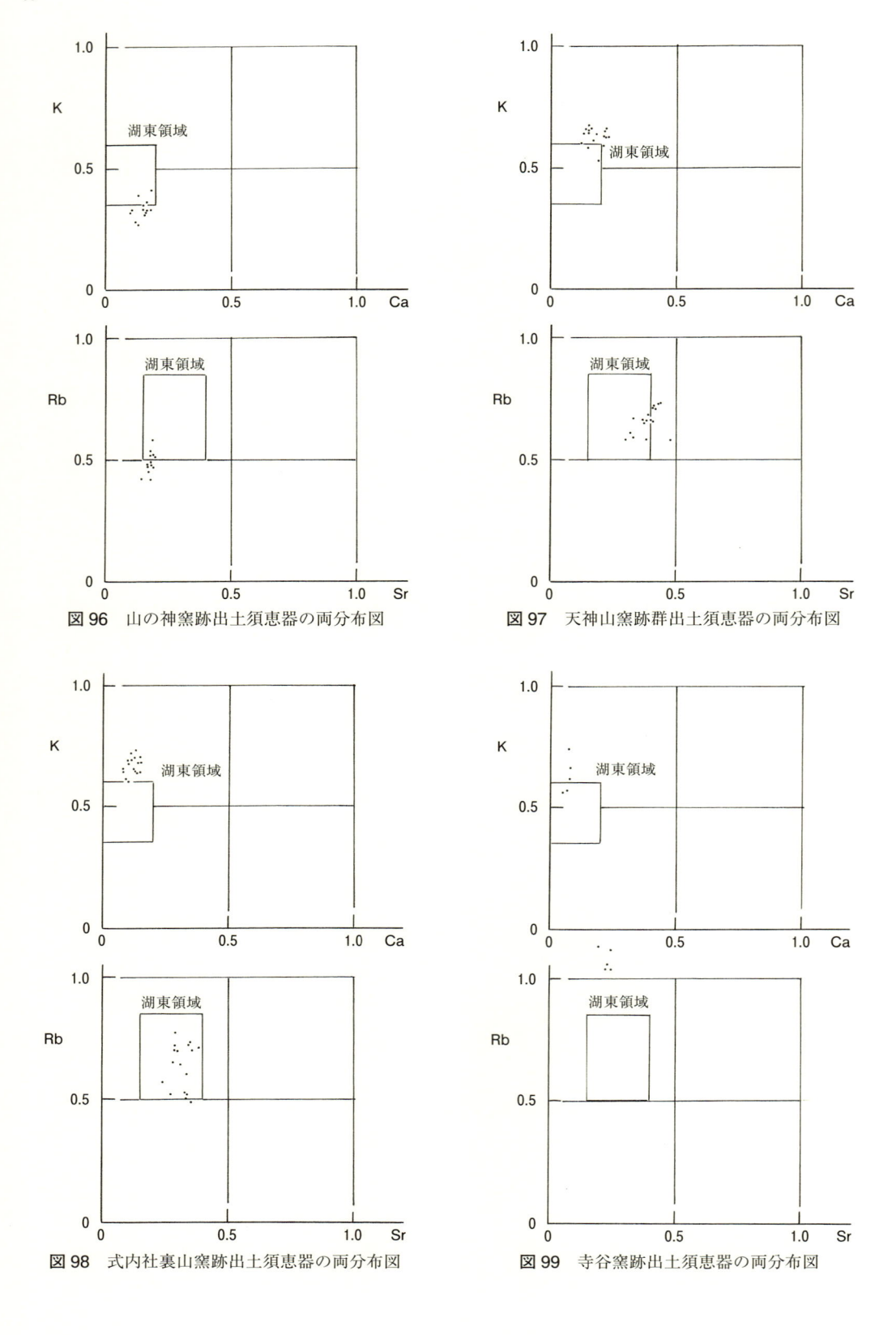

図96　山の神窯跡出土須恵器の両分布図

図97　天神山窯跡群出土須恵器の両分布図

図98　式内社裏山窯跡出土須恵器の両分布図

図99　寺谷窯跡出土須恵器の両分布図

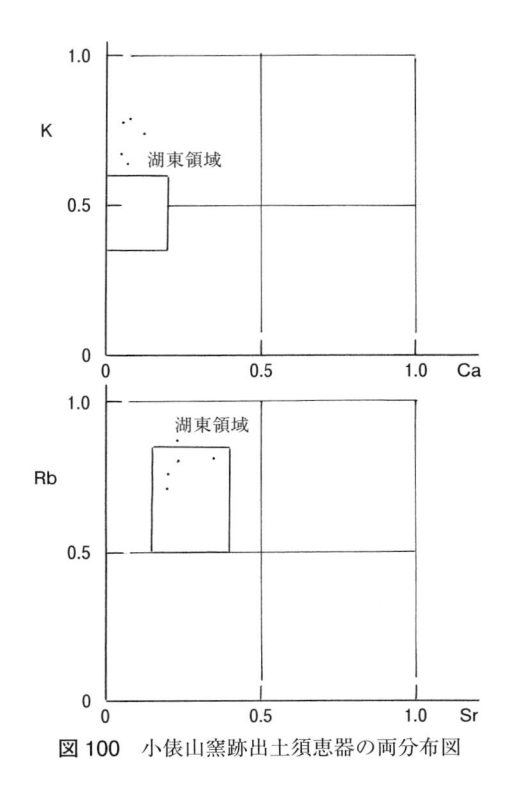

図100 小俵山窯跡出土須恵器の両分布図 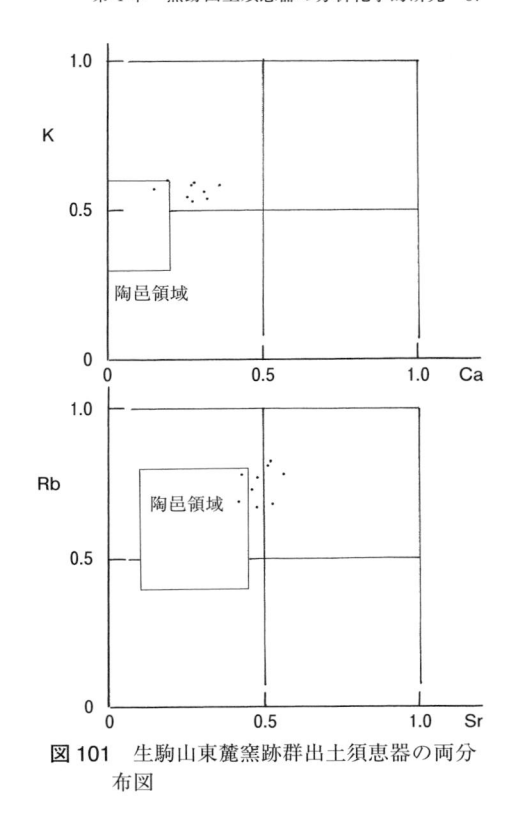　　図101 生駒山東麓窯跡群出土須恵器の両分布図

100には今津町の小俵山窯跡出土須恵器の両分布図を示す。これらの窯跡は花崗岩類からなる比良山の麓に分布する窯跡である。地元産の粘土を素材として使用しておれば、その化学特性は比良山を構成する花崗岩類の化学特性と関係があることが予想される。このことについては後述する。湖西地域の窯跡出土須恵器試料には湖東の窯跡出土須恵器試料に比べて、KとRbが高い傾向があることはわかる。

滋賀県内の窯跡群出土須恵器試料は京都府北部地域の窯跡群出土須恵器試料と同様、K-Ca分布図では第3象限の上部から、第2象限に分布し、Rb-Sr分布図では第2象限に分布するものが多く、東日本の窯跡出土須恵器試料とは明らかに化学特性は異なる。滋賀県内には大規模な須恵器窯跡群はないが、小規模な窯跡群が湖東地域と湖西地域に散在する。その結果、各窯群の須恵器の化学特性は微妙に異なるが、大きな地域差を示すものはない。

次に大阪府、奈良県の窯跡出土須恵器の両分布図を示す。奈良県内には生駒山東麓に10基程度の窯跡がある以外に、須恵器窯跡はない。7～8世紀代の生駒山窯跡群の須恵器の両分布図を図101に示す。この図には比較対照の領域として、陶邑領域を描いてある。生駒山窯跡群の須恵器試料には陶邑窯跡群の須恵器試料に比べて、Ca、Srが多いことがわかる。この窯跡群の製品はどこへ供給されたのかは、未解明である。

図102には大阪府富田林市に在る、5～6世紀代の古い須恵器窯跡である一須賀2号窯跡と、中佐備窯跡の須恵器の両分布図を示す。両者とも陶邑製品に比べて、Ca、Srがやや多く、陶邑領域をずれて分布する。したがって、陶邑製品と一須賀窯跡、中佐備窯跡の製品を識別することも可能

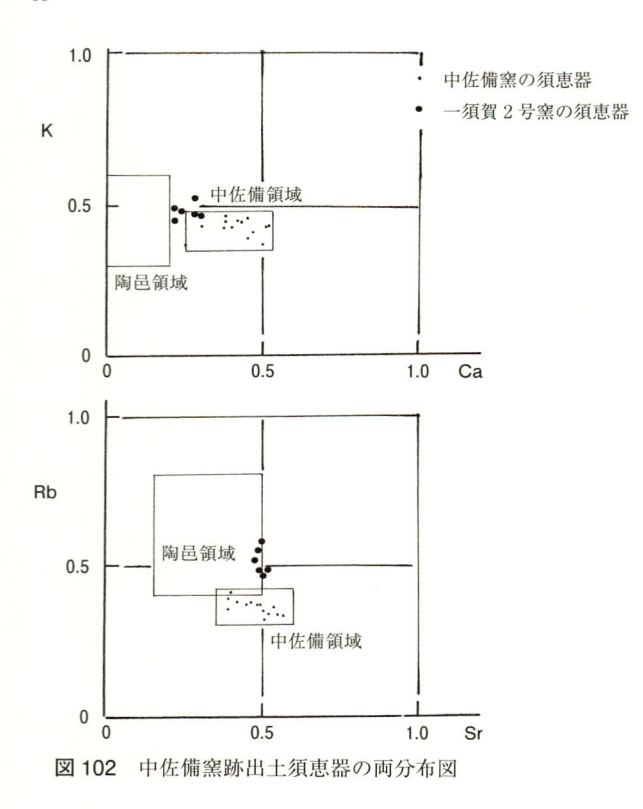

である。しかし、これらの窯跡の製品が何処へ供給されたのか、現在のところ、不明である。

近畿地方の窯跡群出土須恵器の両分布図を比較すると、京都府北部や滋賀県などの近畿北部地域の窯跡群出土須恵器試料に比較して、近畿南部の陶邑窯跡群や、一須賀窯跡、中佐備窯跡の須恵器試料にはK、Rbが比較的少ない傾向があり、Rb-Sr分布図では北部の須恵器試料は第2象限に分布するのに対して、南部の須恵器試料はRb-Sr分布図では第3象限に分布するものが多い。この傾向は窯跡の後背地を構成する花崗岩類の化学特性と関連すると思われる。このことについては「花崗岩類の分析化学的研究」のところで述べる。

図102 中佐備窯跡出土須恵器の両分布図

兵庫県内には淡路島も含めて、須恵器の窯跡は多い。5世紀代の窯跡は発見されていないが、6世紀代、7世紀代の窯跡も発見されている。8世紀代から古代末にかけて、相生市、三田市、姫路市、加古川市、明石市などで、大規模な窯跡群が発見されている。恐らく、兵庫県は名古屋市周辺の東海地域と並んで、日本国内最大の須恵器生産地であったのであろう。窯跡群の数も多いので、ここでは両分布図を割愛する。

E) 中国地方

岡山県内には5世紀代の須恵器窯跡も発見されており、8世紀代の須恵器の窯跡も多いが、むしろ、備前焼の中世陶器の窯跡が多い。本節では広島県、島根県、山口県の窯跡出土須恵器の化学特性を紹介する。

広島県内各地の窯跡出土須恵器試料の両分布図を図103に示す。久井町の大仙沖窯、東広島市の叔母原窯と三永水源池窯、口和町の中野谷窯、世羅町の目光窯、世羅西町の京梨池窯の須恵器試料の分析データである。これらをまとめて広島領域を描き、比較対照の領域とした。広島県の須恵器にはK、Rbが比較的高い傾向があり、両分布図で第2象限上部に分布する。典型的な西日本型の胎土である。図104には熊ヶ迫1号窯跡（11〜12世紀代）、図105には2号窯跡（8世紀代）、図106には3号窯跡（9世紀代）の須恵器試料の両分布図を示す。いずれも、広島領域に分布する。これらの図を比較すると、時代によって、微妙に分布位置がずれており、粘土採取場所が時代によって、変遷していることがわかる。広島県内には大規模な窯跡群はないが、小規模な窯跡群が散在する。三和町の柿ノ木原1、2号窯跡の試料の両分布図を図107に、世羅町の京梨池窯跡の試料の両分布

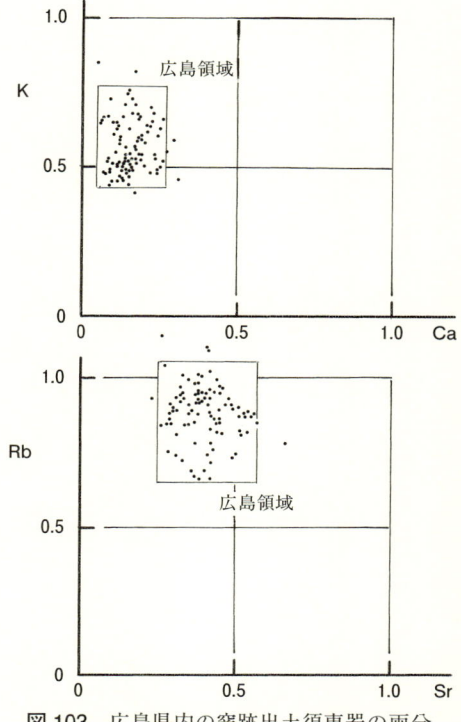

図103 広島県内の窯跡出土須恵器の両分布図

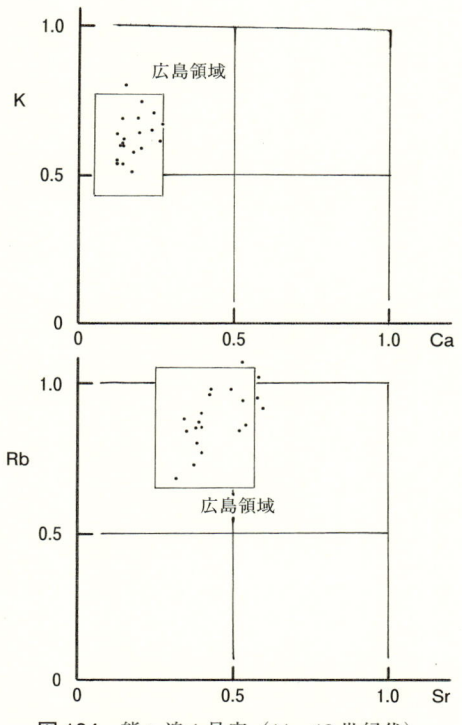

図104 熊ヶ迫1号窯（11〜12世紀代）出土須恵器の両分布図

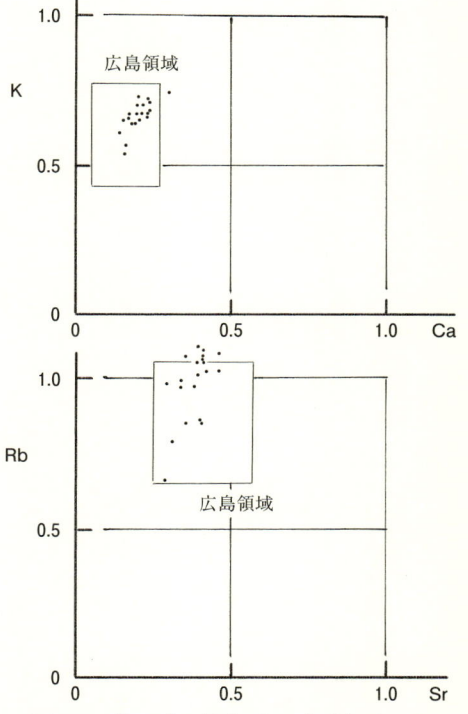

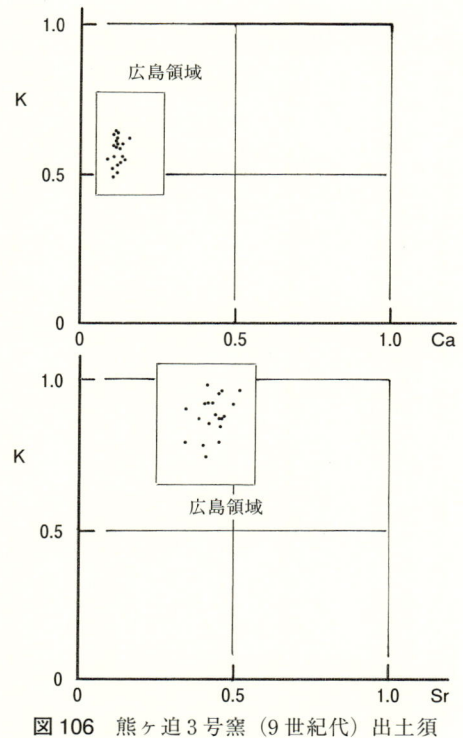

図105 熊ヶ迫2号窯（8世紀代）出土須恵器の両分布図

図106 熊ヶ迫3号窯（9世紀代）出土須恵器の両分布図

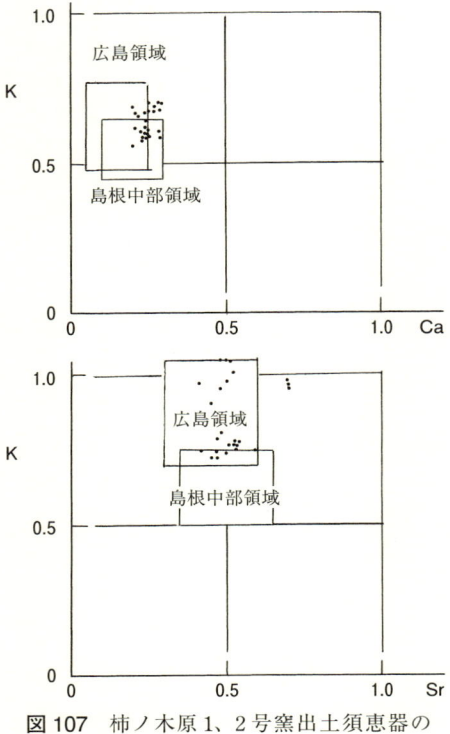

図107 柿ノ木原1、2号窯出土須恵器の両分布図

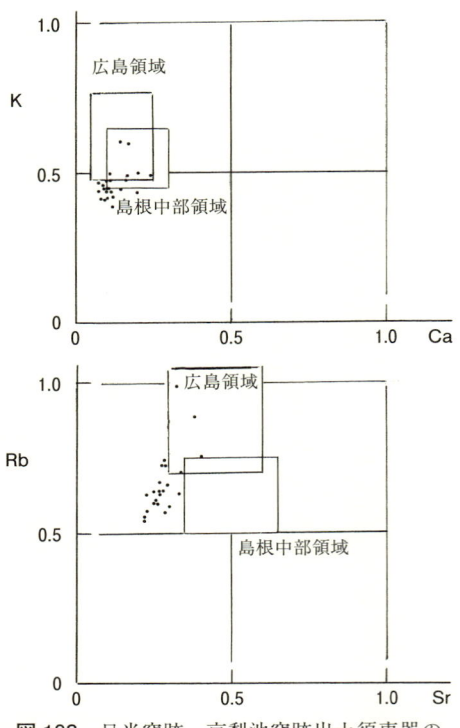

図108 日光窯跡、京梨池窯跡出土須恵器の両分布図

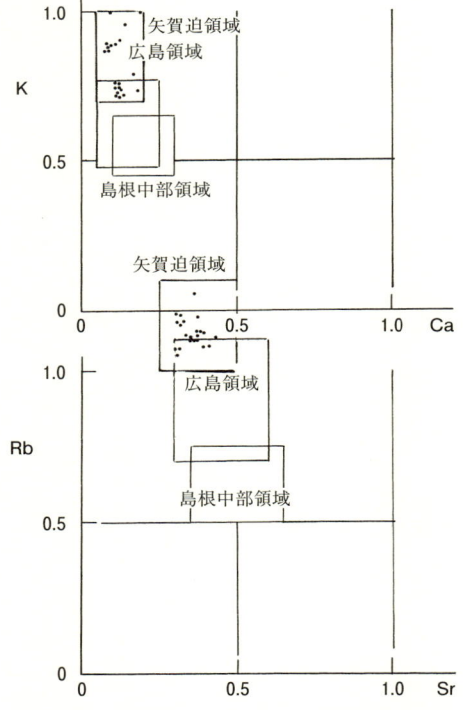

図109 矢賀迫1、2号窯跡出土須恵器の両分布図

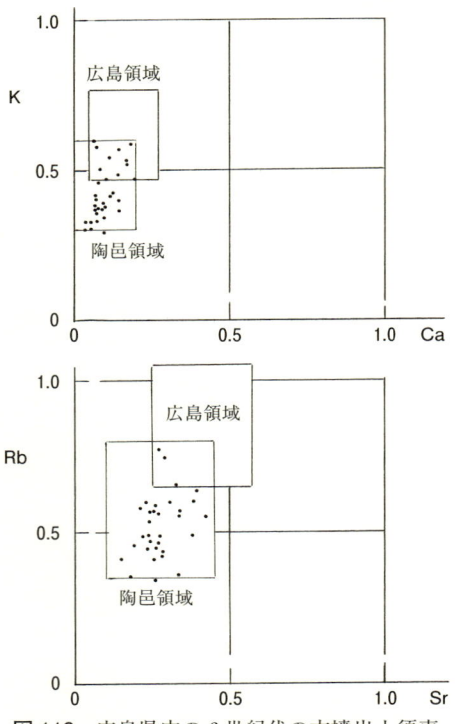

図110 広島県内の6世紀代の古墳出土須恵器の両分布図

図を図108に示す。さらに、高宮町の矢賀迫1、2号窯の試料の両分布図を図109に示す。いずれも、広島領域の周辺に分布しており、窯跡の所在する場所によって、胎土が異なることがわかる。とくに、高宮町の矢賀迫1、2号窯跡の須恵器は他の広島県内の窯跡出土須恵器に比べて、K、Rbが高い値をもつので、県内の他の窯跡の製品から容易に識別できる。

　広島県内には古墳時代の須恵器窯跡は発見されていないが、古墳時代の須恵器は多数、出土している。図110には、5～6世紀代の古墳、遺跡から出土した須恵器の両分布図を示す。この図には陶邑領域と広島領域を描いてある。もし、広島県内にも古墳時代の須恵器窯跡があるとすれば、その胎土は広島領域に分布することが想定されるからである。分析された須恵器は胡摩1号墳（5世紀中～後半）、浄福寺1、2号墳（5世紀代）、三ッ城古墳、（5世紀代）、大久保古墳（年代不明）、寺津1、2号墳（6世紀前半）、宮城古墳群（6世紀代初頭）、蔵田25号墳（6世紀代）、大蔵遺跡（6世紀代中～後半）、川東大仙山10、11号墳（6世紀代中）、奥今田3号墳（6世紀代中）、見尾東遺跡（6世紀代後半）、則清2号遺跡（6世紀代中）、立石2号墳（6世紀代後半）、青木原遺跡（6世紀代後半）、岡ノ段C地点遺跡（6世紀代後半）、植松3号墳（6世紀代後半）から出土した須恵器試料である。ほとんどすべての試料は陶邑領域に対応しており、5～6世紀代の古墳・遺跡から出土した須恵器は和泉陶邑からの搬入品であることを示している。

　図111には6～7世紀代の古墳・遺跡から出土した須恵器試料の両分布図を示してある。分析した須恵器試料は見尾山1、2、3、4号墳、白ヶ迫遺跡、寺側古墳、蔵ノ神遺跡群から出土した古式須恵器である。蔵ノ神遺跡群から出土した1点の試料は広島領域に分布するが、他はほとんどが陶

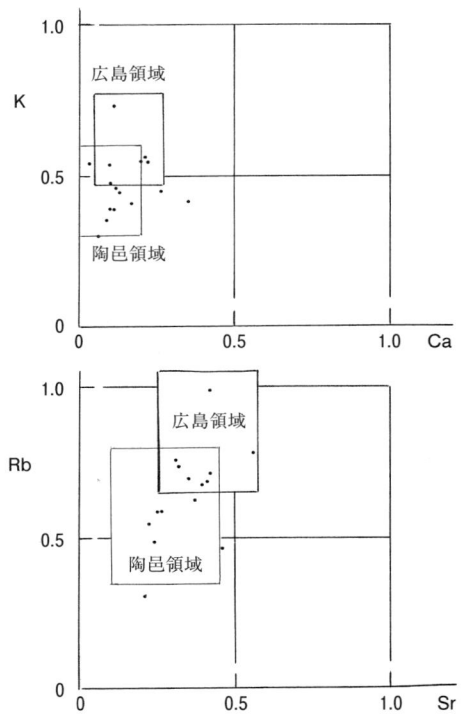

図111　広島県内の6世紀代後半～7世紀代の遺跡出土須恵器の両分布図

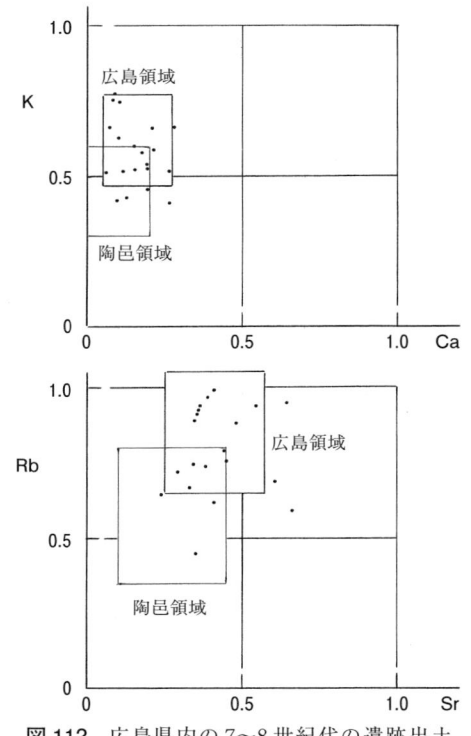

図112　広島県内の7～8世紀代の遺跡出土須恵器の両分布図

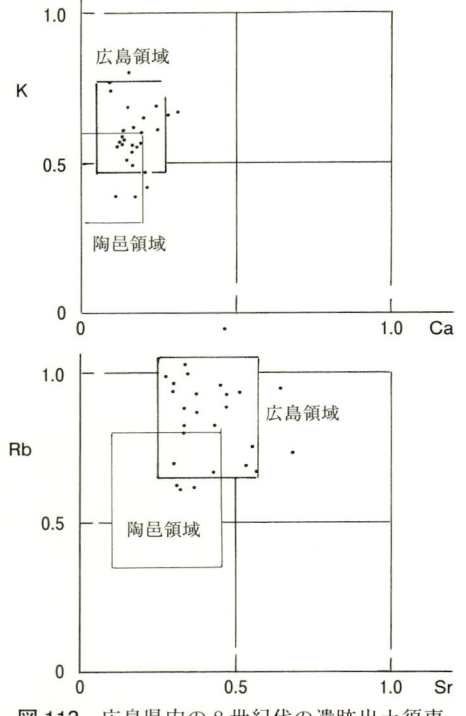

図113 広島県内の8世紀代の遺跡出土須恵器の両分布図

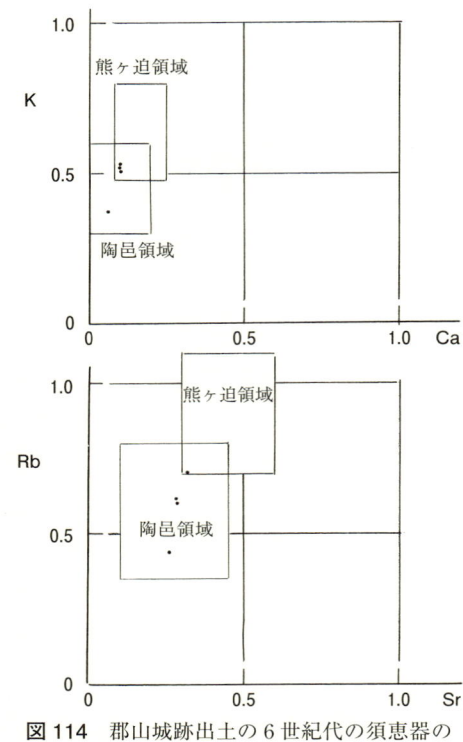

図114 郡山城跡出土の6世紀代の須恵器の両分布図

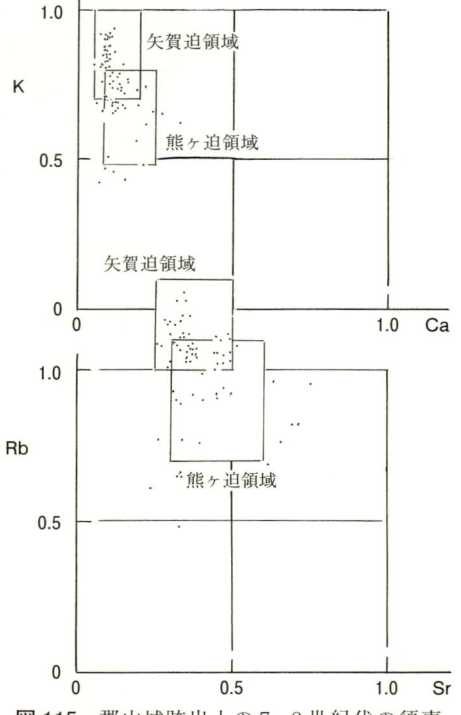

図115 郡山城跡出土の7〜8世紀代の須恵器の両分布図

邑領域に分布し、陶邑からの搬入品であることを示している。

図112には7〜8世紀代の遺跡から出土した須恵器試料の両分布図を示してある。見尾西遺跡（7世紀代後半）、道ヶ曽根遺跡（7世紀代後半〜8世紀代）、杉谷B、C遺跡（7世紀代）、下本谷遺跡（7世紀代後半〜8世紀代）、西本6号遺跡（7世紀後半）、奥今田1、4号墳（7世紀前半）、京野遺跡（7世紀代初頭）、岡ノ段B地点遺跡（7世紀代中）から出土須恵器である。ほとんどの須恵器は両分布図で広島領域に分布し、陶邑領域に分布する試料はほとんどなく、在地産の須恵器であることがわかる。

図113には8世紀代の遺跡から出土した須恵器試料の両分布図を示す。見尾西遺跡、道ヶ曽根遺跡、三谷郡衙、杉ヶ迫遺跡、日向遺跡、安芸国分尼寺遺跡（奈良時代）、備後国府跡（奈良〜平安時代）、安芸国分寺遺跡（奈良時代）、下岡田遺跡（奈良〜平安時代）、東

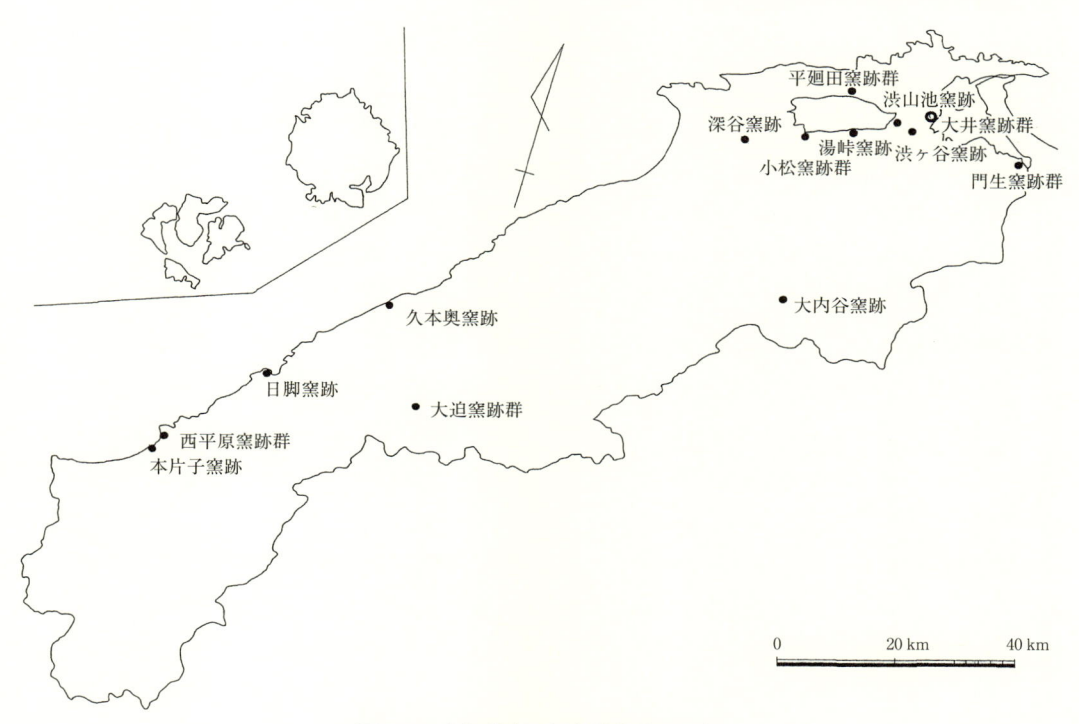

第4章 窯跡出土須恵器の分析化学的研究　73

図116　島根県内の須恵器窯群の分布

山遺跡（8世紀代前半）から出土した須恵器試料である。ほとんどの試料が広島領域に分布しており、地元産の須恵器であることがわかる。

郡山城跡は複合遺跡である。郡山城跡から出土した、6世紀代と推定される須恵器試料の両分布図を図114に示す。4点とも陶邑産の須恵器と推定される。図115には、郡山城跡から出土した7～8世紀代と推定される須恵器試料の両分布図を示してある。多くの試料は高宮町の矢賀迫1、2号窯の須恵器試料の分布領域に分布しており、矢賀迫窯から供給された須恵器である可能性が高い。矢賀迫領域をずれる試料の多くも、広島領域に分布しており、広島県内の製品とみられる。

このように、5～6世紀代の古墳・遺跡から出土した須恵器試料は陶邑産と推定される場合が多く、8世紀代以降の遺跡から出土する須恵器試料は在地産と推定される場合が多い。須恵器生産・供給の時代による変遷を広島県内の古墳、遺跡出土須恵器を例にして説明した。

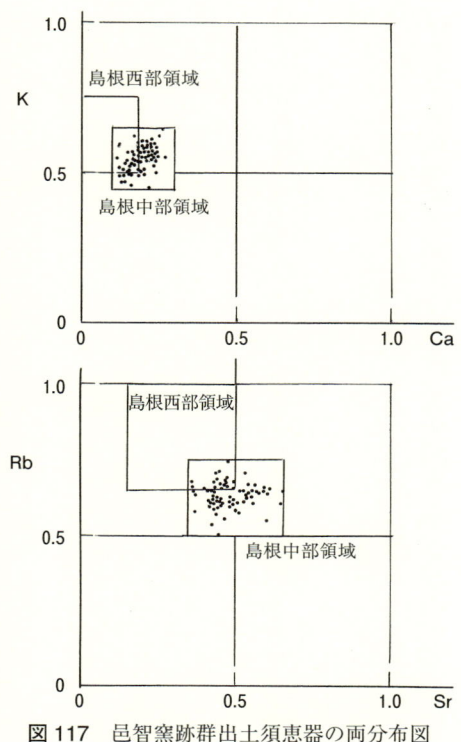

図117　邑智窯跡群出土須恵器の両分布図

図 116 には、島根県内の須恵器窯跡群の分布地図を示してある。県東部の宍道湖周辺に多数の窯跡が分布する。その中心は出雲国庁に近い大井窯跡群である。県中部の邑智郡や西部の益田市周辺にも小規模な窯跡群がある。ここでは、地理的に中間に在る、邑智郡の窯跡群出土須恵器試料の化学特性を中心にして、東部、西部の須恵器試料の化学特性を比較した。

　図 117 には邑智郡の須恵器試料の両分布図を示してある。出張窯、コオギヤス窯、江迫窯、大迫窯、宇山窯、茅場谷窯の須恵器試料の分析データである。これらの試料を包含するようにして、島根中部領域とした。

　東部の窯跡群の中心は大井窯跡群である。図 118 に示すように、多数の支群がある。寺尾支群、ババタケ支群、唐干支群、勝田支群、池ノ奥支群の須恵器試料の分析データを図 119 に示す。島根中部領域内で右下側に偏って分布することがわかる。この傾向は松江市に隣接する安来市の門生窯跡群の須恵器試料にもみられる。図 120 には門生窯跡群の須恵試料の両分布図を示す。大井領域と重なる部分が多い。

　西部の益田市に在る本片子窯跡、北ヶ迫窯跡の須恵器試料の両分布図を図 121、122 に示す。両者は K-Ca 分布図での分布位置はほぼ重なるが、Rb-Sr 分布図では本片子窯跡の製品には Sr が比較的多く、両者の相互識別は可能である。両者の試料集団を包含するようにして、島根県西部領域とした。この図には島根西部領域とともに、島根中部領域と山口県の周防領域も描いてあるが、島根県西部の窯跡出土須恵器試料は島根県中部や東部地域の窯跡須恵器試料の胎土とは異なり、その化学特性はむしろ、山口県の周防陶窯跡群の須恵器試料の化学特性に類似することがわかる。

　山口県山口市内には県内唯一の大規模跡群である周防陶窯跡群がある。その他の小規模の窯跡群

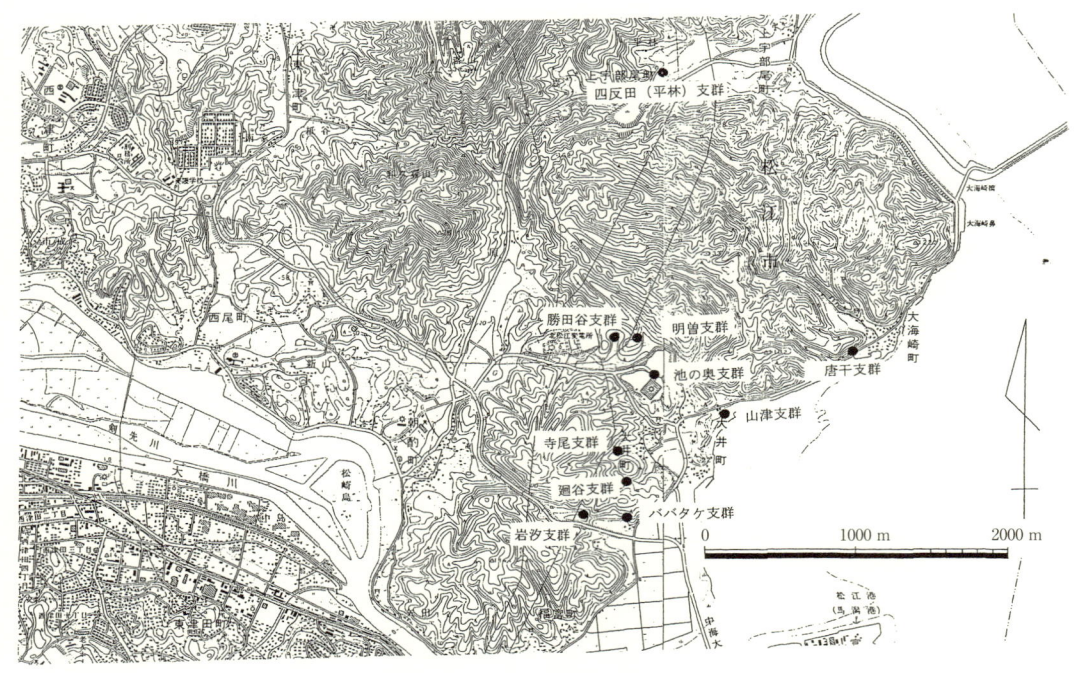

図 118　大井窯跡群内の須恵器窯の分布

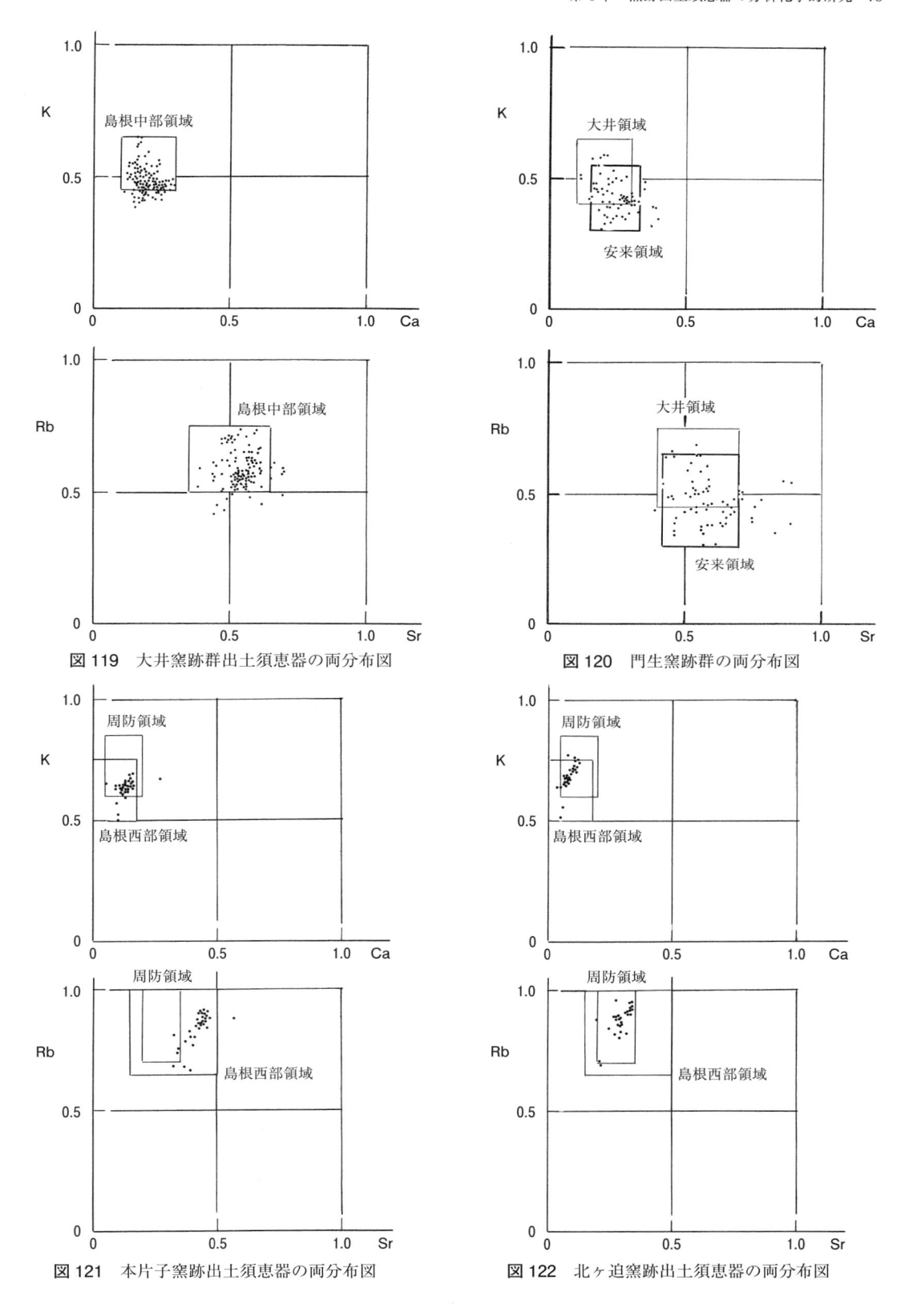

第 4 章　窯跡出土須恵器の分析化学的研究　75

図 119　大井窯跡群出土須恵器の両分布図

図 120　門生窯跡群の両分布図

図 121　本片子窯跡出土須恵器の両分布図

図 122　北ヶ迫窯跡出土須恵器の両分布図

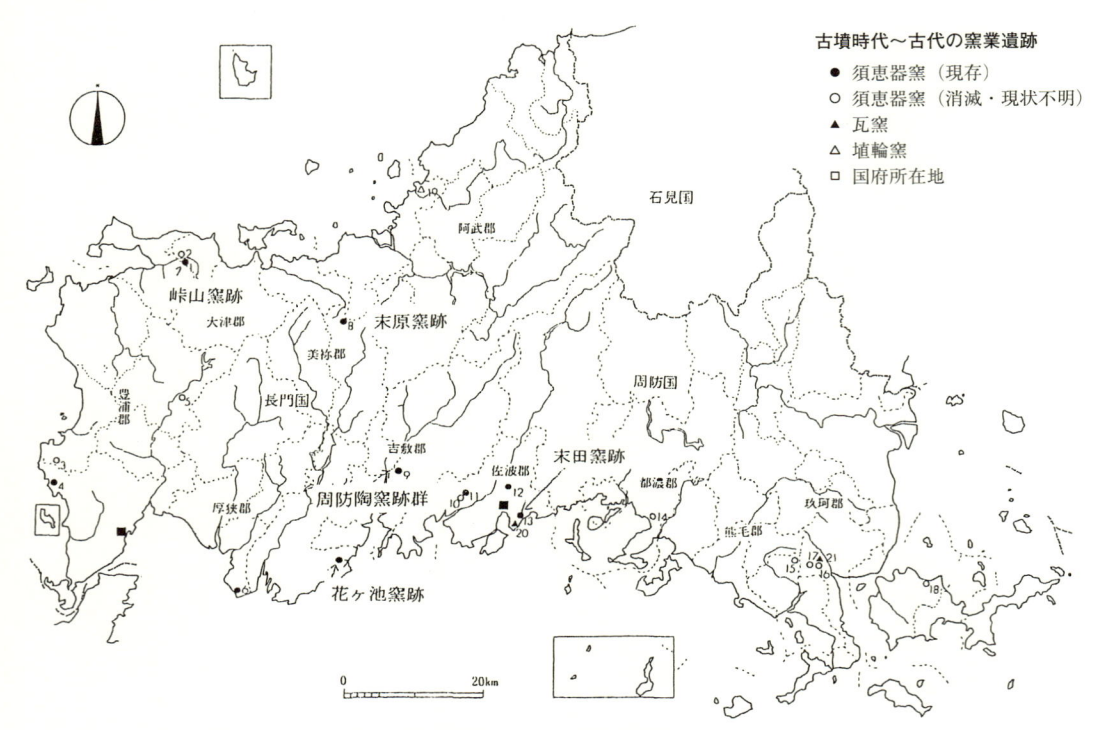

図 123　山口県内の須恵器窯群の分布（山口県教育委員会文化課編 1983 より）

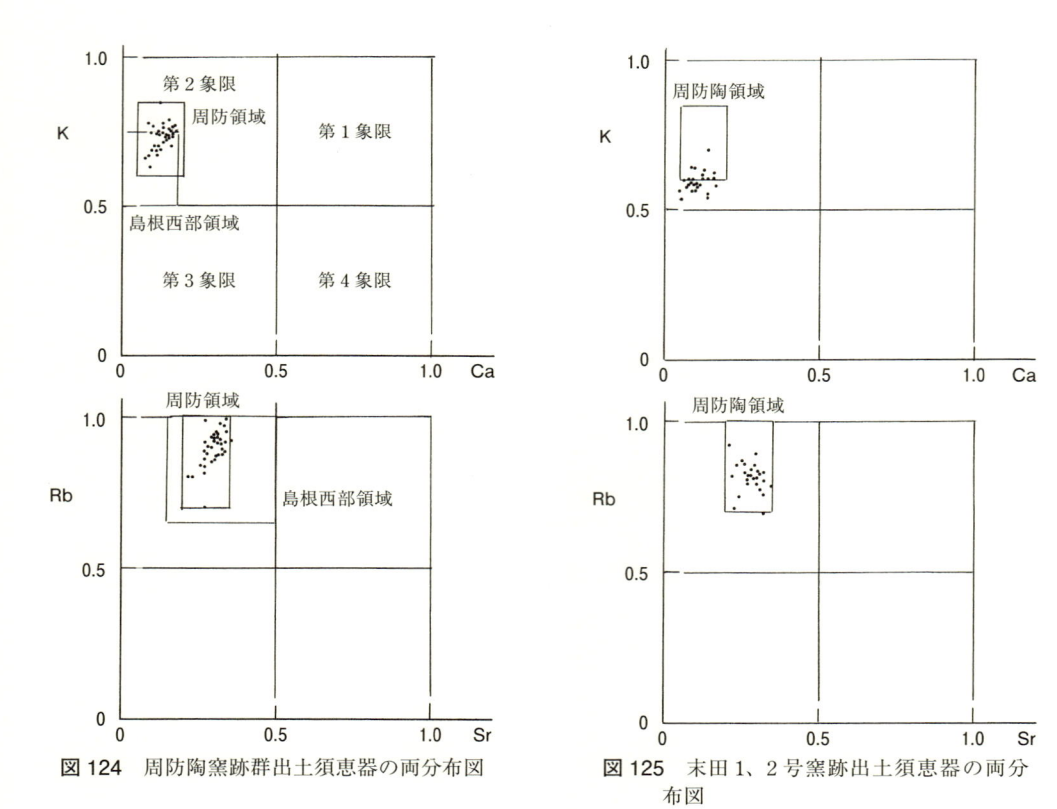

図 124　周防陶窯跡群出土須恵器の両分布図

図 125　末田 1、2 号窯跡出土須恵器の両分布図

は県内各地に散在する。山口県の須恵器窯跡群の分布図を図123に示す。周防陶窯群には100基を超す窯跡が発見されている。図124には周防陶窯跡群出土須恵器試料の両分布図を示してある。地観念堤1号窯、峠堤窯、八足原堤2号、4号窯、向田窯、ハマグリ坂窯の須恵器の分析データである。K、Rbが比較的多く、逆に、Ca、Srが比較的少ない特徴をもっており、両分布図で第2象限に分布する。周防陶領域を比較対照領域とし、山口県内に散在する他の窯群の須恵器の化学特性と比較した。図125には防府市に在る末田1、2号窯跡の須恵器試料の両分布図を示す。両分布図で第2象限に分布するが、K-Ca分布図では、Kが比較的少なく、周防陶領域をずれる。両者の相互識別は可能である。図126には美弥郡美東町に在る末原2号窯跡の須恵器試料の両分布図を示す。K-Ca分布図では末田窯跡の須恵器と類似したところに分布するが、Rb-Sr分布図ではRbが比較的少なく、明らかに、末田窯跡の須恵器の胎土とは異なる。図127には、大津郡日置町の峠山1、2、3号窯跡の須恵器試料の両分布図を示す。隣接する美弥郡美東町の末原窯跡の須恵器と類似した胎土の須恵器である。図128には下関市の碑尻1、2号窯跡の須恵器試料の両分布図を示す。このように、山口県内に散在する小規模な窯跡群の須恵器試料も、窯跡群が所在する地域によって、その化学特性は微妙に異なる。このことは山口県内でも、各窯跡群で在地産の粘土を素材として使用したことを示している。

　ここで、山口県内の消費地遺跡から出土した須恵器の化学特性を県内最大の窯群である周防陶窯群の須恵器と比較してみた。図129には周防国府域から出土した須恵器試料の両分布図を示す。周防陶領域に対応しており、地元、周防陶窯跡群の製品とみられる。図130には長登銅山遺跡から出

図126 末原2号窯跡出土須恵器の両分布図

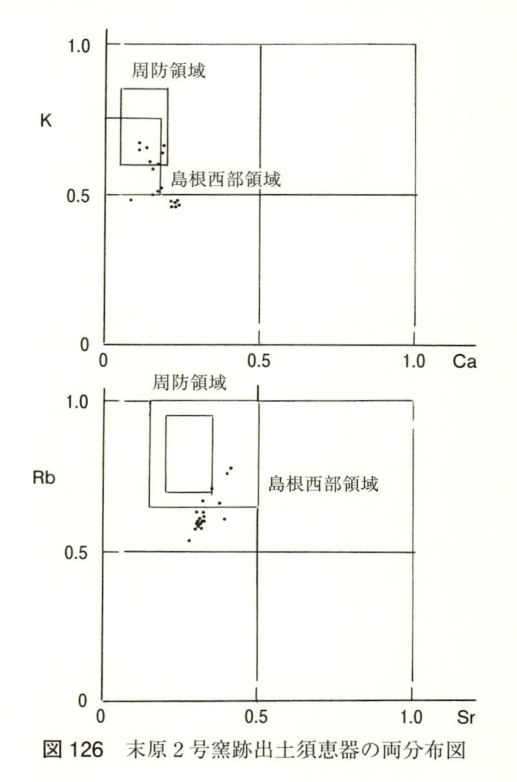

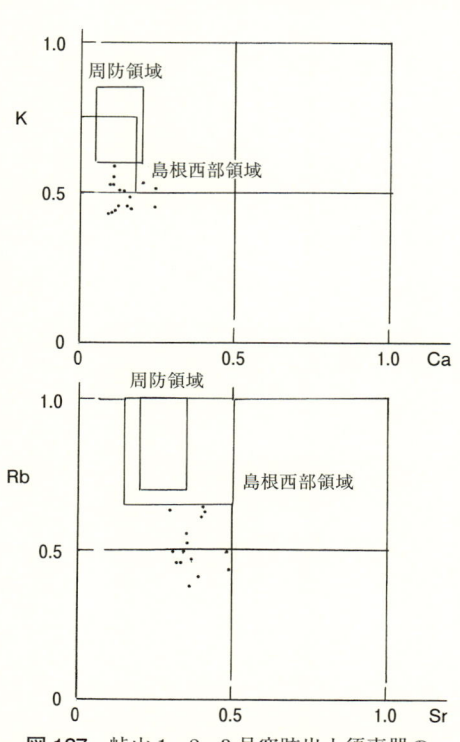

図127 峠山1、2、3号窯跡出土須恵器の両分布図

図128　稗尻1、2号窯跡出土須恵器の両分布図

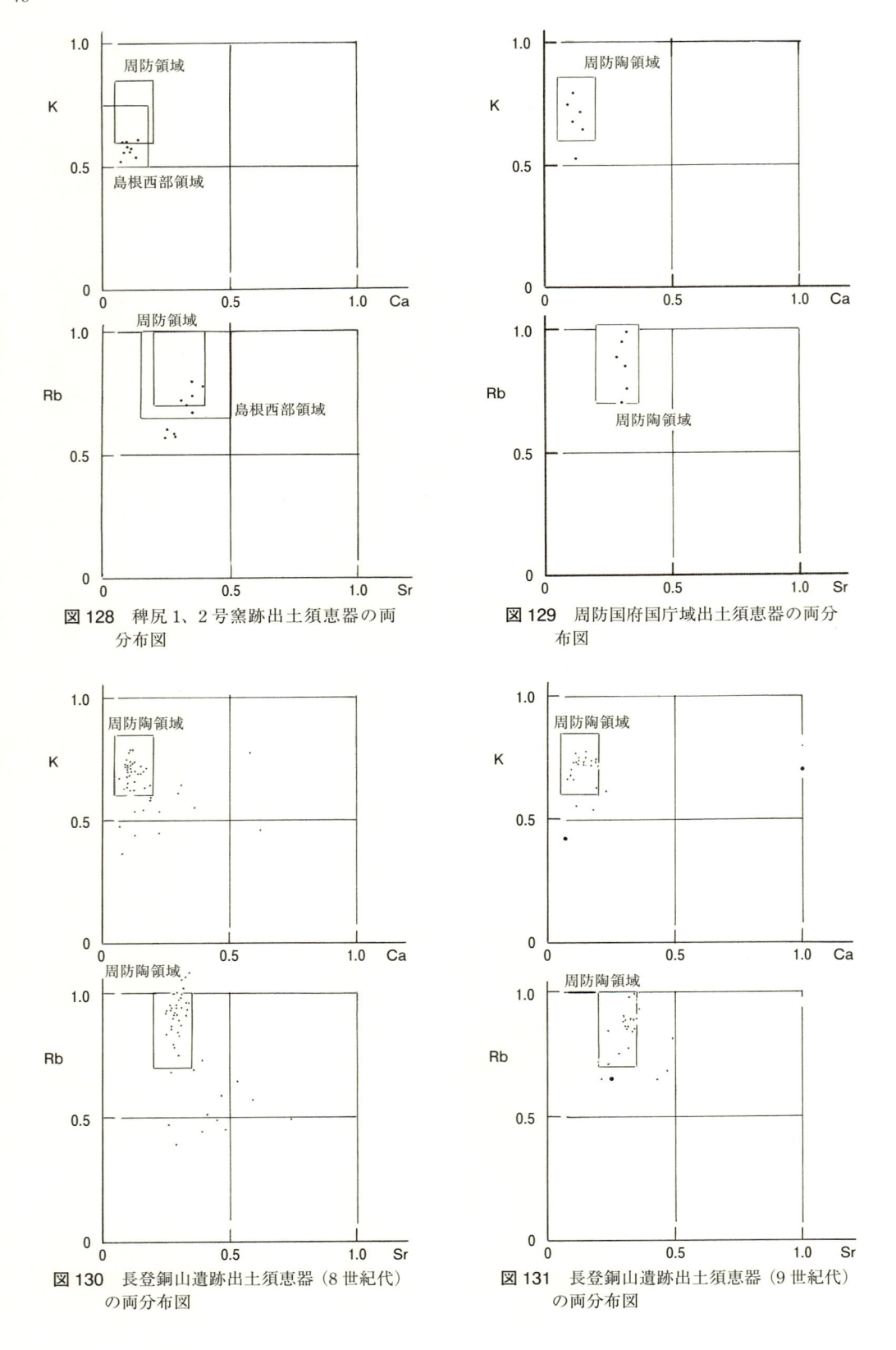

図129　周防国府国庁域出土須恵器の両分布図

図130　長登銅山遺跡出土須恵器（8世紀代）の両分布図

図131　長登銅山遺跡出土須恵器（9世紀代）の両分布図

土した、8世紀代の須恵器試料の両分布図を示す。ほとんどの試料は周防陶領域に分布しており、周防陶窯跡群の須恵器が供給されていたことがわかる。しかし、周防陶領域を大きくずれて分布する試料もあり、外部地域から供給された須恵器があることも確かである。ただ、これらの搬入品はどこから供給されたものであるかを確かめようとすると、年代や土器形式などの考古情報が必要となる。図131には長登銅山遺跡から出土した9世紀代の須恵器試料の両分布図を示してある。8世紀代同様、ほとんどの試料が周防陶領域に分布しており、地元、周防陶窯跡の製品であると推定される。図132には、長登鋳銭司跡出土須恵器試料の両分布図を示す。ほとんどの試料が周防陶領域に分布している。このように、大和朝廷が配下に置いた遺跡からは周防陶窯跡群産と推定される須恵器が大量に出土している。周防陶窯跡群は大和政権の配下にあった可能性もある。

山口県の日本海に浮かぶ、見島にはジーコンボ古墳群があり、多数の須恵器が出土している。ジーコンボ古墳群出土須恵器試料の両分布図を図133に示す。この図には周防陶領域とともに、比較対照のために、島根西部領域も描いてある。4点の須恵器試料は島根西部領域と周防陶領域が重なる領域に分布しているが、島根西部領域よりも、周防陶領域に分布している可能性が高い。もし、周防国庁の管理下にあったとみられる周防陶窯跡群の製品であれば、ジーコンボ古墳群が防人の墓であると言われてきたが、その可能性がでてくる。ただ、分析点数が少ないので、今後の研究課題の一つとなる。

山口県内にも古墳時代の須恵器窯跡が発見されている。図134には、小野田市に在る、6世紀代の松山窯跡出土須恵器試料の両分布図を示してある。1基の窯跡として分析試料はまとまって分布

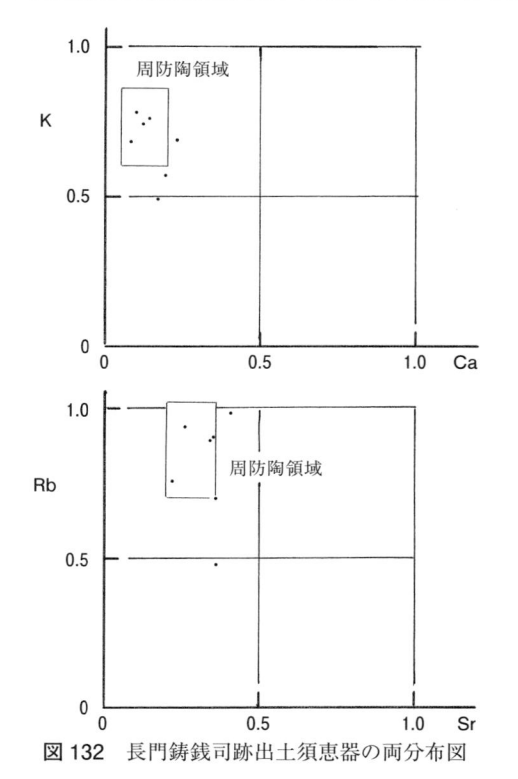

図132 長門鋳銭司跡出土須恵器の両分布図

図133 見島ジーコンボ古墳群出土須恵器の両分布図

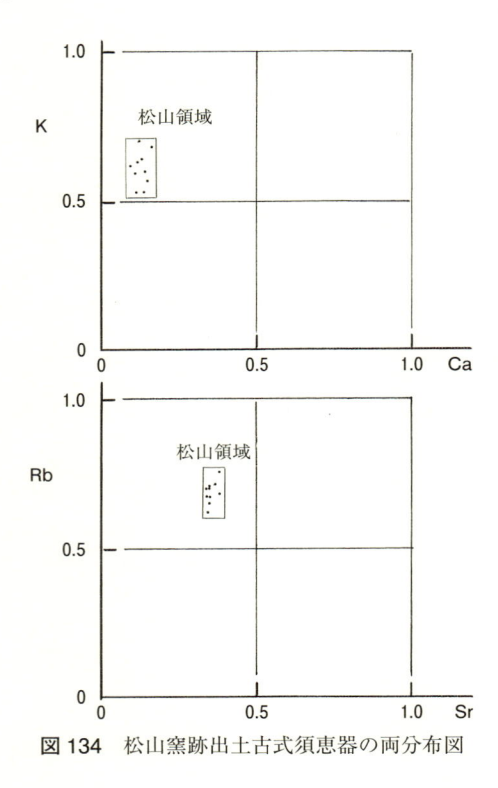

図134 松山窯跡出土古式須恵器の両分布図

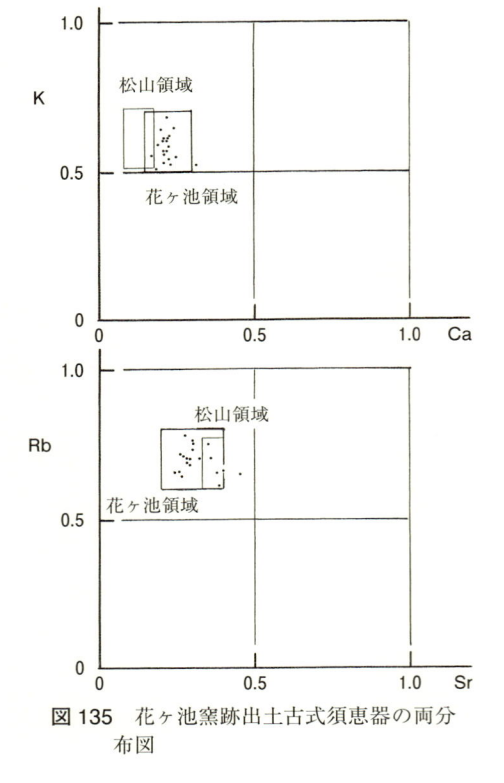

図135 花ヶ池窯跡出土古式須恵器の両分布図

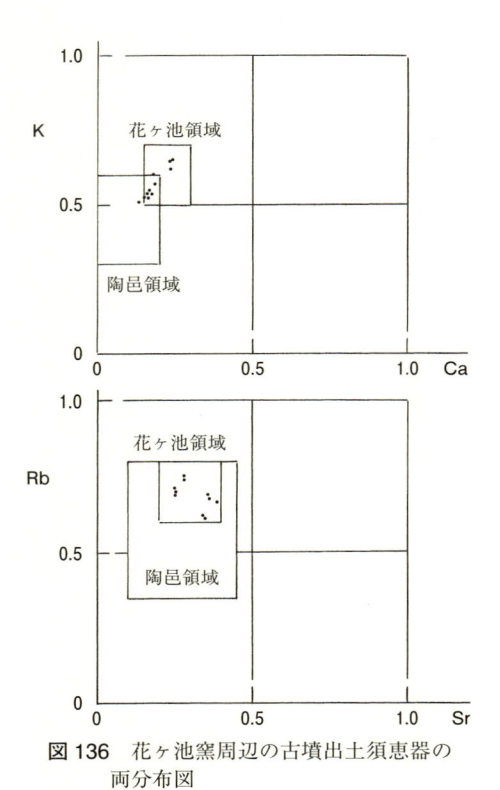

図136 花ヶ池窯周辺の古墳出土須恵器の両分布図

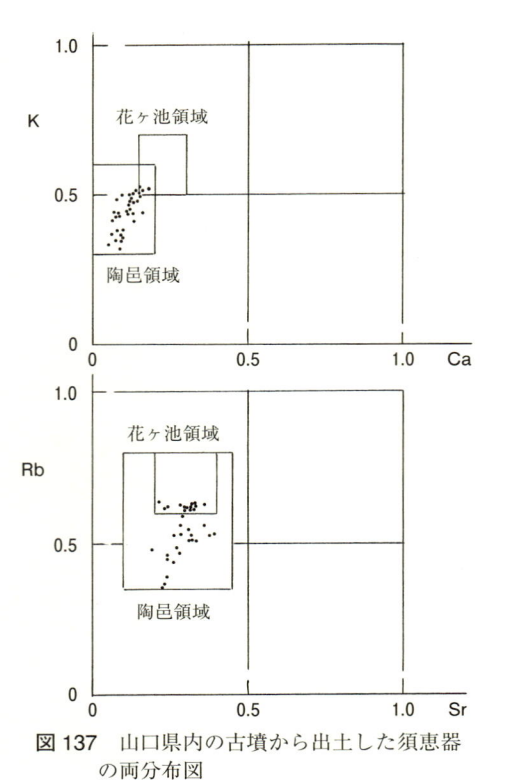

図137 山口県内の古墳から出土した須恵器の両分布図

しており、山口県内の須恵器の特徴である第2象限に分布している。図135には、宇部市の6世紀代の花ヶ池窯跡出土須恵器試料の両分布図を示してある。松山窯跡出土須恵器に比べて、Caがやや多い須恵器であることがわかる。両分布図で第2象限に分布する。花ヶ池窯跡周辺の消費地遺跡から、花ヶ池窯跡の製品が検出された。図136には、波雁ヶ浜遺跡、若宮3号墳、白土遺跡、柵井古墳、四十塚古墳、川津遺跡、丸塚古墳出土須恵器の両分布図を示してある。いずれの試料も両分布図で花ヶ池領域に分布しており、地元、花ヶ池窯産の須恵器であると推定された。しかし、陶邑製品を出土する遺跡もある。図137には、5世紀代の小路遺跡、6世紀代の傍示古墳群、坂手沖尻遺跡、下東遺跡、鴻ノ峰古墳出土須恵器試料の両分布図を示してある。花ヶ池領域よりもむしろ、陶邑領域に分布しており、陶邑産と推定される須恵器である。山口県でも、5～6世紀代の古墳、遺跡からは陶邑製品が検出されたことになる。

F）九州地域

　長崎県を除いた九州各県内にも、須恵器窯跡群が発見されている。九州地域における、最大の須恵器生産地は福岡県である。図138には、九州最大の須恵器窯跡群である、牛頸窯跡群の須恵器試料の両分布図を示す。平田D1号窯、平田E1号窯、平田F1号窯、上平田2号窯、小田涌33-1号窯、小田涌37-1号窯、小田涌40-1号窯、小田涌50-1号窯、野添6号窯、野添11号窯、野添12号窯、野添13号窯、後田61-Ⅳ号窯、後田63-1号窯、後田66-1号窯、中通D-1号窯、中通D-2号窯、中通A-1号窯、中通A-2号窯、井手X-1号窯、井手X-2号窯、井手X-3号窯、石坂C-1号

図138　牛頸窯跡群出土須恵器の両分布図

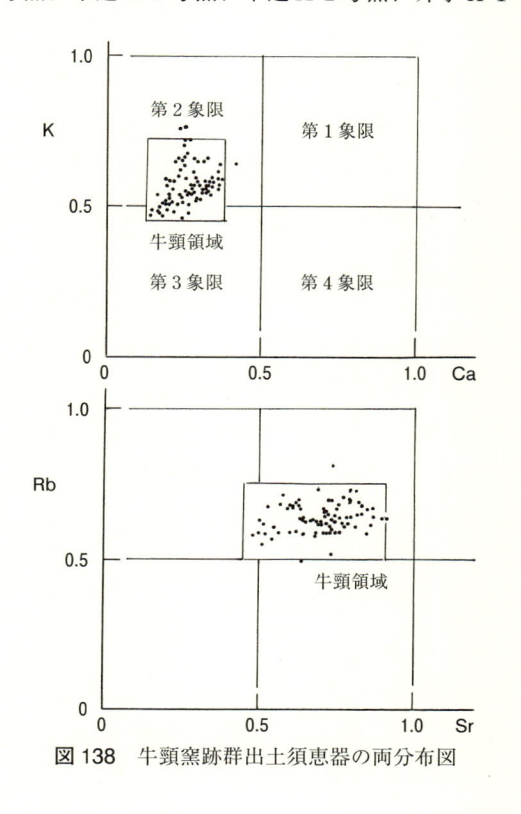

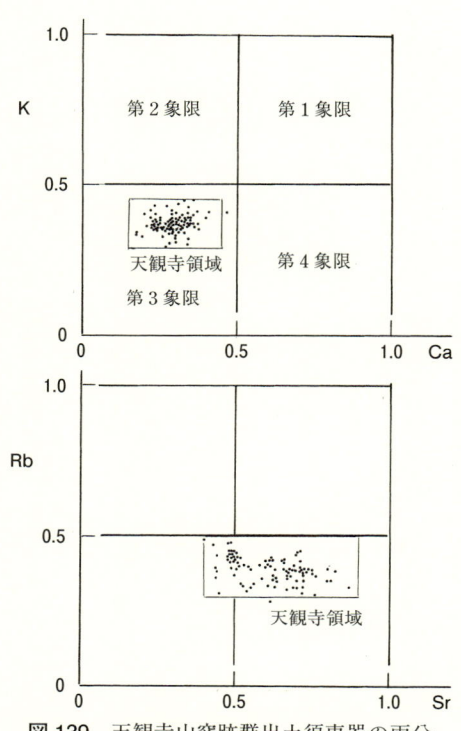

図139　天観寺山窯跡群出土須恵器の両分布図

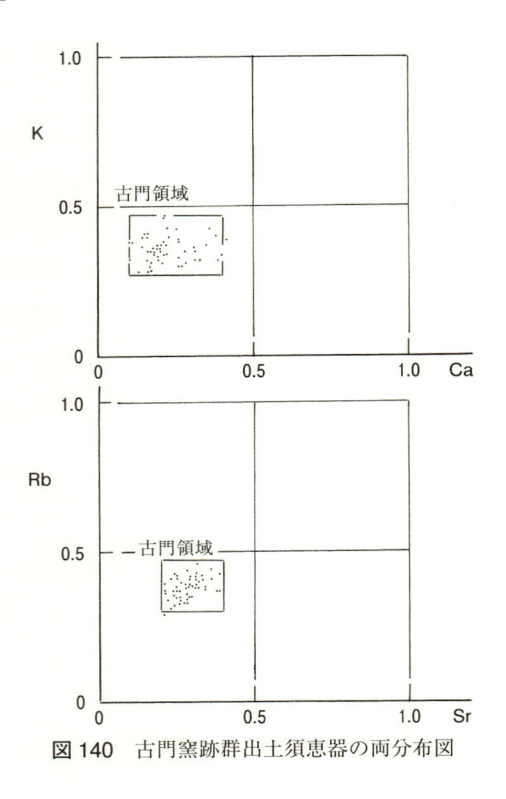

図140 古門窯跡群出土須恵器の両分布図

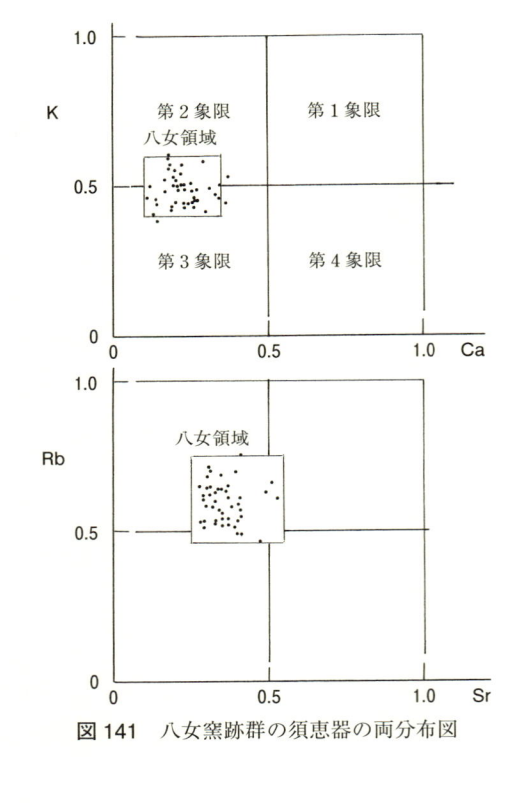

図141 八女窯跡群の須恵器の両分布図

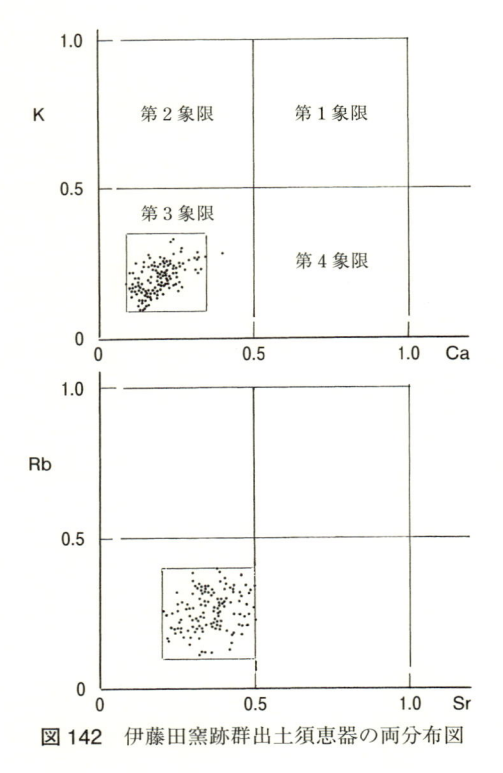

図142 伊藤田窯跡群出土須恵器の両分布図

窯、石坂C-2号窯、大涌窯などの窯跡から出土した須恵器試料が分析された。これらの試料をまとめて両分布図を作成した。ほとんどの試料を包含するようにして、定性的な牛頸領域を描いてある。K-Ca分布図では第2象限に分布するが、Rb-Sr分布図では第1象限に分布する。

図139には、北九州市の天観寺山窯跡群の須恵器試料の両分布図を示す。I区1号窯、II区1号窯、III区2号窯、IV区1号窯、I区2号窯、III区3号窯、III区4号窯などの窯跡出土須恵器試料が分析された。牛頸窯跡群の須恵器試料に比べて、K、Rbが比較的低く、K-Ca分布図では第3象限に、Rb-Sr分布図でも第4象限に分布する。牛頸窯跡群の製品とは容易に識別できる。

牛頸窯跡群と天観寺山窯跡群の中間の地域である、福岡県鞍手町には古門窯跡群がある。稲元黒巡窯、日焼原2号窯、須恵須賀涌窯、黒土窯、鞍手窯、古門3号窯など窯跡出土須恵器試料が分析

された。古門窯跡群の須恵器試料の両分布図を図140に示す。K、Caが比較的少なく、K-Ca分布図では第3象限に分布するが、Rb、Srも比較的少ないので、Rb-Sr分布図でも第3象限に分布する。したがって、天観寺山窯跡群の製品とは容易に識別できる。

　福岡県八女市周辺には八女窯跡群がある。内田窯、瓦谷窯、中尾谷1・2号窯、三助山東窯などの窯跡出土須恵器試料が分析された。これらをまとめて、八女窯跡群の須恵器試料の両分布図を図141に示す。古門窯跡群の須恵器試料の分布領域に近く分布するが、古門窯跡群の領域とは異なる。

　図142には、大分県の伊藤田窯跡群の須恵器試料の両分布図を示してある。山田東窯、城山1、2号窯、瓦迫窯、草場窯、夜鳴池窯などの窯跡出土須恵器試料が分析された。K、Rbが比較的少なく、Ca、Srも比較的少ない特徴をもっており、両分布図で土器領域の第3象限に分布する。これが大分県の窯跡群出土須恵器の化学特性であり、福岡県内の窯跡群の製品とは明らかに化学特性は異なる。

　このように、全国各地の窯跡群出土須恵器の試料集団は例外なく、K-Ca、Rb-Srの両分布図上で窯跡群ごとにまとまって分布し、それぞれの地域特有の化学特性をもっていることが実験データで示されたことになる。このことはどこの窯跡群出土須恵器も例外なく、それぞれ一つの母集団として把握できることを意味する。このことは須恵器産地推定法を開発する上に重要な意味をもつ。すなわち、消費地遺跡出土須恵器をK、Ca、Rb、Srの4因子をつかって、母集団となる窯跡群へ結び付けることによって、須恵器の産地を推定できることを意味する。これが須恵器産地推定の根底にある考え方である。母集団となる窯跡群は全国各地にいくつもあるので、実際に産地推定をするには、何らかの形で母集団を整理しておかなければならない。通常、生産と供給の関係が成立するには、生産地遺跡と消費地遺跡が同時代であることが必要である。その他、考古学的な条件をつけて産地推定の対象となる窯跡群が選択されることになる。本来、土器遺物の生産・供給問題は自然科学研究のテーマではなく、考古学研究のテーマであるから、当然のことである。オックスフォード大学の研究者たちの研究でも、B.C.1400〜B.C.1100年ころの、地中海東部地域の遺跡から出土したギリシャ陶器がミノア産なのか、それとも、ミケーネ産なのかが問われたのである。自然科学の方法だけで、無条件に土器遺物の産地を推定できるものではない。この研究の根底には、自然科学の方法をいかにして、考古学研究に役立てるかという考えがある。この分野の研究に参加する自然科学者にとって忘れてはならない問題意識である。

第5章　ビーチサンドの分析化学的研究

　窯跡群出土須恵器の素材粘土が在地産であることを示そうとすると、窯跡群の後背地を構成する岩石も分析することが必要である。しかし、地質試料である露頭の岩石も窯跡から出土する須恵器試料と同様、すべての岩石試料を分析することはできない。地質試料の分析に際しても、試料採取の段階で「母集団」、「試料集団」の認識が必要である。この考え方で地質試料の一つである、砂浜のビーチサンドを分析した。砂浜のビーチサンド全体を分析することは不可能である。一つの砂浜のビーチサンド試料が長石系の4因子でまとまれば、砂浜を一つの「母集団」として把握することができる。さらに、隣接する砂浜のビーチサンドが類似した化学特性をもつことが実証されれば、これらをまとめてより大きな「母集団」に整理することができる。その上で、砂浜の後背地にある露頭の岩石試料を採取して分析すれば、ビーチサンドの化学特性の地質学的な意味が理解できると考えた。

　このような研究をする上に何処の砂浜のビーチサンドでもよいという訳にはいかない。地質構造が異なる、言い換えれば、地質を構成する岩石種が異なり、何か所もの砂浜が点在する地域に着目した。この目的に適した地域として、福井県敦賀半島とその対岸の越前岬側の砂浜を選択した。この地域には多数の砂浜が点々と分布している上に、敦賀半島と越前岬側とは、地質図から後背地の地質構造が異なることがわかったからである。敦賀半島の地質の基盤は花崗岩であり、対岸の越前岬側は古生層で厚く覆われており、砂岩、粘板岩などの堆積岩の露頭が散見されるに過ぎない。地質を構成する岩石種が異なるので、もし、砂浜のビーチサンドがこれらの後背地の岩石に由来したものであれば、ビーチサンドの化学特性にも、後背地を構成する岩石の化学特性が反映されていると考えたからである。

　図143には福井県敦賀市周辺の地質の概略図とビーチサンド試料の採取地点である砂浜を示してある。No.1の横浜からNo.5の赤崎までが越前岬側の砂浜であり、No.6の二村からNo.12の水晶浜までが敦賀半島側の砂浜である。1か所の砂浜で20～30点程度のビーチサンド試料を採取した。分析結果、一つの砂浜で採取されたビーチサンドはどの砂浜で

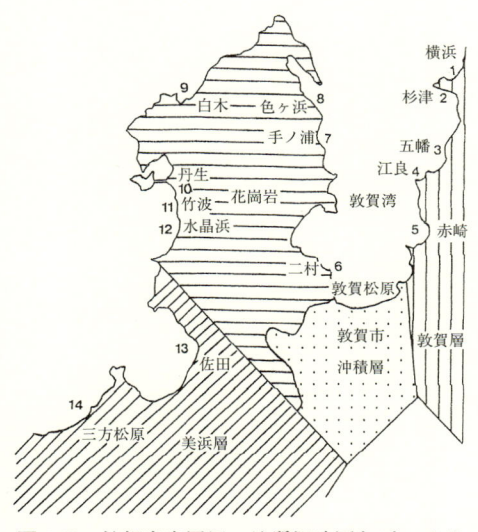

図143　敦賀半島周辺の地質概略図とビーチサンド試料の採取地点

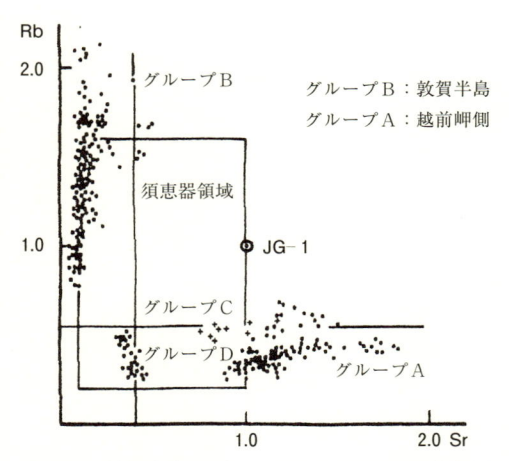

図144 敦賀半島のビーチサンドのRb-Sr分布図

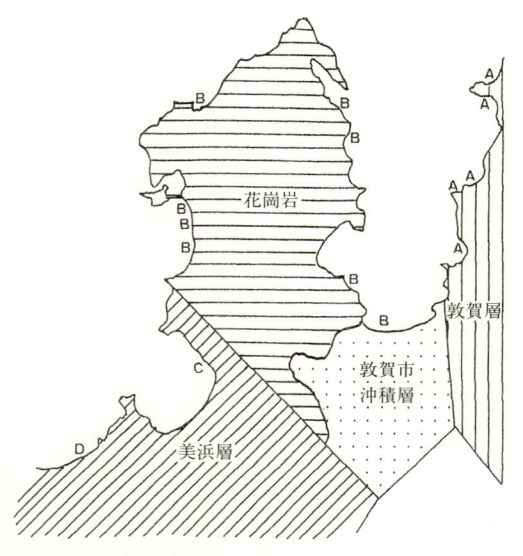

図145 敦賀半島周辺の砂浜のビーチサンドの分類

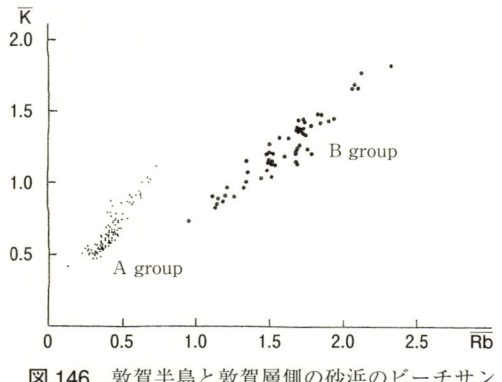

図146 敦賀半島と敦賀層側の砂浜のビーチサンド試料のK-Rb相関図

も両分布図上でまとまって分布することがわかった。一つの砂浜は一つの母集団として把握できる訳である。さらに、分析データはNo.1からNo.5までの越前岬側の砂浜のビーチサンドは両分布図上で同じ領域にまとまって分布し、同じ化学特性をもつことが実証された。このことはNo.1からNo.5までの砂浜を一つの大きな母集団としてまとめることができることを示す。同様に、No.6からNo.12までの敦賀半島側の砂浜のビーチサンドもまとまって同じ領域に分布し、同じ化学特性をもつことがわかったので、一つの大きな母集団としてまとめることができる。こうして、敦賀市周辺の十数か所の砂浜は越前岬側の砂浜と敦賀半島側の砂浜に整理できることがわかった。大自然を相手にする研究では、小さな母集団から出発して、分析データを通して、大きな母集団に整理することが研究方法として必要である。

　分析結果はRb-Sr分布図として図144に示してある。Rbが多く、Srが少ないグループBが敦賀半島側の砂浜のビーチサンドの試料集団であり、対照的に、Rbが少なく、Srが多いグループAが越前岬側の砂浜のビーチサンドの試料集団である。K-Ca分布図でも同じような分布図が得られた。この結果、敦賀市周辺の砂浜のビーチサンドはRb-Sr分布図上で敦賀半島側の砂浜のビーチサンドと、越前岬側の砂浜のビーチサンドの2種類に大きく分類できることがわかった。この結果を試料採取地点に対応させたのが図145である。こうして、敦賀半島とその対岸の越前岬側の砂浜は越前岬側のNo.1からNo.5までの砂浜をA母集団（越前岬側のビーチサンド）と、No.6からNo.12までの砂浜をB母集団（敦賀半島側のビーチサンド）とする二つの母集団に整理することができた。そうすることによって、砂浜の後背地を構成する岩石の化学特性に対応させる作業が容易になった。言い換えれば、多数の試料の蛍光

図 147　敦賀半島と敦賀層側の砂浜のビーチサンド試料の Ca-Sr 相関図

図 148　敦賀半島の花崗岩試料の Rb-Sr 分布図

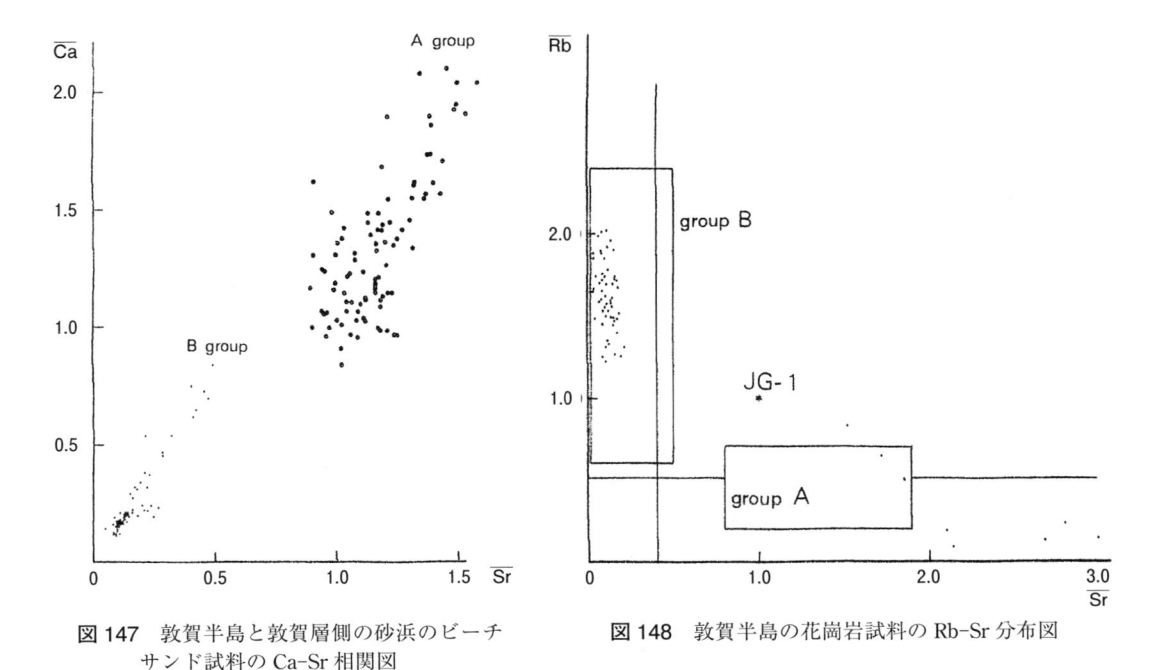

X線分析によって、自然界が理解しやすくなった訳である。

　図 146 には、敦賀半島側と越前岬側のビーチサンドの試料集団の主成分元素 K と微量元素 Rb の間の相関図を示してある。縦軸の K が増加するにつれて、横軸の Rb も増加する、いわゆる、正の相関性があることを示している。同様に、図 147 には、主成分元素 Ca と微量元素 Sr の相関図を示してある。Ca と Sr の間にも正の相関性があることがわかる。この結果、図 144 には Rb-Sr 分布図上で、敦賀半島側ビーチサンドの試料集団と越前岬側のビーチサンドの試料集団の間に地域差があることを示したが、同様の結果は K-Ca 分布でも得られたことが理解できた。こうして、地質試料でも、地質が異なれば、試料集団の両分布図上での分布領域が異なり、地域差を示すことが明らかになった。

　ここで、ビーチサンドと岩石の関係を調べるため、敦賀半島を構成する岩石である花崗岩の多数の岩片試料を敦賀半島の東側と西側の十数か所の露頭から採取した。1 か所の露頭が一つの母集団となる。分析結果は図 148 に示してある。花崗岩片試料もばらついて分布するものの、十数か所の露頭で採取された岩片試料集団は敦賀半島の花崗岩試料としてまとまって分布することを示した。これらの試料集団の化学特性が敦賀半島を構成する岩体（母集団）の化学特性であると理解された。地質図でも敦賀半島は花崗岩の岩体として描かれている。こうして、十数か所の露頭の岩石片試料の分析データから、岩体を構成する岩石の化学特性が得られることがわかった。敦賀半島を構成する岩体の岩石である花崗岩も K、Ca、Rb、Sr の 4 元素からみて一定の化学特性をもっており、一つの岩体（母集団）として把握できることがわかった。さらに、図 144 と図 148 を比較すると、敦賀半島の花崗岩片試料集団も敦賀半島側の砂浜のビーチサンドの試料集団とは Rb-Sr 分布図で同じ領域に分布しており、化学特性が同じであることがわかった。砂浜のビーチサンド試料集団と露

頭の花崗岩片試料集団の化学特性が一致するということは、砂浜のビーチサンドは後背地の花崗岩に由来することを物語る。敦賀半島を構成する花崗岩が日本海の荒波に削り取られ、細粒化され、砂粒となって、堆積しやすい地形のところに堆積して砂浜ができたと考えられた。他方、古生層側では露頭が少ないので、岩石片試料を十分採取することはできなかったが、それでも、少数の岩片試料は図148に示すように、Rbが少なく、Srが多い化学特性をもつことがわかった。この化学特性は越前岬側のビーチサンドの化学特性でもある。

　ビーチサンドの分析化学的研究の目的は地質試料の母集団の把握の仕方を見つけ出すことにあった。この目的は達成されたが、同時に、この研究はビーチサンドと砂浜の後背地を構成する岩石との関係を考える上に役立つことがわかった。

　地質図をみると、敦賀半島から琵琶湖西部の比良山まで、花崗岩で構成されている山々が繋がっている。もし、これらの山々を構成する花崗岩片試料を露頭から採取して分析し、敦賀半島の花崗岩片試料と同じ化学特性をもつことが実証されれば、これらをまとめて、一つの母集団（岩体）として把握することができるはずである。敦賀半島の砂浜のビーチサンドの分析化学的研究から、花崗岩類の分析化学的研究も可能であることがわかった。こうした研究の成果を踏まえて、日本列島の地質の基盤を構成する花崗岩類の分析化学的研究を進める道が開けたのである。

　こうして完全自動式の蛍光X線分析装置を駆動させて、土器試料のみならず地質試料を研究する方法が提示された。現在のところ、完全自動式の蛍光X線分析装置はそれほど普及していないのが残念である。

第6章　花崗岩類の分析化学的研究

1. 花崗岩類の地域差とその原因

　日本列島の地質の基盤を構成する岩石が花崗岩類である。岩石学者に聞いても、花崗岩類をどのように定義するのかは明快な解答は得られなかった。流紋岩と花崗岩類は元素からみても、構成鉱物からみても、同じものであるが、ただ、鉱物の結晶の大きさが異なる。花崗岩類は地下の深い所でマグマが徐々に冷却してできた岩石である。このような場合には鉱物の結晶は粗粒である。これに対して、地下の比較的浅いところで凝結する流紋岩を構成する鉱物の粒子は細かい。そして、花崗岩類も流紋岩もともに、長石類、石英などのシリカ鉱物を主体としている白色系の岩石であるが、その他にも黒雲母、角閃石、輝石などの有色鉱物を少量含む。玄武岩や安山岩などの塩基性岩に比べて、有色鉱物が比較的少ないのが酸性岩である花崗岩類の特徴である。筆者は花崗岩と花崗閃緑岩を併せて花崗岩類であると考えた。このうち、花崗岩は敦賀半島の花崗岩にみられるように、カリ長石が多いのに対して、葛城・金剛を構成する花崗閃緑岩には斜長石が比較的多い。花崗岩と花崗閃緑岩のちがいはカリ長石が多いか、斜長石が多いかのちがいである。この間の関係には岩石学的な意味がある。このことについては後述する。筆者はこれらを総称して花崗岩類と呼ぶことにした。前章で、花崗岩類を分析化学的に研究する方法が提示されたので、早速、その方法を活用して、花崗岩類の地域差に関する研究を始めた。

　まず、同じ花崗岩類の岩石である花崗岩と花崗閃緑岩の試料がK-Ca、Rb-Srの両分布図上でどのような地域差を示すのかを実験データで確かめなければならない。そのために、敦賀半島の花崗岩試料に対比する試料として、青森県と岩手県の県境に聳える階上岳を構成する花崗閃緑岩試料を分析した。敦賀半島の花崗岩片試料と階上岳の花崗閃緑岩片試料のK-Ca分布図を図149に、また、Rb-Sr分布図を図150に示す。敦賀半島の花崗岩にはK、Rbが比較的多く、Ca、Srが比較的少ないので、両分布図では「花崗岩類のベルト帯」（後述する）の左上端の領域に分布するのに対して対照的に、階上岳の花崗閃緑岩には比較的K、Rbが少なく、逆に、Ca、Srが比較的多いので、「花崗岩類のベルト帯」の右下端の領域に分布する。その結果、両分布図に描かれた「花崗岩類のベルト帯」の中で、両者は互いに遠く離れて分布することがわかった。日本列島の地質の基盤を構成する花崗岩類にも、両分布図上で地域差があることが確かめられた訳である。このことが全国各地の窯跡群出土須恵器の地域差の原因である可能性は十分ある。花崗岩類にも地域差があることが見つけられたことはこの研究における重要な発見の一つである。日本列島の地質の基盤を構成する岩石

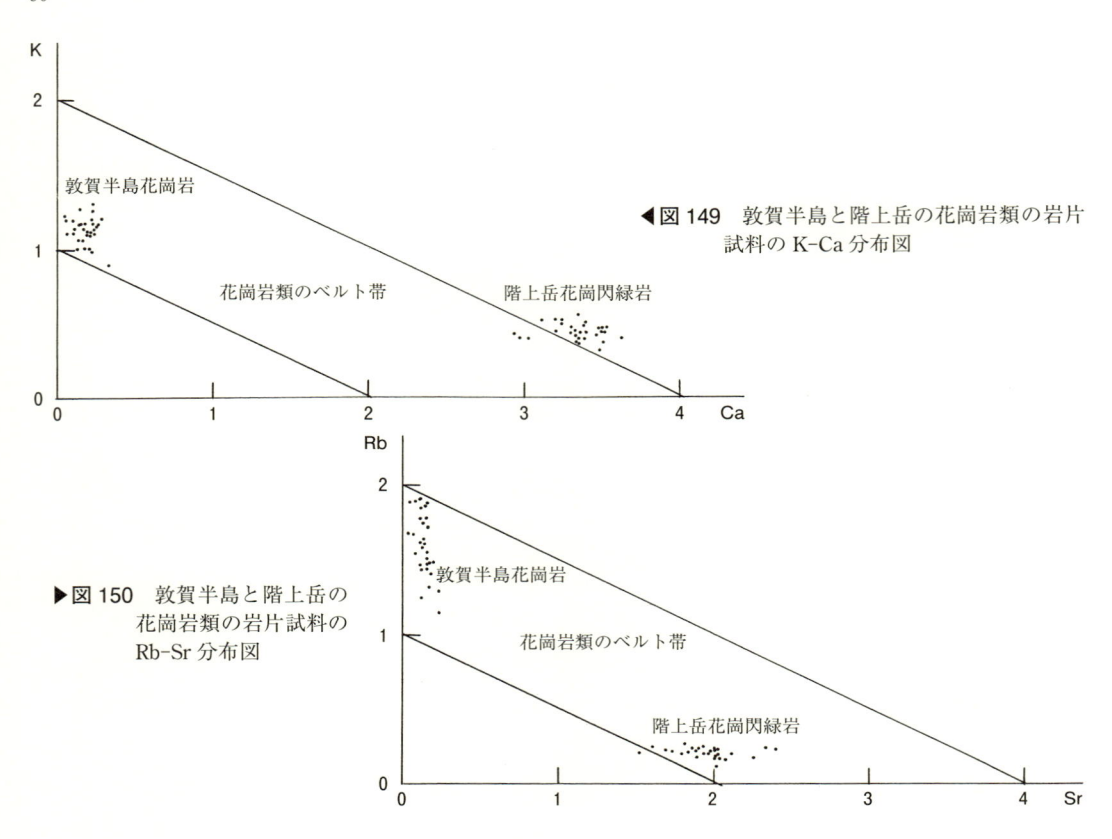

◀図149　敦賀半島と階上岳の花崗岩類の岩片試料のK-Ca分布図

▶図150　敦賀半島と階上岳の花崗岩類の岩片試料のRb-Sr分布図

に地域差があれば、花崗岩類が風化して生成した粘土にも地域差があり、その粘土を素材として作られた全国各地の窯跡群出土須恵器にも地域差があることが理解できるからである。

　また、主成分元素と微量元素の相関性についても検討した。図151には、両者のKとRbの相関図を示す。両者は相関直線の勾配は異なるが、それぞれ、正の相関性をもっていることがわかる。また、図152には、両者のCaとSrの相関図を示してある。両者のCaの含有量が大きく異なるので、別々に図面を描くことにした。図152の左側の図が敦賀半島の花崗岩のCaとSrの相関図であり、右側が階上岳の花崗閃緑岩のCaとSrの相関図である。Ca、Srを多く含む階上岳の花崗閃緑岩試料のCa-Sr相関図では敦賀半島の花崗岩試料が左下隅に集中して分布するので、試料集団をまとめて、○印で示してある。図151、152をみると、相関直線の勾配は両者で異なるが、それぞれ、正の相関性があることがわかる。さらに、全体的にみても、正の相関性があることもわかる。相関直線の勾配が地域によって異なるということは、岩石学的な意味があるのであろうが、現在のところは未解明の問題である。

　敦賀半島と階上岳の花崗岩類の蛍光X線分析が契機となって、全国各地の花崗岩類がK-Ca、Rb-Srの両分布図上でどのように分布するのかを調べる目的をもって、花崗岩類試料の大規模な蛍光X線分析を始めた。そのためには、全国各地の花崗岩類の岩片試料を大量に集めなければならない。敦賀半島の花崗岩の岩片試料を露頭から採取したように、全国各地の花崗岩類の岩片試料を個人が集めることは無理である。幸い、重力測定のため、全国各地の花崗岩類の岩片試料を採取していた、

友人である島根大学理学部の伊藤晴明、富山大学理学部の広岡公夫の両氏から、大量の花崗岩類の岩片試料を提供していただいた。また、敦賀半島、比良山、比叡山、笠置山、生駒山、葛城・金剛山などの近畿地方の花崗岩類の多数の岩片試料は筆者が学生たちと一緒に現地で露頭から採取した。以下に、全国各地の花崗岩類の K-Ca 分布図における分布を紹介する。

図 153 には、東北地方の花崗岩類の K-Ca 分布図を示す。試料採取地点は岩手県の一戸町、久慈市、平庭高原、山形村、野田村、岩泉町、普代村、大船渡市海岸、沼袋、田老町、宮古市、山田町、湯田町、青森県では八戸市の階上岳、岩崎村、秋田県の湯田町、福島県の岩代町、川俣町、浪江町、宮城県では金華山、山形県では朝日山地、長井市、新庄市菅野ダムなどである。「花崗岩類のベルト帯」の左側に分布する試料は少なく、右側に偏って分布する試料が多いことがわかる。東北地方は北上・阿武隈山脈を構成する花崗閃緑岩が中核をなしており、花崗閃緑岩が多い。したがって、「花崗岩類のベルト帯」の右側の領域に分布する試料が多い訳である。後述するように、全国各地の花崗岩類の分析試料には K と Ca の間に、右下がりの逆相関の関係があることが観測されたので、これらの試料のほとんどを包含するようにして描いた領域が「花崗岩類のベルト帯」

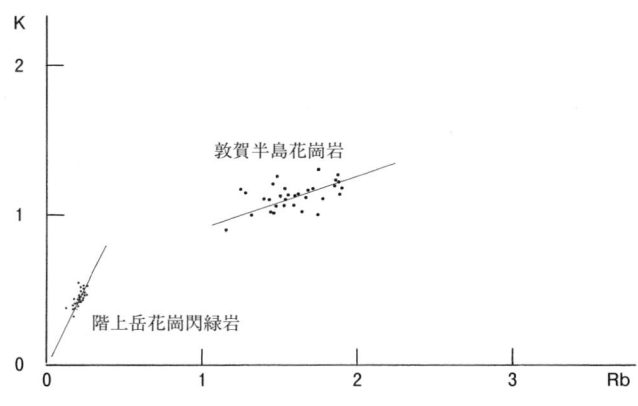

図 151 敦賀半島と階上岳の花崗岩類の岩片試料の K-Rb 相関図

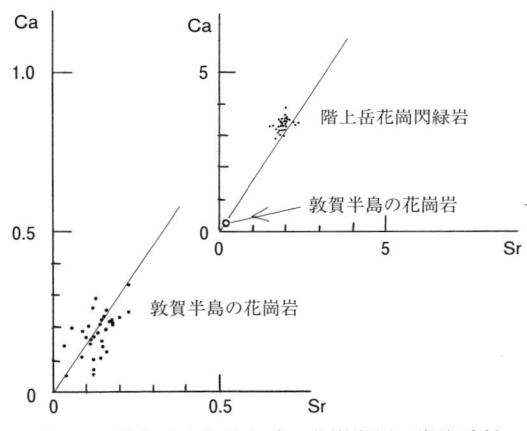

図 152 敦賀半島と階上岳の花崗岩類の岩片試料の Ca-Sr 相関図

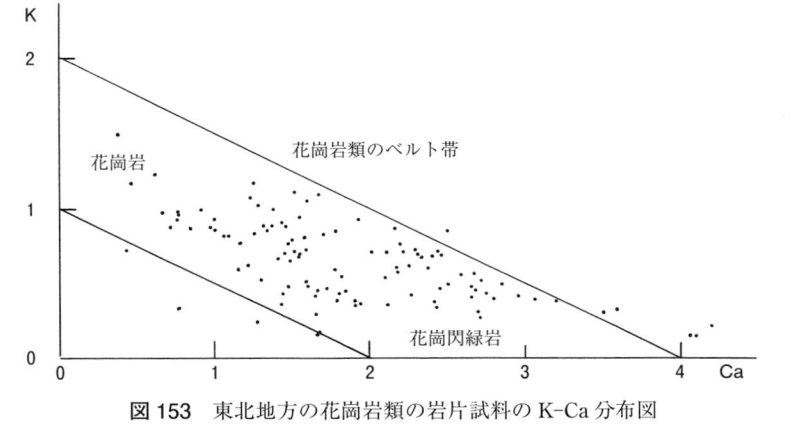

図 153 東北地方の花崗岩類の岩片試料の K-Ca 分布図

である。大きくばらついて分布するので、直線ではなく、ベルト帯として描かれている。そうすると、花崗岩はベルト帯の左側の領域に、花崗閃緑岩はベルト帯の右側の領域に分布することがわかった。すなわち、K が比較的多く、逆に、Ca が比較的少ない花崗岩類が花崗岩であり、その逆の化学特性をもつ花崗岩類が花崗閃緑岩である。花崗岩にはカリ長石が多く、花崗閃緑岩には斜長石が多いことを意味する。

　図 154 には、北関東の茨城県笠間市の花崗岩類の K–Ca 分布図を示す。ベルト帯の中で、花崗岩と花崗閃緑岩の分布領域の中間領域に分布する。花崗岩と花崗閃緑岩の中間に分布する花崗岩類にはとくに名称は付けられていない。この図には両軸が 1 のところで線を引き、正方形の領域を描いてある。全国各地の窯跡群出土須恵器はこの領域に分布するので、この領域を「土器領域」と呼んだ。花崗岩類のベルト帯に比べて、土器領域がいかに狭い領域であるかがわかる。両軸が 1 のところに岩石標準試料 G-1 が位置する。

　図 155 には、中部地方の花崗岩類の K–Ca 分布図を示してある。試料採取地点は岐阜県の吉城郡、恵那郡、愛知県の幡豆郡、岡崎市、山梨県では塩山市、神奈川県では足柄上郡、長野県では大町市、谷川岳、和田村、天竜川、青木湖西、大町ダム、高遠町である。試料は「花崗岩のベルト帯」の全域にわたって分布している。この地域には花崗岩と花崗閃緑岩、その中間に分布する花崗岩類が混在することがその原因である。

　図 156 には、北陸地方の花崗岩類の K–Ca 分布図を示してある。福井県三方町、宮崎村、越前町、大野市、織田町、足羽郡美山町、石川県では高松町、押水町、親不知、津幡町、富山県では上新川、下新川、上市町などで採取された試料である。「花崗岩類のベルト帯」の左側に偏って分布していることがわかる。この地域には花崗閃緑岩が少なく、花崗岩系の岩石が多く分布していることと関係がある。

　図 157 には、近畿地方の花崗岩類の K–Ca 分布図を示す。大阪府の能勢町、茨木市、兵庫県の六甲山、鉢伏山、京都府相楽郡、舞鶴市小橋、京都市北白川、滋賀県大津市田上山、近江八幡市、志賀町、甲賀郡、和歌山県新宮市などで採取された試料である。「花崗岩類のベルト帯」の右側に分布する試料はほとんどなく、明らかに、左側に偏って分布しており、花崗岩系の岩石が多いことがわかる。後述するように、近畿地方にも北部には花崗岩が多く分布するが、南部の葛城・金剛山は花崗閃緑岩からなる。

　図 158 には、中国地方の花崗岩類の K–Ca 分布図を示す。岡山県岡山市万城、総社市、久米郡、赤磐郡、吉井町、佐伯町、和気町、英田町、新屋村、広島県安芸郡、鳥取県日野郡、山口県徳山市、厚狭郡などで採取された試料である。多くの試料は「花崗岩類のベルト帯」の左側に偏って分布しており、花崗岩系の岩石が多いことを示している。

　図 159 には、四国地方の花崗岩類の K–Ca 分布図を示す。香川県高松市三谷町、綾南町末、畑田、善通寺町与北、三野町吉津、道元、志度町末、志度ニュータウン、愛媛県などで採取された試料である。ベルト帯全体に広がって分布しているが、香川県で採取された多くの試料はベルト帯の左側に偏って分布することがわかる。四国地方も花崗岩系の岩石が多く分布していることを示している。

　図 160 には、九州地域の花崗岩類試料の K–Ca 分布図を示す。北九州市、行橋市、京都郡勝山町、

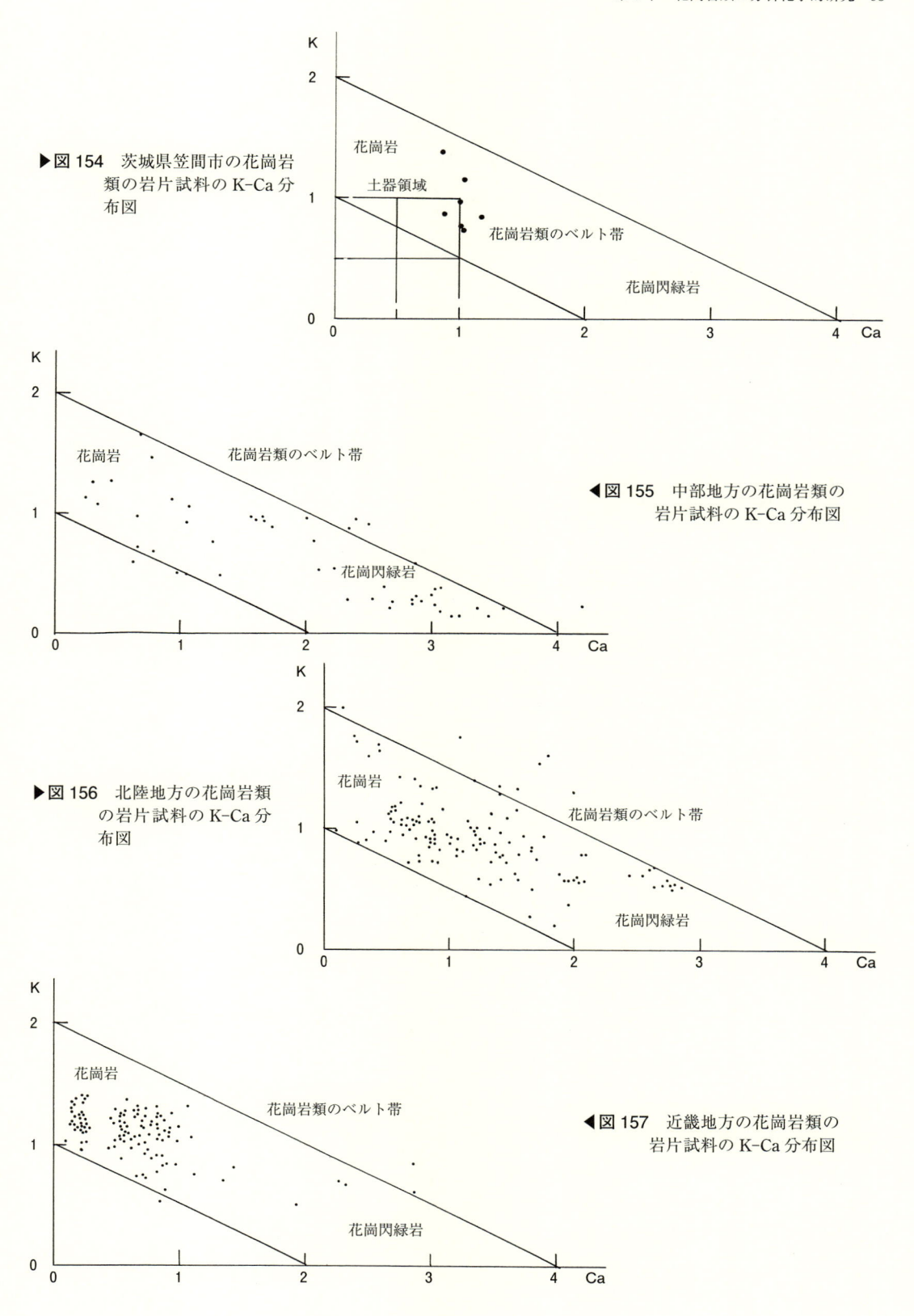

第6章 花崗岩類の分析化学的研究　93

▶図154 茨城県笠間市の花崗岩類の岩片試料のK-Ca分布図

◀図155 中部地方の花崗岩類の岩片試料のK-Ca分布図

▶図156 北陸地方の花崗岩類の岩片試料のK-Ca分布図

◀図157 近畿地方の花崗岩類の岩片試料のK-Ca分布図

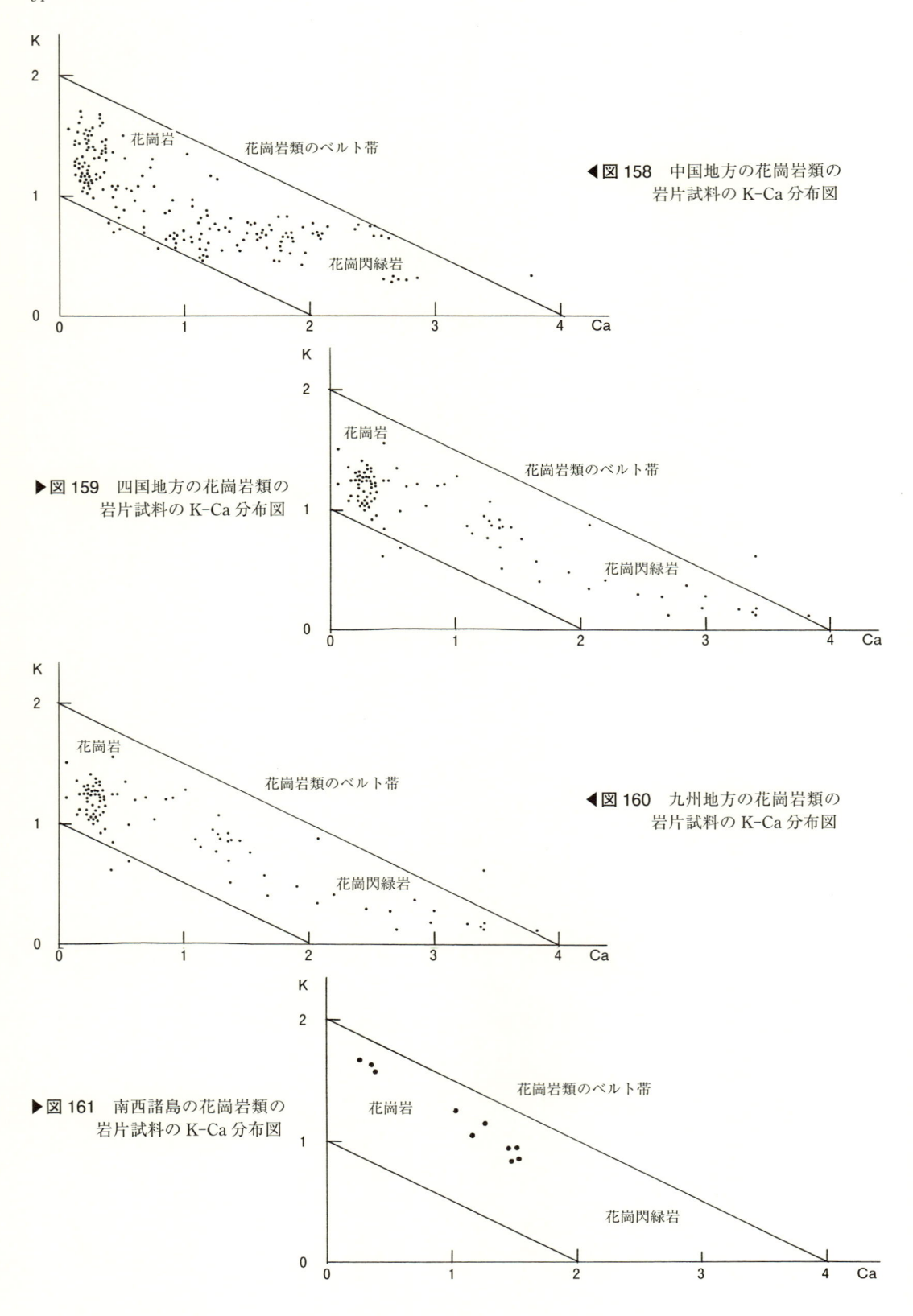

◀図 158　中国地方の花崗岩類の岩片試料の K-Ca 分布図

▶図 159　四国地方の花崗岩類の岩片試料の K-Ca 分布図

◀図 160　九州地方の花崗岩類の岩片試料の K-Ca 分布図

▶図 161　南西諸島の花崗岩類の岩片試料の K-Ca 分布図

際川町、嘉穂郡庄内町、山田町下真崎、筑紫郡那珂川町南畑、志摩町、甘木市白川、二丈町、太宰府町、熊本県下益城郡砥用町、菊池市龍門虎の口、長崎県彼杵郡高取山、対馬、佐賀県神埼郡脊振山、大分県野津原町などで採取した試料である。九州地域の花崗岩類の試料もベルト帯の左側に偏って分布する。また、南西諸島の花崗岩類の K–Ca 分布図を図 161 に示す。屋久島の安房村と徳之島で採取された試料である。南西諸島の花崗岩類もベルト帯の左側に偏って分布する。

このように、東日本の花崗岩類試料に比べて、西日本の花崗岩類試料がベルト帯の左側に偏って分布するのは、東日本には花崗閃緑岩系の岩石が多く分布しているのに対して、西日本には花崗岩系の岩石が多く分布していることと関連する。そして、東日本と西日本の中間に在る中部地方では花崗岩と花崗閃緑岩の中間の領域に分布する花崗岩類試料が多い。定量分析の標準試料として使用している JG-1 は群馬県の花崗岩類で、ベルト帯の中央領域に分布する花崗岩類であるので、日本列島の花崗岩類の化学特性を比較する上にはちょうどよい位置に分布していることがわかる。花崗岩類の分析化学的研究においても、標準試料としては JG-1 が最適であることがわかる。

Rb–Sr 分布図でも、K–Ca 分布図と同じような傾向をもつ分布図が得られ、「花崗岩類のベルト帯」も描かれた。微量元素 Rb と Sr も逆相関の関係をもっているのである。全日本の花崗岩類の岩片試料の K–Rb 相関図を図 162 に、また、Ca–Sr 相関図を図 163 に示す。K と Rb の間の相関性はよいが、Ca と Sr の間の相関性はそれほどよくない。Ca、Sr が少ない領域では正の相関性を示すが、Ca、Sr が多くなると、正の相関性は崩れて、発散するようになる。この理由は不明である。このように、主成分元素と微量元素の間に、正の相関性があるので、Rb–Sr 分布図でも、逆相関の関係が生じたのである。この結果、花崗岩類も Rb–Sr 分布図上でも地域差を表すことが理解された。

以上に示したように、日本列島の地質の基盤を構成する花崗岩類も K–Ca、Rb–Sr の両分布図上で地域差を示すことが明らかになった。このことは両分布図にみられる地域差の原因は人為的なものではなく、地質が原因であることを明示している。

それでは、日本列島以外の地域の花崗岩類の化学特性はどうなっているのであろうか。その一例として、アジア大陸の一端に在る、朝鮮半島の花崗岩類の岩片試料を分析してみた。K–Ca 分布図を図 164 に、Rb–Sr 分布図を図 165 に示す。朝鮮半島の花崗岩類もベルト帯の左側に偏って分布した。慶尚南道、大邱市、忠州市、丹陽郡、陰城郡、梁山郡で採取された試料である。このうち、丹陽郡で採取された 2 点の試料は Rb が異常に多く、Rb–Sr 分布図でベルト帯を大きくずれて分布した。また、梁山郡の 1 点の試料も K–Ca 分布図で Ca が多く、ベルト帯をずれて分布した。このように、「花崗岩類のベルト帯」をずれて分布する花崗岩類が他の大陸にはあることを示している。この問題は岩石学研究の問題であるので、ここではこれ以上言及しない。

火成岩には、シリカ（SiO_2）に富む酸性岩とシリカが少ない塩基性岩がある。酸性岩である花崗岩類とは異なり、塩基性岩である玄武岩試料は K–Ca、Rb–Sr の両分布図上でどの領域に分布するのであろうか、興味ある問題である。そこで、玄武岩の蛍光 X 線分析も試みた。島根県倉吉市、八束郡八束村、浜田市、兵庫県城崎郡日高町、豊岡市玄武洞、京都府天田郡夜久野町、山形県鶴岡市、新潟県佐渡郡小城町、小木町、佐賀県唐津市高島の玄武岩試料である。一つの岩片から、それぞれ 2 点ずつの試料を取り出して分析した。K–Ca 分布図を図 166 に、また、Rb–Sr 分布図を図 167

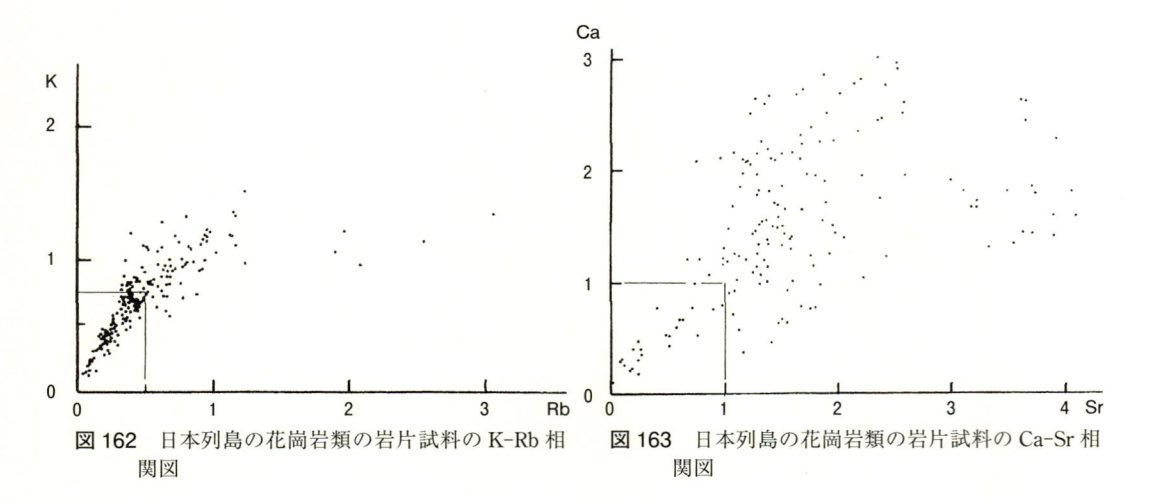

図162　日本列島の花崗岩類の岩片試料の K-Rb 相関図

図163　日本列島の花崗岩類の岩片試料の Ca-Sr 相関図

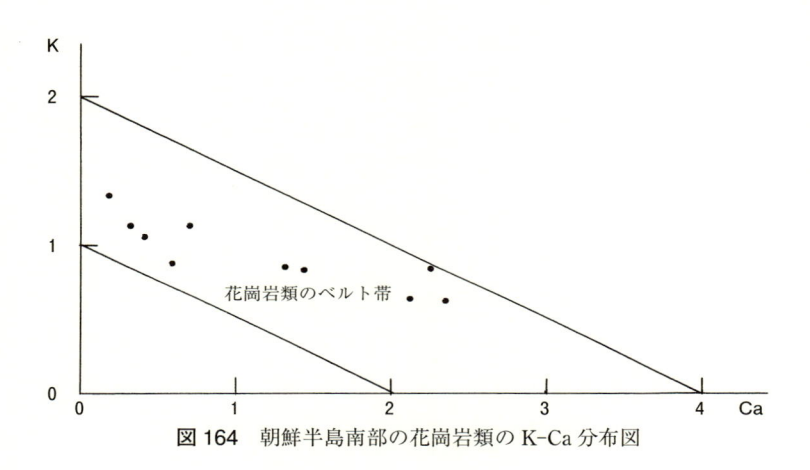

図164　朝鮮半島南部の花崗岩類の K-Ca 分布図

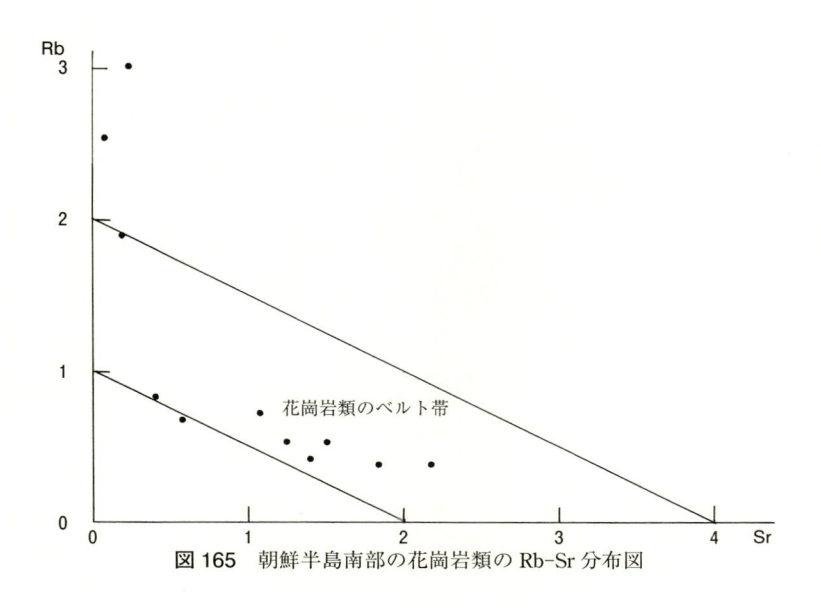

花崗岩類のベルト帯

図165　朝鮮半島南部の花崗岩類の Rb-Sr 分布図

花崗岩類のベルト帯

▶図166 玄武岩のK-Ca分布図

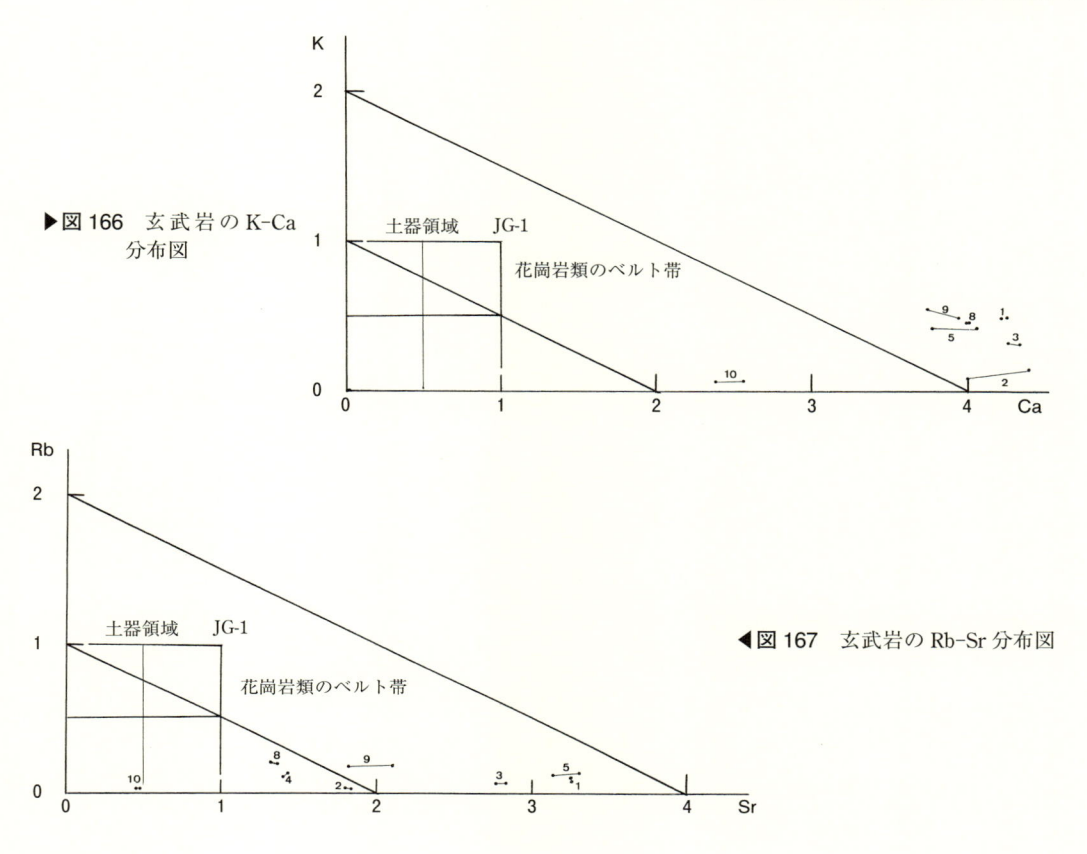

◀図167 玄武岩のRb-Sr分布図

に示してある。カリ長石が多い花崗岩類に比べて斜長石が多い玄武岩にはK、Rbが少なく、逆に、Ca、Srが多いのが特徴で、「花崗岩類のベルト帯」に分布する試料がほとんどないことがわかる。K-Ca分布図で「花崗岩類のベルト帯」に分布するのはNo.10のピークライト玄武岩だけで、他の試料はベルト帯の右側にずれて分布した。No.4、6、7の3点の試料はCaが異常に多く、図面外に分布した。他方、Rb-Sr分布図でもNo.6、7の2点の試料は図面の外に分布したが、他の8点の試料もRbが異常に少なく、花崗岩類が分布しない領域に分布した。同じ火成岩でも、玄武岩と花崗岩類はK、Ca、Rb、Srの4元素からみると、明らかに異なる化学特性をもつことがわかる。したがって、玄武岩は両分布図における「花崗岩類のベルト帯」とは関係がないことがわかる。しかし、花崗岩類からも、玄武岩からも粘土はできる。ただ、Caの多い粘土は高温焼成しても硬く焼成できないので、須恵器の素材粘土としては適さないが、縄文土器、弥生土器、土師器などの軟質土器の素材として使用された可能性はある。

　上述したように、花崗岩類の分析化学的研究の結果、日本列島の花崗岩類には、K、Rbが多く、逆に、Ca、Srが少ない花崗岩的要素をもつ岩石と、花崗岩とは対照的な化学特性をもつ花崗閃緑岩的要素をもつ岩石があることがわかった。前者は北陸地方、近畿地方北部、中国、四国、九州南部地域を中心とした西日本に多く、後者は北上・阿武隈山系を中心に東北地方に多く分布する。そして、その中間の化学特性をもつ花崗岩類は関東地方、中部地方、近畿地方中部に分布する。その

結果、花崗岩類は K-Ca、Rb-Sr 分布図では逆相関状に分布し、「花崗岩類のベルト帯」を形成することになった。これには、岩石学的な理由があるはずである。

2. 花崗岩類のベルト帯

次に、「花崗岩類のベルト帯」について考察する。花崗岩類は長石類、石英のシリカ鉱物を主成分とする白色系の岩石である。長石類は主成分鉱物の6割以上を占めるといわれる。この長石類には主成分元素として、KとCaが含まれている。角閃石、雲母にも K、Ca が含まれているが、長石類に比べて花崗岩類中の角閃石、雲母の含有量が少ないので、長石類中の K、Ca が主として、「花崗岩類のベルト帯」の形成に関与していると考えられる。

長石には斜長石、曹長石、カリ長石などの結晶構造が異なる、いくつかの長石がある。これらをまとめて長石類と呼ぶ。長石類の一般化学式は WZ_4O_8 で示される。Z は Si と Al で、Si : Al 比が 3:1 から 1:1 の範囲で変動する。W は Na、K、Ca などの陽イオンである。長石類の一つである灰長石は $Ca(Al_2・Si_2)O_8$ の組成をもつ。灰長石中の Ca イオンを（Ca＋Al）と（Na＋Si）の組み合わせでイオン置換していくと、次第に Ca イオンが Na イオンに置き換えられ、最終的には曹長石 $Na(Al・Si_3)O_8$ を生じる。（Ca＋Al）と（Na＋Si）の置換が種々の割合でおこるので、種々の化学組成をもつ完全固溶体ができる。これらの完全固溶体を斜長石系列の長石と呼ぶ。さらに、曹長石 $Na(Al・Si_3)O_8$ の Na イオンを K イオンで置換していくと、最終的にはカリ長石 $K(Al・Si_3)O_8$ ができる。Na と K の置換も種々の割合で行われるので、種々の化学組成の完全固溶体ができる。この系列の長石類をカリ長石系列の長石と呼ぶ。Ca イオンから Na イオンへ、さらに、Na イオンから K イオンへの全置換過程の両端には Ca イオンを多く含む斜長石と、K に富むカリ長石があることになる。両者の関係は逆相関の関係である。これが花崗岩類に含まれる長石類生成に関する久野理論である。これらのイオン置換はマグマから長石類が晶出する過程で起こる。したがって、斜長石に富む花崗岩類とカリ長石に富む花崗岩類、その中間の種々の組成をもつ花崗岩類が形成され、日本列島各地に広く分布している訳である。これが日本列島の地質の基盤を構成する花崗岩類も、両分布図上で地域差を示す理由である。長石類が花崗岩類の地域差を支配している訳である。こうして、花崗岩類中の主成分元素 Ca と K が逆相関の関係にあるという分析データは岩石学の理論によって理解できた訳である。逆に、筆者のデータが久野理論を実証したことになる。そのために完全自動式の蛍光X線分析装置が有用だったのである。今後も火成岩の地球化学的研究には完全自動式の蛍光X線分析装置は大いに役立つであろう。

ここで、今一度、花崗岩類中の主成分元素と微量元素の関係を近畿地方の花崗岩類を例にとって説明する。近畿地方の花崗岩類の岩片試料はいずれも、露頭から採取された試料である。したがって、一つの岩体の数か所の露頭で岩片試料は採取された。近畿地方北部の敦賀半島と南部の葛城・金剛山の花崗岩類の K-Rb 相関図を図168に、Ca-Sr 相関図を図169に示す。ばらつきがあるものの、大勢は勾配が両軸1:1の線上に沿って分布していることがわかる。主成分元素 K と Ca はそれぞれ、微量元素 Rb と Sr と正の相関性があることを示している。K と Rb は元素の周期表でも同

じアルカリ元素であり、化学的性質が類似している上に、イオン半径もほぼ同じである。同様に、CaとSrも周期表でアルカリ土類元素であり化学的性質も同じであれば、イオン半径もほぼ同じである。これらの主成分元素と微量元素は結晶化学的には双子の関係にある訳である。したがって、マグマから長石類の結晶を生成するときに、微量元素Rbは主成分元素Kと同じ位置の結晶格子に取り込まれることが考えられる。微量元素Srと主成分元素Caについても同様である。これがこれらの微量元素と主成分元素が花崗岩類中で正の相関性をもつ意味である。この結果、花崗岩類は微量元素同志の分布図であるRb-Sr分布図上でも逆相関の関係をもち、地域差を示すことになったと理解される。ここで、JG-1を例にして、微量元素が主成分元素に対して、どの程度の割合で長石類に取り込まれているかを計算した。JG-1中のK_2OとCaOの含有量はそれぞれ、3.95%、2.15%であるから、100gの岩石試料中にはそれぞれ、約4g、2g含まれる。これをモル数に換算すると、それぞれ、0.043、0.036モルである。他方、JG-1試料100g中に含まれるRbとSrの含有量はそれぞれ、181、183 ppmである。したがって、モル数にすると、両者とも0.000021モルである。主成分元素と微量元素の比をとると、K/Rb = $2×10^3$であり、Ca/Sr = $1.7×10^3$となる。両者とも、主成分元素、約2000個に対して微量元素1個の割合で結晶中に取り込まれることになる。この結果、花崗岩類もK-Ca、Rb-Srの両分布図上で地域差を示す原因が長石類にあることが理解されることになった。

図168 敦賀半島、生駒山、葛城山・金剛山の花崗岩類のK-Rb相関

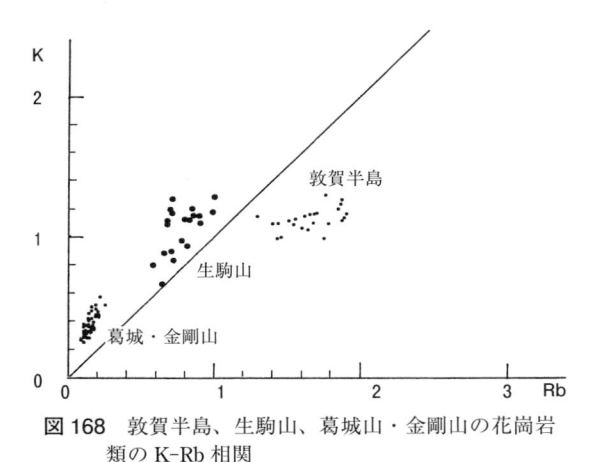

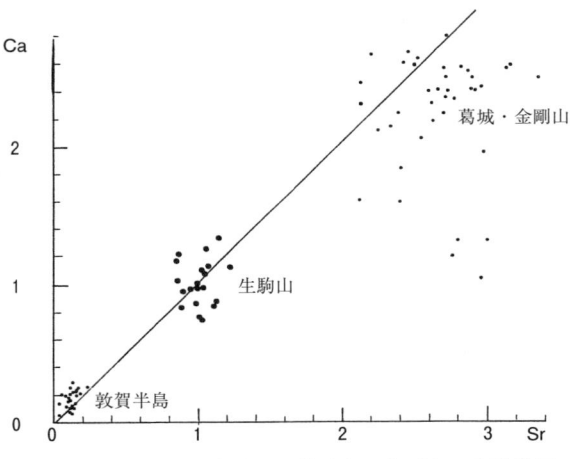

図169 敦賀半島、生駒山、葛城山・金剛山の花崗岩類のCa-Sr相関

　火山灰も長石系因子で識別される。青森県内の遺跡に堆積する火山灰を蛍光X線分析する機会があった。10世紀代の地層に堆積している火山灰が十和田火山灰なのか、それとも、白頭山火山灰であるのかを元素分析で判断できるかどうかという問題であった。朝鮮半島の白頭山で採取された火山灰は花崗岩の化学特性をもっており、逆に、十和田火山灰は玄武岩的な化学特性をもつことがわかった。両者は対照的な化学特性をもっており、蛍光X線分析によって、容易に判別できた。青森県内の多数の遺跡出土火山灰が朝鮮半島から飛来した白頭山火山灰であることもわかった。

3. 花崗岩類と窯跡群出土須恵器の関係

　須恵器窯跡は全国各地にあるが、須恵器窯跡群を形成している地域の後背地の地質は花崗岩類で構成されている場合が多い。ここで、花崗岩類と、花崗岩類が分布する直上に在る窯跡出土須恵器の分析データを比較した。素材粘土が地元産であるとすると、つまり、花崗岩類に由来する粘土が須恵器の素材であったとすると、その化学特性は後背地の地質を構成する花崗岩類と対応性する可能性があるからである。その対象として、地元、近畿地方を選択した。地元であるから、多数の分析試料を現地で採取しやすいからである。

　まず、近畿地方の花崗岩類の化学特性をK-Ca分布図をつかって説明する。前述したように、北部の敦賀半島は花崗岩でできた半島である。改めて、敦賀半島の花崗岩のK-Ca分布図を図170に示す。敦賀市の西部には野坂山という花崗岩でできた山がある。その南端の敦賀市疋田の露頭で採取した花崗岩類の岩片試料のK-Ca分布図を図171に示す。「花崗岩類のベルト帯」で、敦賀半島の花崗岩試料が分布した領域と同じ領域に分布することがわかる。琵琶湖の西岸に沿って比良山系の山々が続く。比良山系の数か所の露頭で採取した岩片試料のK-Ca分布図を図172に示す。敦賀半島の花崗岩の分布領域に分布し、同じ化学特性をもつ岩石が敦賀半島から比良山系まで続いていることを示す。したがって、敦賀半島から比良山系まで一つの岩体を形成していると考えられる。比良山系に近接して比叡山がある。比叡山も花崗岩類でできた山である。比叡山の数か所で採取し

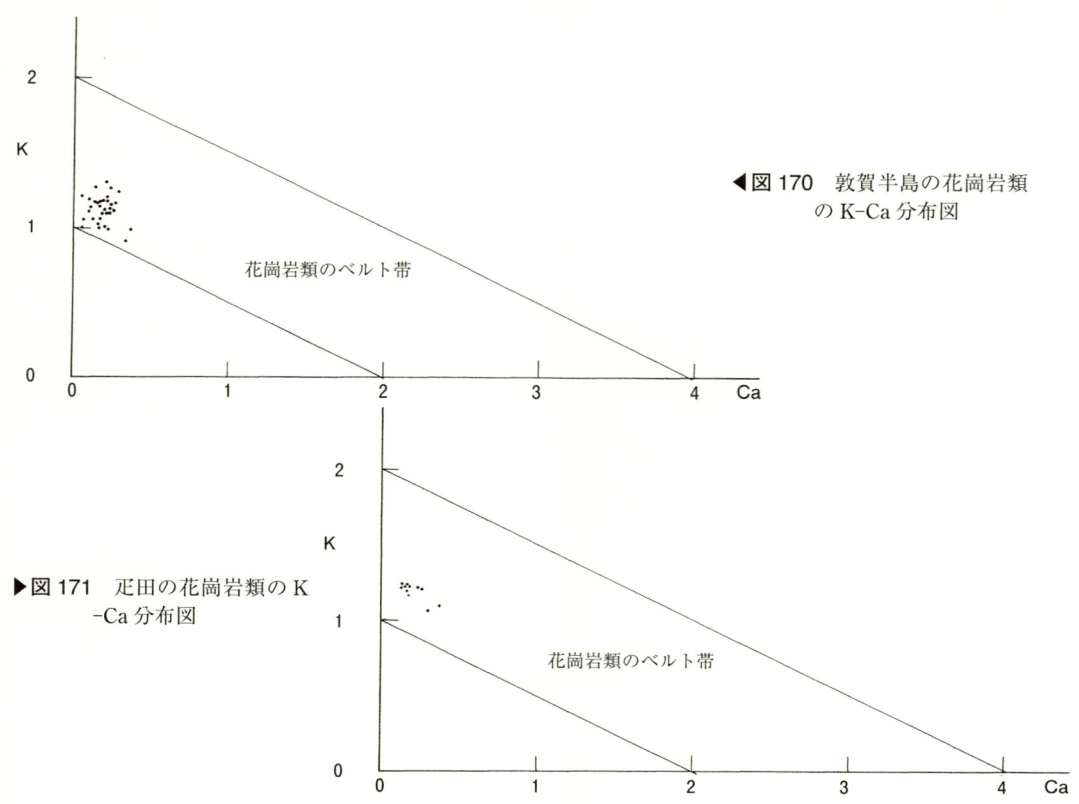

◀図170　敦賀半島の花崗岩類のK-Ca分布図

▶図171　疋田の花崗岩類のK-Ca分布図

た花崗岩類の岩片試料のK-Ca分布図を図173に示す。「花崗岩類のベルト帯」の中で、比良山系の花崗岩類の岩片試料とは　別の領域に分布することがわかる。したがって、敦賀半島から比良山系まで続いていた岩体はここで、いったん切れることになる。比叡山の南には生駒山地がある。生駒山も花崗岩類でできた山である。生駒山の数か所で採取した岩片試料のK-Ca分布図を図174に示す。比叡山の岩片試料と類似した領域に分布することがわかる。さらに、その南部には大阪府と奈良県にまたがる金剛山地がある。金剛山地の中の葛城山で採取した花崗岩類の岩片試料のK-Ca分布図を図175に示す。「花崗岩類のベルト帯」の右側に分布することがわかる。葛城山の花崗岩類は角閃石を含む角閃石花崗閃緑岩とよばれる岩石である。このように、近畿地方の北部と南部には、「花崗岩類のベルト帯」の中で左上側と右下側に対照的に離れて分布する2種類の岩体があることがわかる。その中間にある比叡山や生駒山や笠置山の岩片試料は「花崗岩類のベルト帯」のなかでも、中央領域に分布した。

　ここで、このように花崗岩類を後背地にもつ窯跡から出土した須恵器の化学特性の比較を試みた。近畿地方北部の敦賀半島の花崗岩類が分布する地域に在る福井県美浜町の興道寺窯、比良山麓に点々と分布する滋賀県高島市の寺谷窯、今津町の小俵山窯、大津市仰木の式内社裏山窯、同堅田の天神山1、2号窯、近畿地方中部の生駒山東麓にある生駒山東麓窯、近畿地方南部の葛城山の西麓に在る大阪府富田林市の中佐備窯出土須恵器のK-Ca分布図を図176に、また、Rb-Sr分布図を図177に示す。第4章で示したように、全国各地の窯跡群出土須恵器のほとんどは両軸が1以下の土器領域に分布する。敦賀半島や比良山麓の窯跡出土須恵器にはK、Rbが比較的多く、Ca、Srが比

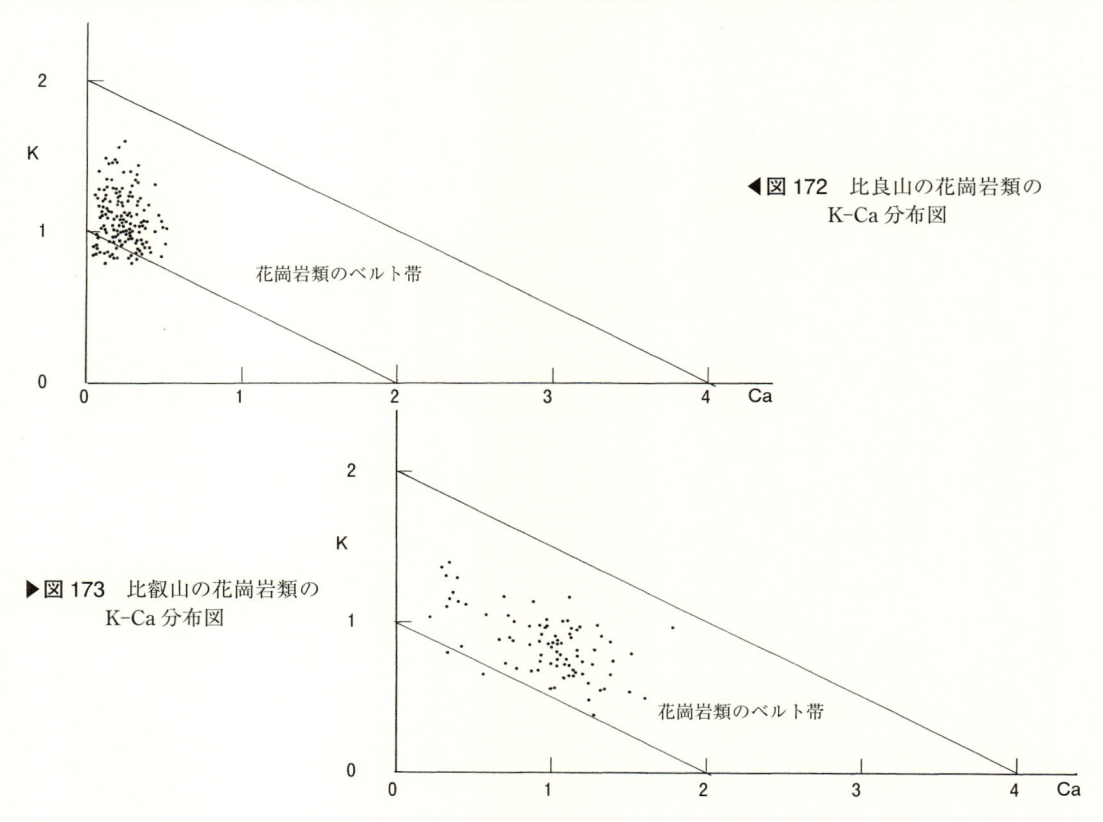

◀図172　比良山の花崗岩類のK-Ca分布図

▶図173　比叡山の花崗岩類のK-Ca分布図

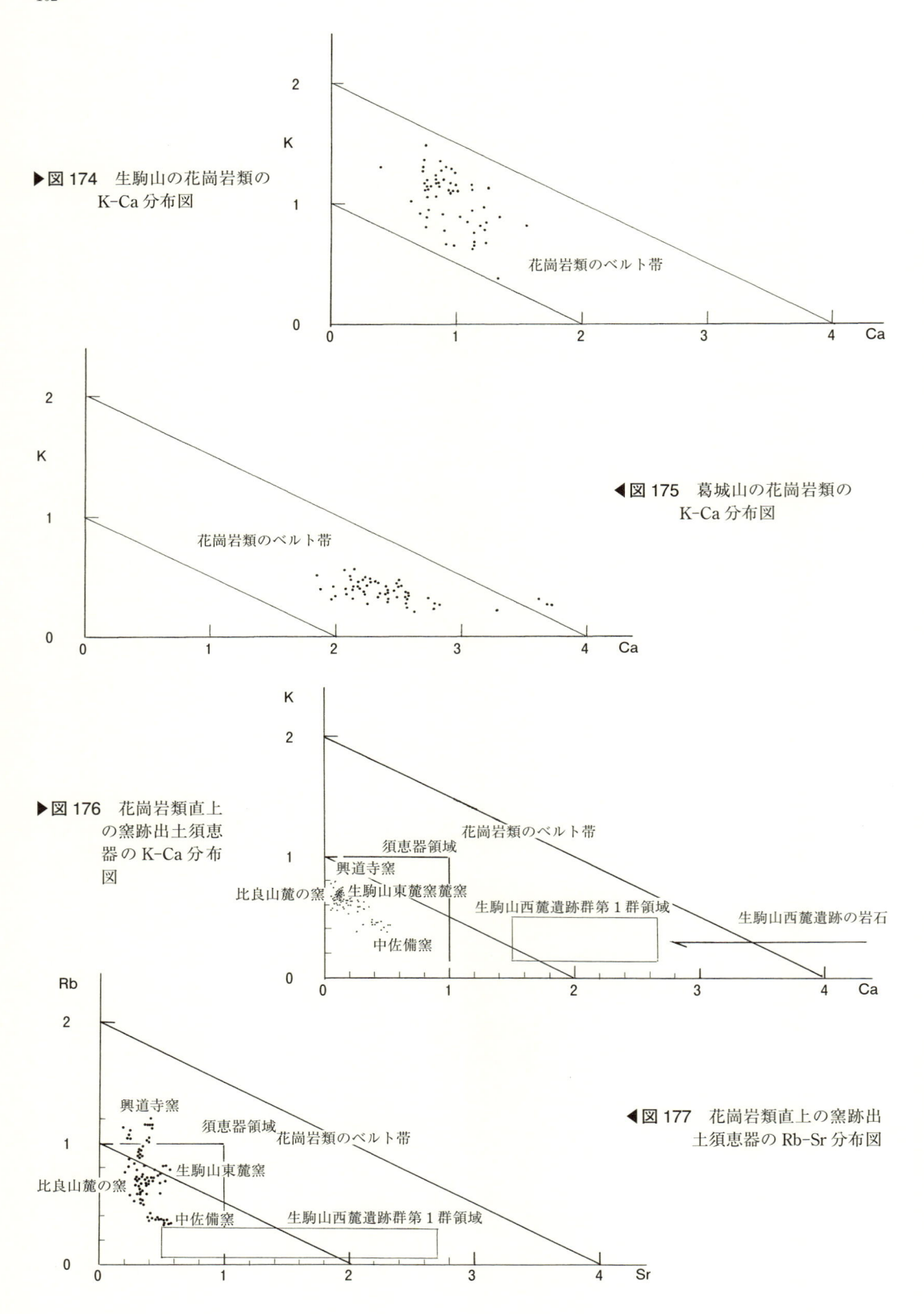

▶図174　生駒山の花崗岩類の K-Ca 分布図

◀図175　葛城山の花崗岩類の K-Ca 分布図

▶図176　花崗岩類直上の窯跡出土須恵器の K-Ca 分布図

◀図177　花崗岩類直上の窯跡出土須恵器の Rb-Sr 分布図

較的少ないのに対して、南部の葛城・金剛山の麓に在る中佐備窯跡出土須恵器には逆に、K、Rbが比較的少なく、Ca、Srは比較的多い、また、近畿地方中部に在る生駒山東麓窯跡の須恵器は花崗岩類同様、中間の領域に逆相関の関係をもって分布することがわかった。それぞれ、窯跡の後背地を構成する花崗岩類のもつ化学特性によく対応することがわかる。風化されても、粘土には母岩の持つ化学特性が残されていることがわかる。さらに、注目すべき点はこれらの窯跡出土須恵器の分布も両分布図において、逆相関状に分布していることである。ただ、逆相関の勾配は花崗岩類に比べて急勾配になっている。このことは岩石から粘土への風化過程で、縦軸（K、Rb）に比べて横軸（Ca、Sr）の変化が大きいことを示している。つまり、粘土化の過程でCaの溶出がKに比べて大きいことを示している。地球化学の教科書に、カリ長石よりも斜長石のほうが風化されやすいと記されていることと一致する。

　もう一つの例として、山口県長門銅山の花崗岩類と周防陶窯跡群の須恵器のK-Ca分布図を図178に、また、Rb-Sr分布図を図179に示してある。長門銅山の花崗岩類はK（Rb）が多く、Ca（Sr）が少ない典型的な花崗岩である。この花崗岩が風化して生成した粘土を素材としたとみられる、周防陶窯群の須恵器には、他の地域の窯跡出須恵器に比べて、K（Rb）が多く、Ca（Sr）が少ない。両分布図で土器領域の第2象限に分布することがわかる。このように、花崗岩系の岩石を後背地にもつ窯跡出土須恵器は両分布図で「土器領域」の第2象限に分布するものが多い。他方、花崗閃緑岩系の岩石を後背地に持つ窯跡出土須恵器は「土器領域」の第3象限の下部から第4象限にかけて分布するものが多い。その結果、全国各地の窯跡出土須恵器は第2象限の上部を扇の要とし、下向きに半ば開いた扇状に、第2象限から第3象限、第4象限にかけて、逆相関状に分布する。そして、第1象限に分布する窯跡群出土須恵器試料は少ない。「土器領域」を四分割することによって、全国各地の窯跡群出土須恵器の化学特性は総合的に理解しやすくなった。このように、全国各地の窯跡群出土須恵器試料が「土器領域」に均等に分布するのではなく、第2象限の上部領域を頂点にして逆相関状に分布することは、花崗岩類試料が明確な逆相関の関係をもって分布することに対応する。このようにして、「花崗岩類のベルト帯」に分布する花崗岩類の化学特性が窯跡群須恵器の化学特性にも反映していることが理解できるようになった。花崗岩類にみられる傾向が窯跡群出土須恵器の化学特性にもみられることは、窯跡群出土須恵器の地域差の原因が地質的なものであることを示す。このことは窯跡群出土須恵器が地理的情報を持つことを意味する。須恵器産地推定法の開発研究において、窯跡群出土須恵器の化学特性が地理的情報をもっているということは重要な意味をもつ。須恵器産地推定の根底には、消費地遺跡出土須恵器と生産地の須恵器が年代情報とともに、地理的情報も一致しなければならないという考え方があるからである。年代情報は土器型式学から得られる考古学側から提供される情報であり、地理的情報は胎土分析による自然科学側からの情報である。土器遺物の生産・供給問題を解決しようとすれば、両分野からの情報が必要なのである。これが時間軸を含む4次元世界の過去を再現する歴史研究なのである。考古学情報だけでも、また、自然科学情報だけでも、生産・供給の過去を再現することは困難である。こうした考え方に立てば、土器遺物の生産・供給問題の研究には、考古学者と自然科学者との共同研究が不可欠であることが理解されよう。これが「新しい土器の考古学」である。

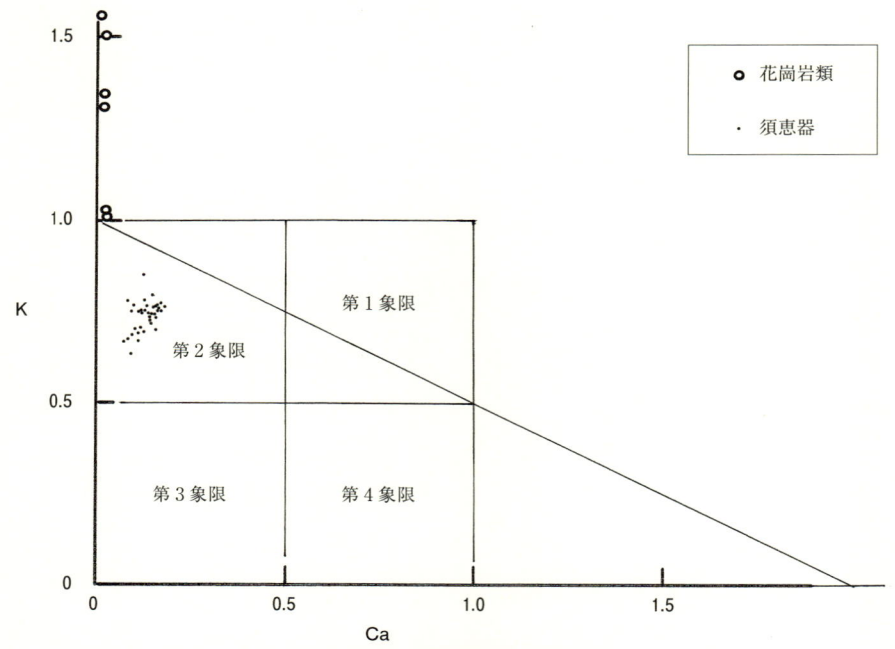

図178　長門銅山の花崗岩類と周防陶窯跡群の須恵器のK-Ca分布図

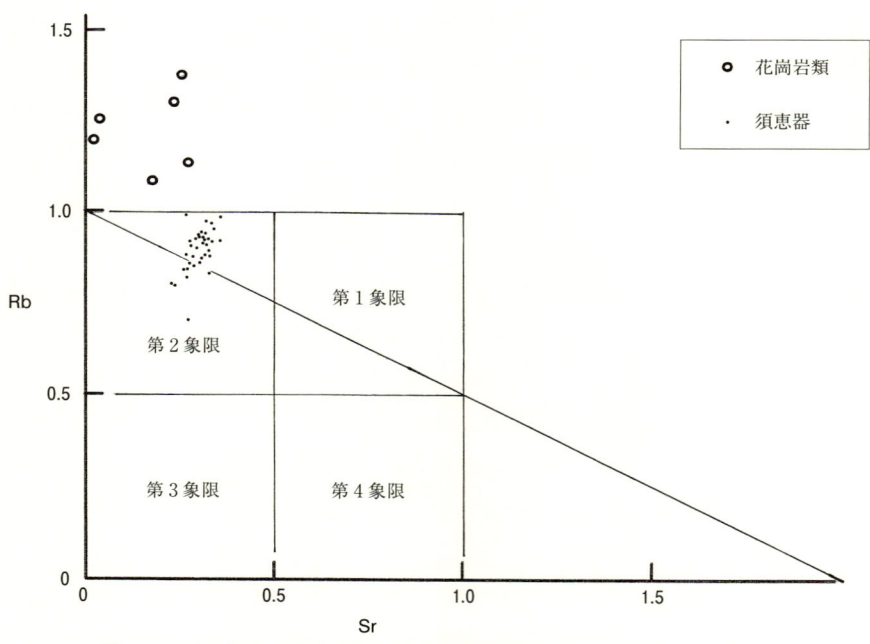

図179　長門銅山の花崗岩類と周防陶窯跡群の須恵器のRb-Sr分布図

ここまでは、K-Ca、Rb-Sr の両分布図上での試料集団の分布の比較を中心にして説明を進めてきた。考古学分野でも、膨大な量の土器遺物の分類には型式学が必要であったように、自然科学側でも、多数の窯跡群出土須恵器の化学特性を把握する上には、両分布図上での試料集団間の比較が必要だったのである。しかし、消費地遺跡から出土した須恵器の産地を推定するには、須恵器産地推定法を提示しなければならない。そのためには、母集団と試料集団の関係を理解しなければならないのである。

第7章　須恵器産地推定法

1. 窯跡群出土須恵器の相互識別

　ここまでは、両分布図を使って、考古試料である窯跡群出土須恵器や、砂浜のビーチサンド、露頭で採取された花崗岩類などの地質試料の試料集団の化学特性をK-Ca、Rb-Srの2枚の分布図上で定性的に比較してきた。図面が2枚もあることは不便である。この2枚の分布図を1枚に統一することができれば、試料集団間がどの程度に分離しているのか一目でわかり便利である。この章では2枚の分布図をどのようにして、1枚の図に統一するかについて述べる。そして、須恵器産地推定法の開発の前段階として、試料集団の相互識別に数理統計学の方法を導入する準備をする。

　いま、2次元の分布図上で、一つの窯跡群から出土した須恵器の試料集団を考える。2次元の分布図上では、試料集団の重心（平均値）からの、個々の試料のユークリッドの距離は試料集団の平均値と個々の試料の座標が決まれば、ピタゴラスの定理によって容易に計算することができる。この距離計算をK、Ca、Rb、Srの4因子をつかって計算しようとすると、4次元の図面を作成しなければならないが、それはできない。このような多数の因子をつかって、試料集団の重心からの統計学的距離を計算する公式はインドの数学者マハラノビスによって提示された。多数の因子が入ると、因子間に相関性がある場合がでてくる。因子間の相関性による補正項を入れた統計学上の距離がマハラノビスの汎距離（Dの記号で表示される）である。この補正項は複雑であるので、マハラノビスの汎距離の計算にはパソコンが使用される。通常、Dの値を二乗して、$D^2(X)$の形で使用される。(X)は試料集団名である。

　一度に多数の試料集団を取り上げると複雑になるので、K-Ca、Rb-Srの両分布図上にプロットされた二つの窯跡群（X、Y）の試料集団を例にとって説明する。二つの試料集団の全試料について、両試料集団の重心からのマハラノビスの汎距離の二乗値を4因子の分析値を使って計算する。それぞれ、$D^2(X)$、$D^2(Y)$で表す。この結果は$D^2(X)$と$D^2(Y)$を両軸にとった両対数方眼紙上にプロットされる。この図を2群間判別図という。一例として、前述した陶邑窯群と朝倉窯群間の2群間判別図を図180に示す。両群の試料集団は完全に分離して分布していることがわかる。中央に引かれた斜線は理想境界線である。この結果、K-Ca、Rb-Srの2枚の分布図は1枚の判別図に統一されることになる。その上で、両群の試料集団の定量的な分布領域を考えようというのである。図14、15で示した両分布図でも両試料集団の試料群は完全に分離しているが、図180の判別図でも完全に分離しており、かつ、分離して分布する状況がより鮮明に描かれていることがわかる。

図180 朝倉群と陶邑群の相互識別
（K、Ca、Rb、Sr 因子使用）

図181 大庭寺1号窯、2号窯の相互識別
（K、Ca、Rb、Sr 因子使用）

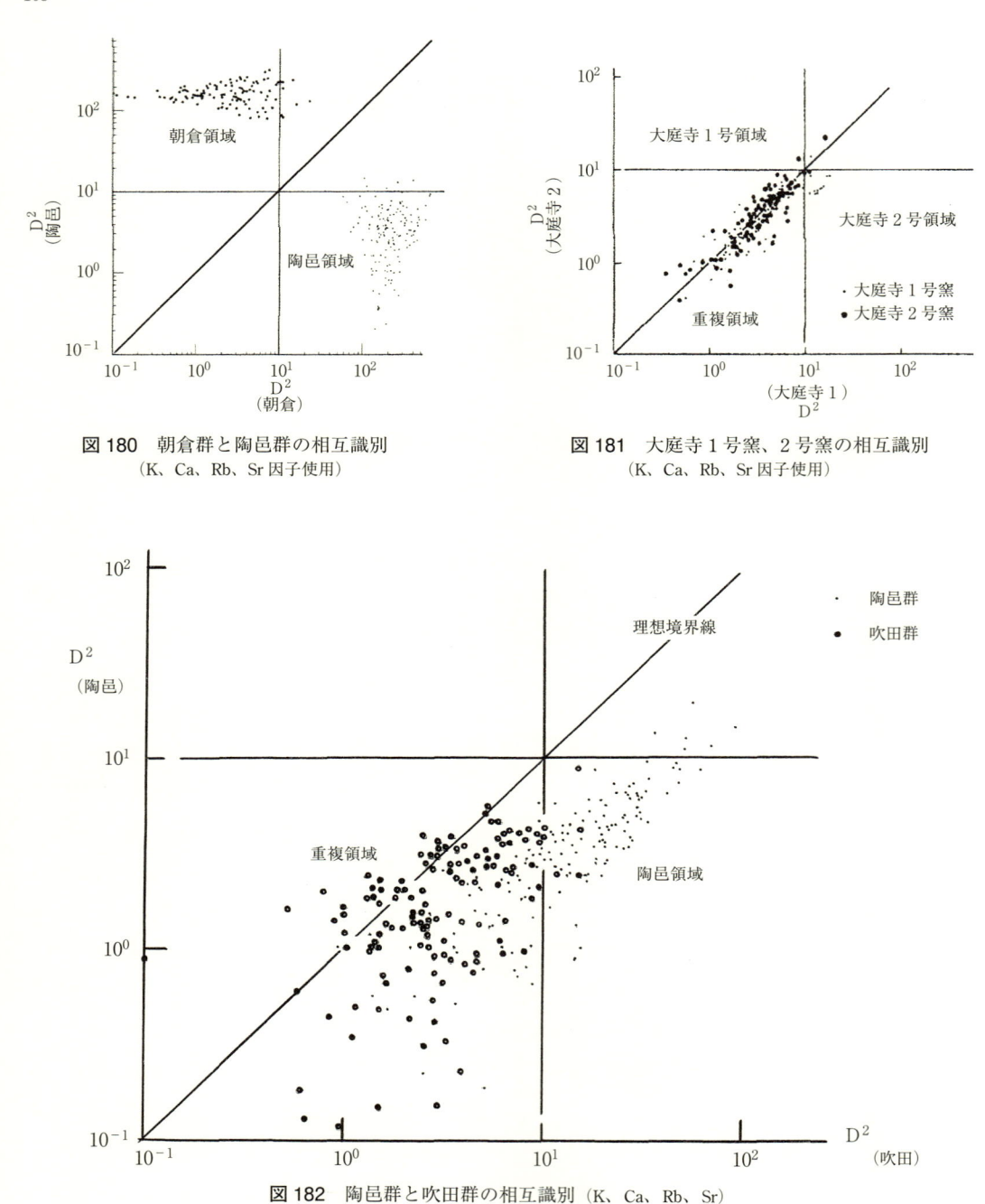

図182 陶邑群と吹田群の相互識別（K、Ca、Rb、Sr）

図180で示した例とは逆に、両分布図で両者の試料集団がほとんど重なって分布した例として、陶邑窯跡群内にある大庭寺1号窯跡と大庭寺2号窯跡の須恵器試料集団の2群間判別図を図181に示す。両者の試料集団は理想境界線上に沿って混在して分布しており、その相互識別は不可能であることを示している。この結果、両窯跡では同じ粘土を素材として使用したことがわかる。理想境界線とは両群の重心から等距離にある点の軌跡である。両極端の例を示したが、多くの場合、図182

に示すように、判別図でも両方の試料集団の一部が大なり小なり重なって分布する。つまり、重複領域ができる訳である。この領域に分布する試料は両群に所属する可能性がある訳である。ここで、両試料集団の境界をどのようにして決めるかを考えなければならなくなる。

　通常、異なった性質をもった多数の試料集団の分離には、クラスター分析法が使用される。クラスター分析では類似した化学特性をもった試料集団を樹状図として、枝ごとにまとめていく方法である。オックスフォード大学の研究者たちもこの方法を使った。しかし、須恵器産地推定の研究では、生産地である窯跡または窯跡群が母集団となることがすでにわかっている。窯跡または窯跡群間の相互識別が必要であり、選択された二つの窯跡群（母集団）から採取された試料集団がどの程度分離しているかを知るためには、2群間判別法のほうが有利である。2群間判別分析法による須恵器産地推定法の開発を考えた。

2. 試料集団の試料の分散分布とその分布式

　選択された二つの試料集団がどの程度分離しているかを知るために、2群間判別分析法を採用することに決めた。その結果、K-Ca、Rb-Srの2枚の分布図で表された地域差を1枚の判別図に統一して表示できることがわかった。しかし、産地推定するためには、生産地（母集団）へ帰属するための必要条件と十分条件を求めなければならない。その説明に入るまえに、一般的な試料集団の試料の分布とその分布式について説明する。

　試料集団の試料の分析値がどのように分散分布しているかを知るために分布図が作成される。一つの例は同一試料を多数回、繰り返し測定すると、多数の分析値がでてくる。本来は同じ試料の分析値であるから、同じ値が出てくるはずであるが、実際には、平均値を中心に、ばらついた値がでてくる。「真の値」は神のみぞ知る値であり、通常、平均値で代替させることになる。この場合の「ばらつき」は通常、標準偏差で表される。この場合は多数の分析値は理想的には平均値を中心にプラス側とマイナス側に均等にばらついて分布する。いわゆる、正規分布である。

　もう一つの例は一つのクラスの生徒の身長の分散分布を示すためにヒストグラムが使われる。この場合は正規分布せず、一般的なF分布する。1基の窯跡から任意に選択された須恵器試料は一般的には、不均質系の試料の集団であると考えられる。このような試料集団の試料の分析値の分散分布は一般的なF分布という分布をする。図183には、一般的なF分布する試料群の模式的なグラフを示してある。F分布はヒストグラムでも表示されるが、各柱状図の先端の中心点を結び付けていくと、曲線が得られる。この曲線を数式で表示することができる。いわゆる分散分布式である。数理統計学では、第一自由度p、第二自由度(n−p)の分散分布の一般式を次式のように定義する。

$$F = \{(n-p)/(p \cdot (n-1))\} \cdot T^2$$

　この式で、pは分析元素の数であり、筆者の場合は4である。nは試料集団の試料数である。
　一方、数学者、HotellingはT²を次式のように定義した。

$$T^2 = \{n/(n+1)\} \cdot D^2$$

　D²は試料集団の重心からのマハラノビスの汎距離の二乗値である。HotellingのT²式はD²の関

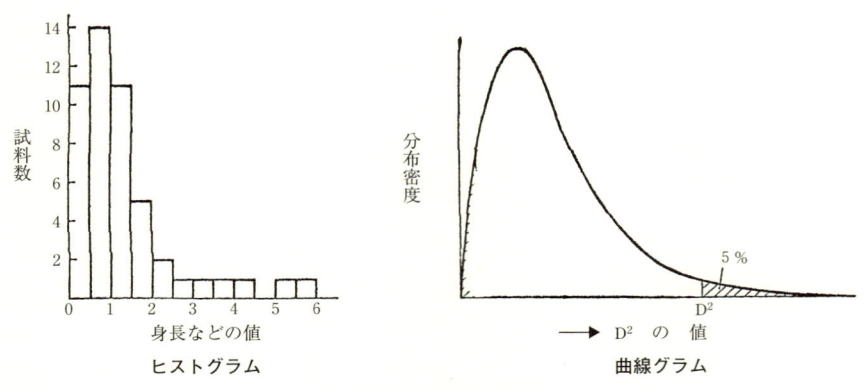

図183　F分布の模式図

数で表されていることが重要である。

F分布式に上記のHotellingのT²式を代入すると、

$$F = \{(n-p)/p(n-1)\} \cdot \{n/(n+1)\} \cdot D^2$$

となり、試料群の分散分布を表すF分布式は試料集団の重心からの統計学的距離（マハラノビスの汎距離）の二乗値の関数となる訳である。この式が多数の試料が分散分布する一般式である。通常、筆者が使用している元素はK、Ca、Rb、Srの4元素であるから、p=4であり、1基の窯跡から任意に採取される試料数は30～50程度である。これが「試料集団」の試料数（n）である。

試料集団の試料群の分析値も分散分布し、F分布の一般式で表される。「母集団」の試料数はずっと大きくなるが、不特定多数である。F分布式は「試料集団」にも、「母集団」にも適用できる一般式である。「試料集団」の試料数がある程度の数があれば、「試料集団」の重心（平均値）は「母集団」の重心に等しいと仮定することができる。これは均質系試料の分析でも、多数回の試料採取で得られた分析値の平均値を「母集団」の真の値とするのと同じ考え方である。「試料集団」の重心は「母集団」の重心と近似的に等しいと考えると、上式における試料群の分散分布は「試料集団」の試料に対しても、「母集団」の全試料に対しても同じである。ただ、試料数が異なるだけである。こうして、HotellingのT²式を通して、「試料集団」の分散分布は「母集団」の全試料の分散分布に結び付けられることになる。

3. HotellingのT²検定

こうして、窯跡群から任意に採取された多数の試料群の分析値の分散分布は「試料集団」の重心からのD^2の関数として表されることになった。この分布式による試料群の分散分布の模式図を図183に示す。わかりやすくするために、図183の上部にはヒストグラムで、下部には曲線グラフで示してある。横軸はD^2値であり、縦軸はF式の値で、そのD^2値のところに分布する試料の数（分布密度）である。図183に示したF分布の模式図からわかるように、重心、すなわち、D=0のところでは、F=0となる。重心から離れると、分布密度は次第に増加し、一定距離のところで、分

布密度は最大値に達する。最大値を超えると、次第に分布密度は減少し、0に近づく。このことは重心から遠く離れて分布する試料はほとんどなく、ほとんどの試料は重心から一定の距離の範囲内に分布することを意味しており、実際に、両分布図で「試料集団」の試料がまとまって分布したことに対応する。

こうして、「試料集団」の試料の分散分布はHotellingのT^2式をつかって、「母集団」の試料の分散分布式に結び付けられることになった。

確率の概念を根底におく数理統計学では、重心から遠く離れたところに試料が分布する確率はゼロではない。すべての試料が分布する領域は無限大に広がる訳である。定量的には試料集団の分布範囲を母集団の分布範囲とする訳にはいかない。そこで、母集団の試料が分散分布する領域を決めるため、「検定」という作業をする。通常、全試料の5%を切り捨てて、残る95%の試料が分散分布する領域を求める作業である。この作業を「5%の危険率をかけた検定にかける」という表現をする。第1自由度pと第2自由度（n−p）で、5%危険率をかけて切り捨てられるFの値は通常、統計学の教科書に5%危険率のF分布表として掲載されている。nとpの値が決まると、第1自由度と第2自由度の値が決まる訳である。F分布表から、それに対応する数値を読み取ることができる。F分布表の一例を表8に示す。

いま仮に、因子数が4で、試料数が64の場合を例にとると、p=4、n=64であり、表8の5%危険率のF分布表から、第1自由度4、第2自由度60に対応する値は2.53と読み取れるので、Fの値は次のように計算される。

$$F = (60/4 \cdot 63) \cdot (64/65) \cdot D^2$$
$$F = 0.234 \cdot D^2 = 2.53$$

したがって、試料集団の総数の5%が切り捨てられる領域はD^2値が試料集団の重心から、

$$D^2 > 10.8$$

つまり、D^2値が10.8以上、重心から遠く離れた領域となる。言い換えれば、試料集団の95%の試料を含む領域は$D^2 < 10.8$となり、重心からD^2値が10.8以内の領域となる訳である。このように、試料集団の試料の95%が分布する領域は試料集団の試料数と使用因子数に関係する。p=4で、n=124の場合、D^2の値は10.1となり、試料集団の試料数が多くなると、領域の境界値を決めるD^2値は少し減少する。逆に、試料数が少なくなって、P=4で、n=14の場合には$D^2 < 19.4$となり、95%程度の試料を含む領域は少し拡大されることになる。筆者は便宜上、目安として、$D^2 = 10$のところに境界線を引いて使用している。

4. 須恵器産地推定法

ここで、5%危険率をかけて領域を決定した例を示す。一例として、前述した、古墳時代の須恵器窯跡群である陶邑窯跡群と朝倉窯跡群間の2群間判別図を図184に示す。この図では、D^2(陶邑)<10の領域に陶邑窯跡群の須恵器試料のほとんどが分布しており、また、D^2(朝倉)<10の領域に朝倉窯跡群の須恵器試料のほとんどが分布していることがわかる。かくして、$D^2(X)<10$は母集団

表8 5%危険率のF分布表（ν_1＝第1自由度、ν_2＝第2自由度、5%点）

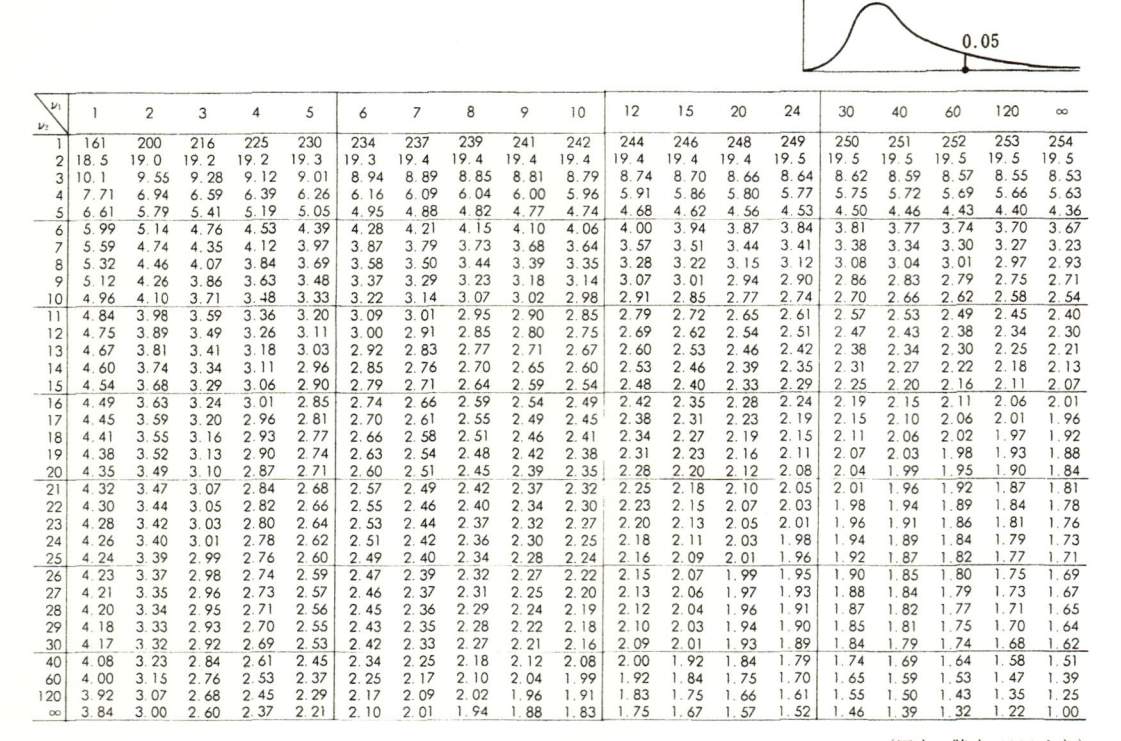

ν_2＼ν_1	1	2	3	4	5	6	7	8	9	10	12	15	20	24	30	40	60	120	∞
1	161	200	216	225	230	234	237	239	241	242	244	246	248	249	250	251	252	253	254
2	18.5	19.0	19.2	19.2	19.3	19.3	19.4	19.4	19.4	19.4	19.4	19.4	19.4	19.5	19.5	19.5	19.5	19.5	19.5
3	10.1	9.55	9.28	9.12	9.01	8.94	8.89	8.85	8.81	8.79	8.74	8.70	8.66	8.64	8.62	8.59	8.57	8.55	8.53
4	7.71	6.94	6.59	6.39	6.26	6.16	6.09	6.04	6.00	5.96	5.91	5.86	5.80	5.77	5.75	5.72	5.69	5.66	5.63
5	6.61	5.79	5.41	5.19	5.05	4.95	4.88	4.82	4.77	4.74	4.68	4.62	4.56	4.53	4.50	4.46	4.43	4.40	4.36
6	5.99	5.14	4.76	4.53	4.39	4.28	4.21	4.15	4.10	4.06	4.00	3.94	3.87	3.84	3.81	3.77	3.74	3.70	3.67
7	5.59	4.74	4.35	4.12	3.97	3.87	3.79	3.73	3.68	3.64	3.57	3.51	3.44	3.41	3.38	3.34	3.30	3.27	3.23
8	5.32	4.46	4.07	3.84	3.69	3.58	3.50	3.44	3.39	3.35	3.28	3.22	3.15	3.12	3.08	3.04	3.01	2.97	2.93
9	5.12	4.26	3.86	3.63	3.48	3.37	3.29	3.23	3.18	3.14	3.07	3.01	2.94	2.90	2.86	2.83	2.79	2.75	2.71
10	4.96	4.10	3.71	3.48	3.33	3.22	3.14	3.07	3.02	2.98	2.91	2.85	2.77	2.74	2.70	2.66	2.62	2.58	2.54
11	4.84	3.98	3.59	3.36	3.20	3.09	3.01	2.95	2.90	2.85	2.79	2.72	2.65	2.61	2.57	2.53	2.49	2.45	2.40
12	4.75	3.89	3.49	3.26	3.11	3.00	2.91	2.85	2.80	2.75	2.69	2.62	2.54	2.51	2.47	2.43	2.38	2.34	2.30
13	4.67	3.81	3.41	3.18	3.03	2.92	2.83	2.77	2.71	2.67	2.60	2.53	2.46	2.42	2.38	2.34	2.30	2.25	2.21
14	4.60	3.74	3.34	3.11	2.96	2.85	2.76	2.70	2.65	2.60	2.53	2.46	2.39	2.35	2.31	2.27	2.22	2.18	2.13
15	4.54	3.68	3.29	3.06	2.90	2.79	2.71	2.64	2.59	2.54	2.48	2.40	2.33	2.29	2.25	2.20	2.16	2.11	2.07
16	4.49	3.63	3.24	3.01	2.85	2.74	2.66	2.59	2.54	2.49	2.42	2.35	2.28	2.24	2.19	2.15	2.11	2.06	2.01
17	4.45	3.59	3.20	2.96	2.81	2.70	2.61	2.55	2.49	2.45	2.38	2.31	2.23	2.19	2.15	2.10	2.06	2.01	1.96
18	4.41	3.55	3.16	2.93	2.77	2.66	2.58	2.51	2.46	2.41	2.34	2.27	2.19	2.15	2.11	2.06	2.02	1.97	1.92
19	4.38	3.52	3.13	2.90	2.74	2.63	2.54	2.48	2.42	2.38	2.31	2.23	2.16	2.11	2.07	2.03	1.98	1.93	1.88
20	4.35	3.49	3.10	2.87	2.71	2.60	2.51	2.45	2.39	2.35	2.28	2.20	2.12	2.08	2.04	1.99	1.95	1.90	1.84
21	4.32	3.47	3.07	2.84	2.68	2.57	2.49	2.42	2.37	2.32	2.25	2.18	2.10	2.05	2.01	1.96	1.92	1.87	1.81
22	4.30	3.44	3.05	2.82	2.66	2.55	2.46	2.40	2.34	2.30	2.23	2.15	2.07	2.03	1.98	1.94	1.89	1.84	1.78
23	4.28	3.42	3.03	2.80	2.64	2.53	2.44	2.37	2.32	2.27	2.20	2.13	2.05	2.01	1.96	1.91	1.86	1.81	1.76
24	4.26	3.40	3.01	2.78	2.62	2.51	2.42	2.36	2.30	2.25	2.18	2.11	2.03	1.98	1.94	1.89	1.84	1.79	1.73
25	4.24	3.39	2.99	2.76	2.60	2.49	2.40	2.34	2.28	2.24	2.16	2.09	2.01	1.96	1.92	1.87	1.82	1.77	1.71
26	4.23	3.37	2.98	2.74	2.59	2.47	2.39	2.32	2.27	2.22	2.15	2.07	1.99	1.95	1.90	1.85	1.80	1.75	1.69
27	4.21	3.35	2.96	2.73	2.57	2.46	2.37	2.31	2.25	2.20	2.13	2.06	1.97	1.93	1.88	1.84	1.79	1.73	1.67
28	4.20	3.34	2.95	2.71	2.56	2.45	2.36	2.29	2.24	2.19	2.12	2.04	1.96	1.91	1.87	1.82	1.77	1.71	1.65
29	4.18	3.33	2.93	2.70	2.55	2.43	2.35	2.28	2.22	2.18	2.10	2.03	1.94	1.90	1.85	1.81	1.75	1.70	1.64
30	4.17	3.32	2.92	2.69	2.53	2.42	2.33	2.27	2.21	2.16	2.09	2.01	1.93	1.89	1.84	1.79	1.74	1.68	1.62
40	4.08	3.23	2.84	2.61	2.45	2.34	2.25	2.18	2.12	2.08	2.00	1.92	1.84	1.79	1.74	1.69	1.64	1.58	1.51
60	4.00	3.15	2.76	2.53	2.37	2.25	2.17	2.10	2.04	1.99	1.92	1.84	1.75	1.70	1.65	1.59	1.53	1.47	1.39
120	3.92	3.07	2.68	2.45	2.29	2.17	2.09	2.02	1.96	1.91	1.83	1.75	1.66	1.61	1.55	1.50	1.43	1.35	1.25
∞	3.84	3.00	2.60	2.37	2.21	2.10	2.01	1.94	1.88	1.83	1.75	1.67	1.57	1.52	1.46	1.39	1.32	1.22	1.00

（田中・脇本 1984 より）

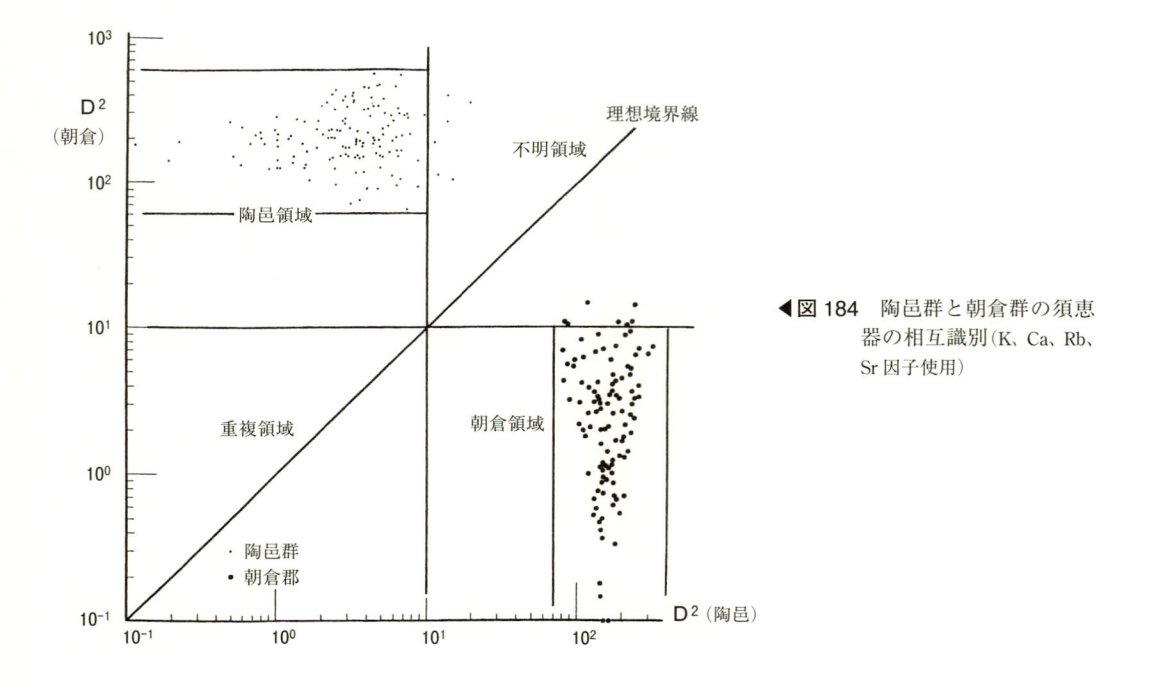

◀図184 陶邑群と朝倉群の須恵器の相互識別（K、Ca、Rb、Sr因子使用）

(X) に帰属するための必要条件となることがわかる。この条件は母集団から取り出された一部の「試料集団」の分析データを通して得られた「母集団」への帰属条件でもある点に注意を要する。したがって、D^2(陶邑)＜10 という帰属条件は、陶邑で生産された須恵器全体に対して成り立つ条件でもある。陶邑で生産された須恵器全体の 95% 程度が分布する条件である訳である。$D^2(A) = 10$、$D^2(B) = 10$ のところに線を入れることによって、判別図は四つの象限に分けられる。$D^2(A)＜10$、$D^2(B)＜10$ の領域はA群とB群の両方に帰属する条件が重なる領域であり、いわゆる、重複領域となる。また、$D^2(A)＞10$、$D^2(B)＞10$ の領域は両群に帰属しない領域であり、この2群間判別図では産地が不明となる領域という意味で「不明領域」とした。さらに、実際分析された両群の試料の分析データから、2群間判別図では十分条件も求めることができる。すなわち、図14と図15の両分布図で、陶邑窯跡群と朝倉窯跡群の試料群は自群の重心から一定の距離内に分布するのが一目瞭然にわかる。このことは同時に、試料集団の試料は互いに相手群の重心から離れて分布するが、一定距離の範囲内に分布していることもわかる。したがって、判別図でも D^2(相手群)の値も一定の距離範囲内にあるはずである。その範囲は実際に描かれた判別図で、D^2(相手群) ＝ a～b のように、経験的に求められる。図184でも、陶邑跡群の試料集団については D^2(朝倉群) ＝ 50～600 であり、朝倉窯跡群の試料集団については D^2(陶邑) ＝ 80～300 であることが確認される。D^2(相手群) ＝ a～b は互いに、相手群には帰属しないという意味で、これが十分条件となる。この結果、この判別図における陶邑領域は D^2(陶邑)＜10、D^2(朝倉) ＝ 50～600 であり、朝倉領域は D^2(朝倉)＜10、D^2(陶邑) ＝ 80～300 であることがわかる。こうして、2群間判別図上で、5世紀代の大規模な須恵器窯跡群である陶邑窯跡群の試料集団が分布する領域と、同じ5世紀代の地方窯跡である朝倉窯跡群の試料集団が分布する領域が決められることになる。もし、朝倉窯跡群周辺の、5世紀代の古墳から出土する須恵器が朝倉領域に分布すれば、地元、朝倉窯跡群の須恵器であると推定され、陶邑領域に分布すれば、遠く和泉陶邑から搬入された須恵器であると推定される。朝倉窯跡群周辺の古墳から出土した須恵器の分析結果は表9に示されている。また、その2群間判別図は図185に示してある。多くの須恵器は地元、朝倉領域に分布しているが、陶邑領域に分布する須恵器も多いことが確認できる。

こうして、須恵器産地推定法は考古科学的方法論として提示された。

5. 須恵器産地推定法の適用

須恵器産地推定法はまず、朝倉窯跡群の周辺に在る個々の古墳出土須恵器の産地問題に適用された。図186には小隈古墳出土須恵器の産地推定の結果を示してある。小隈古墳の須恵器試料はすべて朝倉領域に分布しており、陶邑領域に分布する試料は1点もない。すべて朝倉製品であることであることを示している。おそらく、3基の朝倉窯群の中で、小隈古墳に近接する小隈窯の製品である可能性が高い。また、この図には乙植木2号墳から出土した有蓋式脚付壺も朝倉領域に分布しており、朝倉窯群の製品であると推定された。朝倉窯群のどの窯の製品であるかわからない。須恵器の型式が参考になる場合もある。この壺は地元の須恵器研究者、中村勝氏も現地の須恵器資料の考

表 9　朝倉窯跡群周辺の古墳出土初期須恵器の分析データ

古墳名	K	Ca	Rb	Sr	D²(陶邑)	D²(朝倉)
井河1号墳	0.246	0.051	0.420	0.180	12.00	160.00
	0.292	0.387	0.257	0.287	140.00	0.91
	0.270	0.328	0.261	0.281	95.00	2.60
	0.514	0.176	0.639	0.375	3.00	210.00
	0.396	0.115	0.418	0.387	7.70	120.00
	0.337	0.284	0.357	0.628	45.00	480.00
松木遺跡	0.379	0.053	0.422	0.245	3.70	69.00
	0.331	0.397	0.292	0.313	130.00	1.90
	0.341	0.501	0.321	0.338	220.00	5.20
石人山古墳 (石室)	0.298	0.487	0.276	0.319	220.00	2.60
	0.294	0.506	0.277	0.329	240.00	4.10
	0.280	0.394	0.264	0.284	140.00	0.54
石人山古墳 (南くびれ)	0.431	0.176	0.552	0.491	8.80	200.00
	0.472	0.161	0.591	0.367	1.40	170.00
	0.462	0.156	0.577	0.354	1.50	150.00
瑞王寺古墳	0.279	0.398	0.254	0.305	140.00	2.30
	0.441	0.091	0.539	0.317	0.77	130.00
	0.489	0.102	0.592	0.339	0.57	170.00
	0.311	0.045	0.447	0.188	5.30	140.00
平原1号墳	0.174	0.235	0.179	0.196	73.00	11.00
	0.391	0.039	0.516	0.229	2.60	160.00
	0.417	0.085	0.487	0.298	1.50	96.00
平原5号墳	0.323	0.443	0.292	0.345	160.00	4.90
	0.469	0.129	0.556	0.328	0.51	130.00
	0.324	0.029	0.403	0.149	4.90	110.00
小隈古墳	0.287	0.305	0.273	0.273	80.00	3.60
	0.253	0.361	0.244	0.264	126.00	1.50
	0.269	0.379	0.254	0.298	128.00	1.90
	0.263	0.287	0.250	0.261	75.00	4.80
	0.315	0.334	0.294	0.303	88.00	5.00
	0.286	0.312	0.261	0.270	86.00	3.60
	0.274	0.385	0.254	0.276	140.00	0.64
	0.288	0.320	0.253	0.288	87.00	8.40
(器台)	0.170	0.262	0.164	0.196	89.00	12.00
三並梶原4号墳	0.302	0.405	0.263	0.294	150.00	0.62
2号墳	0.289	0.390	0.258	0.286	140.00	0.52
	0.364	0.035	0.548	0.200	3.30	270.00
三並梶原 5号墳	0.315	0.057	0.355	0.227	7.40	47.00
1号墳	0.314	0.030	0.434	0.135	5.10	175.00
1号墳（窯）	0.329	0.046	0.438	0.153	4.40	155.00
3号墳（石室）	0.282	0.470	0.243	0.308	209.00	2.60
御塚古墳	0.345	0.172	0.407	0.266	12.00	80.00
	0.484	0.325	0.464	0.750	36.00	760.00
	0.336	0.154	0.379	0.329	11.00	53.00
	0.568	0.211	0.647	0.308	24.00	220.00
立山山12号墳	0.438	0.116	0.556	0.303	0.47	150.00
	0.332	0.103	0.379	0.261	6.60	46.00
	0.379	0.042	0.527	0.236	3.00	180.00
	0.310	0.026	0.377	0.162	6.20	83.00
	0.334	0.411	0.300	0.310	140.00	0.62
	0.285	0.396	0.290	0.197	140.00	3.80
茶臼塚古墳	0.363	0.036	0.408	0.196	4.10	76.0
	0.298	0.423	0.291	0.307	160.00	1.90
	0.399	0.066	0.622	0.265	3.00	340.00
	0.210	0.350	0.192	0.245	130.00	5.60
	0.210	0.331	0.195	0.252	110.00	6.00
	0.267	0.350	0.278	0.277	110.00	3.30
	0.256	0.364	0.249	0.269	130.00	1.30
	0.257	0.365	0.244	0.256	130.00	2.30
	0.419	0.051	0.497	0.267	2.70	110.00
	0.314	0.425	0.288	0.296	160.00	0.80
隈2号墳	0.236	0.323	0.222	0.253	100.00	3.30
	0.266	0.374	0.261	0.290	130.00	1.10
	0.322	0.441	0.308	0.318	170.00	2.40
	0.228	0.343	0.241	0.237	120.00	7.80
	0.294	0.030	0.415	0.155	6.30	140.00
	0.306	0.030	0.421	0.155	5.50	140.00
隈1号墳	0.223	0.331	0.198	0.253	110.00	6.60
	0.286	0.431	0.265	0.313	170.00	1.20
三雲寺口	0.316	0.037	0.407	0.204	6.10	86.00
	0.651	0.186	0.692	0.344	23.00	220.00
	0.369	0.147	0.402	0.306	7.10	49.00
	0.618	0.220	0.706	0.458	8.60	230.00

古学的観察によって朝倉窯跡群の製品であると推定している。このように、胎土分析による推定結果と考古学的観察の結果が一致することは産地推定の結果を考古学者も理解する上には望ましいことである。そうすることによって、考古学者も理化学的胎土分析の結果を受け入れることができるであろう。

　また、小田茶臼塚古墳の須恵器試料も図187の判別図に示すように、ほとんどの試料が朝倉窯群の製品であり、陶邑製品はわずか1点である。この場合も、朝倉窯群のどの窯の製品であるかは不明である。このように、ほとんどが地元製品である古墳があることがわかった。その反面、図188、189に示した隈1、2号墳や立山山12号墳の須恵器のように、陶邑製品と朝倉製品が混ざっている古墳もある。また、同じように、朝倉製品と陶邑製品が混ざっている古墳でも、石人山古墳では、図190に示すように、古墳外部の祭祀場に陶邑産と推定される須恵器があり、古墳内部の羨道には地元、朝倉製品と推定される須恵器があった。このように、古墳によっては別の生産地の須恵器が混ざって出土する点が注目される。このことは今後、考古学的にも検討しなければならない問題である。とくに、陶邑製品と地元製品の古墳での配置場所が異なれば、陶邑製品と地元製品の価値観が異なることを示している可能性がある。今後の研究では、陶邑製品と地元製品の、古墳での配置場所の違いも注目されよう。

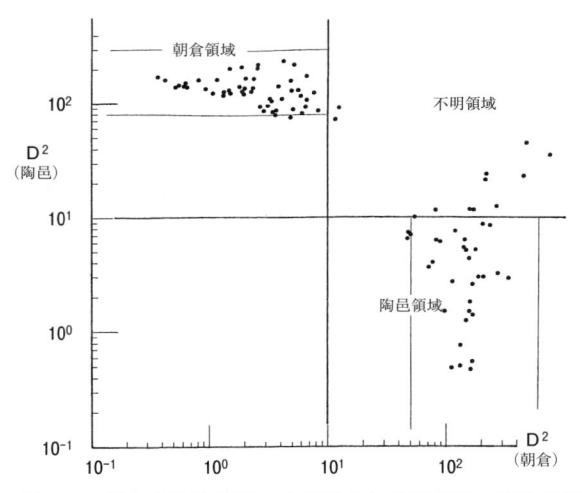

図185 朝倉窯跡群周辺の古墳出土初期須恵器の産地推定（K、Ca、Rb、Sr因子使用）

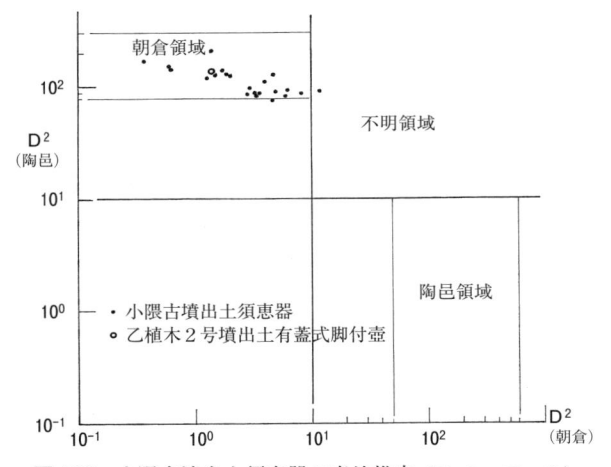

図186 小隈古墳出土須恵器の産地推定（K、Ca、Rb、Sr）

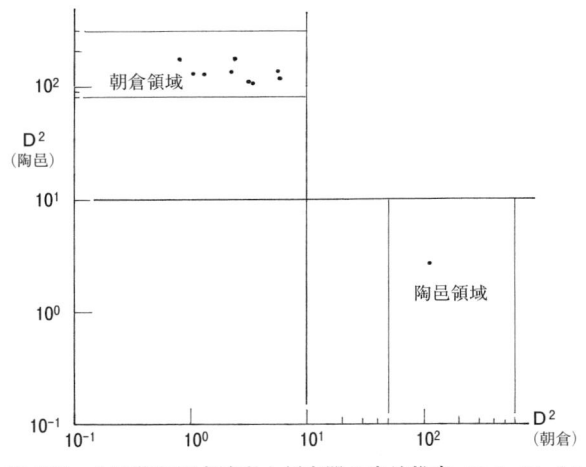

図187 小田茶臼塚古墳出土須恵器の産地推定（K、Ca、Rb、Sr）

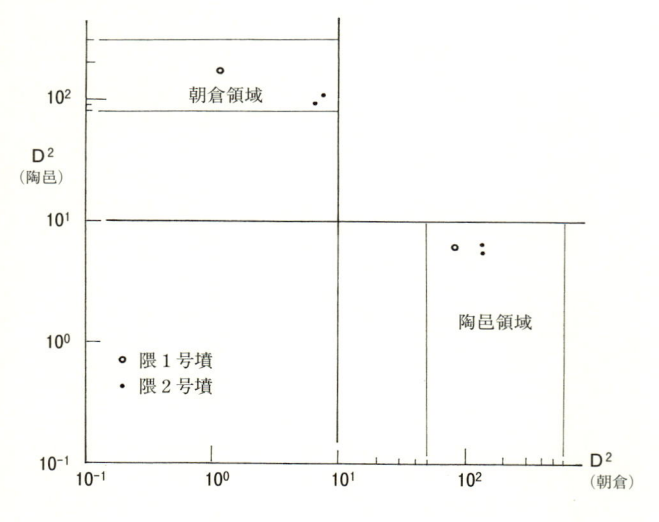

◀図188 隈1、2号墳出土須恵器の産地推定（K、Ca、Rb、Sr）

▶図189 立山山12号墳出土須恵器の産地推定（K、Ca、Rb、Sr）

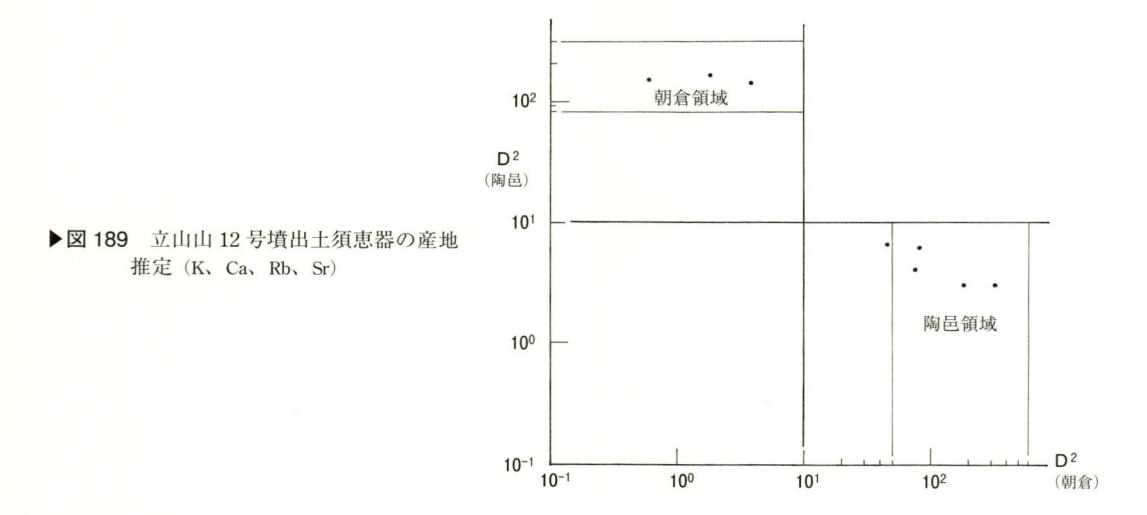

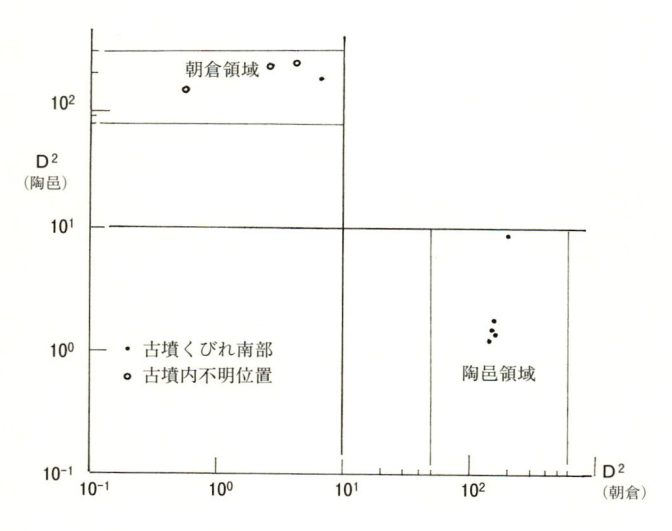

◀図190 石人山古墳出土須恵器の産地推定（K、Ca、Rb、Sr）

本来、2群間判別分析法は自然科学の方法である。年代などの考古学の条件がないかぎり、考古学に有意な情報を引き出すことはできない。古墳時代にはまだ、須恵器窯跡は全国的に広がってはいない。限られた地域に数基程度の窯跡が発見されているにすぎない。それに対して、和泉陶邑には100基以上の窯跡が発見されていた。陶邑は古墳時代の須恵器の大生産地であった。そのため、本来は地方窯周辺の古墳出土須恵器の産地推定は地元産か外部地域からの搬入品を問う2群間判別分析であるが、それが地元産か陶邑産かを問う2群間判別分析となった。しかし、須恵器生産が普及する8世紀代の須恵器の産地問題の研究には工夫が必要である。考古学や歴史学の条件を付けて二つの生産地を選択しなければ、考古学的に有意な情報は得られないのである。須恵器の生産・供給の関係が成り立つためには、生産地遺跡と消費地遺跡が同時代にあったということは必要条件となる。陶邑窯跡群も朝倉窯跡群もともに、5世紀代の窯跡群であり、同時代の生産地間の相互識別は考古学的にも意味をもってくることになる。年代情報は考古学的条件の中でも最も重要な条件の一つである。そこで、朝倉窯跡群周辺の5世紀代の古墳から出土した須恵器が分析された。本来は地元製品か、外部地域からの搬入品かを問う2群間判別分析法なのであるが、外部地域の須恵器生産地として、この時期に、圧倒的な規模の生産力を持つ和泉陶邑が外部生産地として優先的に選択されたのである。その結果、陶邑製品が多数検出される結果となった。もちろん、近接する地域の窯跡群からの搬入も考えられる。このことについては次章で述べる。

このように、考古学の条件をつけて、自然科学の方法である2群間判別分析法を適用すれば、古墳出土須恵器の産地を推定できることがわかった。こうして、須恵器産地推定法は考古科学的方法論として提示されることになった。次章では、開発された須恵器産地推定法を全国各地の古墳出土須恵器の産地問題の研究に適用した結果を紹介する。

第8章　古墳出土須恵器の産地問題の研究

　魏志倭人伝には卑弥呼の死後、径百歩の塚が築かれたと記されている。1歩が1メートルと仮定すると、100メートル級の大きな塚が築かれたことになる。3世紀代半ばのことである。この時期の各地の首長墓は20～30m以下である。

　日本では3世紀代末から7世紀代までを古墳時代と呼んでいる。この時代には各地に大小、さまざまな形の古墳が作られた。とくに、日本特有の形をした前方後円墳は各地の豪族の首長たちの墳墓であるといわれ、その大小は政治的な勢力の格差を示すともいわれている。巨大古墳は畿内に数多くある。これらの古墳からは数多くの須恵器が出土している。須恵器は古墳での祭祀道具であったことを示している。これらの古墳から出土した須恵器の生産・供給問題は文字のない古墳時代の政治・社会に関する情報を秘めていると考えられた。古墳時代の歴史研究には重要な研究材料である。須恵器産地推定法はまず、生産地である窯跡群の数が少ない古墳時代の須恵器の産地問題の研究に適用された。

1. 九州地方の須恵器

　福岡県に隣接した佐賀県佐賀市にも5世紀代の神籠池窯跡が1基発見されている。神籠池窯跡周辺の古墳に、隣接する地域の朝倉窯跡群の製品が供給されていたかどうか確かめるためには、神籠池窯跡と朝倉窯跡群の須恵器が相互識別できるかどうかが問題となる。神籠池窯跡と朝倉窯跡群との2群間判別図を図191に示す。両者は完全に分離していることがわかる。この判別図上に、神籠池窯跡周辺の5世紀代の古墳（赤司遺跡、礫石遺跡、金立開拓遺跡、藤附K遺跡、久保泉山遺跡、西原遺跡、鈴熊遺跡、猿嶽A遺跡、野田遺跡、下中杖遺跡、東尾大塚遺跡）から出土した須恵器の分析結果を判別図上にプロットしたのが図192である。地元、神籠池領域に10点近い須恵器が分布するが、それを上回る数の須恵器が朝倉領域に分布することがわかる。地元製品もあるが、朝倉窯跡群からの須恵器の供給はあったのである。さらに、それらを上回る数の須恵器が不明領域に分布していることが注目された。これらの産地不明の須恵器はどこの製品であるのか？　陶邑製品が供給されていたとすると、神籠池窯跡と陶邑窯跡群の須恵器が相互識別できるかどうかを調べておかなければならない。神籠池窯跡と陶邑窯跡群間の2群間判別図を図193に示す。両者は完全に分離して分布しており、その相互識別は容易であることを示している。この判別図上に、神籠池窯跡周辺の上記の古墳出土須恵器の分析結果をプロットしたのが図194である。図192で不明領域に分布した、多くの須恵器試料は陶邑領域に分布することがわかった。図192で朝倉領域に分布し

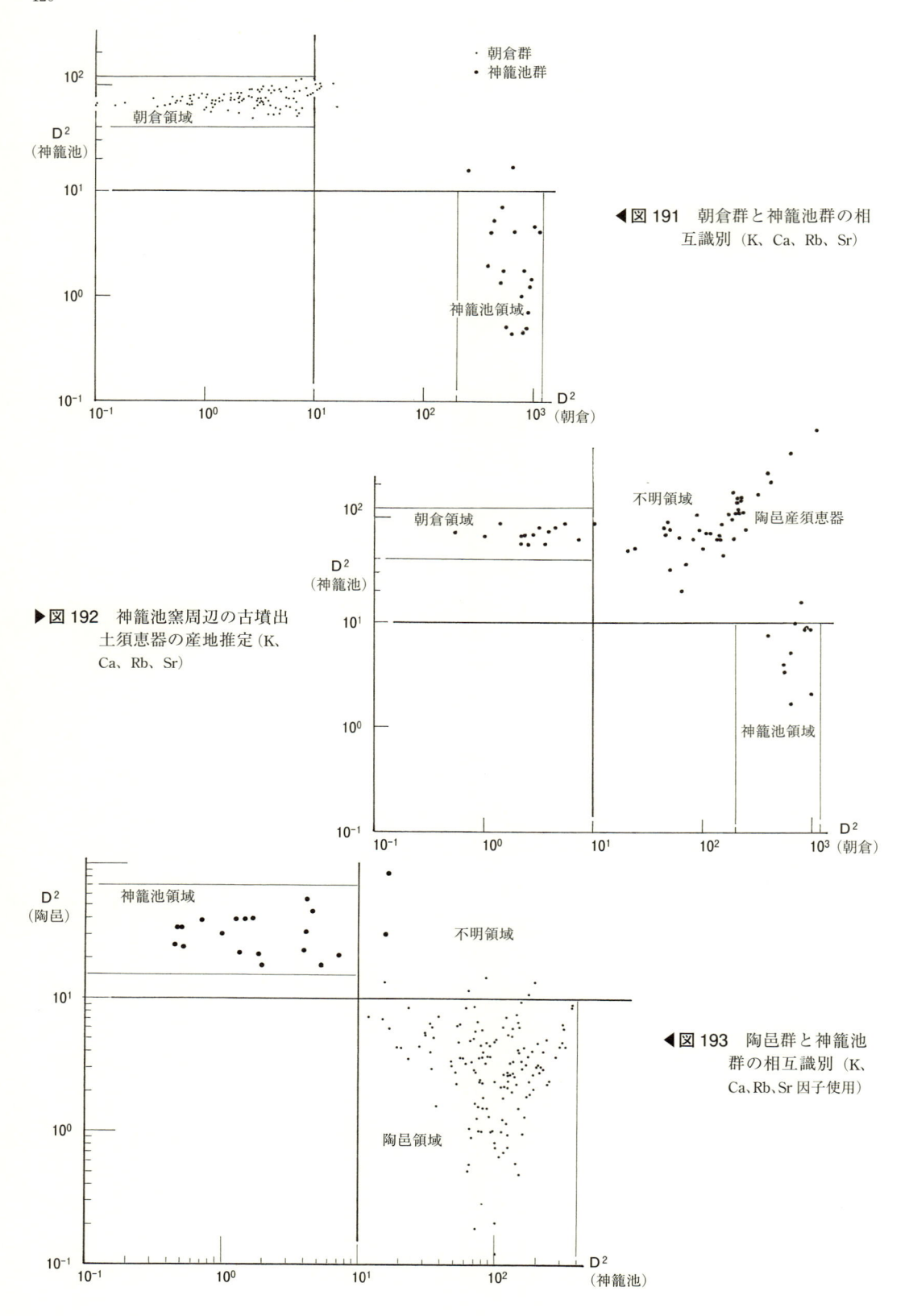

◀図191 朝倉群と神籠池群の相互識別（K、Ca、Rb、Sr）

▶図192 神籠池窯周辺の古墳出土須恵器の産地推定（K、Ca、Rb、Sr）

◀図193 陶邑群と神籠池群の相互識別（K、Ca、Rb、Sr因子使用）

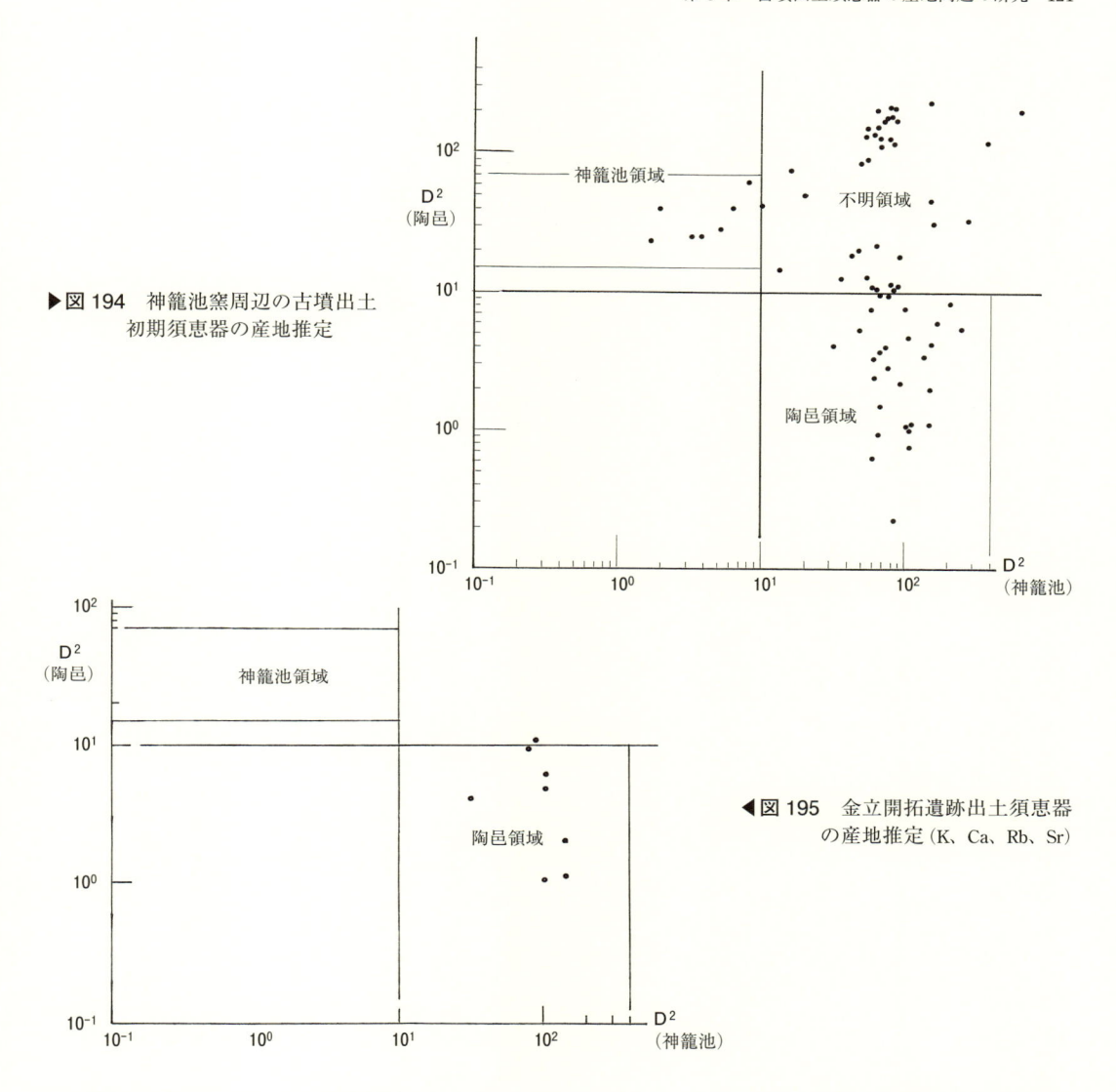

▶図194 神籠池窯周辺の古墳出土初期須恵器の産地推定

◀図195 金立開拓遺跡出土須恵器の産地推定（K、Ca、Rb、Sr）

た須恵器は入れ替わって不明領域に分布することもわかった。この結果、神籠池窯跡周辺の古墳出土須恵器は地元製品と朝倉窯跡群からの供給品、さらに、遠く離れた畿内の和泉陶邑からの多数の供給品があることがわかった。この中で興味深いのは、図195の判別図に示すように、金立開拓遺跡の分析試料はすべて、陶邑産の須恵器であることである。地元、神籠池窯跡の製品も、隣接する朝倉窯跡群からの供給品も検出されなかった。また、図196には鈴熊遺跡から出土した須恵器試料を朝倉窯跡群と陶邑窯跡群間の判別図にプロットしたものである。朝倉製品と陶邑製品があることがわかる。不明領域にも数点の須恵器が分布する。そこで、朝倉窯跡群と神籠池窯跡の須恵器の判別図上にプロットしたのが図197である。図196で不明領域に分布した3点の須恵器は図197では神籠池領域に分布し、入れ替わって、図196で陶邑領域に分布した4点の須恵器は不明領域に分布することがわかる。こうして、鈴熊遺跡には、地元、神籠池製品の他に、陶邑製品、朝倉製品が混ざっていたことがわかった。3か所の生産地から、須恵器が供給されていたのである。このように、

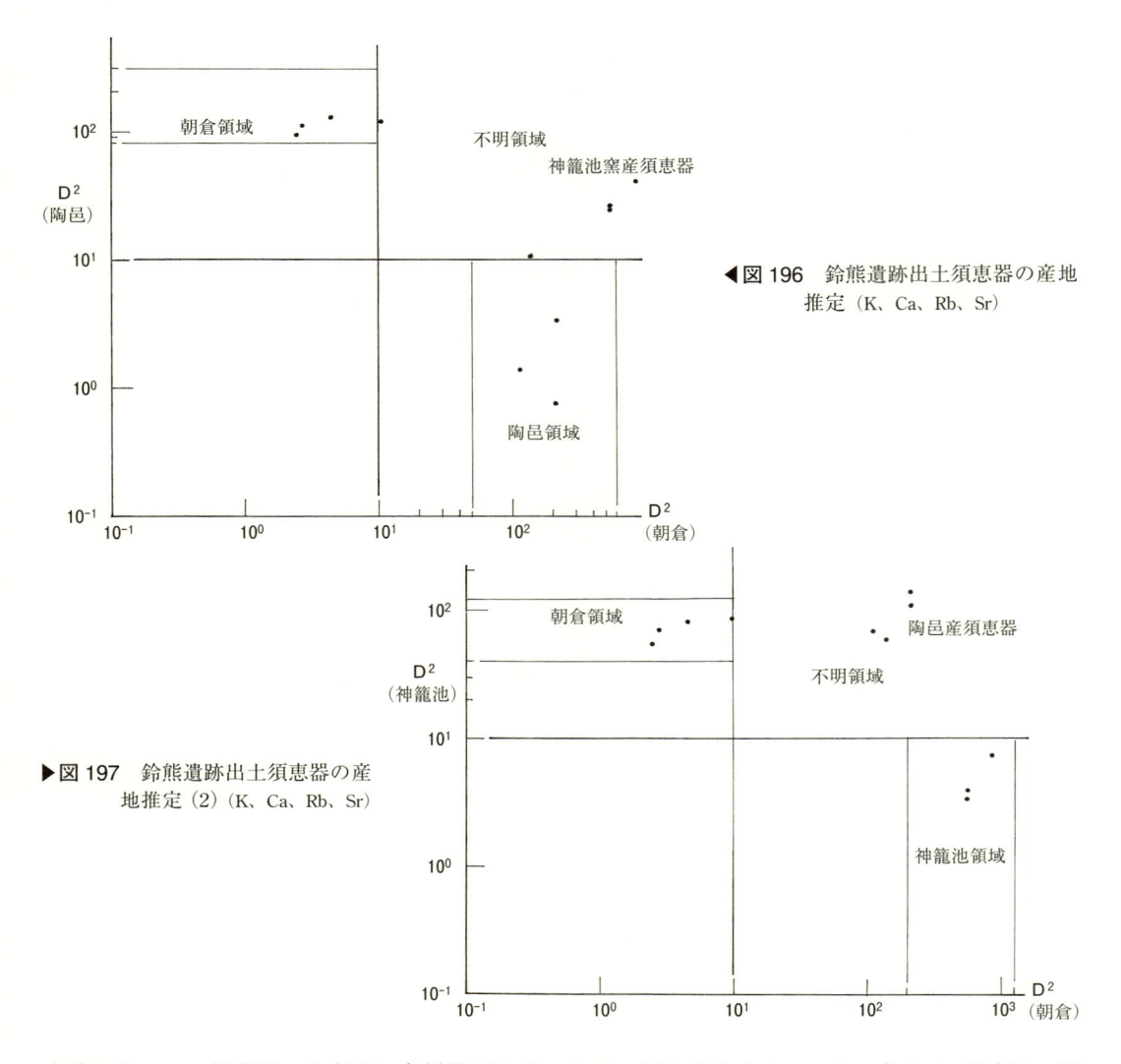

◀図196 鈴熊遺跡出土須恵器の産地推定（K、Ca、Rb、Sr）

▶図197 鈴熊遺跡出土須恵器の産地推定（2）（K、Ca、Rb、Sr）

　古墳によって、須恵器の生産地に多様性があることは、何を意味するのであろうか？　興味深い問題である。
　以上に示した産地推定の結果は重要な情報を提供する。この時期の須恵器窯跡の数の多少は、その窯跡群で須恵器製作に従事した工人集団を配下においた豪族の勢力の大きさを表す指標となると考えると、朝倉窯跡群の製品が一方的に神籠池窯跡周辺の古墳へ供給されていたことが理解できる。さらに、朝倉窯跡群や神籠池窯跡周辺の古墳へ陶邑製品が一方的に供給されていたことは、須恵器の大生産地であった和泉陶邑を配下に置いたと推定される大和政権の勢力がさらに大きいことが理解できる。古墳出土須恵器は政治的な意味をもっている訳である。
　熊本県の江田船山古墳から出土した須恵器（甕）も陶邑産の須恵器であると推定されている。大分県内の古墳からも陶邑産の須恵器が多数検出されている。
　宮崎市内には松ヶ迫窯跡という6世紀代の須恵器窯跡が発見されている。ただし、遺物は少量しか残っていないので、生産力が低い窯跡であったと考えられている。宮崎県内の古墳に陶邑製品が

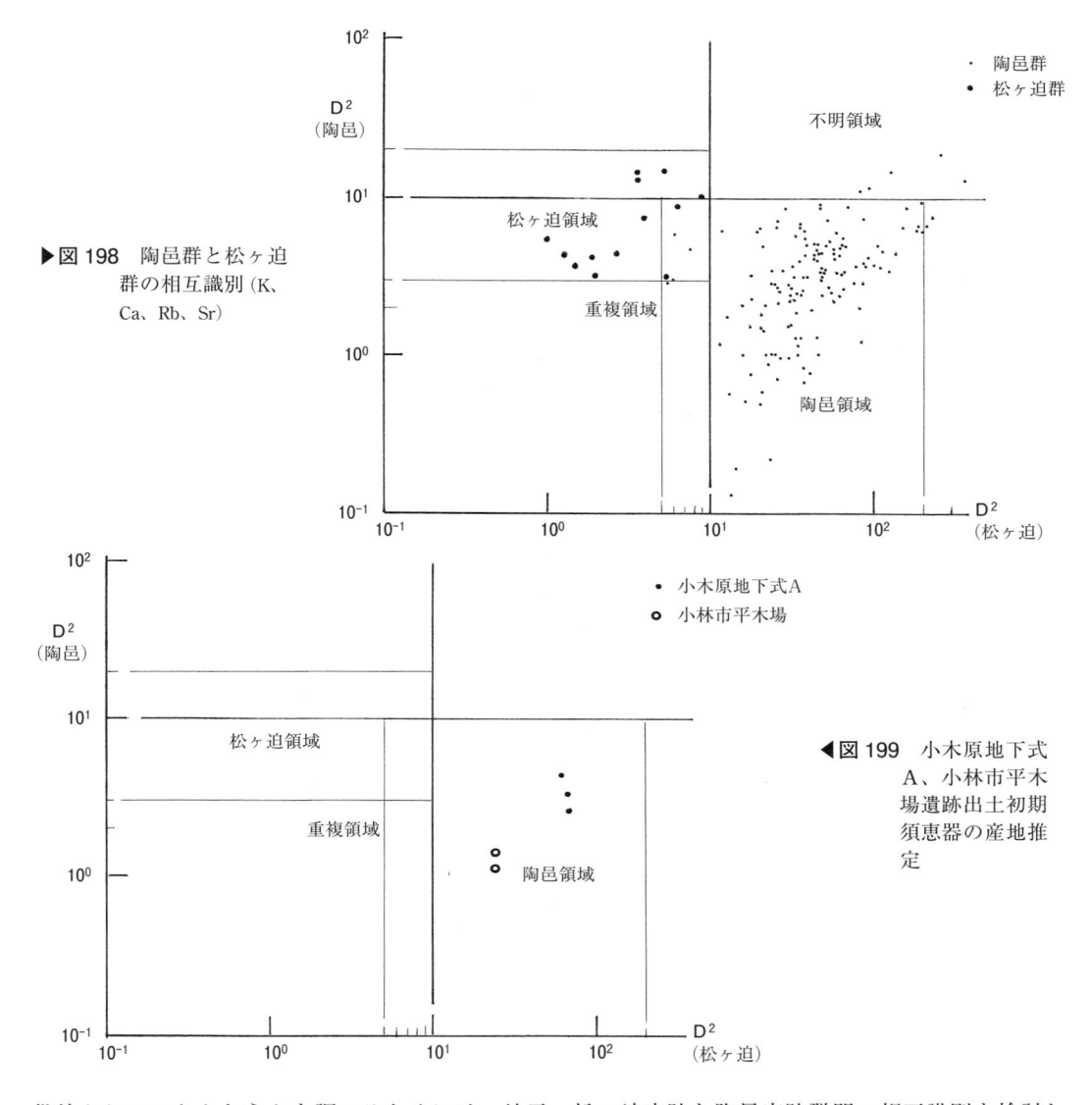

▶図198 陶邑群と松ヶ迫群の相互識別（K、Ca、Rb、Sr）

◀図199 小木原地下式A、小林市平木場遺跡出土初期須恵器の産地推定

　供給されていたかどうかを調べるためには、地元、松ヶ迫窯跡と陶邑窯跡群間の相互識別を検討しておかなければならない。図198には、松ヶ迫窯跡と陶邑窯跡群間の判別図を示してある。小さな重複領域があるが、両者の試料群のほとんどは分離しており、その相互識別は十分可能であると考えられる。この判別図上に、5C末〜6C初頭と推定される小木原地下式墓から出土した須恵器（杯蓋、杯身）と小林市の平木場遺跡出土の須恵器（甕）をプロットしたのが図199である。いずれの試料も陶邑領域に分布しており、陶邑産の須恵器と推定される。表10には、日南市のいくつかの遺跡から出土した6世紀代の須恵器の分析結果を表にしてまとめてある。ほとんどの試料はD^2（陶邑）<10の陶邑への帰属条件を満足し、陶邑産の須恵器であることを示している。これらのデータは古墳時代に日向の国にも、遠く和泉陶邑から須恵器が供給されていたことを示している。目下のところ、松ヶ迫製品が出土する遺跡は見つけられていない。

　鹿児島県の大隅半島には本邦最南端の前方後円墳の一つである横瀬古墳がある。この古墳からも

表10 狐塚古墳などの遺跡出土須恵器の分析結果

遺跡名	資料ナンバー	K カリウム	Ca カルシウム	Fe 鉄	Rb ルビジューム	Sr ストロンジューム	Na ナトリウム	D² (陶邑)	D² (松ヶ迫)	生産地推定結果
曽和田遺跡	1	0.605	0.174	1.67	0.703	0.565	0.461	8.70	6.2	不明
上城跡遺跡	2	0.408	0.184	3.52	0.546	0.355	0.204	6.90	192.0	陶邑
上城跡遺跡	3	0.642	0.256	1.45	0.813	0.503	0.324	13.60	197.0	不明
上城跡遺跡	4	0.573	0.133	1.67	0.681	0.528	0.409	11.50	10.3	不明
上城跡遺跡	5	0.417	0.161	3.41	0.531	0.334	0.209	3.90	108.0	陶邑
上城跡遺跡	6	0.264	0.096	2.49	0.400	0.243	0.089	12.60	117.0	不明
狐塚遺跡	7	0.341	0.066	2.20	0.436	0.255	0.134	4.70	35.1	陶邑
狐塚遺跡	8	0.360	0.098	2.65	0.399	0.281	0.166	4.60	34.5	陶邑
狐塚遺跡	9	0.321	0.020	2.44	0.441	0.111	0.064	5.30	80.0	陶邑
狐塚遺跡	10	0.518	0.182	2.80	0.594	0.501	0.485	3.50	35.1	陶邑
狐塚遺跡	11	0.418	0.163	2.66	0.456	0.409	0.335	5.20	67.0	陶邑
狐塚遺跡	12	0.354	0.093	2.66	0.392	0.273	0.173	4.90	35.0	陶邑
狐塚遺跡	13	0.485	0.069	3.63	0.545	0.267	0.174	2.40	56.8	陶邑
狐塚遺跡	14	0.516	0.172	3.06	0.609	0.376	0.220	2.60	51.7	陶邑
狐塚遺跡	15	0.439	0.079	2.41	0.510	0.285	0.221	1.00	26.9	陶邑
狐塚遺跡	16	0.427	0.101	2.02	0.518	0.351	0.289	2.30	12.4	陶邑
狐塚遺跡	17	0.446	0.081	2.45	0.511	0.280	0.222	0.96	27.7	陶邑
狐塚遺跡	18	0.444	0.070	2.27	0.519	0.271	0.170	1.20	37.1	陶邑
狐塚遺跡	19	0.445	0.079	2.31	0.523	0.273	0.198	0.80	28.8	陶邑
狐塚遺跡	20	0.471	0.079	2.40	0.546	0.288	0.195	1.20	34.1	陶邑
狐塚遺跡	21	0.313	0.018	2.44	0.420	0.116	0.052	5.50	80.8	陶邑
狐塚遺跡	22	0.520	0.078	1.97	0.634	0.305	0.281	2.80	50.3	陶邑
狐塚遺跡	23	0.326	0.091	2.54	0.362	0.298	0.146	9.00	41.0	陶邑
狐塚遺跡	24	0.468	0.126	2.70	0.594	0.304	0.199	1.10	31.5	陶邑
狐塚遺跡	25	0.469	0.087	2.41	0.525	0.292	0.205	1.10	27.5	陶邑
狐塚遺跡	26	0.445	0.079	1.90	0.535	0.339	0.263	3.00	23.0	陶邑
影平遺跡	27	0.495	0.134	2.18	0.604	0.400	0.296	0.68	9.8	陶邑
大園遺跡	28	0.463	0.140	2.26	0.537	0.382	0.273	0.88	20.0	陶邑
大園遺跡	29	0.482	0.063	2.54	0.500	0.262	0.087	3.80	75.2	陶邑
大園遺跡	30	0.413	0.063	2.70	0.525	0.252	0.133	1.10	35.6	陶邑
大園遺跡	31	0.412	0.063	2.63	0.528	0.240	0.130	1.00	36.9	陶邑

須恵器が出土している。鹿児島大学の橋本達也氏によると、横瀬古墳の近くに在る神領古墳群からは考古学的土器観察によって、四国愛媛県伊予市の市場南組窯跡の製品があると報告されている。鹿児島県内には古墳時代の須恵器窯跡は発見されていないので、市場南組窯跡の須恵器と陶邑窯跡群の須恵器が相互識別できるかどうかを検討した。図200には市場窯跡と陶邑窯跡群間の判別図を示してある。小さい重複領域があるが、両群のほとんどの試料は分離しており、その相互識別は容易であることがわかる。この判別図上に、横瀬古墳と指宿市の橋牟礼川遺跡出土の古式須恵器をプロットしたのが図201である。横瀬古墳の7点の須恵器は陶邑製品であるが、2点の須恵器は市場領域に分布しており、四国愛媛県からの搬入品と推定される。橋本氏が指摘するように、神領古墳群には市場製品が出土することが理解できる。さらに、薩摩半島の最南端に在る指宿市の橋牟礼川遺跡から出土した須恵器3点も陶邑領域に分布し、陶邑産の須恵器は本州最南端の遺跡にまで供給されていたことがわかった。図202には永野原遺跡から出土した古式須恵器の産地推定の結果を示してある。すべて陶邑製品であり、市場製品は検出されなかった。この他、鹿児島大学郡元構内の遺跡から出土した古式須恵器の小片試料も陶邑産と推定されている。

　古墳時代の大規模な須恵器生産地である、和泉陶邑（大阪府堺市）は大和政権の墳墓群である古市古墳群と百舌鳥古墳群に隣接した地域に所在する。これらの墳墓群の近くで、祭祀道具である須恵器を大量に生産したことは理解できる。畿内の古墳には多数の陶邑製品が埋蔵されていることが示唆されている。このような背景を考えると、九州南部地域も北部地域と同様、畿内政権と何らかの政治的な関係があったことがうかがわれる。

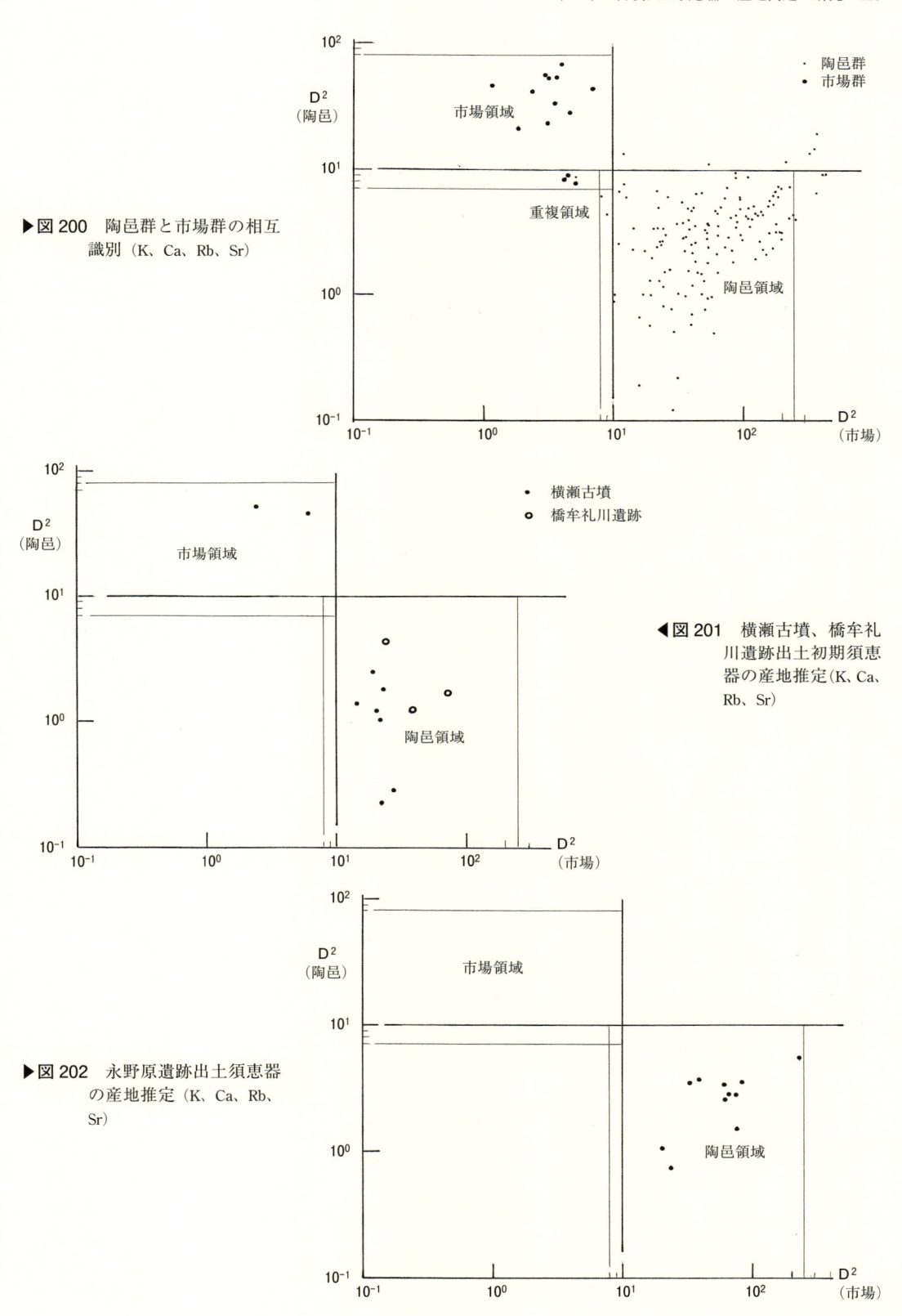

▶図200 陶邑群と市場群の相互識別（K、Ca、Rb、Sr）

◀図201 横瀬古墳、橋牟礼川遺跡出土初期須恵器の産地推定（K、Ca、Rb、Sr）

▶図202 永野原遺跡出土須恵器の産地推定（K、Ca、Rb、Sr）

2. 四国地方の須恵器

　四国では3か所で初期須恵器の窯跡が発見されている。愛媛県伊予市の市場南組窯跡と、香川県高松市の三谷三郎池窯跡、三豊市の宮山窯跡である。高知県、徳島県には古墳時代の須恵器窯跡は発見されていない。市場窯跡と陶邑窯跡群間の判別図はすでに、図200に示してある。ここでは、三谷三郎池窯跡と陶邑窯跡群間の判別図を図203に示す。また、宮山窯跡と陶邑窯跡群間の判別図を図204に示す。三谷三郎池窯跡と陶邑窯跡群間には重複領域があるが、ほとんどの試料は分離して分布しており、誤判別する確率は小さい。また、宮山窯跡と陶邑窯跡群の試料は完全に分離して分布しており、誤判別することはない。

　はじめに、市場南組窯跡周辺の古墳出土須恵器の産地推定の結果を示す。図205には松山市の船ヶ谷遺跡から出土した初期須恵器の産地推定の結果を示す。多数の陶邑産須恵器とともに、地元、

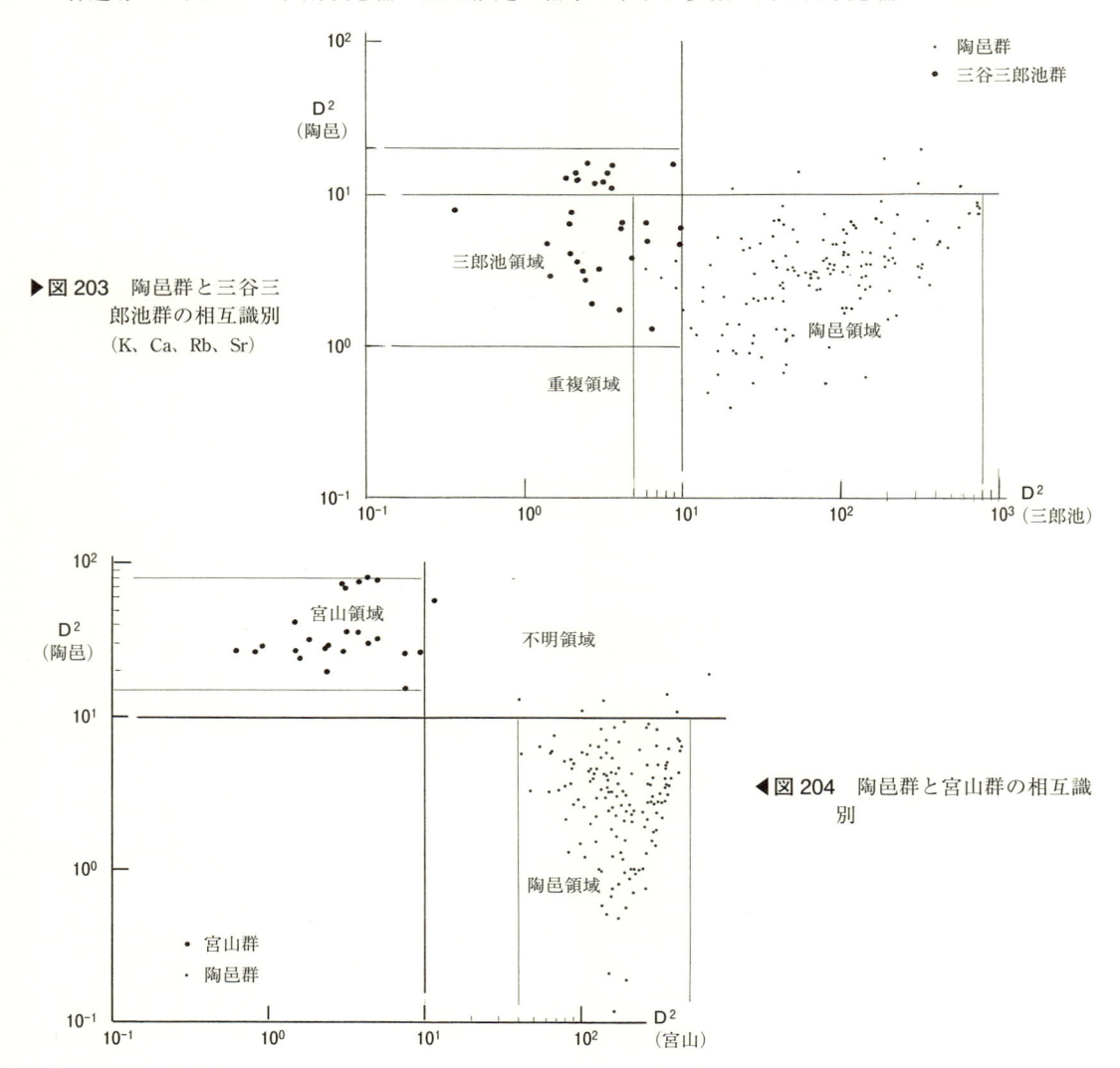

▶図203　陶邑群と三谷三郎池群の相互識別 （K、Ca、Rb、Sr）

◀図204　陶邑群と宮山群の相互識別

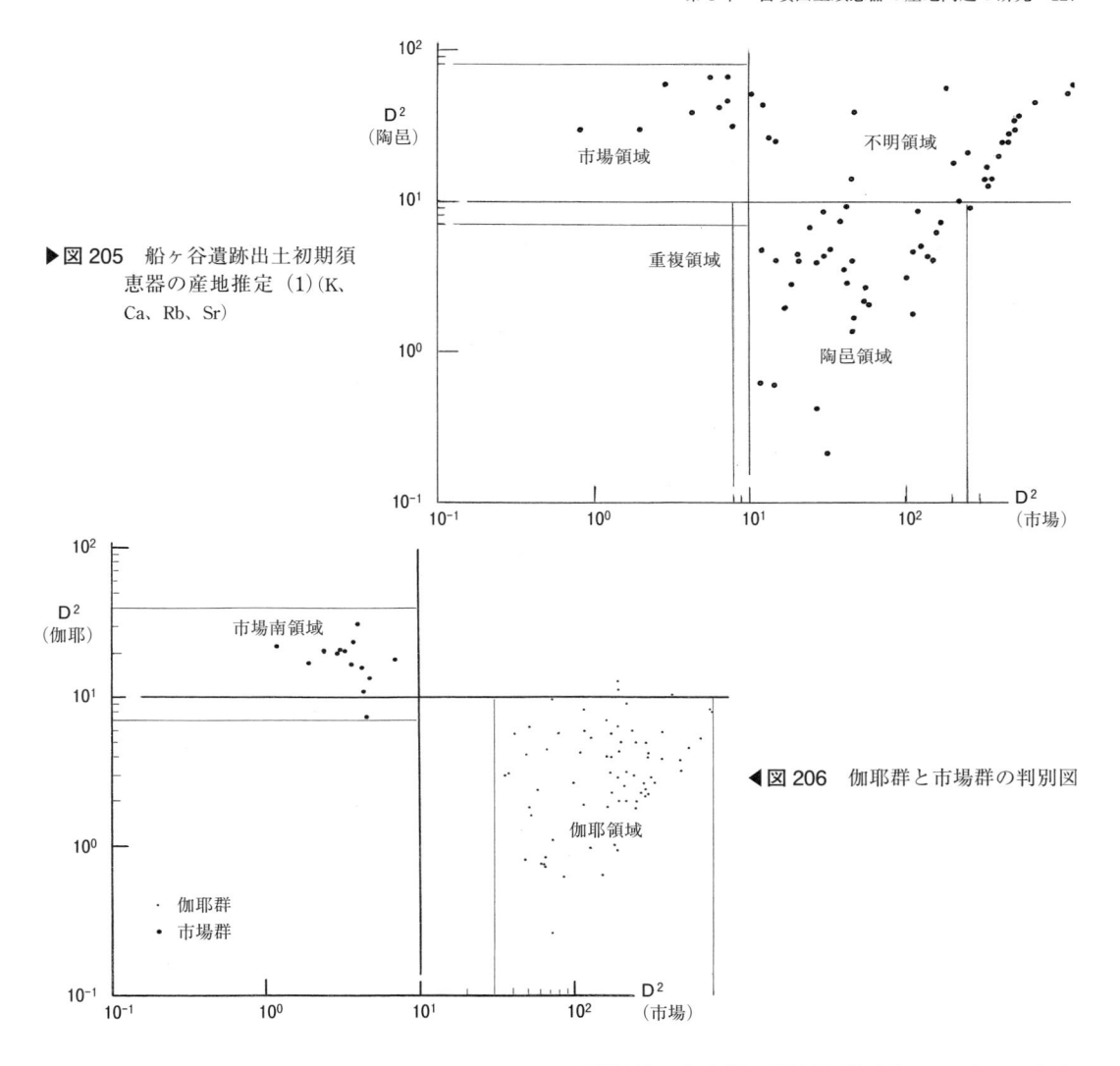

▶図205 船ヶ谷遺跡出土初期須恵器の産地推定（1）（K、Ca、Rb、Sr）

◀図206 伽耶群と市場群の判別図

市場南組窯の製品があることがわかる。しかし、不明領域にも多数の試料が分布している。これらは一体、どこの製品なのであろうか？

　考古学的肉眼観察から、船ヶ谷遺跡からは朝鮮半島産の陶質土器が出土するといわれる。そこで、朝鮮半島南部の伽耶地域に在る内谷洞窯跡、余草里窯跡の陶質土器を伽耶群としてまとめ、市場群との間で判別分析を試みた。その結果を図206に示す。両者の試料群は完全に分離しており、その相互識別は容易であることがわかる。この判別図上に、船ヶ谷遺跡出土須恵器をプロットしたのが図207である。図205で不明領域に分布した多くの硬質土器は伽耶領域に分布した。肉眼観察による推定通り、朝鮮半島産の陶質土器が元素分析でも検出された訳である。図205で陶邑領域に分布した試料は入れ替わって不明領域に分布した。他の地域の遺跡に比べて、船ヶ谷遺跡では朝鮮半島産と推定される陶質土器が比較的多いことが胎土分析でも確認された訳である。朝鮮半島からの渡来人と深い関係がある遺跡と考えられる。しかし、多くの須恵器は陶邑産の須恵器であると推定された。

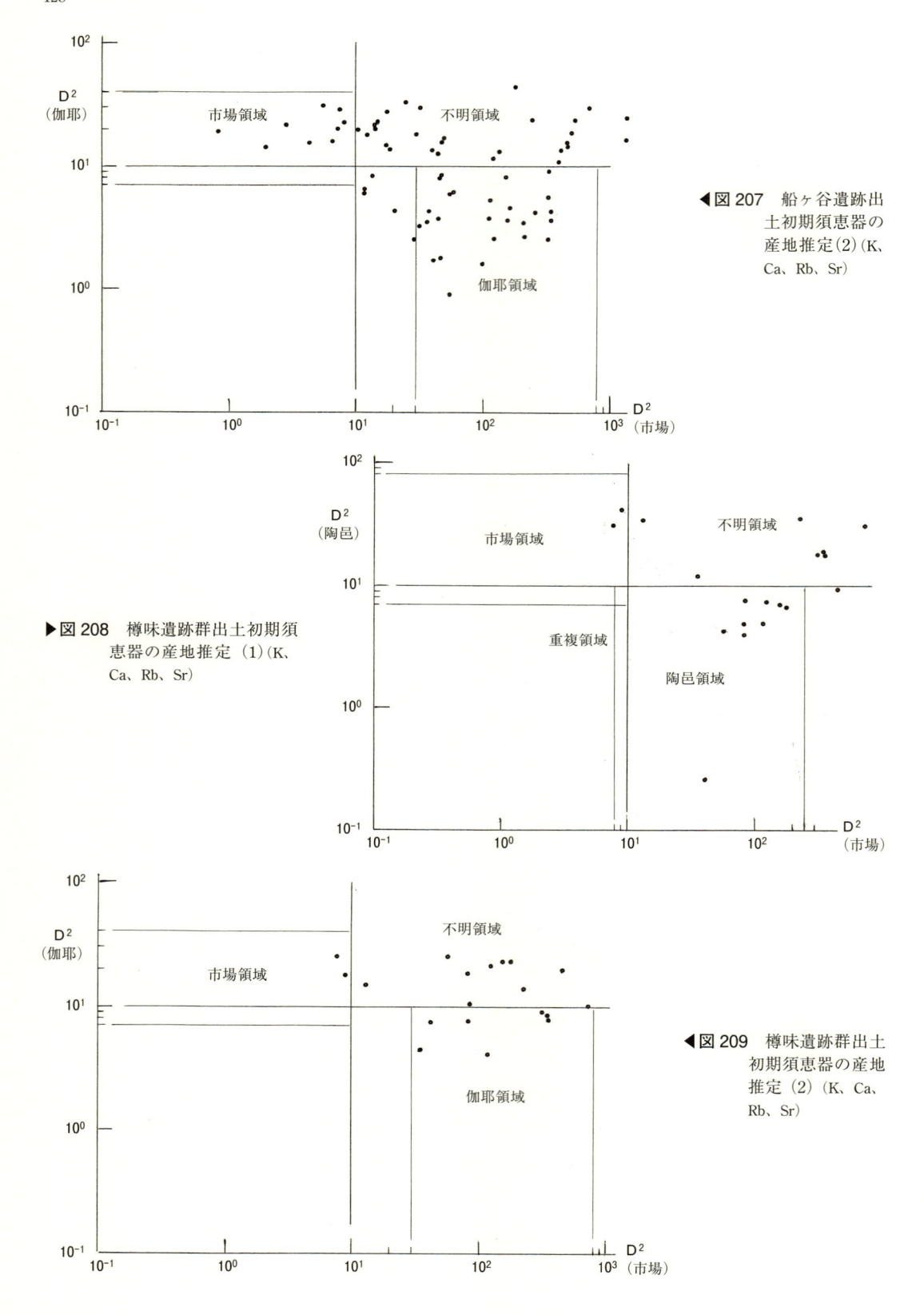

◀図207 船ヶ谷遺跡出土初期須恵器の産地推定(2)(K、Ca、Rb、Sr)

▶図208 樽味遺跡群出土初期須恵器の産地推定(1)(K、Ca、Rb、Sr)

◀図209 樽味遺跡群出土初期須恵器の産地推定(2)(K、Ca、Rb、Sr)

同じ松山市内に在る樽味遺跡から出土した初期須恵器の産地推定の結果を図208、209に示す。図208は市場群と陶邑群間の判別図である。3点の市場製品はあるが、10点の試料は陶邑産の須恵器と推定される。この他に、不明領域に分布する数点の試料がある。図209は市場群と伽耶群間の判別図上に樽味遺跡出土の初期須恵器をプロットしたものである。3点の市場製品とともに、数点の陶質土器があることがわかる。また、図208で陶邑領域に分布した試料は不明領域に分布した。

図210には出作遺跡出土初期須恵器の産地推定の結果を示す。この遺跡には市場製品が多いが、陶邑製品も多いことがわかる。不明領域に分布する試料は少ない。図211には松山市の東山古墳群出土初期須恵器の判別図を示す。市場製品と陶邑製品が混在する。不明領域にも数点の試料が分布する。図212には松山市砥部町の土壇原遺跡群から出土した初期須恵器の判別図である。市場製品が圧倒的に多く、陶邑製品は僅か2点であった。図213には今治市の高橋湯の窪遺跡から出土した初期須恵器の判別図を示す。4点の試料は市場製品であり、陶邑製品は1点も検出されなかった。このように、市場南組窯跡の周辺でも、地元製品のみが検出された遺跡と、地元製品とともに陶邑

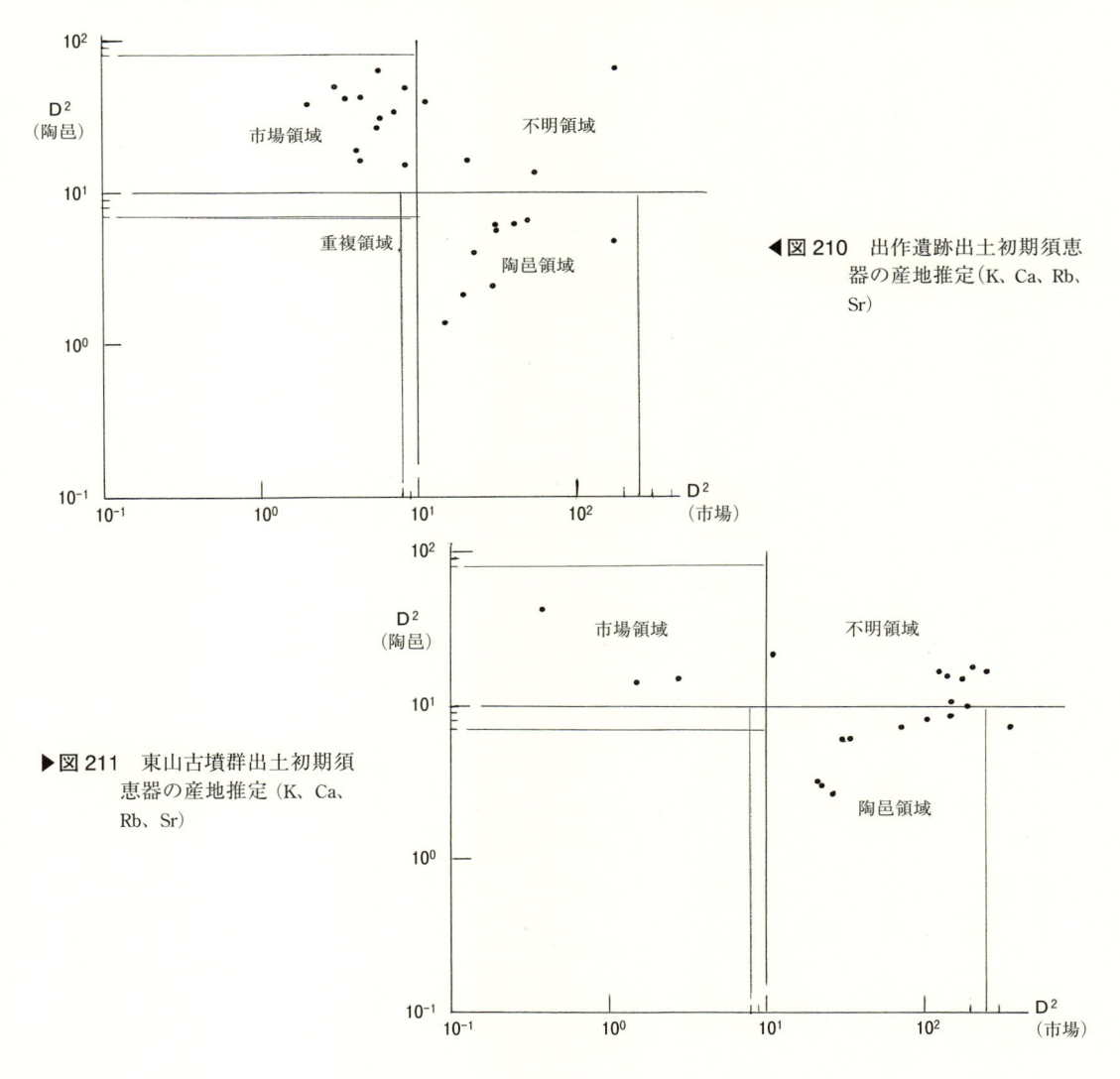

◀図210　出作遺跡出土初期須恵器の産地推定（K、Ca、Rb、Sr）

▶図211　東山古墳群出土初期須恵器の産地推定（K、Ca、Rb、Sr）

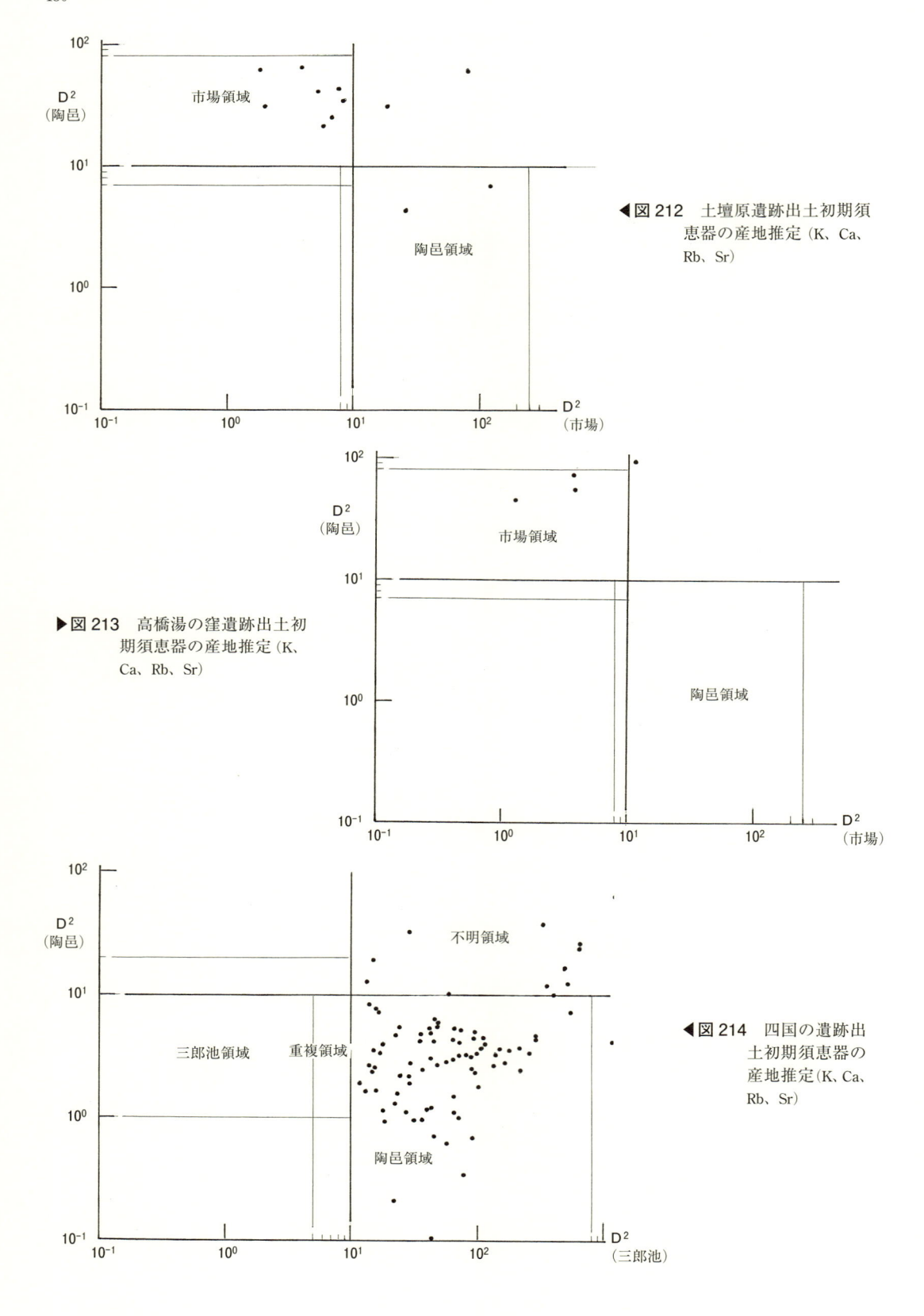

図212 土壇原遺跡出土初期須恵器の産地推定（K、Ca、Rb、Sr）

図213 高橋湯の窪遺跡出土初期須恵器の産地推定（K、Ca、Rb、Sr）

図214 四国の遺跡出土初期須恵器の産地推定（K、Ca、Rb、Sr）

製品が検出された遺跡があるのは朝倉窯跡群周辺の古墳の場合と同様であった。ただ、朝倉窯跡群周辺と異なるのは、朝倉窯群の周辺の古墳には、距離的に近い朝鮮半島産と推定される陶質土器がそれほど検出されなかったのに対して、市場南組窯跡の周辺の遺跡には、船ヶ谷遺跡を中心に朝鮮半島からの搬入品と推定される陶質土器が相当数検出されたことである。この違いは何を意味するのであろうか？

次に、四国東部の香川県側の初期須恵器の産地問題に移ろう。香川県内には高松市に三谷三郎池窯跡と三豊市に宮山窯跡がある。三谷三郎池窯跡と陶邑窯跡群間の判別図はすでに図203に、また、宮山窯跡と陶邑窯跡群間の判別図は図204に示した。そこで、三谷三郎池窯跡周辺の古墳出土初期須恵器の判別図を図214に示す。国市池遺跡、垂水遺跡、岡御堂古墳群、長尾宮西遺跡、川上古墳、引田遺跡、荒神島遺跡、池田蒲生遺跡、村黒遺跡出土の初期須恵器である。不明領域に分布する試料が10点ほどあるが、圧倒的多数の試料は陶邑領域に分布し、陶邑産の須恵器と推定される。三谷三郎池領域に分布する試料は1点もない。不明領域に分布した試料が伽耶産の陶質土器かどうかを判断するため、まず、陶邑群と伽耶群間の相互識別を検討した。図215には陶邑群と伽耶群の判別図を示す。重複領域があるので、両群の試料の中に誤判別される確率がある。重複領域には伽耶群の試料よりも、陶邑群の試料のほうが多く分布しているので、陶邑群の試料のほうが伽耶群と誤判別される確率は高い。それでも、多くの試料はそれぞれ、陶邑群領域と伽耶群領域に分布しており、相互識別は可能であることを示している。この判別図上に、図214で示した三谷三郎池窯跡周辺の古墳出土須恵器をプロットしたのが図216である。多くの試料は陶邑領域に分布しており、図214に示したように、陶邑産の須恵器である。明らかに、伽耶領域に分布するとみられる試料(No.15、27、38、74、88など)もある。図217には尾崎西遺跡、図218には空港跡地遺跡から出土した初期須恵器の判別図を示す。少数の試料は三谷三郎池領域に分布するが、ほとんどの試料は陶邑領域に分布し、陶邑産の須恵器と推定される。図219には太田下・須川遺跡出土の初期須恵器の判別図を示す。三谷三郎池領域と陶邑領域が重複する領域に数点の試料が分布するが、ほとんどの試料は陶邑産の須恵器と推定される。

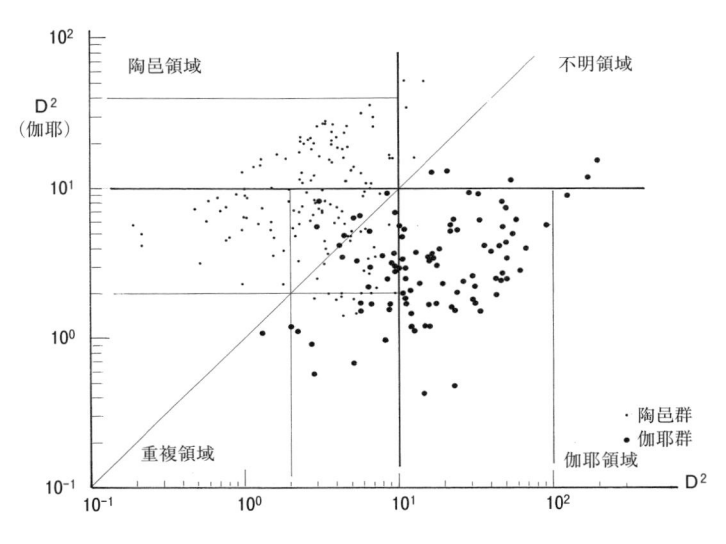

▶図215　大阪陶邑群と伽耶群の相互識別（K、Ca、Rb、Sr因子使用）

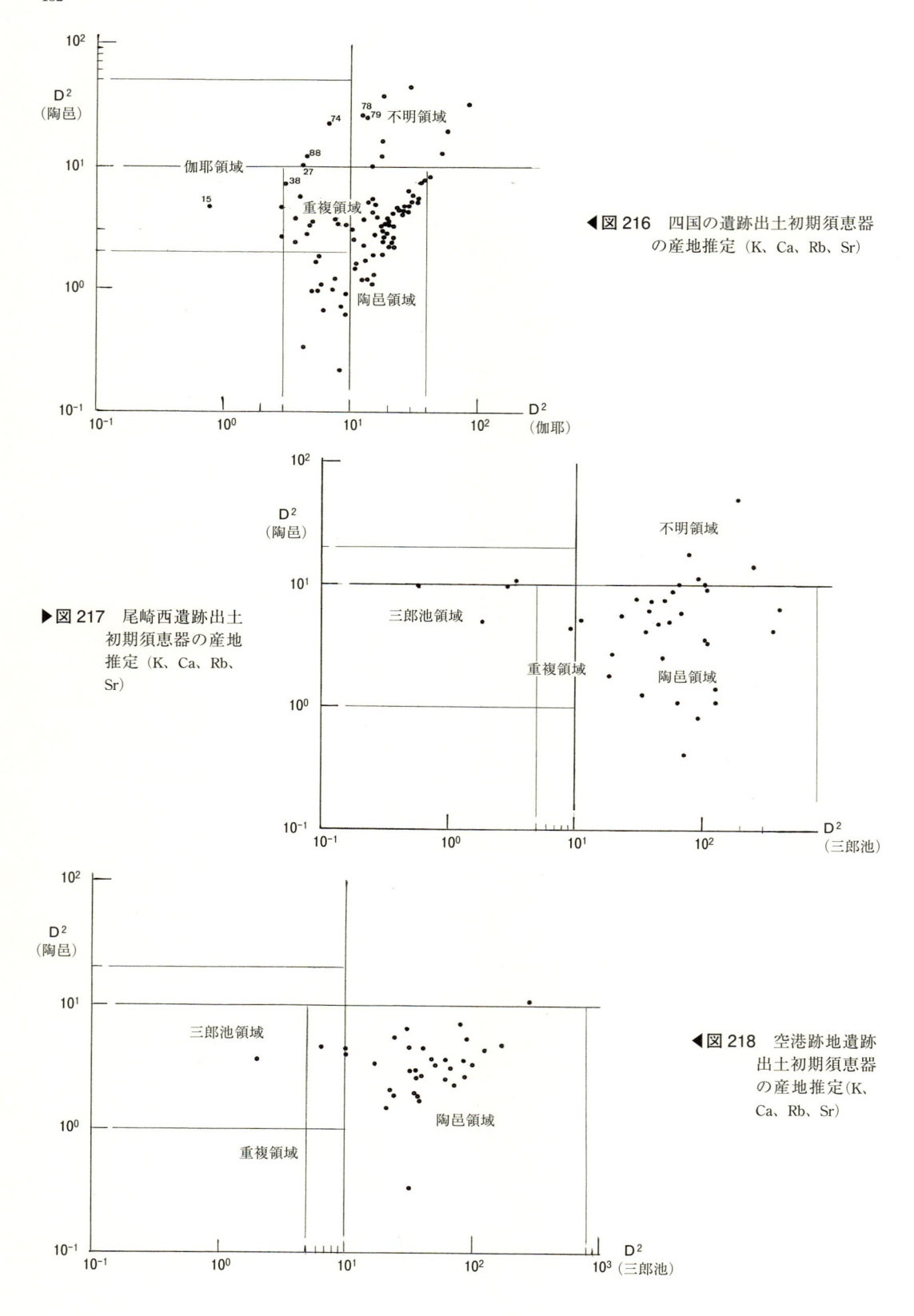

◀図216 四国の遺跡出土初期須恵器の産地推定（K、Ca、Rb、Sr）

▶図217 尾崎西遺跡出土初期須恵器の産地推定（K、Ca、Rb、Sr）

◀図218 空港跡地遺跡出土初期須恵器の産地推定（K、Ca、Rb、Sr）

▶図219 太田下・須川遺跡出土初期須恵器の産地推定（K、Ca、Rb、Sr）

◀図220 原間古墳出土古式須恵器の産地推定

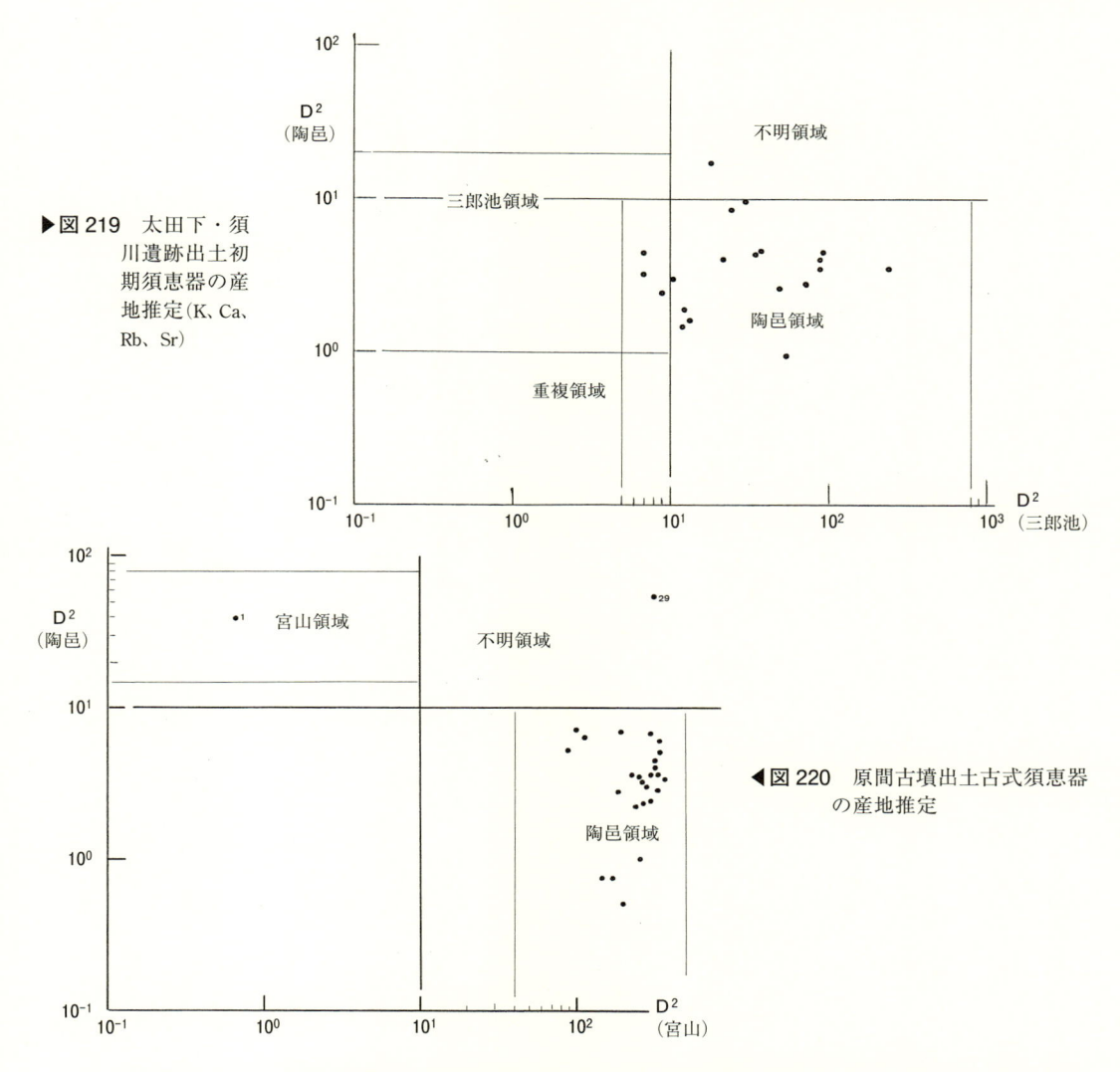

　このように、三谷三郎池窯跡周辺の遺跡から出土した初期須恵器は地元産と推定される試料もあるが、その数はそれほど多くなく、圧倒的多数の陶邑産須恵器が検出された。また、朝鮮半島産の陶質土器と推定される土器は四国西部の愛媛県側に比べて少ない。圧倒的多数の陶邑産須恵器が検出された。

　次に、宮山窯跡周辺の古墳出土須恵器の産地推定の結果を示す。図220には、原間古墳出土の初期須恵器の判別図を示す。宮山領域に分布する試料が1点、不明領域に分布する試料も1点あるが、他はすべて、陶邑領域に分布しており、陶邑産の須恵器と推定される。図221には、観音寺市の村黒遺跡出土初期須恵器の判別図を示す。1点、宮山窯跡の製品と推定される試料があるが、5点の試料は陶邑領域に分布し、陶邑産の須恵器と推定される。図222には垂水遺跡出土初期須恵器の判別図を示す。陶邑産と推定される試料が多い。

　以上のデータから、四国東部の香川県側では西部の愛媛県側に比べて、圧倒的に陶邑産と推定される初期須恵器が多いことがわかる。しかし、市場南組窯跡の製品は東部の古墳や遺跡からは検出

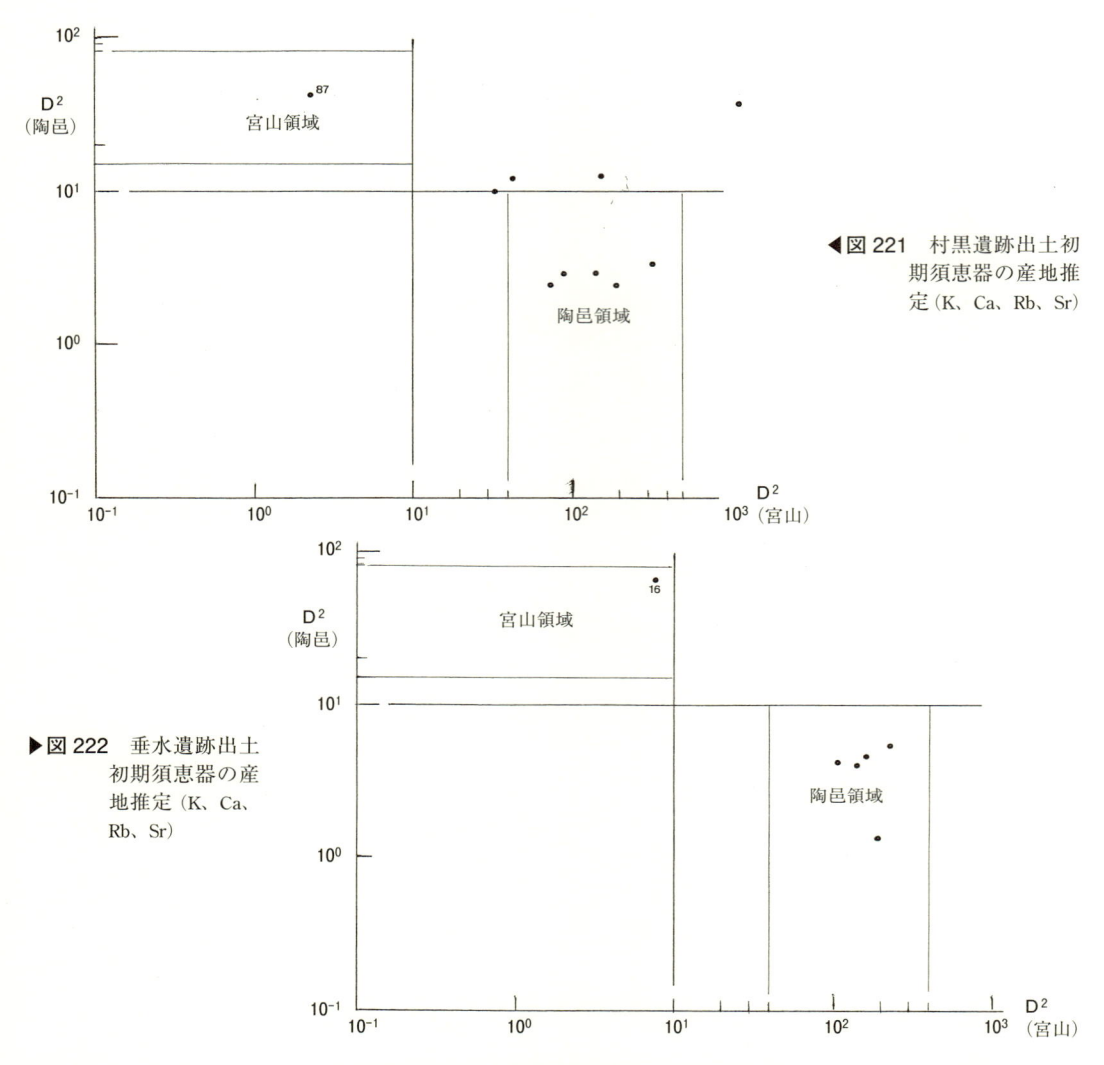

◀ 図221 村黒遺跡出土初期須恵器の産地推定（K、Ca、Rb、Sr）

▶ 図222 垂水遺跡出土初期須恵器の産地推定（K、Ca、Rb、Sr）

されていない、逆に、三谷三郎池窯跡や宮山窯跡などの東部の製品も西部の遺跡からは検出されておらず、四国東部と西部の間で須恵器を交換していた形跡はないなどの点が注目される。

3. 中国地方の須恵器

　山口県、広島県、島根県の古墳・遺跡からは K-Ca、Rb-Sr 分布図での対応から、陶邑産と推定される須恵器が多いことはすでに述べた。ここでは、開発された須恵器産地推定法で陶邑産の須恵器と推定された例を示す。

　まず、岡山県の遺跡出土須恵器について述べる。図223には、岡山県山陽町の斎富遺跡から出土した396点の古式須恵器試料の判別図を示してある。地元の須恵器窯跡の試料の分析データがないので、ここでは陶邑群と伽耶群間の判別図上に分析値をプロットした。圧倒的に多くの試料は陶邑領域に分布しており、陶邑からの供給品がいかに多いかがわかる。ただ、注目すべきは、伽耶領域

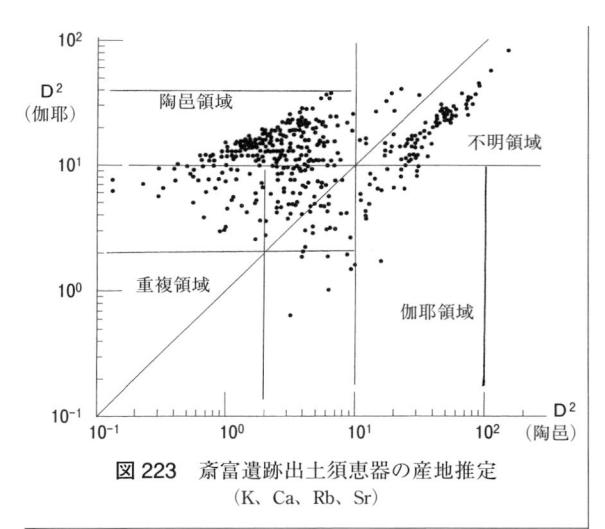

図 223 斎富遺跡出土須恵器の産地推定
（K、Ca、Rb、Sr）

に分布する試料もかなりあり、また、不明領域に分布する試料も相当多いことである。この判別図の結果を理解しやすいように、これらの分析データを K-Ca、Rb-Sr の両分布図上に再現してみた。

図 224 には陶邑産と推定された試料の両分布図を、また、図 225 には陶質土器と推定された試料の両分布図を示してある。いずれも、それぞれの領域内に分布しており、改めて、判別図の結果が理解できよう。四国愛媛県の船ヶ谷遺跡で出土した陶質土器以上の数の陶質土器が斎富遺跡で検出されていることが注目される。斎富遺跡と船ヶ谷遺跡は渡来人が関係する遺跡だったのであろうか？ もし、両遺跡の間に関連があるとすれば、市場南組窯跡の製品も斎富遺跡へ供給されていたことも考えられる。逆に、未特定の岡山県内の古式須恵器の窯跡の製品も船ヶ谷遺跡へ供給されていた可能性も考えられる。いずれも、今後の研究課題である。さらに、判別図で産地不明となった試料の両分布図を図 226 に示してある。このうち、陶邑領域と伽耶領域が重なった領域に分布する試料は陶邑産か、伽耶の陶質土器である。しかし、多くの試料がまとまって集団を形成している試料群は一つの生産地の製品である可能性が高い。この領域は新しい時期の、地元岡山県内の窯跡出土

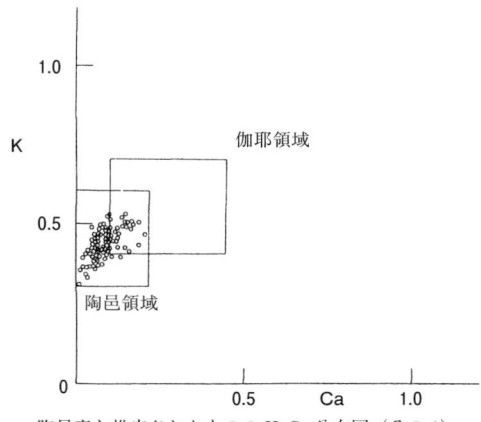

陶邑産と推定されたものの K-Ca 分布図（その1）

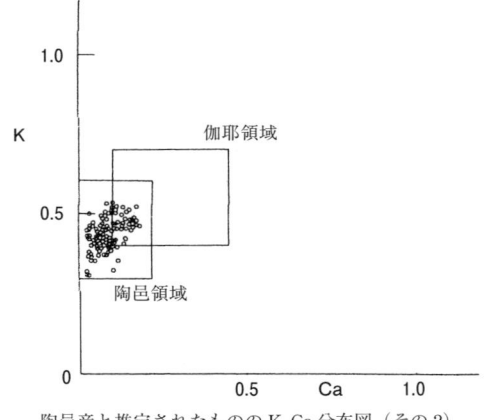

陶邑産と推定されたものの K-Ca 分布図（その2）

陶邑産と推定されたものの Rb-Sr 分布図

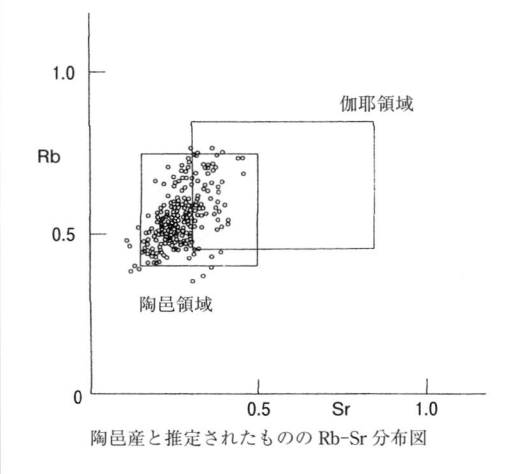

図 224 斎富遺跡出土古式須恵器の両分布図（1）

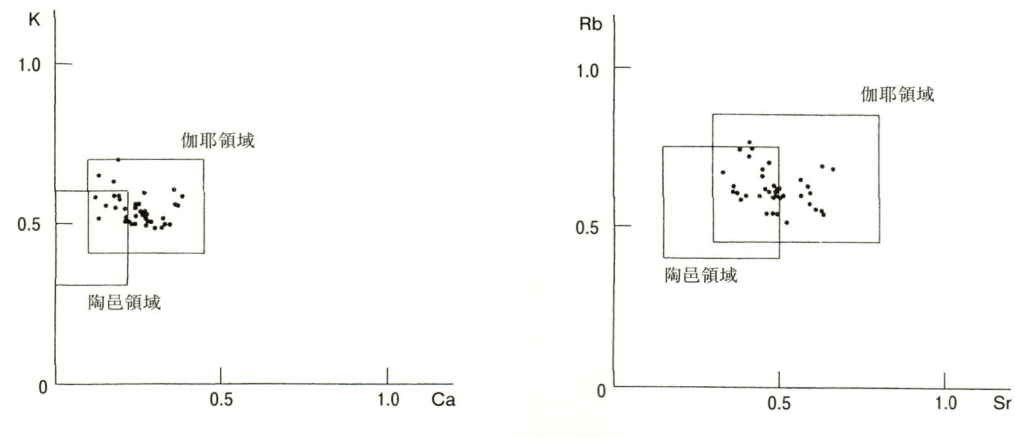

図 225　斎富遺跡出土古式須恵器の両分布図 (2)

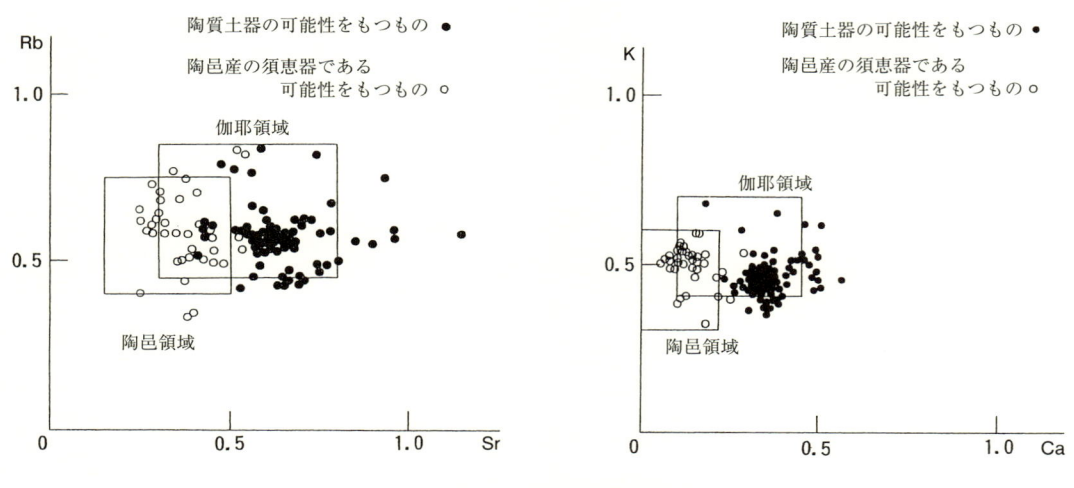

図 226　斎富遺跡出土古式須恵器の両分布図 (3)

須恵器が分布する領域であり、筆者は地元産の古式須恵器である可能性が高いと考えている。今後、岡山県内の窯跡出土の古式須恵器の分析データが出されたときに確認されるであろう。その他に、Ca、Srが多く、伽耶領域をずれて分布する試料も何点かある。これらの試料は朝鮮半島の別の窯の製品である可能性がある。いずれにしても、斎富遺跡にも、多数の陶邑産と推定される須恵器が出土したことは間違いない。

4. 朝鮮半島の陶質土器

岡山県や愛媛県の遺跡から朝鮮半島産と推定される陶質土器が多数検出されたことから、ここで、朝鮮半島南部の伽耶地域の窯跡および、古墳出土の陶質土器の胎土を調べておかなければならない。本節では、大伽耶の窯跡である、高霊の内谷洞窯跡を中心に、伽耶地域の窯跡および古墳出土陶質

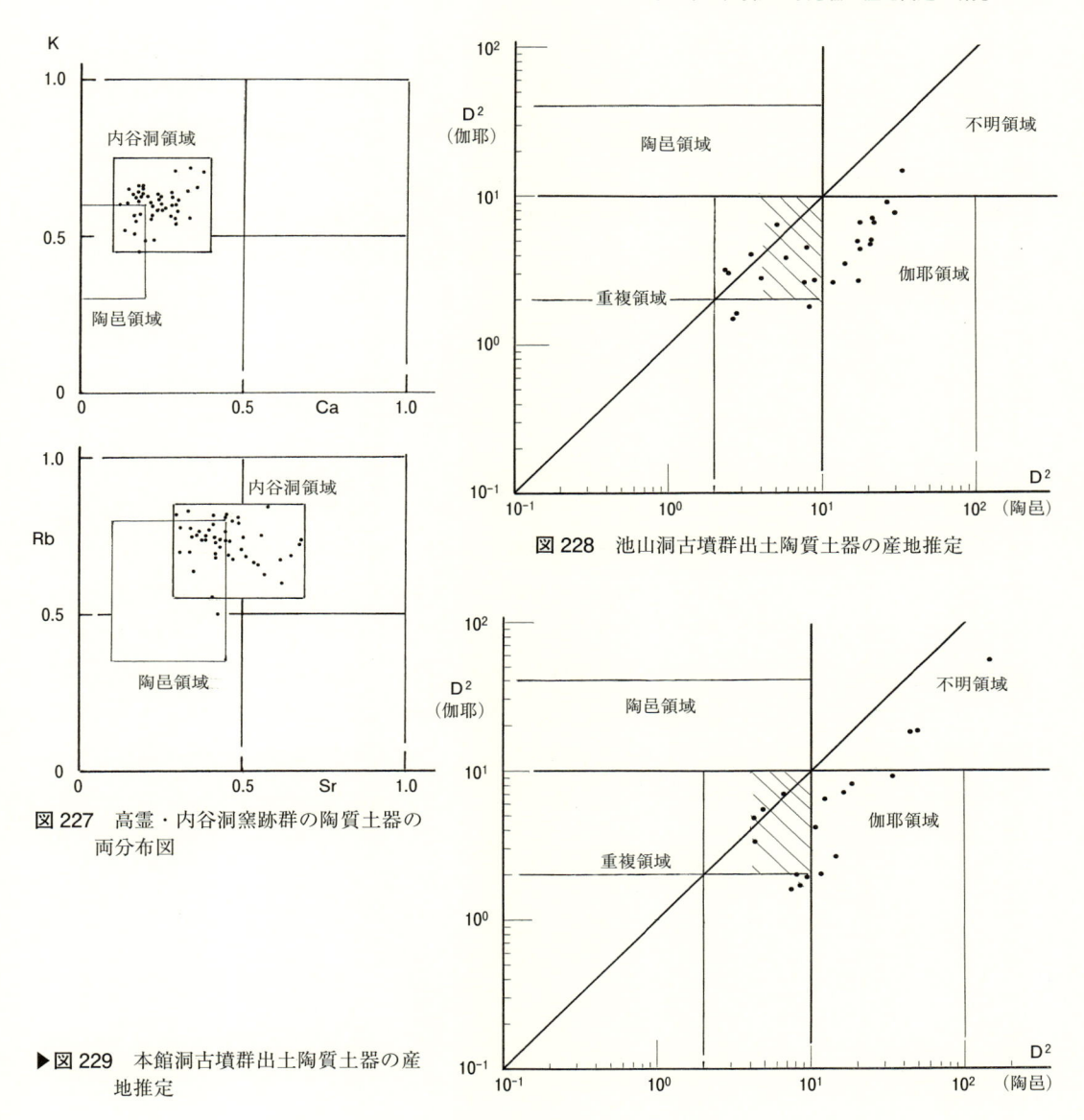

第 8 章　古墳出土須恵器の産地問題の研究　137

図 227　高霊・内谷洞窯跡群の陶質土器の両分布図

図 228　池山洞古墳群出土陶質土器の産地推定

▶図 229　本館洞古墳群出土陶質土器の産地推定

　土器の胎土を K-Ca、Rb-Sr の両分布図上で比較し、伽耶地域でも元素分析による陶質土器の生産・供給問題の研究が可能であるかどうかを検討した。さらに、陶邑窯跡群の須恵器胎土とも比較し、伽耶地域産の陶質土器と陶邑産須恵器の相互識別が可能であるのかどうかも検討した。
　はじめに、伽耶地域の陶質土器から説明する。図 227 には、洛東江上流の高霊に在る内谷洞窯跡出土陶質土器の両分布図を示す。比較対照の領域として、伽耶領域と陶邑領域を描いてある。内谷洞窯跡の陶質土器の胎土には、陶邑産の須恵器胎土に比べて、主成分元素 K、Ca のみならず、微量元素 Rb、Sr も高い傾向があり、陶邑領域の右上の領域に分布する。陶邑領域と内谷洞領域は重複する領域があるものの、多くの試料はそれぞれ、陶邑領域、内谷洞領域側に分かれて分布しており、両者の相互識別の可能性があることを示している。両者の判別図は図 215 に示してある。両分

布図同様、重複領域があるものの、両者の多くの試料は分離して分布しており、相互識別の可能性があることを示している。図215でも、重複領域に分布する試料の数は陶邑窯跡群の須恵器が多く、内谷洞窯跡群の試料は少ない。重複領域に分布する試料は陶邑産須恵器である確率が高いことを示している。とくに、理想境界線を越えて陶邑側に分布する試料には陶邑産須恵器が多く、内谷洞産の陶質土器は少ない。逆に、理想境界線の伽耶側には内谷洞産の陶質土器が多い。ここで、内谷洞窯の周辺に在る大伽耶の皇族の墳墓群である池山洞古墳群と本館洞古墳群の陶質土器の産地推定の結果を図228と図229に示す。重複領域に分布する試料があるものの、ほとんどの試料が理想境界線を挟んで伽耶側に分布しており、伽耶産の陶質土器であることを示している。図230には、昌寧の余草里窯跡の陶質土器の両分布図を示す。図227の内谷洞窯跡の両分布図と比較すると、試料集団の分布領域にはずれがあることがわかる。図231に示した判別図でも、余草里窯跡の試料集団は内谷洞窯跡の試料集団の分布位置とは少しずれていることがわかる。同じ伽耶地域でも、内谷洞窯跡と余草里窯跡の陶質土器の胎土の化学特性は異なるのである。しかし、陶邑窯跡群と内谷洞窯跡間の判別図では余草里窯跡の試料集団も理想境界線を挟んで、伽耶側に分布する。それで、この領域を伽耶領域と呼ぶことにした。図232には、伽耶地域内の、狭川の潘渓堤窯跡の陶質土器の両分布図を示す。内谷洞窯跡や余草里窯跡の陶質土器に比べて、Ca、Srが多く、逆に、K、Rbが少ない傾向があることがわかる。伽耶地域内の窯跡出土陶質土器にも胎土が明らかに異なるものがあることがわかる。このことは伽耶地域内でも、日本国内と同様にして、両分布図を使って、遺跡出土陶質土器の産地を推定できることを示している。図233には、星州の星山洞57号墳出土陶質土器の両分布図を示してある。6点の試料は潘渓堤領域に、1点の試料は内谷洞領域に分布し、2か所

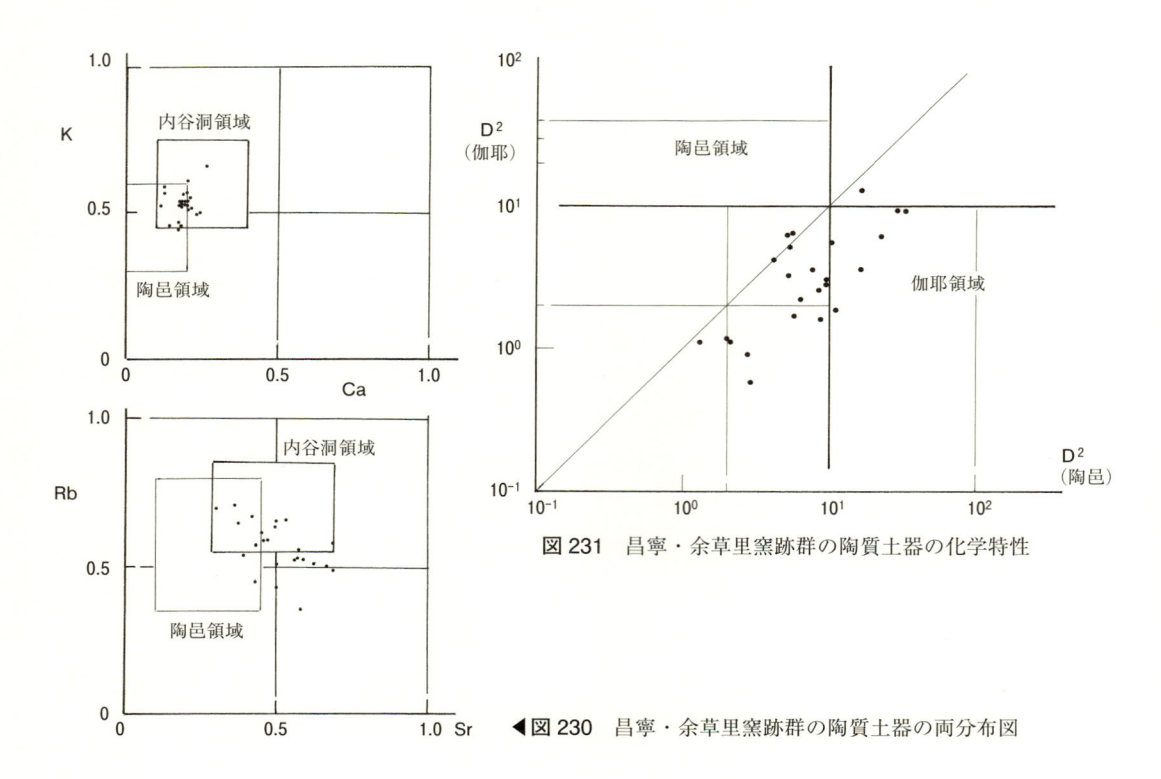

図231 昌寧・余草里窯跡群の陶質土器の化学特性

◀図230 昌寧・余草里窯跡群の陶質土器の両分布図

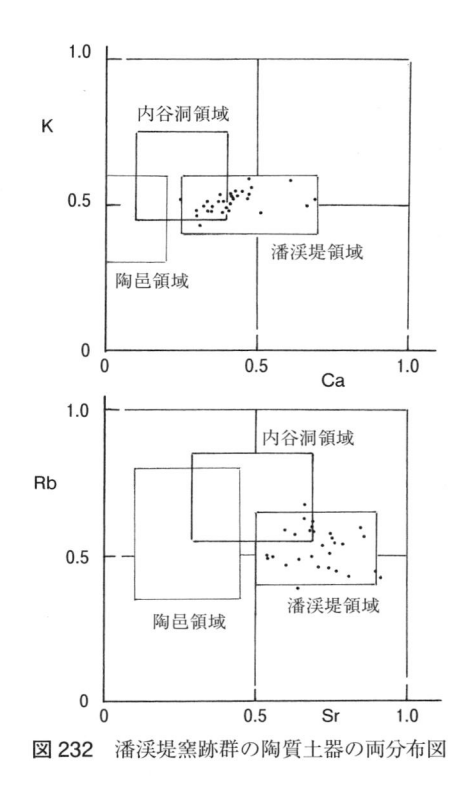

図 232 潘渓堤窯跡群の陶質土器の両分布図

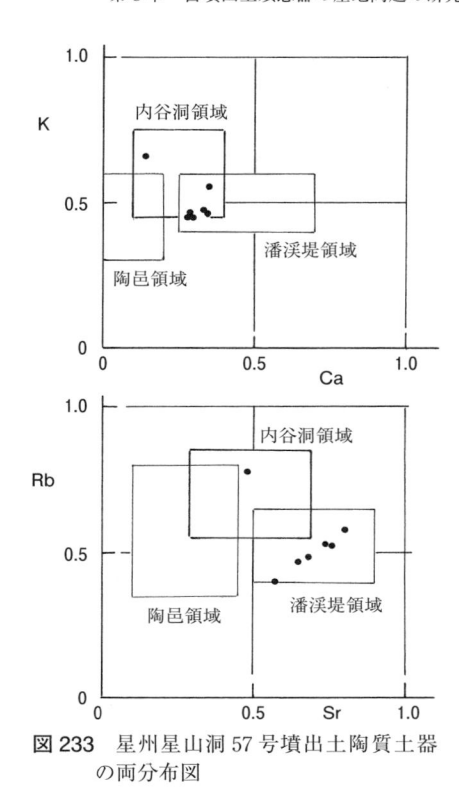

図 233 星州星山洞57号墳出土陶質土器の両分布図

　の、別産地の製品が供給されていたことを示す。もし、伽耶領域に分布した1点の試料が内谷洞窯跡の製品であれば、大伽耶の窯跡の製品が周辺の伽耶諸国の古墳へ供給されたことになる。伽耶諸国で中核を占める大伽耶の窯跡の製品の周辺の伽耶諸国への供給問題も今後の研究課題である。

　ここで、伽耶地域から少しずれた釜山周辺の陶質土器をみてみよう。図234には、釜山市の杜邱洞3号窯跡出土陶質土器の両分布図を示してある。K、Rbが少ない点で、明らかに、内谷洞窯跡の製品とは異なる。Ca、Srが少ない点では潘渓堤窯跡の製品とも異なる。また、日本の陶邑製品とも異なることがわかる。図235には、釜山の蓮山洞古墳群出土の陶質土器の両分布図を示す。図234で描かれた、杜邱洞3号窯跡の陶質土器の分布領域にピタリと対応することがわかる。杜邱洞窯跡で生産された陶質土器は蓮山洞古墳群へ供給されたことは間違いない。この窯跡の製品が釜山周辺の古墳群へどのように供給されていたかも今後の研究課題である。なお、蓮山洞古墳群の陶質土器が杜邱洞窯跡の陶質土器であるとして、その判別図を陶邑群・伽耶群間の判別図にプロットした結果を図236に示す。陶邑領域にも、伽耶領域にも分布せず、ほとんどの試料は不明領域に分布し、内谷洞窯跡や余草里窯跡、潘渓堤窯跡などの伽耶群の陶質土器とは相互識別できることを示している。図237には、福泉洞古墳群出土の陶質土器の判別図を示してある。半数近い試料は伽耶領域に分布し、残りの半数は不明領域に分布している。この不明領域には釜山の蓮山洞古墳群の陶質土器が分布した。これらの陶質土器は釜山周辺で作られた陶質土器である可能性が高い。

　こうして、伽耶地域でも、陶質土器の生産・供給問題の研究に長石系4因子を使った2群間判別分析法が有効であることがわかった。さらに、伽耶群と陶邑群の相互識別の可能性があることから、

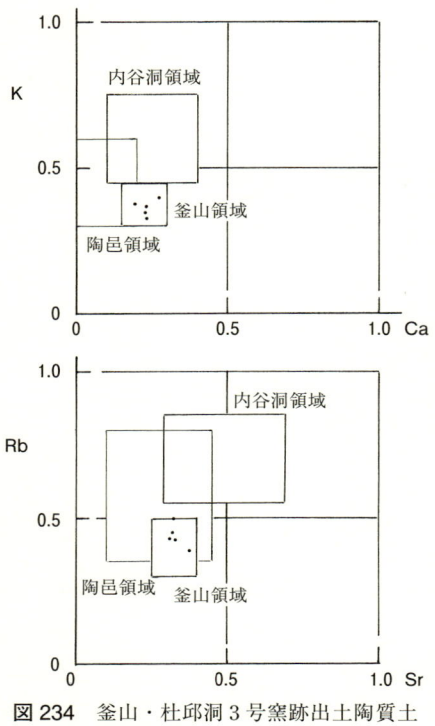

図234 釜山・杜邱洞3号窯跡出土陶質土器の両分布図

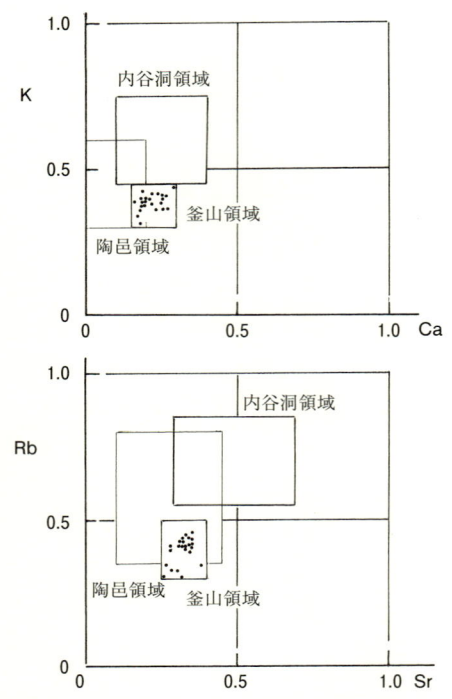

図235 釜山・蓮山洞古墳群出土陶質土器の両分布図

▶図236 釜山・蓮山洞古墳群出土陶質土器の両分布図

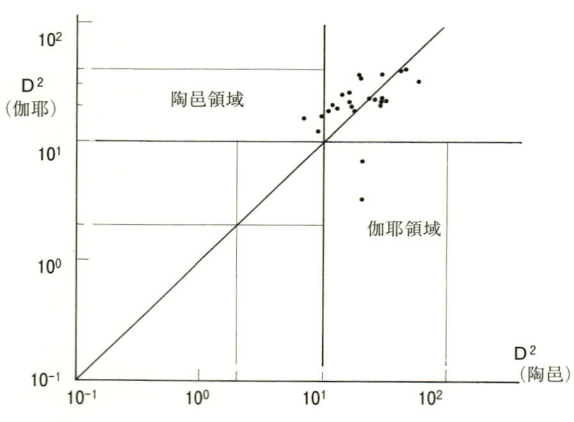

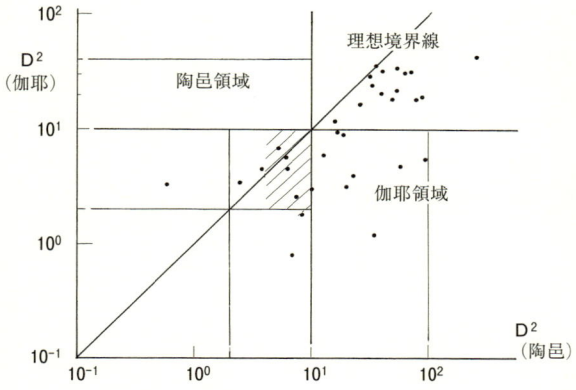

▶図237 福泉洞古墳群出土陶質土器の化学特性

第 8 章 古墳出土須恵器の産地問題の研究 141

日本国内の古墳・遺跡から出土する硬質土器が伽耶産の陶質土器か、陶邑産の須恵器かを判断できることもわかった。このデータは畿内の古墳出土硬質土器にも適用されることになる。このことについては後述する。逆に、このデータは伽耶地域の古墳に陶邑産の須恵器があるのかどうかを探る手がかりを与えることにもなる。

その前に、九州と朝鮮半島の間の日本海に浮かぶ対馬の遺跡に陶邑産須恵器が出土するのかどうか、また、朝鮮半島産の陶質土器が出土するのかどうかが問題となった。当時、奈良県天理市教育委員会に勤務していた泉武氏が対馬の遺跡（下ガヤノキ、チゴノハナ、スス浦崎、貝口寺浦崎、赤崎、玉調海岸採集品、大船越対岸、海落、剣島、佐護白岳、島山、万人塚）で採取した試料を分析した結果は判別図として図238に示してある。不明領域に分布する試料が多いが、陶邑領域に分布する試料もかなりあることがわかる。陶邑産の須恵器があることは確実である。不明領域に分布する試料はその分布位置からみても、釜山周辺で作られた陶質土器である可能性が高い。対馬の遺跡に陶邑産の須恵器が出土したことは対馬の所在する地理的位置からみて、また、倭国と朝鮮半島南部地域との間に、人の往来が頻繁であったという歴史的事実からみても、伽耶地域の遺跡にも陶邑産の須恵器が供給されていた可能性があることを示唆している。不明領域に分布する試料はその分布位置からみて、釜山周辺の陶質土器であると推定され、対馬と釜山周辺の地域とは物的移動も頻繁であったことを示している。

図239には、伽耶地域の昌寧に在る桂城古墳群のB地区古墳群出土硬質土器の判別図を示す。多くの試料は伽耶領域に分布するが、陶邑領域に分布する試料もかなりあることが注目される。重複領域で、理想境界線の伽耶側に分布する試料の多くも伽耶産の陶質土器であると推定される。伽耶領域に分布する試料に比べて、不明領域に分布する試料は少ないことは釜山周辺で作られた陶質土器はほとんどないことを示す。これに対して、陶邑領域に分布する試料は少ないとはいえない。むしろ、かなりの数の試料が陶邑領域に分布する。ここで、桂城古墳群・B地区古墳群出土硬質土器の両分布図を描いてみた。図240には桂城古墳群の14号墳、36号墳、13号墳の硬質土器の両分布図を示す。伽耶領域や重複領域に分布する試料も多数あるが、明らかに、両分布図で陶邑領域に分布する試料がある。とくに、14号墳に陶邑領域に分布する試料が多い。図241には、35号墳、33

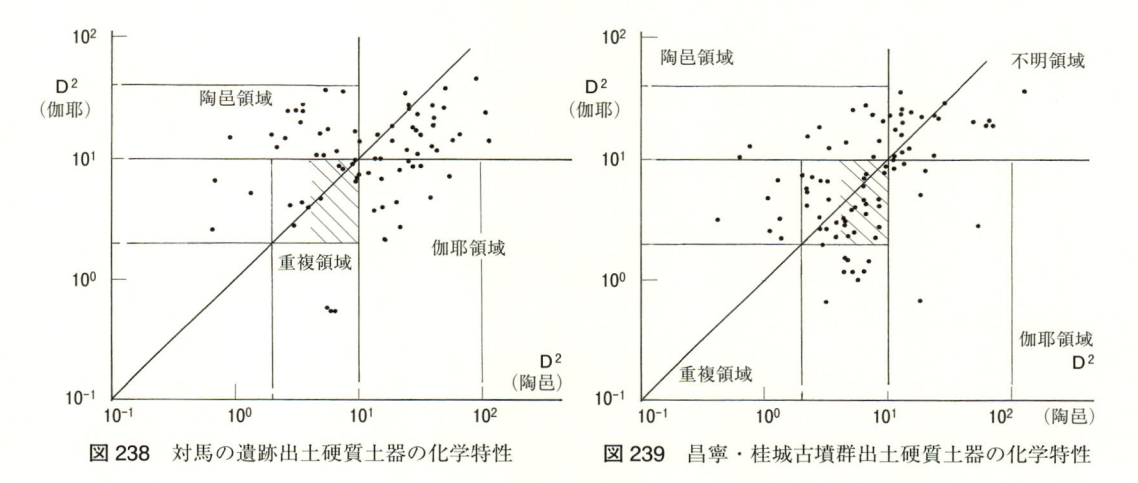

図238 対馬の遺跡出土硬質土器の化学特性　　**図239** 昌寧・桂城古墳群出土硬質土器の化学特性

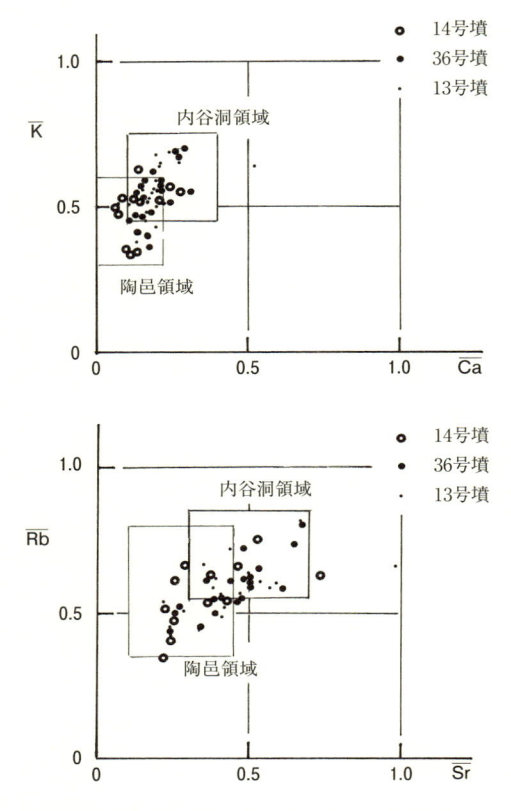

図240 昌寧・桂城古墳群 B 地区の古墳出土硬質土器の両分布図（1）

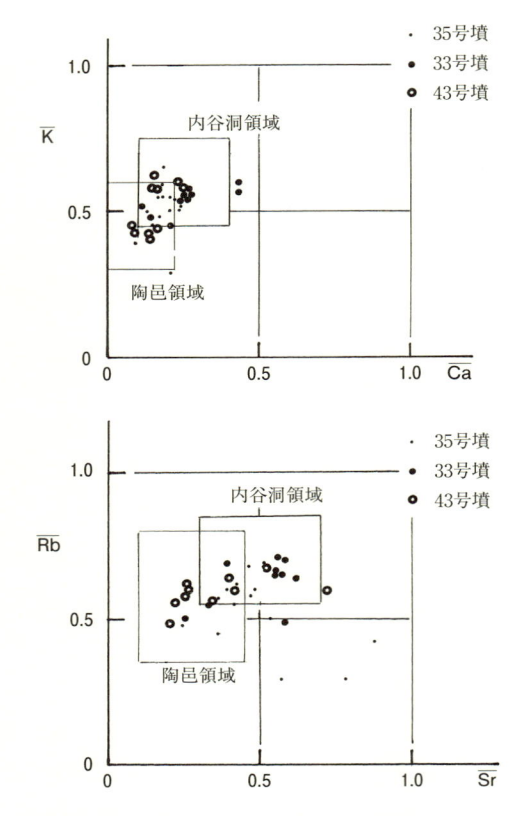

図241 昌寧・桂城古墳群 B 地区の古墳出土硬質土器の両分布図（2）

号墳、43号墳の硬質土器の両分布図を示してある。この図でも、明らかに、両分布図で陶邑領域に分布する試料がある。とくに、43号墳の試料の中に多い。陶邑製品と推定される硬質土器を数多く出土する古墳の副葬品について、他の古墳の副葬品と比較することも今後の研究課題である。かくして、伽耶地域の古墳にも、陶邑産の可能性がある硬質土器が検出された。このことを確認するには、今後、土器形式も含めて、考古情報を十分もった硬質土器の胎土分析が必要である。今後、韓国の考古学者を交えた考古学側との共同研究の発展が期待される。

　ここで、参考のため、伽耶地域以外の地域の窯跡出土陶質土器の両分布図を示しておく。図242には、慶州の望星里窯跡群の陶質土器の両分布図を示す。ほとんどの試料が伽耶領域に分布しており、伽耶群の陶質土器の化学特性と類似していることがわかる。また、図243には百済地域の雲谷里窯跡の、図244には三竜里窯跡の陶質土器の両分布図を示す。ほとんどの試料は伽耶群の試料の分布位置とは異なるが、伽耶領域内に分布し、化学特性は類似することを示している。このように、朝鮮半島南部地域の窯跡群出土陶質土器は両分布図で土器領域の第2象限に分布するものが多く、その化学特性は日本各地の窯跡群出土須恵器ほど、多様な地域差を示さないことがわかった。この原因は地質にあると考えられる。日本列島では東日本に花崗閃緑岩系の岩石が多いのに対して、西日本には花崗岩系の岩石が多い。この違いが、これらの岩石から生成する粘土の化学特性の多様性

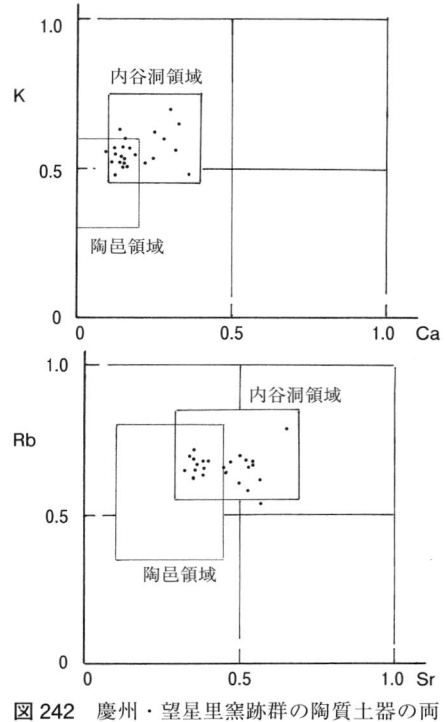

図242 慶州・望星里窯跡群の陶質土器の両分布図

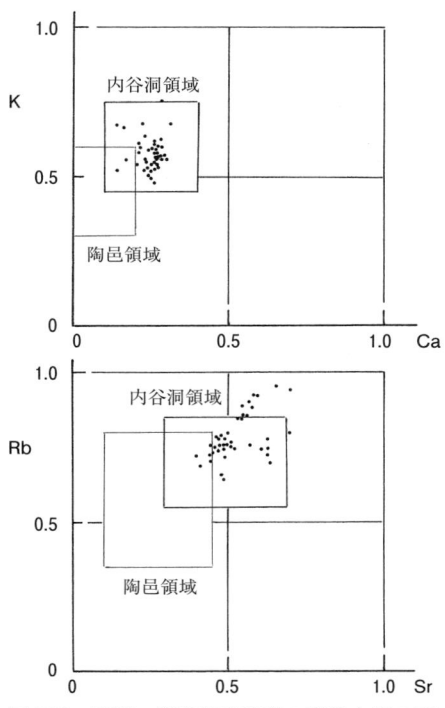

図243 百済・雲谷里窯跡群の陶質土器の両分布図

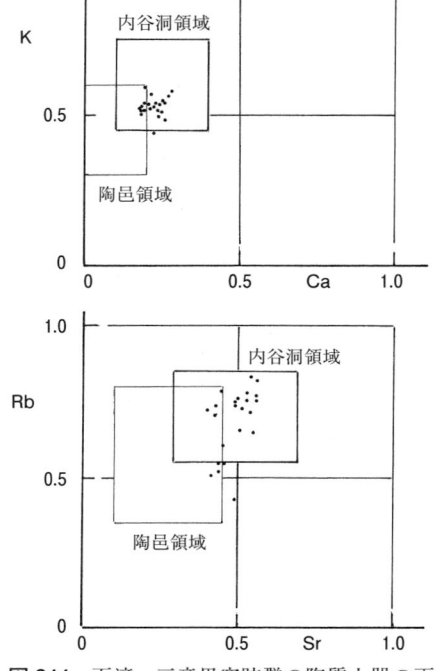

図244 百済・三竜里窯跡群の陶質土器の両分布図

となって現れたと考えられる。他方、朝鮮半島には花崗岩系の岩石が多い。花崗岩系の岩石に由来する粘土は土器領域の第2象限に分布するものが多い。西日本型に類似した化学特性を持つ陶質土器が多い理由である。

5. 近畿地方の須恵器

畿内の古墳・遺跡には、大和政権が配下においたとみられる和泉陶邑で生産された須恵器が圧倒的に多いことが予想されるが、伽耶産の陶質土器がどれほど出土するのかが注目される。伽耶産の陶質土器が出土するとすれば、5世紀代の古墳、遺跡から出土する硬質土器の中から検出されるはずである。このような考え方で、まず、5～6世紀代初頭と推定される古墳・遺跡から出土した須恵器の分析データを両分布図上で比較した。

図245には、大阪府寝屋川市の讃良郡条里遺跡から出土した須恵器の両分布図を示す。陶邑領域に分布する試料が圧倒的に多いのに対して、伽耶領域に分布する試料はあることはあるが、少ない。重複領域に多くの試料が分布するので、判別図を作成してみることが必要である。図246にその判別図を示す。重複領域に多くの試料が分布するが、理想境界線の伽耶側の領域に分布する試料が多数ある。これらは伽耶産の陶質土器である可能性がある。しかし、重複領域の中で、理想境界線の陶邑側に分布する試料も含めると、陶邑領域に分布する試料は断然多い。讃良郡条里遺跡には陶邑

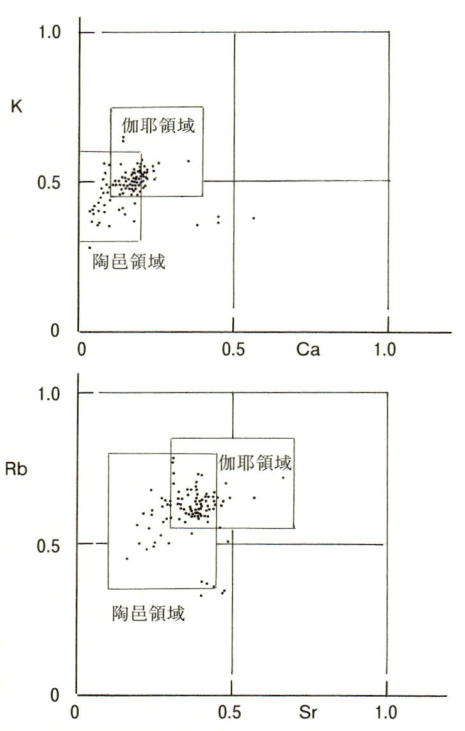

図245 讃良郡条里遺跡出土須恵器（5世紀代）の両分布図

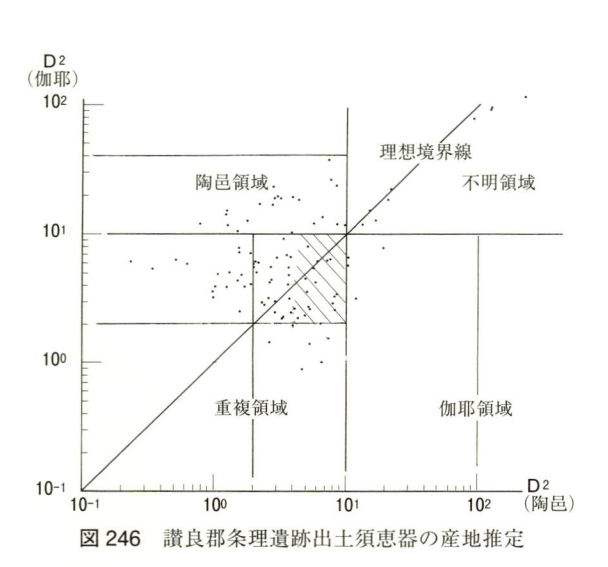

図246 讃良郡条里遺跡出土須恵器の産地推定

産と推定される須恵器が多いが、伽耶産の陶質土器がかなりの数あることも確かであろう。図245に示された両分布図での分布が改めて確認できる。図247には、大阪府の小坂遺跡から出土した須恵器の両分布図を示す。ほとんどの試料が陶邑領域に分布しており、これらは陶邑産の須恵器と推定される。陶質土器はほとんどない。図248には、奈良県桜井市の忍阪遺跡から出土した須恵器の両分布図を示す。図247に示した小坂遺跡同様、ほとんどの試料は陶邑領域に分布し、陶邑産の須恵器と推定される。図249には、5世紀代の和歌山県和歌山市の田屋遺跡から出土した須恵器の両分布図を示す。数点の試料は伽耶産の陶質土器の可能性があるが、ほとんどの試料は陶邑領域に分布しており、陶邑産須恵器が圧倒的に多いことを示している。

ここからは、判別図による産地推定の例を紹介する。図250には、大阪府堺市の狐池遺跡出土須

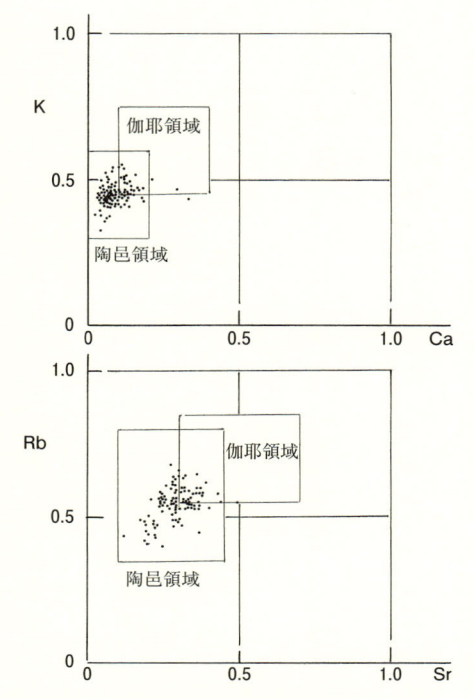

図247 小坂遺跡出土須恵器（5世紀代）の両分布図

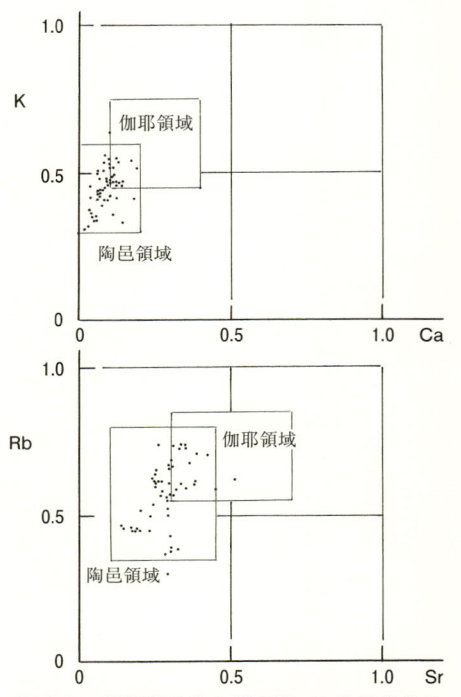

図248 忍阪遺跡出土須恵器（5世紀代後半〜6世紀代前半）の両分布図

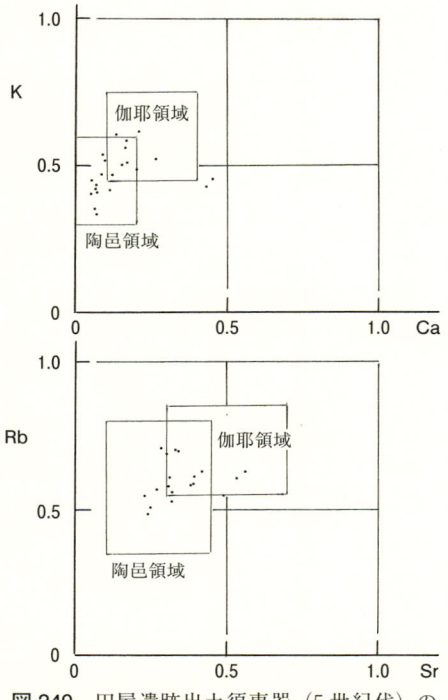

図249 田屋遺跡出土須恵器（5世紀代）の両分布図

恵器の判別図を示したが、ほとんどの試料が陶邑領域に分布する。重複領域に分布する試料もあるが、理想境界線の陶邑側に分布する試料がほとんどで、重複領域に分布する試料も陶邑産の須恵器である可能性が高い。ほとんどの試料が陶邑製品と推定される。図251には、大阪府の小墓遺跡出土須恵器の判別図を示す。不明領域に分布する10点近い試料は釜山周辺で作られた陶質土器である可能性があるが、他の多くの試料は陶邑領域に分布し、陶邑産の須恵器が多いことがわかる。

図252には、大阪府八尾市の木の本遺跡出土須恵器の判別図を示してある。この遺跡からは庄内式甕も多数出土しており、その他、布留式土師器、韓式土器なども出土している。図252の判別図から、伽耶産の陶質土器の可能性がある試料が数点あることは間違いないが、他の多くの試料は陶邑領域に分布しており、陶邑産の須恵器と推定される試料が圧倒的に多い。木の本遺跡出土須恵器の分析データは表11にまとめてある。$D^2(伽耶)<10$ の伽耶群に帰属する必要条件を満たす試料はNo.9、11、19、54、55であり、その他にも伽耶産の可能性がある試料が数点あることがわかる。

図253には、奈良県天理市の小路遺跡出土硬質土器の判別図を示す。一見して、陶邑産と推定さ

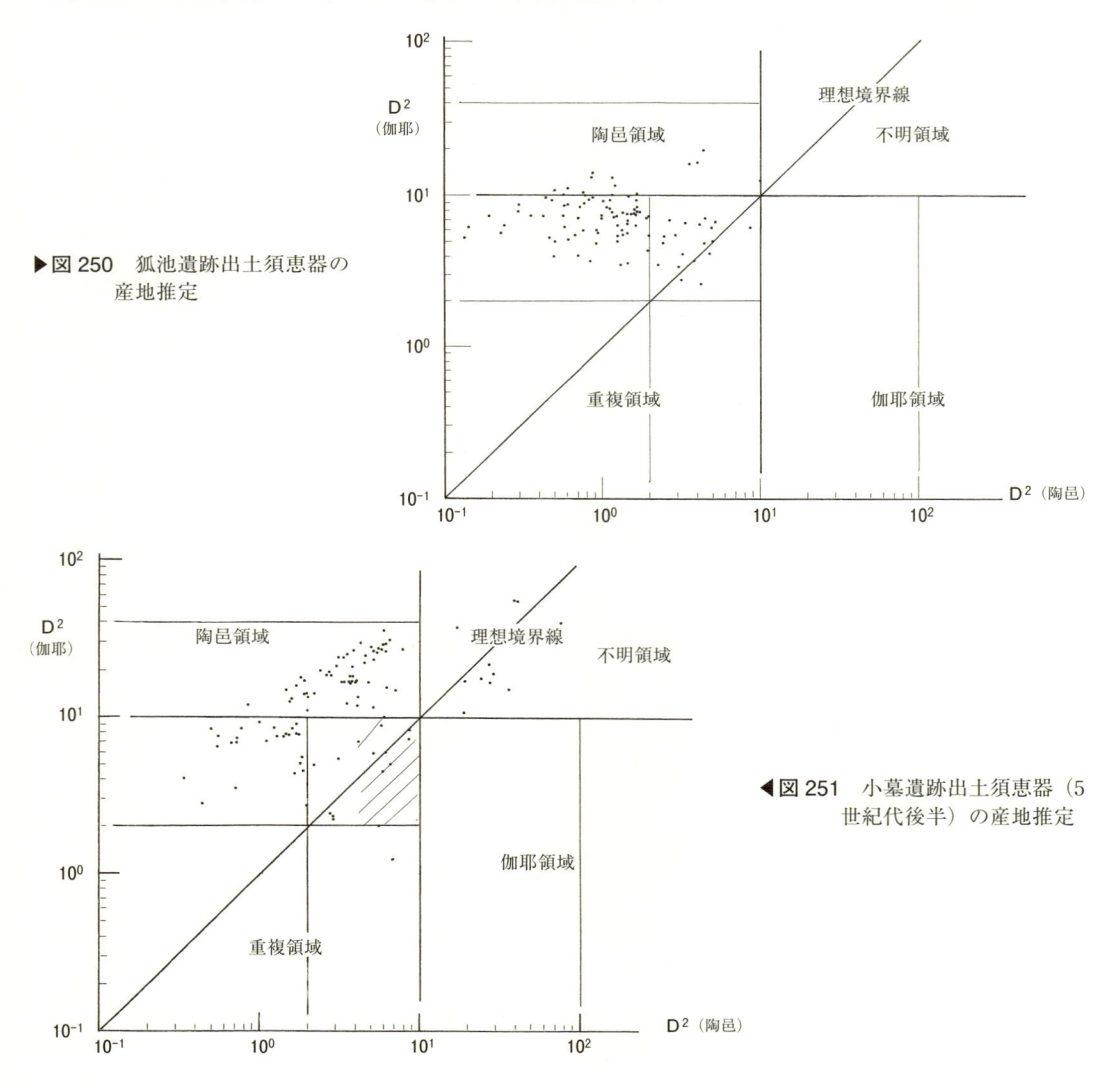

▶図250　狐池遺跡出土須恵器の産地推定

◀図251　小墓遺跡出土須恵器（5世紀代後半）の産地推定

第 8 章 古墳出土須恵器の産地問題の研究 147

表11 木の本遺跡出土須恵器の産地推定

試料番号	挿図番号	器種	K	Ca	Fe	Rb	Sr	Na	D²(陶邑)	D²(伽耶)	D²(野中)	推定産地
1		蓋つまみ	0.674	0.319	2.29	0.655	0.479	0.267	40.80	14.4	139.0	不明
2	14-9	樽型ハソウ	0.424	0.265	2.56	0.344	0.603	0.430	27.50	14.1	106.0	不明
3	14-14	器台基部	0.513	0.175	1.95	0.618	0.445	0.370	1.20	1.6	6.2	陶邑
4	14-14	器台脚部	0.514	0.169	1.95	0.624	0.438	0.372	1.00	1.7	6.8	陶邑
5		甕体部	0.581	0.103	1.45	0.769	0.418	0.294	7.60	11.0	54.2	陶邑
6		甕体部	0.447	0.162	2.42	0.490	0.391	0.369	2.70	6.9	12.2	陶邑
7		甕体部	0.439	0.181	2.39	0.486	0.413	0.366	4.40	7.5	10.0	陶邑(?)
8		甕体部	0.514	0.200	2.77	0.584	0.460	0.324	2.70	1.4	4.0	陶邑(?)
9		甕体部	0.556	0.203	2.18	0.730	0.394	0.210	8.30	2.0	50.3	伽耶
10		甕体部	0.465	0.160	2.38	0.491	0.436	0.405	3.60	4.4	19.1	陶邑
11		甕体部	0.565	0.206	2.10	0.737	0.402	0.200	8.60	1.7	51.1	伽耶
12		甕体部	0.469	0.115	1.89	0.584	0.360	0.337	0.41	5.2	12.7	陶邑
13		甕体部	0.477	0.115	1.88	0.577	0.366	0.355	0.57	4.5	11.7	陶邑
14		甕体部	0.434	0.108	2.57	0.503	0.324	0.288	0.87	8.6	27.6	陶邑
15		甕体部	0.516	0.236	3.23	0.508	0.463	0.342	8.70	6.6	12.8	伽耶(?)
16		甕体部	0.483	0.098	2.41	0.595	0.318	0.302	0.42	5.5	19.4	陶邑
17		甕体部	0.427	0.109	2.60	0.492	0.333	0.324	1.40	8.9	28.6	陶邑
18		甕体部	0.454	0.097	2.51	0.543	0.325	0.170	0.57	6.9	21.9	陶邑
19		甕体部	0.551	0.202	2.11	0.728	0.392	0.203	8.10	2.3	50.1	伽耶
20		甕体部	0.424	0.157	2.40	0.475	0.389	0.378	3.60	8.5	18.1	陶邑(?)
21		甕体部	0.568	0.146	2.17	0.731	0.395	0.200	3.10	3.0	30.8	陶邑(?)
22		甕体部	0.433	0.112	2.61	0.495	0.323	0.308	0.97	9.0	28.7	陶邑
23		甕体部	0.587	0.103	1.49	0.767	0.418	0.282	7.80	10.4	55.3	陶邑
24	14-13	器台口縁	0.418	0.086	2.59	0.456	0.297	0.266	2.10	11.9	48.0	陶邑
25	14-14	器台口縁	0.504	0.182	2.32	0.597	0.431	0.354	1.60	1.9	2.5	陶邑
26	14-8	ハソウ	0.541	0.184	2.35	0.610	0.388	0.358	4.30	2.1	16.2	伽耶(?)
27	14-10	鉢	0.532	0.181	3.31	0.592	0.346	0.234	7.50	4.9	32.5	伽耶(?)
28	14-11	鉢	0.581	0.068	1.87	0.744	0.317	0.245	9.10	8.6	46.0	伽耶(?)
29	14-7	ハソウ	0.487	0.163	2.09	0.559	0.386	0.431	1.30	3.6	5.6	陶邑
30	14-5	ハソウ	0.493	0.142	2.65	0.485	0.361	0.333	2.70	7.7	25.7	陶邑
31	14-6	ハソウ	0.532	0.130	1.90	0.641	0.337	0.345	2.10	2.7	21.0	陶邑
32		ハソウ	0.504	0.190	2.28	0.604	0.405	0.390	2.90	2.6	6.7	陶邑
33		ハソウ	0.443	0.114	2.03	0.528	0.252	0.162	2.90	12.2	65.3	陶邑
34	14-4	高杯脚部	0.447	0.150	2.42	0.484	0.396	0.339	2.60	6.4	15.9	陶邑
35	14-2	高杯蓋	0.464	0.093	1.83	0.583	0.302	0.269	0.26	7.0	26.2	陶邑
36		杯蓋天井部	0.405	0.064	2.02	0.486	0.223	0.200	1.50	15.9	80.3	陶邑
37	14-3	高杯口縁部	0.526	0.125	1.99	0.651	0.322	0.326	2.30	3.3	26.6	陶邑
38		杯身	0.422	0.069	2.05	0.524	0.210	0.250	1.80	14.8	85.4	陶邑
39		小型器種	0.517	0.189	2.26	0.614	0.411	0.388	2.70	1.8	6.8	陶邑
40		小型器種	0.547	0.115	2.01	0.643	0.356	0.327	2.30	2.8	19.2	陶邑
41		小型器種	0.410	0.079	2.08	0.487	0.302	0.161	2.20	11.2	44.3	陶邑
42		小型器種	0.490	0.161	2.17	0.589	0.374	0.354	1.20	3.5	8.5	陶邑
43		鉢体部	0.424	0.276	2.56	0.338	0.612	0.448	29.30	15.4	107.0	不明
44		底部穿孔有	0.402	0.087	2.43	0.437	0.345	0.212	5.80	11.0	54.3	陶邑
45		小型器種	0.517	0.155	2.14	0.604	0.387	0.339	0.90	1.9	7.3	陶邑
46		杯	0.423	0.099	2.20	0.468	0.316	0.220	1.80	10.4	38.1	陶邑
47	14-1	杯	0.393	0.084	2.32	0.433	0.338	0.244	6.00	12.0	58.1	陶邑
48		杯	0.374	0.053	1.78	0.463	0.255	0.153	3.50	16.8	78.8	陶邑
49	12-4	杯身	0.458	0.082	1.89	0.558	0.297	0.276	0.65	7.6	28.3	陶邑
50	12-2	高杯脚部	0.425	0.094	2.00	0.491	0.251	0.247	1.50	13.6	62.5	陶邑
51	12-3	杯蓋	0.345	0.036	2.63	0.463	0.173	0.080	3.30	25.2	147.0	陶邑
52	12-1	高杯杯部	0.386	0.054	1.79	0.474	0.256	0.167	2.80	15.5	71.3	陶邑
53		甕体部	0.526	0.239	3.17	0.526	0.469	0.349	8.60	5.4	12.8	伽耶(?)
54		甕体部	0.568	0.219	2.19	0.715	0.396	0.202	11.70	1.5	55.2	伽耶
55		甕体部	0.614	0.284	1.47	0.621	0.561	0.227	12.20	3.3	62.9	伽耶
56	14-12	鉢	0.519	0.056	2.33	0.491	0.282	0.279	8.00	13.0	67.0	陶邑

◀ 図252　木の本遺跡出土須恵器の産地推定

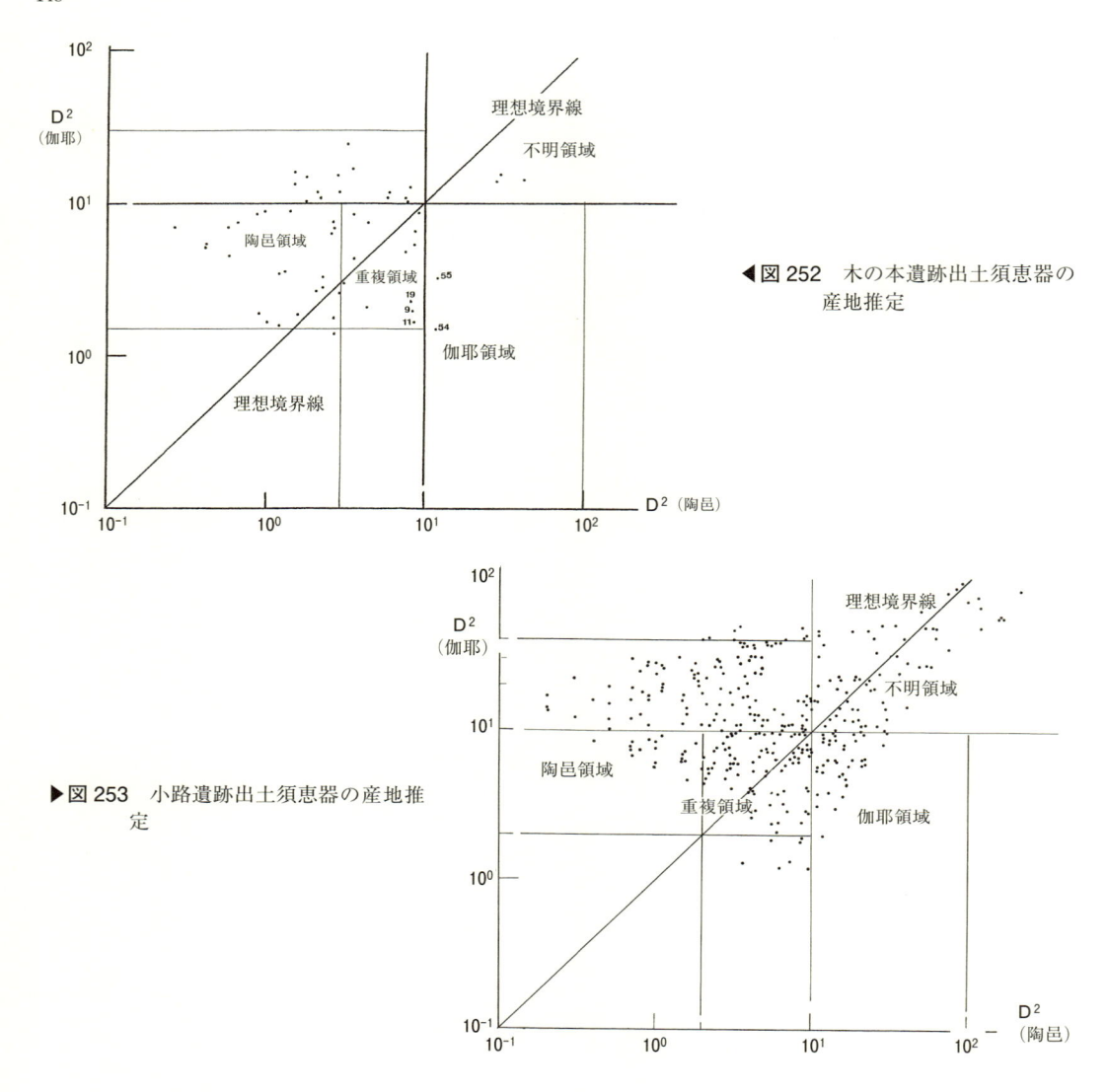

▶ 図253　小路遺跡出土須恵器の産地推定

れる試料も多いが、伽耶産の陶質土器もかなり多いことがわかる。岡山県の斎富遺跡以上に多くの陶質土器が出土している。また、不明領域に分布する試料もかなりある。この中にも、朝鮮半島南部地域産の陶質土器が含まれているものと推定され、小路遺跡は渡来人と関連が深い遺跡であると考えられる。図254には、小路遺跡の近くに在る星塚1号墳出土須恵器の判別図を示す。星塚古墳は小路遺跡に住んでいた住人たちの首長の墳墓であると推定される。陶邑産と推定される須恵器も半数近くあるが、また、半数近い試料は伽耶産の陶質土器と推定される。図255には、星塚2号墳出土須恵器の判別図を示す。1号墳ほどではないが、やはり、2号墳にも伽耶産の陶質土器と推定される試料が含まれていることがわかる。陶質土器の数にみられる、1号墳と2号墳の違いは何を意味するのであろうか？　以上のことから、小路遺跡周辺には伽耶地域と関連が深い住人たちがいたことが推察される。岡山県の斎富遺跡以上の数の陶質土器が小路遺跡から検出された訳である。この他にも、畿内の遺跡の中に、陶質土器を多く出土する遺跡があることが考えられるが、これま

◀ 図254　星塚1号墳出土須恵器の産地推定

◀ 図255　星塚2号墳出土須恵器の産地推定

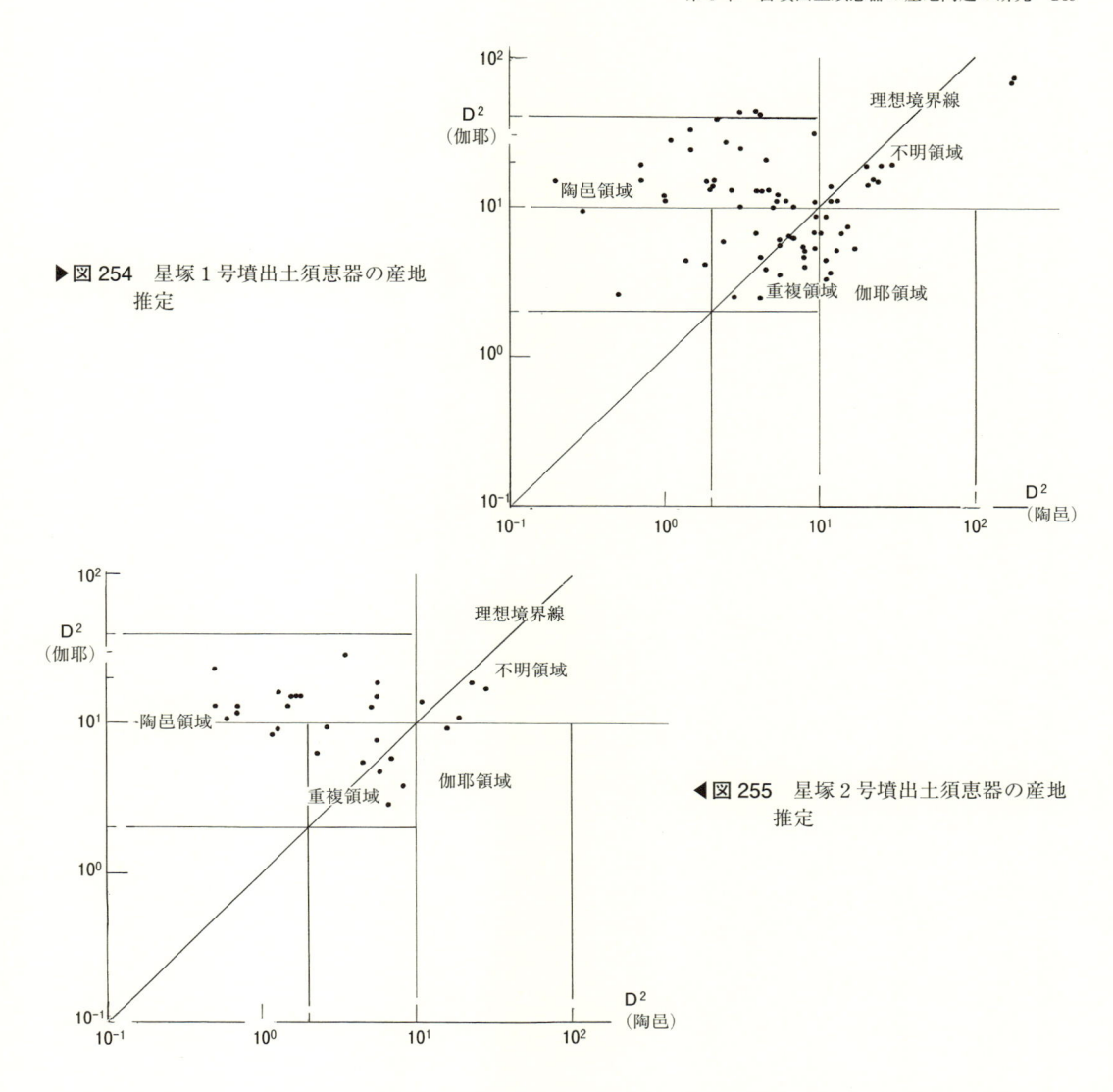

での出土状況からみて、多数の遺跡から、陶質土器が大量に出土するかどうかは疑わしい。今後の問題である。

　ここで、初期須恵器の地方窯跡の製品の中で、その周辺の古墳・遺跡へ須恵器を供給したことが確認されている、九州北部地域の朝倉窯跡群の製品が畿内の古墳・遺跡へ供給されていたかどうかを検討した。図256には、大阪府堺市の大庭寺遺跡出土須恵器を、陶邑群と朝倉群間の2群間判別図上にプロットした結果を示す。朝倉領域に分布する試料は1点もない。すべての試料は陶邑産の須恵器と推定される。また、図257には、同じ判別図上に、奈良県郡山市の原田遺跡出土須恵器をプロットしてある。不明領域に数点の試料が分布するものの、ほとんどすべての試料は陶邑領域に分布しており、陶邑産の須恵器とみられる。

　このようにして、畿内の5～6世紀代初頭の古墳・遺跡には圧倒的多数の陶邑産須恵器があることが確認された。また、一部の古墳・遺跡には伽耶産の陶質土器も検出された。しかし、地方窯跡

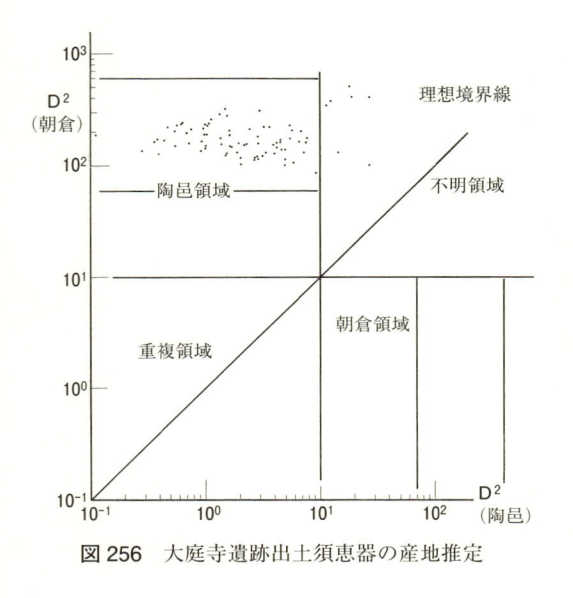

図256 大庭寺遺跡出土須恵器の産地推定 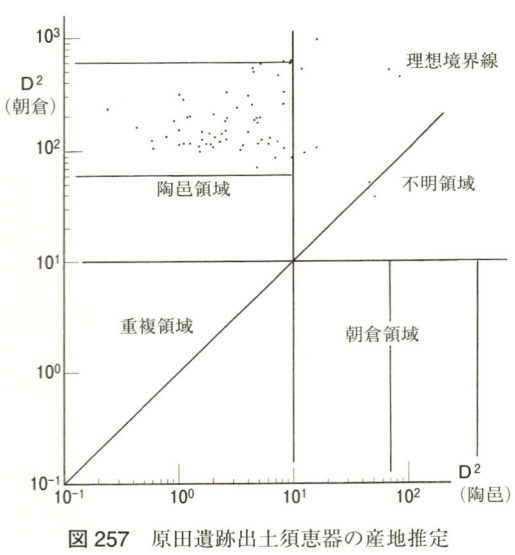   **図257** 原田遺跡出土須恵器の産地推定

の製品はこれまでのところ、検出されていない。陶邑製品が一方的に地方の古墳・遺跡へ供給されていたと判断される。ここに、陶邑製品が何故、地方の古墳・遺跡へ一方的に供給されたのかという問題が提示されることになった。この問題は古墳時代に何故、陶邑で大規模な須恵器生産を行ったのかという問題と連動する。この二つの問題は古墳時代の歴史を考える上に、重要な鍵を握っているものと思われる。

6. 北陸地方の須恵器

畿内に隣接する北陸地方の古墳から出土する須恵器の産地を見てみよう。

福井県には、若狭地方に6世紀代の須恵器窯跡が発見されている。美浜町の興道寺窯跡である。1基の窯跡しか発見されていないが、考古学者によると、かなり長い期間操業されたといわれる。この窯跡の製品はどこの古墳へ供給されたのかは興味ある問題である。図258には、陶邑窯跡群と興道寺窯跡間の判別図を示す。興道寺窯跡の後背地を構成する岩石は敦賀半島から延びる花崗岩である。したがって、この岩石に由来する粘土を素材として製作した興道寺窯跡の製品はK、Rbが比較的高く、逆に、Ca、Srは比較的少ないという特徴をもつことが予想される。この化学特性は陶邑窯跡群の須恵器の化学特性とは異なる。陶邑窯跡群とは両分布図でもほぼ分離しており、その相互識別は容易であることが予想されたが、図258をみると、両群の試料群は完全に分離していることがわかる。興道寺窯跡の近くには、6世紀代初頭の獅子塚古墳がある。獅子塚古墳から出土した硬質土器の判別図を図259に示す。3点の試料が不明領域に分布するが、他の試料はすべて、興道寺領域に分布し、陶邑領域に分布する試料は1点もない。このような例は九州北部地域の朝倉窯跡群（小隈・山隈・八並窯）の中の、小隈窯跡の近くに在る小隈古墳でも観測された。小隈古墳から出土した須恵器の中から抽出した試料のすべては小隈窯跡の製品であった。このように、古墳出

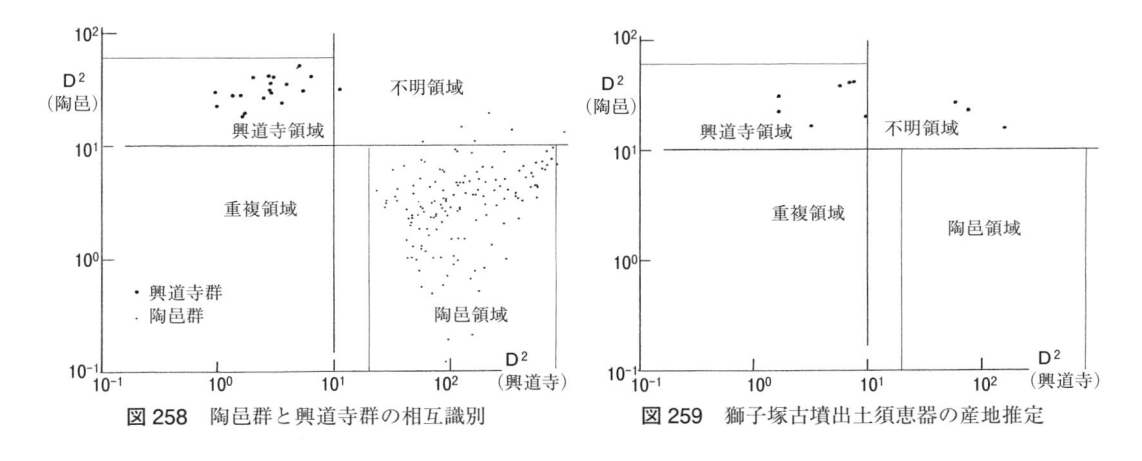

第 8 章 古墳出土須恵器の産地問題の研究　151

図 258　陶邑群と興道寺群の相互識別

図 259　獅子塚古墳出土須恵器の産地推定

表 12　興道寺古墳群出土須恵器の分析データ

番号	資料	試料番号	出土遺構等	報告番号	調査年度	K	Ca	Fe	Rb	Sr	Na	D2 (興道寺)	D2 (陶邑)	D2 (上中)	推定産地
1	須恵器広口壺	13-2116	興道寺古墳群SZ3周溝	33	12年度	0.734	0.119	3.59	0.950	0.325	0.384	3.8	36.4	39.2	興道寺
2	須恵器広口壺	13-2117	興道寺古墳群SZ3周溝	34	12年度	0.628	0.111	2.01	0.690	0.318	0.296	5.7	13.2	77.1	興道寺
3	須恵器広口壺	13-2118	興道寺古墳群SZ3周溝	35	12年度	0.467	0.095	1.81	0.614	0.308	0.174	46.0	0.36	30.1	陶邑
4	須恵器提瓶	13-2119	興道寺古墳群SZ3周溝	37	12年度	0.729	0.118	1.50	1.25	0.419	0.441	3.6	53.0	49.3	興道寺
5	須恵器提瓶	13-2120	興道寺古墳群SZ3周溝	38	12年度	0.403	0.053	1.54	0.520	0.257	0.168	80.2	2.1	27.6	陶邑
6	須恵器𤭯	13-2121	興道寺古墳群SZ3周溝	36	12年度	0.303	0.069	3.11	0.313	0.239	0.193	118.0	9.8	47.1	陶邑
7	須恵器台付壺	13-2122	興道寺古墳群SZ3周溝	40	12年度	0.428	0.073	2.41	0.516	0.223	0.181	47.8	1.6	10.3	陶邑
8	須恵器甕	13-2123	興道寺古墳群SZ3周溝	39	12年度	0.594	0.098	1.96	0.911	0.366	0.206	11.8	13.8	30.0	興道寺?
9	須恵器杯H蓋	13-2124	興道寺古墳群SZ1周溝	13	12年度	0.486	0.044	3.02	0.543	0.170	0.093	80.0	7.7	17.0	陶邑
10	須恵器杯H蓋	13-2125	興道寺古墳群SZ1周溝	15	12年度	0.360	0.035	1.21	0.554	0.198	0.077	112.0	3.6	16.1	陶邑
11	須恵器甕	13-2126	興道寺古墳群SZ1周溝	16	12年度	0.347	0.083	2.18	0.462	0.262	0.108	105.0	3.8	32.1	陶邑

土須恵器のほとんどが、近くの窯跡の製品であることは、これらの古墳には、その窯跡で須恵器生産を指揮した首長の墳墓であることも考えられる。

　興道寺窯跡の周辺には 6 世紀代の興道寺古墳群が在る。興道寺古墳群出土須恵器の分析結果は表12 に示してある。この古墳群には地元、興道寺窯跡の製品よりも多くの数の陶邑製品が検出されている。図 260 には、美浜町から 10 km ほど東にある敦賀市の 5 世紀代の向出山 1 号墳と 3 号墳の須恵器の判別図を示してある。いずれも、陶邑産の須恵器で、興道寺窯跡の製品は検出されなかった。この古墳が築造された時期にはまだ、興道寺窯跡は操業していなかったのである。美浜町の西部にある若狭町の上中古墳群には、十数基の前方後円墳がある。この古墳群から多数の硬質土器が出土しているが、地元、興道寺窯跡の製品も含まれることが十分予想される。5 世紀代の古墳には陶邑製品があることも予想されるが、陶質土器も検出されるのかどうかも注目される。今後の研究課題である。

　石川県小松市には 6 世紀代の二つ梨殿様池窯跡がある。この窯跡では須恵器と埴輪も生産された。須恵器も埴輪も胎土は同じであることが蛍光 X 線分析による理化学的胎土分析で確認されている。

◀図260　向出山古墳群出土須恵器の産地推定

図261　陶邑群と二つ梨殿様池群の相互識別

◀図262　矢田野エジリノ古墳出土須恵器の産地推定

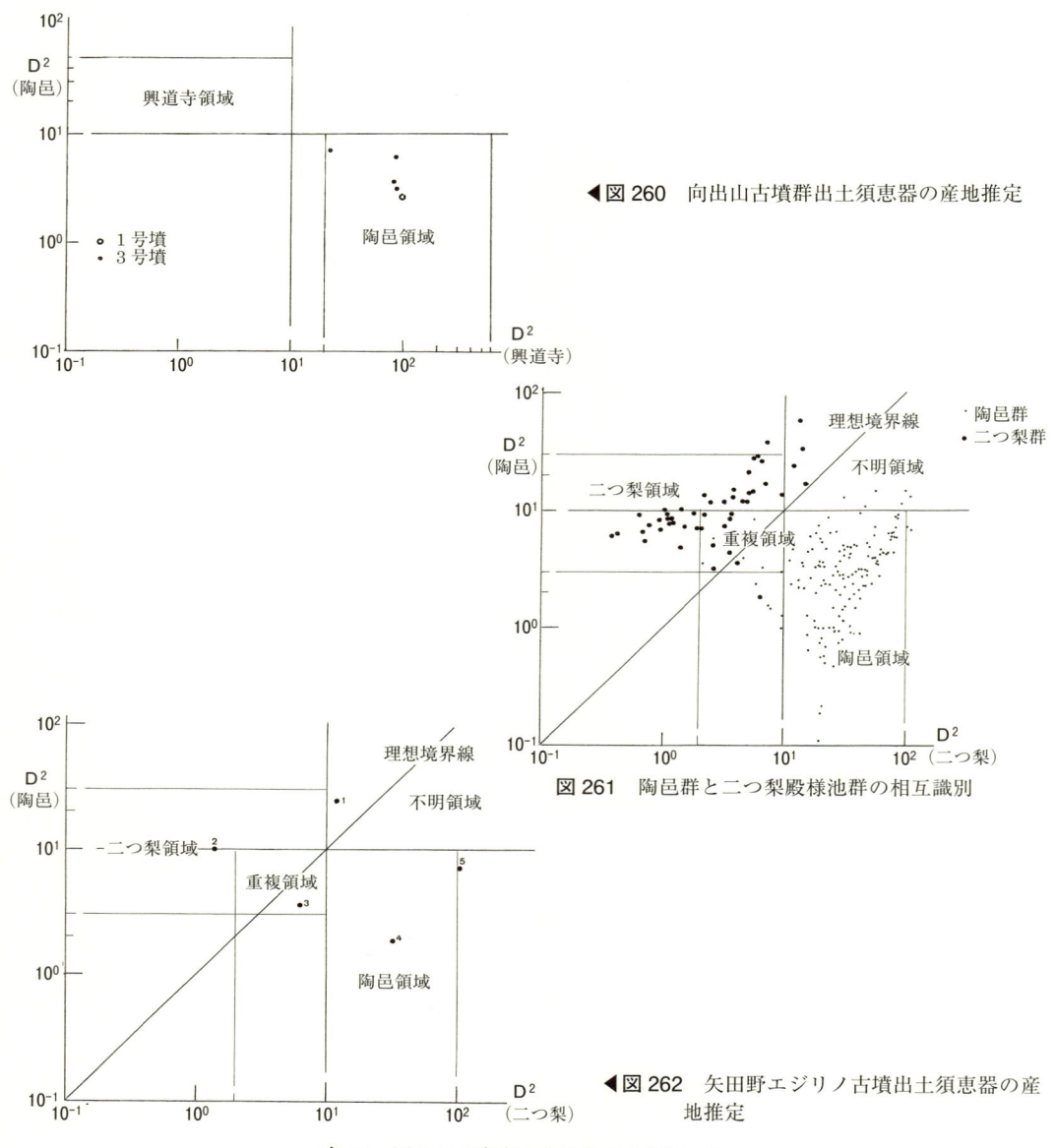

表13　園カンデ窯出土須恵器の分析データ

分析No.	器種	K	Ca	Fe	Rb	Sr	Na	D^2(陶邑)	D^2(氷見)	d^2(陶邑)	d^2(氷見)
1	杯(1)	0.664	0.314	3.02	0.656	0.627	0.311	16.2	3.0	39.0	1.3
2	甕(1)	0.640	0.296	2.40	0.685	0.598	0.370	12.4	4.3	18.7	5.2
3	甕(2)	0.636	0.196	3.00	0.635	0.504	0.302	7.3	1.9	15.6	3.0
4	杯(2)	0.624	0.229	2.55	0.665	0.524	0.316	6.5	2.6	12.0	3.1
5	杯(3)	0.592	0.204	3.39	0.607	0.466	0.273	5.4	2.4	18.4	3.9
6	杯(4)	0.655	0.311	3.25	0.668	0.466	0.244	37.3	4.5	51.1	3.0
7	甕(3)	0.643	0.284	3.05	0.631	0.575	0.318	13.1	0.78	28.6	1.0
8	甕(4)	0.605	0.263	3.11	0.583	0.534	0.270	10.8	2.3	26.1	1.9
9	甕(5)	0.661	0.302	3.25	0.599	0.581	0.318	19.1	4.0	38.2	3.6
10	甕(6)	0.576	0.218	3.67	0.544	0.445	0.185	9.0	5.5	32.7	6.1
11	甕(7)	0.689	0.295	3.15	0.653	0.498	0.250	30.6	5.4	49.4	4.7
12	甕(8)	0.633	0.135	2.87	0.599	0.552	0.237	18.6	7.0	15.4	6.8

二つ梨殿様池窯跡と陶邑窯跡群の判別図は図261に示されている。重複領域があるものの、両者の試料集団の多くの試料は分離して分布しており、試料群の相互識別の可能性は十分あると判断される。二つ梨殿様池窯跡の近くには、矢田野エジリノ古墳がある。この古墳から出土する埴輪の胎土は二つ梨殿様池窯跡の埴輪胎土と一致した。また、須恵器の産地推定の結果は図262に示してある。No.1、2、3の3点の須恵器は地元、二つ梨殿様池窯跡の製品であり、No.4、5の2点は陶邑産の須恵器と推定された。

富山県氷見市には、6世紀代の園カンデ窯跡が1基発見されている。この窯跡出土須恵器の分析値は表13にまとめられている。D^2(陶邑)とD^2(氷見)の値を比較すれば、重複領域があるものの、両者の相互識別は可能であることがわかる。しかし、この窯跡の製品が何処の古墳へ供給されたのかは不明である。この窯跡での須恵器生産が少なかったためと推定される。高岡市の板屋谷内B、C古墳群から出土した須恵器の分析値は表14に示してある。D^2(陶邑)、D^2(氷見)の値を比較すれば、すべての試料は陶邑産の須恵器であることがわかる。富山市の富崎遺跡から出土した古式須恵器の分析データは表15にまとめてある。これらの試料の両分布図を二つ梨殿様池窯跡の須恵器の両分布図とあわせて、図263に示してある。富山県内の遺跡へも陶邑製品が供給されていたのである。

新潟県の遺跡からも陶邑産の須恵器が検出されている。図264には、胎内市の天野遺跡、野付遺跡から出土した須恵器の産地推定の結果を示してある。いずれの試料も陶邑領域に分布しており、陶邑産の須恵器と推定される。また、宮ノ入遺跡からは5世紀代の陶質土器高坏が出土している。

表14 板屋谷内B・C古墳群出土須恵器の分析データ

分析No.	出土地点	器種	遺物番号	時期	K	Ca	Fe	Rb	Sr	Na	D^2(陶邑)	D^2(氷見)	d^2(陶邑)	d^2(氷見)	推定産地
1	C2号墳SD5	杯			0.460	0.100	1.58	0.738	0.447	0.108	14.4	96.3	4.6	186	陶邑
2	C2号墳SD5	杯	20		0.416	0.090	1.63	0.668	0.363	0.088	7.2	96.1	4.8	224	陶邑
3	B13号墳2T南	杯？			0.375	0.035	2.02	0.616	0.180	0.074	4.3	117.0	3.8	201	陶邑
4	B13号墳2T南	高杯	1	TK208〜23	0.413	0.036	2.01	0.655	0.237	0.090	4.7	100.0	3.3	162	陶邑

表15 富崎遺跡出土須恵器の分析データ

No.	資料番号	遺構名	器種	K	Ca	Fe	Rb	Sr	Na	D^2(陶邑)	D^2(二つ梨)	D^2(センガリ)	推定産地
1	第45図179	遺物包含層	坏身	0.581	0.107	1.44	0.771	0.442	0.218	8.5	55.7	9.5	陶邑
2	第39図115	SX01(1層)	坏身	0.300	0.073	1.65	0.387	0.248	0.091	8.3	4.0	23.1	二つ梨
3	第39図117	SX01(1層)	坏蓋	0.410	0.122	1.77	0.492	0.342	0.130	2.0	5.4	2.9	陶邑
4	第39図119	SX01(2層)	坏蓋	0.574	0.090	1.85	0.555	0.253	0.225	13.3	95.8	49.3	陶邑？
5	第39図120	SX01(2層)	坏蓋	0.362	0.083	1.51	0.398	0.247	0.090	3.9	4.3	12.1	陶邑／二つ梨
6		E3(包含層)	坏身	0.342	0.110	1.35	0.414	0.298	0.129	6.0	0.4	10.8	二つ梨
7		試掘トレンチ	坏身	0.537	0.132	1.65	0.579	0.362	0.161	2.2	48.8	11.2	陶邑

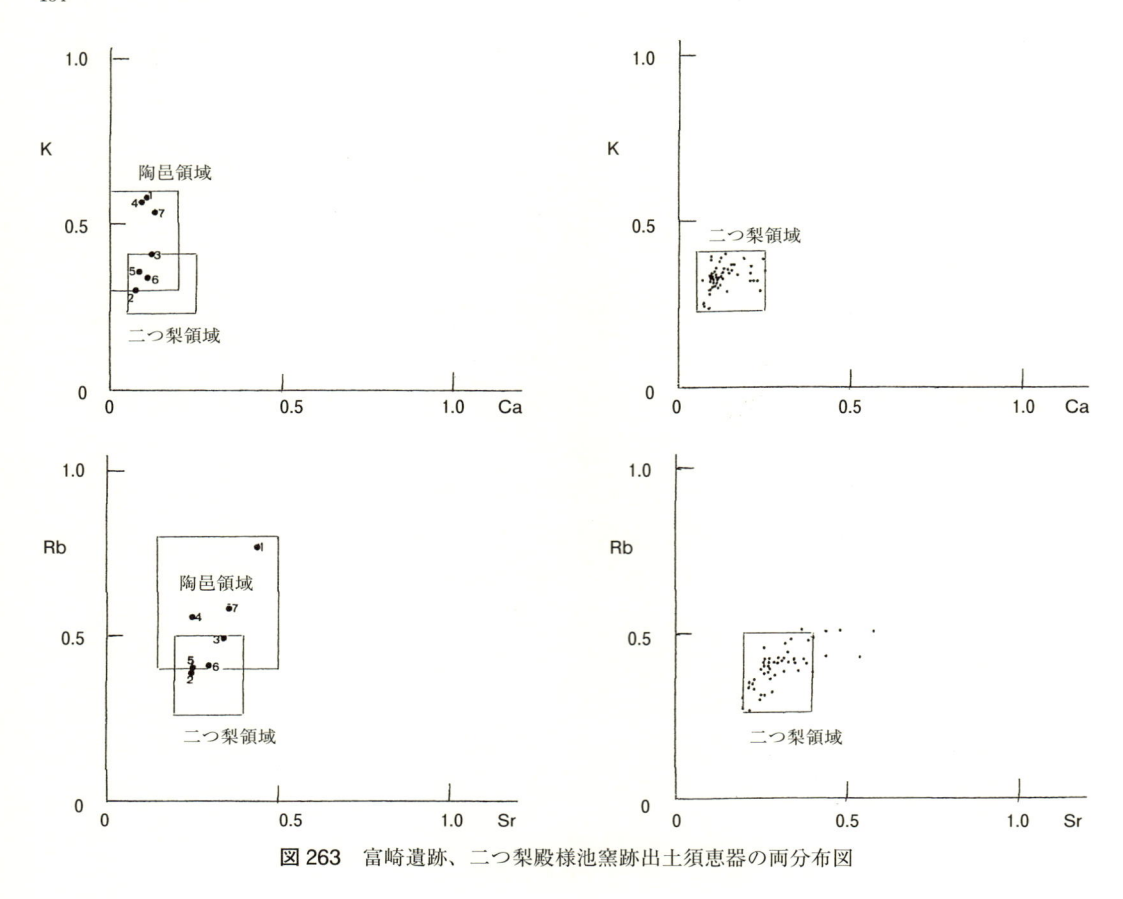

図263　富崎遺跡、二つ梨殿様池窯跡出土須恵器の両分布図

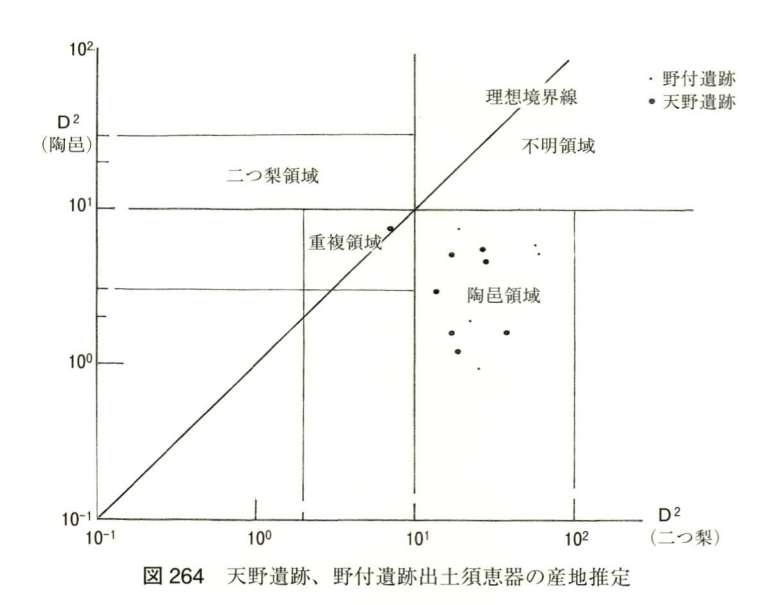

図264　天野遺跡、野付遺跡出土須恵器の産地推定

この2点の試料の産地推定の結果は図265の陶邑群と慶州群間の判別図上に示してある。慶州群としては、慶州の望星里窯跡群、上辛里窯跡の陶質土器が分析された。重複領域があるものの、両群の試料のほとんどは理想境界線を挟んで分離していることがわかる。そうすると、宮ノ入遺跡から出土した陶質土器は慶州領域に分布しており、慶

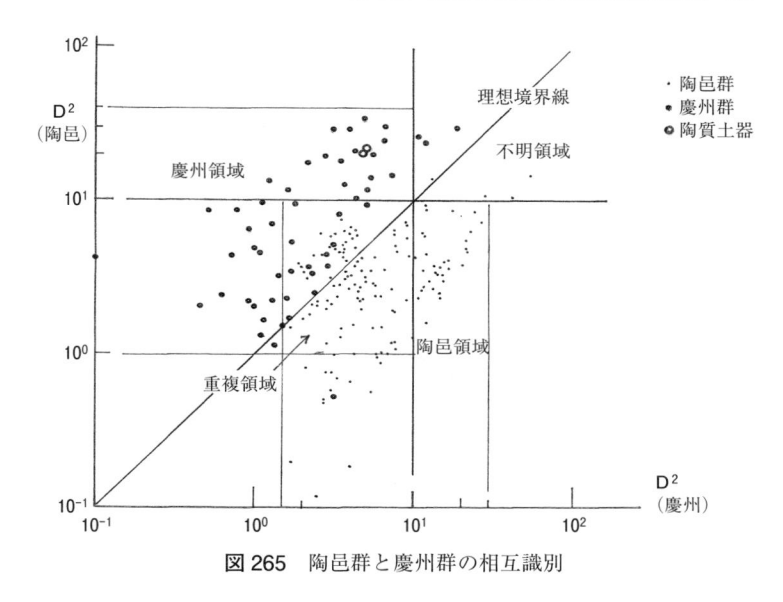

図265　陶邑群と慶州群の相互識別

州産の陶質土器である可能性が出てきた。土器形式でも対応してみることが必要である。もし、慶州産の陶質土器であれば、興味深い問題である。今後、日本海側の遺跡から出土する陶質土器は伽耶地域の製品であるよりも、慶州の製品である可能性がでてくるからである。北陸地域から出土する陶質土器の産地問題も今後の研究課題である。

　北陸地域の古墳・遺跡にも、陶邑産の須恵器が多数検出された。現在のところ、陶邑製品が検出される北限の地は日本海側では新潟県胎内市である。

7. 中部地方の須恵器

　前述した、長野県の古墳時代の須恵器窯跡である松の山窯跡と陶邑窯跡群の試料集団の相互識別を図266に示す。両群の試料集団は完全に分離して分布しており、相互識別は容易である。この判別図上に、森将軍塚古墳および北西久保遺跡出土の古式須恵器をプロットしたのが、図267である。すべての試料は陶邑領域に分布しており、陶邑産の須恵器であることが確認できる。また、図268には、地附山古墳群出土須恵器の判別図を示してある。1点、不明領域に分布する試料があるが、他の試料はすべて陶邑領域に分布しており、陶邑産の須恵器である。目下のところ、地元、松の山窯跡の製品はどこの遺跡へ供給されたのかは不明である。これらの遺跡出土須恵器の両分布図は第4章に示してある。

8. 関東地方の須恵器

　関東地方には古墳時代の須恵器窯跡は少ない。埼玉県寄居町には、6世紀代の末野窯跡がある。関東地方の古墳時代の遺跡から出土する須恵器の産地推定には、地元窯として使用される。陶邑群

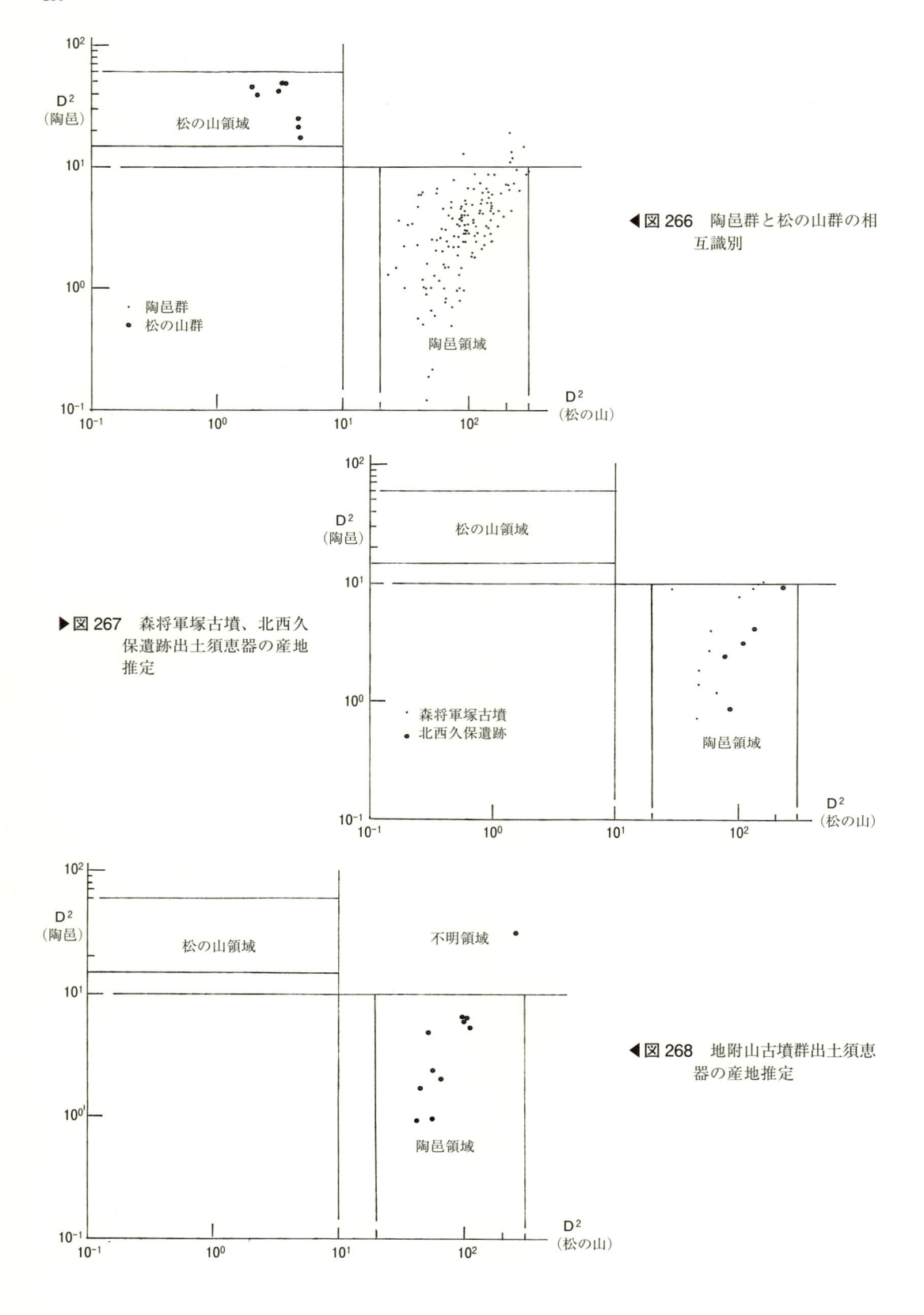

◀図266　陶邑群と松の山群の相互識別

▶図267　森将軍塚古墳、北西久保遺跡出土須恵器の産地推定

◀図268　地附山古墳群出土須恵器の産地推定

と末野群の判別図を図269に示す。両者の試料集団は完全に分離しており、その相互識別は容易であることがわかる。この判別図上に、さきたま古墳群出土須恵器をプロットしたのが図270である。末野領域に分布する試料もあるが、陶邑領域に分布する試料もあり、陶邑製品があることは確かである。図271には東京都の多摩川台1号墳から出土した須恵器の判別図を示す。末野領域に分布する試料が1点あるが、残りの試料は陶邑領域に分布しており、陶邑産の須恵器と推定される。図272には、神奈川県横須賀市のなたぎり遺跡出土須恵器の産地推定の結果を示す。不明領域に分布する試料もあるが、陶邑領域に分布する試料が多い。図273には、群馬県高崎市の堀米前遺跡出土須恵器の判別図を示す。ほとんどの試料は陶邑領域に分布しており、陶邑産の須恵器が供給されていたことがわかる。図274には、群馬県藤岡市の温井遺跡出土の古式須恵器の判別図を示す。すべての試料は陶邑産の須恵器である。

また、図275には、東京都の女塚貝塚から出土した初期須恵器の判別図を示す。伽耶産の陶質土

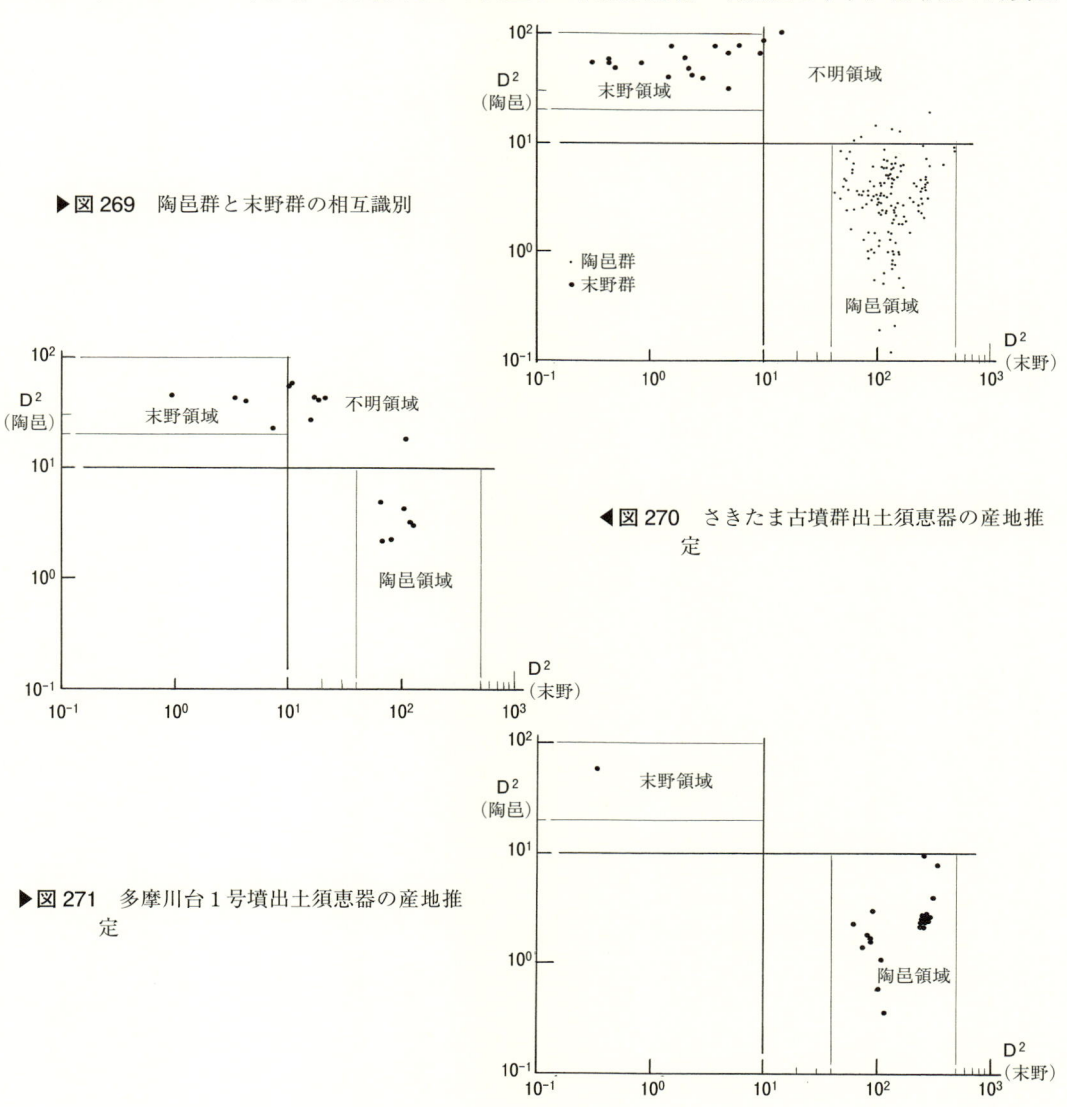

▶図269　陶邑群と末野群の相互識別

◀図270　さきたま古墳群出土須恵器の産地推定

▶図271　多摩川台1号墳出土須恵器の産地推定

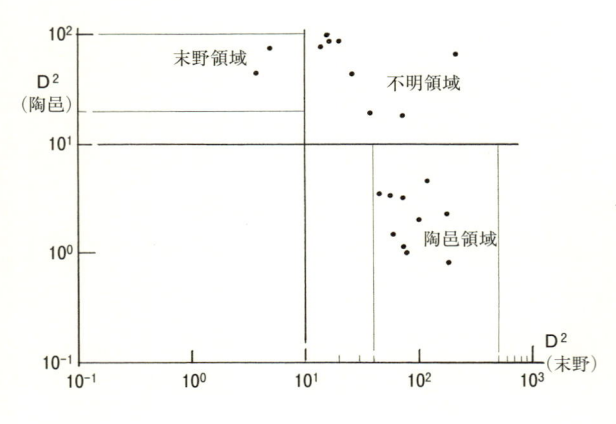

図 272 なたぎり遺跡出土須恵器の産地推定

図 273 堀米前遺跡出土須恵器の産地推定

図 274 温井遺跡出土須恵器の産地推定

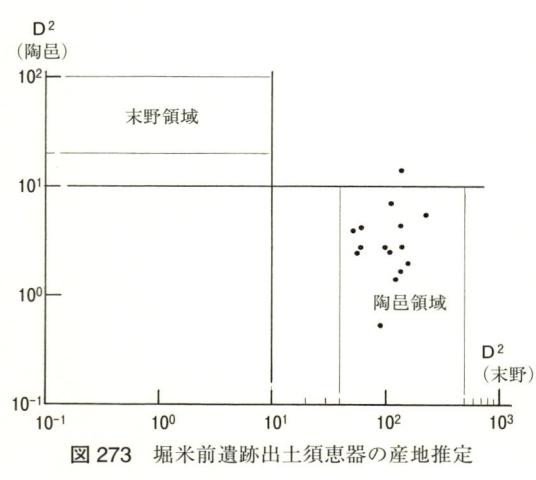

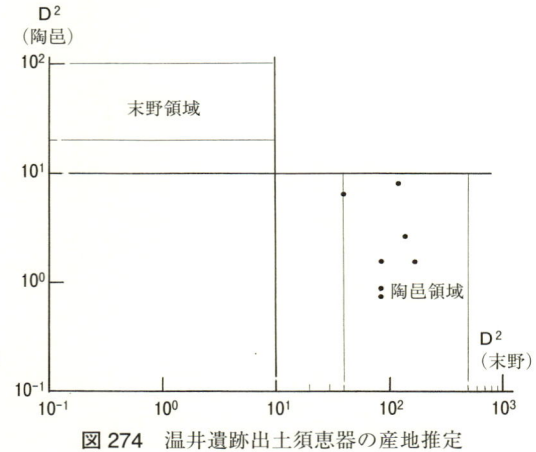

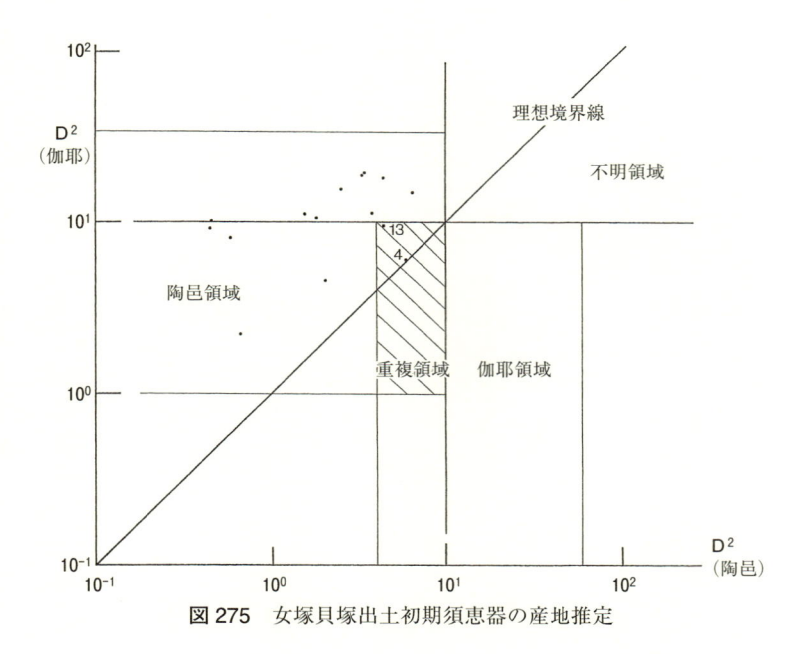

図 275 女塚貝塚出土初期須恵器の産地推定

表16 女塚貝塚出土初期須恵器の分析データ（三辻 2000 より）

No.	本文遺物No.		K	Ca	Fe	Rb	Sr	Na	D^2（陶邑）	D^2（伽耶）	推定産地
1	12-1003	第47図-202	0.426	0.067	2.44	0.534	0.292	0.224	1.8	10.3	陶邑
2	1004	203	0.473	0.040	2.40	0.579	0.211	0.204	3.9	11.2	〃
3	1005	205	0.518	0.104	1.55	0.562	0.343	0.169	2.0	4.6	〃
4	1006	206	0.524	0.073	2.73	0.493	0.367	0.276	6.0	6.0	陶邑（？）
5	1007	207	0.413	0.075	2.50	0.528	0.293	0.168	1.5	11.2	陶邑
6	1008	209	0.461	0.047	3.60	0.434	0.266	0.235	6.4	5.2	〃
7	1009	211	0.447	0.086	2.33	0.532	0.305	0.259	0.58	8.0	〃
8	1010	212	0.516	0.156	1.78	0.642	0.415	0.365	0.67	2.2	〃
9	1011	213	0.473	0.033	2.45	0.483	0.178	0.119	4.4	17.9	〃
10	1012	215	0.411	0.034	2.43	0.469	0.177	0.130	3.4	19.4	〃
11	1013	第48図-223	0.437	0.086	2.23	0.533	0.274	0.261	0.46	10.0	〃
12	1014	224	0.389	0.058	2.29	0.463	0.253	0.143	2.5	15.6	〃
13	1015	第47図-204	0.500	0.053	2.41	0.561	0.246	0.211	4.4	9.5	〃
14	1016	215	0.410	0.033	2.41	0.466	0.180	0.127	3.4	19.3	〃
15	1017	第48図-223	0.443	0.105	2.24	0.538	0.288	0.285	0.45	9.1	〃

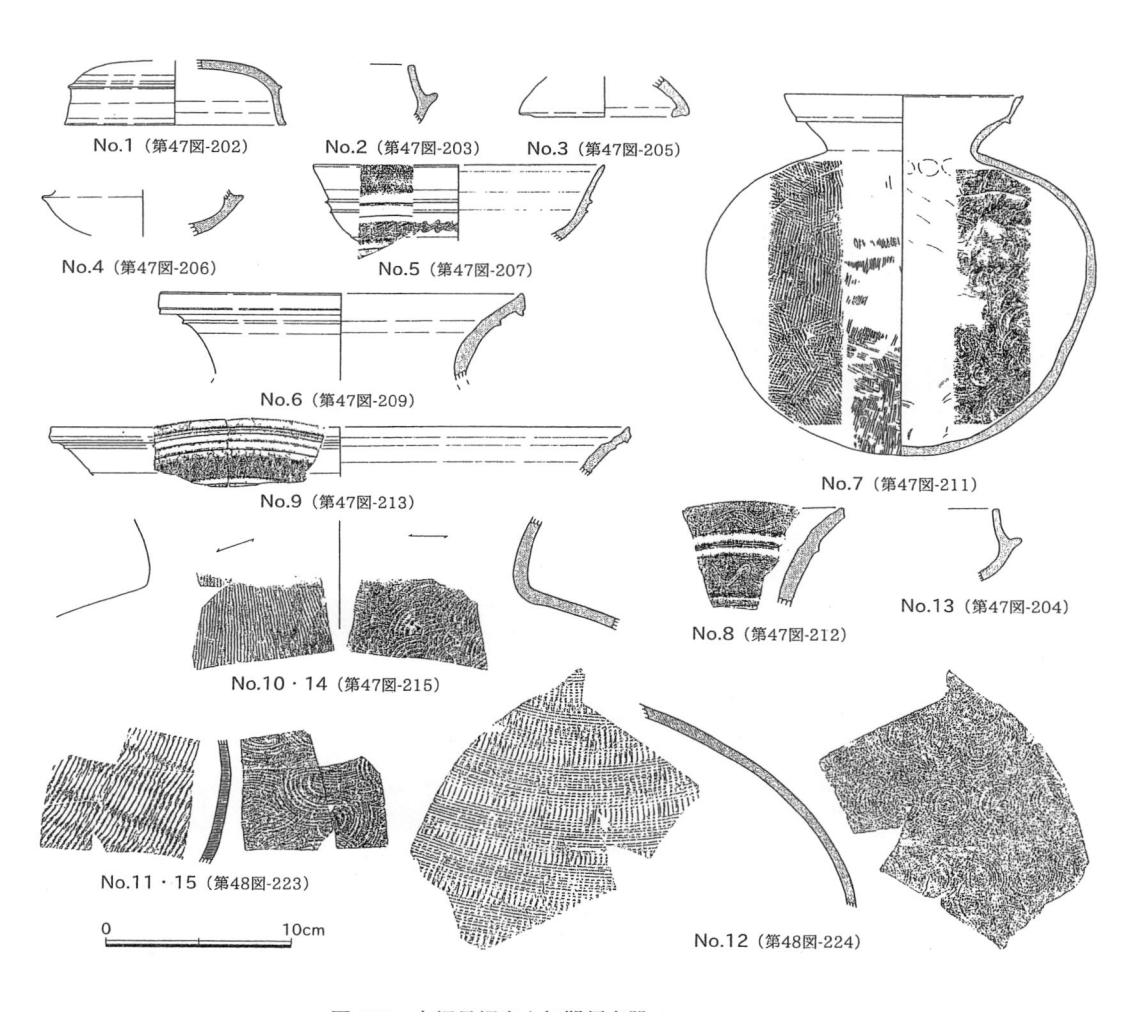

図 276　女塚貝塚出土初期須恵器（三辻 2000 より）

器があるかどうかをみるために、陶邑群と伽耶群間の判別図上に試料集団をプロットした。伽耶領域に分布する試料は1点もなく、すべて陶邑産の須恵器である。分析値は表16にまとめてある。また、図276には、今回分析した初期須恵器試料の図を示してある。外見上、陶質土器にみえる土器も含まれるので、須恵器の図面を示すことにした。この他、東京都足立区の伊興遺跡、横浜市の綱島古墳、千葉県市原市の、「王賜」の銘文が刻み込まれていた鉄剣が出土した稲荷台1号墳、茨城県水戸市のヤツノ遺跡からも陶邑産の須恵器が検出されている。このように、関東地方にも、陶邑産須恵器が供給されていたことはほぼ間違いないが、陶質土器と推定される硬質土器はほとんど検出されていない点が注目される。

9. 東北地方の須恵器

東北地方には、仙台市に初期須恵の窯跡が1基発見されている。大蓮寺窯跡である。大蓮寺窯跡と陶邑窯跡群の試料集団の2群間判別図を図277に示す。両者の相互識別も容易であることがわかる。この判別図上に、仙台市の壇の越遺跡出土須恵器をプロットしたのが図278である。1点、不明領域に分布するが、他の試料はすべて、陶邑領域に分布しており、陶邑産の須恵器と推定される。山形県のお花山古墳群にも、大蓮寺窯跡の製品とともに、陶邑産の須恵器が検出されている。

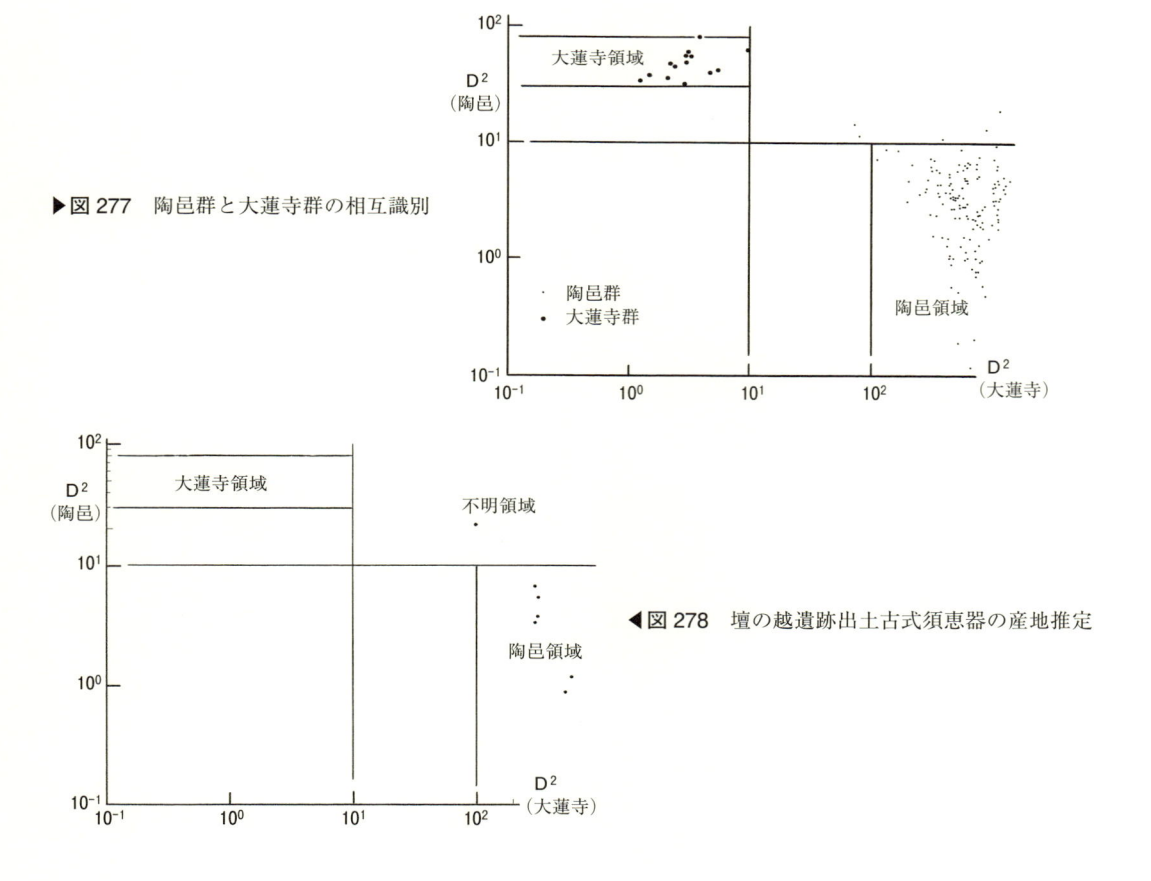

▶図277 陶邑群と大蓮寺群の相互識別

◀図278 壇の越遺跡出土古式須恵器の産地推定

▶図279　中半入遺跡出土初期須恵器の産地推定

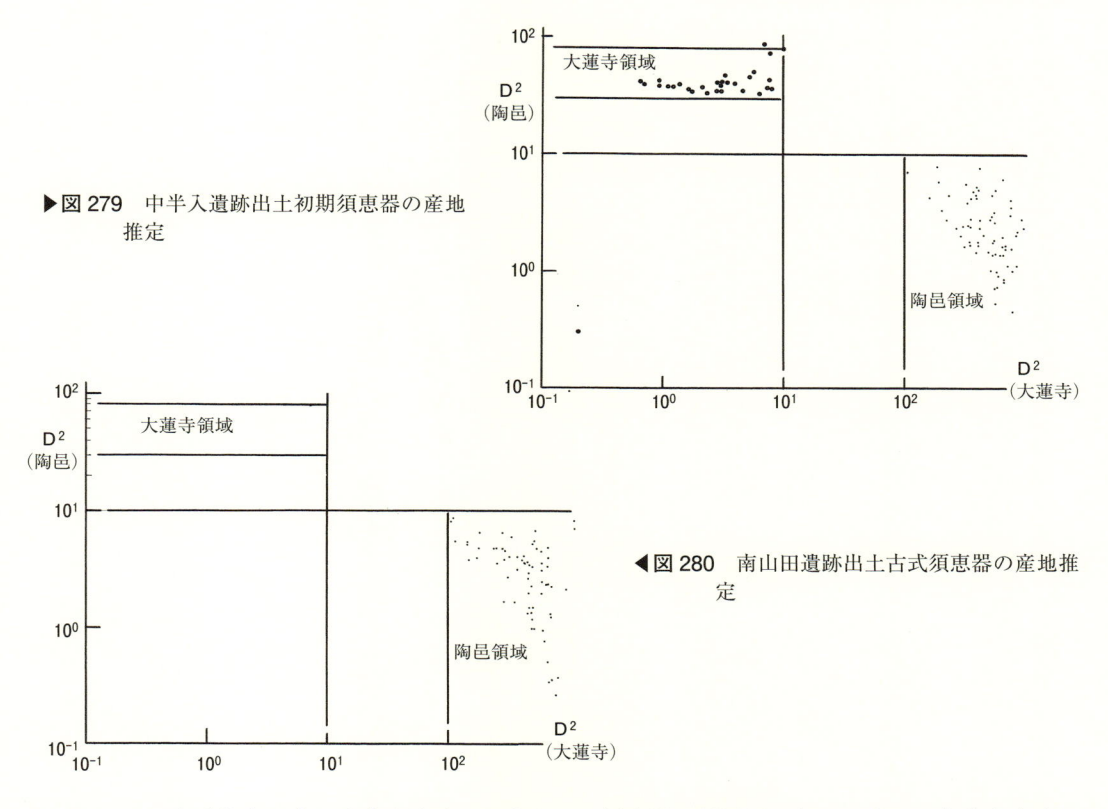

◀図280　南山田遺跡出土古式須恵器の産地推定

図279には、岩手県水沢市の中半入遺跡から出土した須恵器の判別図である。地元、大蓮寺窯跡の製品と推定される試料がかなりあるが、陶邑製品と推定される須恵器も多い。

図280には、福島県郡山市の南山田遺跡から出土した須恵器の判別図を示す。すべての試料が陶邑領域に分布しており、陶邑産の須恵器と推定される。陶邑産須恵器が検出される北限が太平洋側では岩手県である。このように、東北地方でも、古墳・遺跡から陶邑産と推定される須恵器は相当数出土している。しかし、関東地方と同様、陶質土器と推定される硬質土器はほとんど検出されていない点は注目されよう。

上述のデータから、古墳出土須恵器の産地問題の研究には、地元産か、陶邑産かを問う2群間判別分析法が有効であることが理解できたであろう。須恵器をもつ古墳は多い。この方法を活用して、古墳時代の須恵器の生産・供給問題のデータを根気強く集積していけば、文字のない古墳時代の歴史研究に寄与することができるであろう。本節では全国的に、陶邑産須恵器の伝播の様相を概観したに過ぎない。古墳・遺跡の分布や、そこから出土する須恵器の形式などの詳しい情報は考古学者がもっているはずである。これらの考古情報と胎土分析を結び付ければ、さらに詳しい情報が得られるであろう。行政発掘によって膨大な量の土器遺物を発掘した日本はこのような研究を推進できる絶好のフィールドである。新しい土器遺物の考古科学的研究は若い研究者たちにとっては魅力的であろう。

理化学的胎土分析によって、陶邑産の須恵器が全国各地の古墳・遺跡から出土することが明らかになった。それに対して、地方窯の製品は地方窯跡群の周辺の古墳・遺跡からは検出されているが、

大和政権があった畿内の古墳・遺跡からは検出されていない。古墳時代には、地方窯にくらべて、陶邑では圧倒的に大規模な須恵器生産が行われたことから、このことは容易に理解できよう。和泉陶邑で作られた須恵器が一方的に地方の古墳・遺跡に供給されていたことは一体、何を意味するのであろうか？　次章ではこの問題について考察した。

第9章　陶邑産須恵器の伝播

　日本の近代考古学の開祖である京都帝国大学の濱田耕作は考古学とは「遺跡・遺物を通して過去を再現する歴史研究の学問分野」であると定義した。その後、末永雅雄、江上波夫、小林行雄らの日本考古学の碩学らもこの定義を踏襲している。

　しかし、江上波夫によると、遺跡・遺物だけでは過去を「豊か」に再現することは困難であるという。「エジプト学」や「アッシリア学」ではヒエログリフや楔形文字などの古代文字が解読されたので、古代エジプト文明やメソポタミア文明の過去が「豊か」に再現できたのであるという。また、井上光貞はその著書『日本国家の起源』の「まえがき」で「日本国家の起源を論ずる時には、考古学は万能ではない。何故ならば、考古学上の遺跡・遺物は、ただ原始古代人の生活のあとを伝えているだけであって、発掘がどんなに進んでも、文字を刻んだ遺物でも発見されないかぎり、政治の過程や社会の組織までとらえることはできないからである。日本国家の起源を探る唯一の道は考古学・人類学・神話学・民族学などの成果をできるかぎり摂取して、記紀の神話や伝説の中から、史実を探り出すという、昔ながらの方法しかないのである」と書いている。

　これらの記述は、過去の人々の活動のあとを秘めている遺跡・遺物から、過去を引き出すには多くの分野の研究の成果を取り入れることが必要であり、他分野の研究者たちとの共同研究が不可欠であることを指摘している。

　自然科学の方法が過去を再現する歴史研究に役立つことを最初に示したのは、イギリス、オックスフォード大学の研究者たちである。自然科学者は実在する物を研究対象にする。遺跡・遺物は地下から発掘され、日の目を見ることになった段階で、自然科学者の研究対象に成り得る。当然、行政発掘によって発掘された膨大な数の土器遺物は分析化学者の分析対象として魅力的である。優れた機能を持つ完全自動式の蛍光X線分析装置が市販されている現在、しかも、土器の型式学が世界のどの国よりも発展している日本で、新しい土器の考古学を構築することは大きな課題である。

　全国各地の窯跡群出土須恵器の蛍光X線分析のデータから、須恵器産地推定法が開発された。その方法を各地の古墳出土須恵器に適用した結果、前章で述べたように陶邑産須恵器は一方的に全国各地の古墳へ供給されていることがわかった。そこで、陶邑産須恵器の一方的な伝播の持つ意味の考察を試みた。その際、陶邑産須恵器が「一方的」に地方の古墳・遺跡へ供給された点が注目された。

　このように一方的に起こる変化（現象）に対して、自然科学では「ポテンシャル論」を適用する。自然科学の世界では、例えば、地球の重力場では地表から高い位置にある物体は地球の重心に向かって自然落下する。その逆の自然浮上という現象はない。自然落下する物体を支えようとすると、外

部から物体を支える力を加えなければならない。したがって、より高い位置にある物体はより低い位置にある物体に対して、より高いポテンシャルエネルギー（位置エネルギー）をもつと考えられる。同様に、化学分野でも、化学反応は化学ポテンシャルの高い反応物系から、低い生成物系へと自発的に進行する。いわゆる、発熱反応である。逆方向に化学反応を進めようとすると、外部からエネルギーを加えなければならない。エネルギー差があってはじめて、ポテンシャルが生じる。ポテンシャルの原因はエネルギー差である。ポテンシャルが生じて、重力場では物体は自然落下するし、化学反応も一方的に進行する。このように、一方的に進む現象に「ポテンシャル論」が適用される。

　陶邑産須恵器が「一方的」に地方の古墳・遺跡へ供給された背景には、何らかのポテンシャルが作用したと考えたのである。そのポテンシャルとは「政治的ポテンシャル」である。「政治的ポテンシャル」が5世紀代の倭国内に生じていたことを何らかの形で示さなければならない。その前に、歴史上、国家間にも「政治的ポテンシャル」が実在したことを文献の中に探ってみた。

　古代中国とその周辺諸国の間には、冊封、朝貢の関係があったことは歴史学上、周知の事実である。この政治的関係は対等関係ではなく、中国が周辺諸国に対して、政治的に上位である関係である。この関係が実在したことは中国側の文献である魏志倭人伝の冒頭に「倭人は帯方の東南大海の中にあり、山島に依りて国邑をなす。旧百余国。漢の時朝見する者あり、今、使訳通ずる所三十国」と記されている。「朝見」という用語が使われており、古代中国と倭国の間に朝貢関係があったことを記している。さらに、この朝貢関係のことは倭人伝の記述の中にかなり詳しく記されている。魏の皇帝の卑弥呼に対する言葉遣いからも読み取れる。倭人伝によると、魏の皇帝は自らを「天子」と称し、その配下に属することになる倭王卑弥呼に対して「汝」と呼びかけている。「天子」は天下にただ一人、魏の皇帝だけである。卑弥呼の使者が魏の皇帝に差し出す方物（倭国の特産物）には「献上」という言葉が使われ、逆に、魏の皇帝が卑弥呼に与える好物に対しては「下賜」という言葉が使われている。「献上」も「下賜」も皇帝と臣下の間に、ものをやり取りする際に使われる用語である。魏と倭国の間には明らかに政治的な上下の差、すなわち、政治的ポテンシャルが実在したことを示している。この他にも、魏と倭国の間に政治的ポテンシャルが実在したことを示す用語は倭人伝の中に随所にみられる。例えば、魏側から「徐綬」された官職は朝貢大使に相当するとみられる難升米には率善中郎将であり、朝貢次使都市牛利に「徐綬」される官職は率善中郎尉である。「将」は旧日本陸海軍の大将、中将、少将の「将」であり、「尉」は大尉、中尉、少尉の「尉」である。「将」と「尉」の間に明らかに階級差がある。臣下の間にも階級差があった訳である。これに対して、倭国側の使者は皆、共通して「大夫」と名乗っていたと倭人伝には書かれている。この他、卑弥呼に授けられた「印」は金印であり、朝貢使者に授けられた「印」は銀印である。金属にも差別がつけられている。さらに、金印についている飾りは紫綬であり、銀印についている飾りは青綬である。色にも差別があったのである。古代ローマでも、紫色の衣を着衣できたのはローマ皇帝だけであった。紫色は最上位の色であったのでる。

　他方、倭国内は30か国ほどの小国に分かれており、これらの王たちによって卑弥呼は邪馬台国の女王として共立されたと記されている。まだ、この時期には倭国は統一された国ではないことが

わかる。当然、倭国内には政治的ポテンシャルはできていない。このように、卑弥呼が魏に朝貢した3世紀代には、古代中国と倭国の間には明らかに「政治的ポテンシャル」が実在したことを魏志倭人伝は伝えている。

　一方、5世紀代の倭国のことを記す、中国側の文献である「宋書倭国伝」によると、倭の五王も南宋に朝貢したことが記されている。5世紀代にも、南宋と倭国の間には柵封・朝貢の関係があったのである。依然として、古代中国と倭国の間には、「政治的ポテンシャル」が実在したのである。ただ、3世紀代と異なる点は、「宋書倭国伝」の中に記されている倭王、武の上表文によると、この時期には倭王は倭国内を征服し、政治的に頂点にいたことを記述している。このことは倭国内にも、倭王を頂点とした「政治的ポテンシャル」ができていたことを物語る。

　他方、考古学側からも、倭国内に「政治的ポテンシャル」があったことを示す証拠がある。5世紀代の倭の五王の時代は、巨大古墳が築かれた時代である。前方後円墳、円墳、方墳などの古墳の形式や、その大小が政治的勢力の大きさを示す指標であると考えられている。最大の前方後円墳である大山古墳（仁徳陵古墳）が畿内にあることは、倭国の政治的中枢が畿内にあったことを示している。さらに、畿内の大和政権の墳墓群と考えられている古市古墳群や百舌鳥古墳群に巨大古墳が集中していることも、倭国内にも大きな「政治的ポテンシャル」ができていたことを考古学側からも示している訳である。

　さらに、千葉県市原市の稲荷台1号墳から出土した鉄剣には「王賜」という漢字が刻み込まれていた。「賜」という語は皇帝が臣下に「もの」を与えるときに使われる用語であり、臣下から皇帝に差し出す場合には「献上」という用語を使用する。鉄剣に「王賜」の語を刻んだことの意味は倭王から稲荷台1号墳に埋葬されている豪族の首長に「下賜」されたものであると解釈される。稲荷台1号墳からは陶邑産と推定される須恵器も出土している。また、埼玉県の稲荷山古墳出土の鉄剣に刻み込まれた115文字の中に、「治天下大王」という文字はあり、すでに、この時期には倭王が治める天下世界が実在したことを明記している。つまり、5世紀代には倭国内にも倭王を頂点とした大きな「政治的ポテンシャル」が形成されていたと考えられる。稲荷山古墳にも陶邑産の須恵器が埋蔵されている可能性は高い。

　倭王と地方の豪族たちとの関係は弥生時代に卑弥呼が朝貢したときの魏の皇帝と倭国との関係に似ているのではなかろうか？　卑弥呼は魏に朝貢して、魏の皇帝から倭国王として認められ、金印紫綬を授けられた。その金印には「親魏倭王」の文字が刻印されていた可能性が高い。同時に、銅鏡百枚はじめ、多くの好物も授けられた。一方、倭国内では、地方の豪族が大和政権に何らかの形で出仕した後、帰国する際に、下賜品として鉄剣が授けられたと推察される。鉄剣は貴重品なので、倭王の側近として重要な役割を果たした特別の豪族の首長に下賜されたものであろう。それに対して、須恵器という土器は貴重品でもなんでもない。何らかの意味を込めて、古墳での祭祀用具として、大和政権に出仕した地方豪族に須恵器が授けられたことも考えられる。それが地方の大中小の古墳から陶邑産須恵器が出土する理由であるとも考えられる。地方豪族の墳墓で倭王から授けられた須恵器を祭祀道具として使用することで、倭王を頂点とした倭国内の同族意識が高められたことも考えられる。このような政治的背景から、陶邑産の須恵器が全国各地の大中小の古墳へ一方的に

伝播したことは理解できるであろう。これが古墳時代の陶邑産須恵器が「政治的な意味を持つ土器である」といわれる所以である。陶邑産須恵器が交易によって、全国各地の古墳・遺跡へ供給されたという根拠はどこにもない。古墳で祭祀をする時代も終焉し、須恵器が日常用具として広く普及した平安時代では、須恵器はそれほど大きな政治的意味を持っていたとは考えられないので、「須恵器が政治的な意味をもつ土器」であるとすれば、それは古墳時代の須恵器のことであることが理解されよう。

　古墳時代に和泉陶邑で大規模の須恵器生産が行われたことと、陶邑産須恵器が一方的に全国各地の古墳・遺跡へ供給されたこととは連動していたことが考えられる。もし、陶邑での須恵器の大量生産には何らかの政治的な意図があったとすれば、陶邑産須恵器の伝播も意図的であったと考えられよう。しかも、この時期は倭国が古代国家として成長していく過程にあった。倭王による陶邑での大規模な須恵器生産は古代国家建設と深く関わるものと推察されるが、陶邑での大規模な須恵器生産と、その製品の伝播に関して記述した文献はない。このことを理解するために、自然科学の世界で一方的に動く現象に「ポテンシャル論」を適用するように、陶邑産須恵器の一方的な伝播の説明に、「ポテンシャル論」を適用してみたのである。

　「ポテンシャル論」は3〜5世紀代の古代中国とその周辺諸国の政治的な関係に適用されるだけではない。奈良時代にまで拡張されて、日本歴史解読の作業に役立つ。

　7世紀代に入ると、倭国にも「天子」が誕生する。そして、倭国内でも「天皇」に仕える役人の階級も制度化された。「日本書紀」巻二十二によると、推古天皇十壱年（西暦603年）「初めて冠位を行う。大徳、小徳、大仁、小仁、大礼、小礼、大信、小信、大義、小義、大智、小智併せて十二階」とある。冠位十二階の制である。このことは唐初の中国側の文献である「隋書倭国伝」にも記されている。

　倭王・武の朝貢（西暦478年）以来、100年以上も中断されていた朝貢関係は推古朝に再開される。後期朝貢関係の始まりである。ただ、後期朝貢関係は前期朝貢関係とは本質的に異なる。遣隋大使小野妹子は冠位十二階の制により、「大礼」に任官されて隋に派遣された。そのとき（西暦607年）、朝貢使が隋の皇帝に差し出した国書には「日出ずる処の天子、書を日没する処の天子に致す、恙なきや」と書かれていた。中国の天子に対して、倭王がみずからを「天子」と名乗ったのである。倭国側は隋と対等であると意識したことを物語る。古代中国と倭国の間に在った「政治的ポテンシャル」は百年余の間に、大きく変動したのである。その原因は中国側では内乱による国力の疲弊であり、逆に、倭国側は倭国内の政治、軍事の整備による「政治的ポテンシャル」の強化である。「隋書倭国伝」にも、「倭国が朝貢した」と記されているが、隋側の官職を徐綬した記述はない。すでに、この時期には「冊封」の関係はなかったものとみられ、この点が卑弥呼の邪馬台国や倭の五王の時代とは全く異なるところである。古代中国と倭国の間に在った、大きな「政治的ポテンシャル」はすでになくなっていた。それが国書となって現れたのである。このように、国家間にある「政治的ポテンシャル」は時代によって変遷する。

　ただ、「隋書倭国伝」に「倭国には文字なし、ただ、木を刻みて縄を結ぶのみ。仏法を敬す。百済において仏教を求得し、始めて文字あり」と記されているように、倭国と大陸諸国の間には、ま

だ、大きな「文化的ポテンシャル」の差があったことを意識して、推古朝は「文化的ポテンシャル」の差を埋めるべく、朝貢使を派遣したのである。これが後期朝貢使（遣唐使）の重要な役割だったのである。この後、倭国には仏教が伝来し、経典とともに、漢字が伝えられた。さらに、倭国内では漢字から変形した「カタカナ」と「ひらがな」がつくられ、古今集などの和歌集や、竹取物語、伊勢物語などの多くの文学作品も作られ、文化的にも豊かになった。この時点で、遣唐使の使命は終わる。そして、11世紀初頭には「枕草子」や「源氏物語」などの世界的な文学作品も創作され、大陸との間に在った「文化的ポテンシャル」も埋められ、ここに、政治的にも、文化的にも充実した古代国家が完成するのである。

　卑弥呼の時代から、ここにいたるまで、日本国家の成長の推移を大きな視点からみる上に、「ポテンシャル論」による理解は有効である。

第10章　埴輪の生産・供給問題の研究

　古墳時代のもう一つの重要な土器遺物は古墳の周りに多数並べられた埴輪である。埴輪も須恵器同様、古墳での祭祀道具であるが、その性格は全く異なる。陶邑産須恵器が全国各地の豪族の首長たちの墳墓である古墳へ供給されていたことは大和政権と地方豪族が何らかの関係があったことを示すという点で、政治的な意味をもつのに対して、埴輪は全国的に伝播する訳ではない。古墳群を中心に広がっているに過ぎない。古墳は単独で存在するよりも、古墳群としてまとまって分布している場合が多い。古墳群はその地域の首長たちとその一族の墳墓群であると考えられる。したがって、古墳群内の埴輪の生産・供給の問題は古墳群を形成する豪族たちの関係、すなわち、血族関係の問題となる。埴輪の生産・供給問題の研究にも蛍光X線分析は役立つ。

1. 窯跡群出土埴輪の生産と供給

　大和政権があった畿内では大和政権の墳墓群である古市古墳群（大阪府羽曳野市）内に古市窯跡群（誉田白鳥窯、土師ノ里窯）が、また、継体系の豪族の墳墓群である三島野古墳群（大阪府高槻市）内には新池窯跡群があり、それぞれ、20基ほどの埴輪窯跡が発見されている。この場合は生産地である窯跡群が残っているので、須恵器と同様にして、その生産と供給問題を研究することができる。両窯跡群の埴輪の試料集団の両分布図を図281に示す。古市窯跡群の埴輪の化学特性と新池窯跡群の埴輪の化学特性は明らかに異なることがわかる。また、両者の2群間判別図を図282に示す。両窯跡群の埴輪の試料集団は完全に分離しており、両者の相互識別は容易であることがわかる。この判別図を活用すれば、古市古墳群内のどの古墳に古市窯群でつくられた埴輪が供給されていたか、また、三島野古墳内のどの古墳へ新池窯跡群の埴輪が供給されていたががわかる。さらに、古市古墳群と三島野古墳群間で埴輪の交換があったかどうかもわかるはずである。

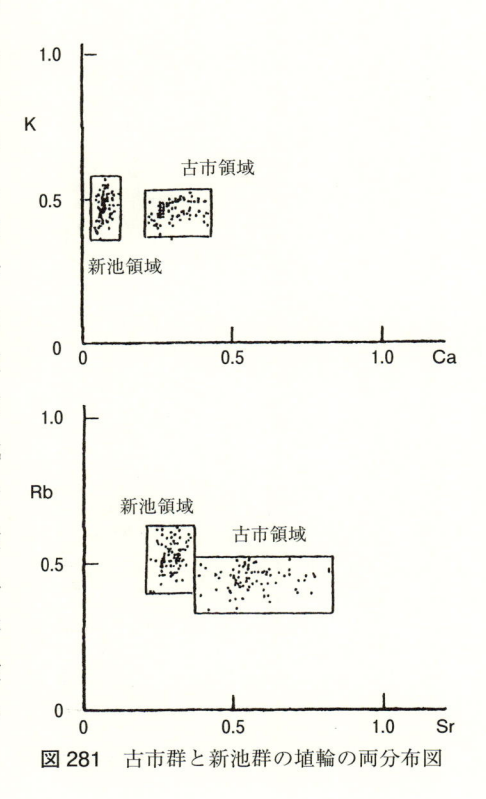

図281　古市群と新池群の埴輪の両分布図

図282 古市群と新池群の相互識別

図284 誉田御廟山古墳出土埴輪の産地推定

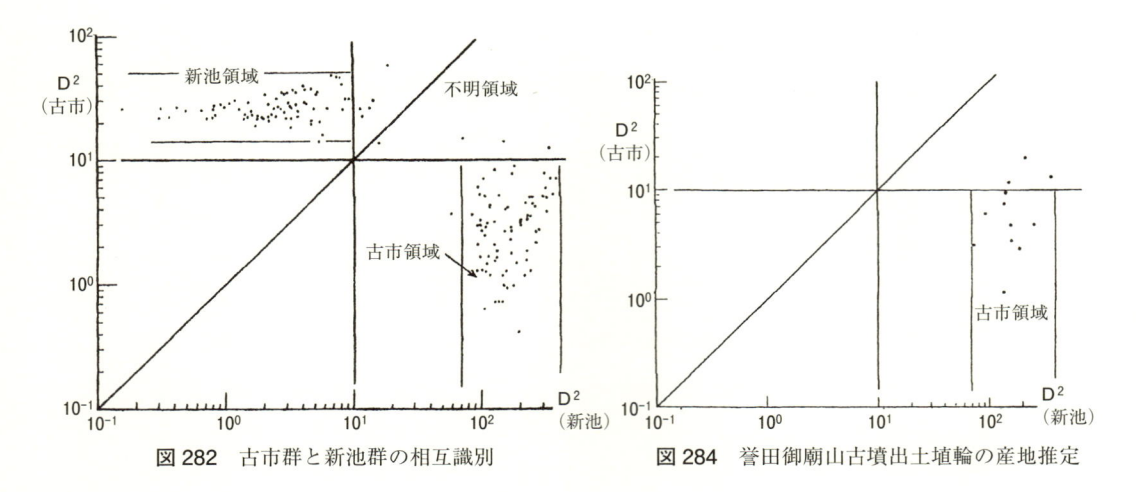

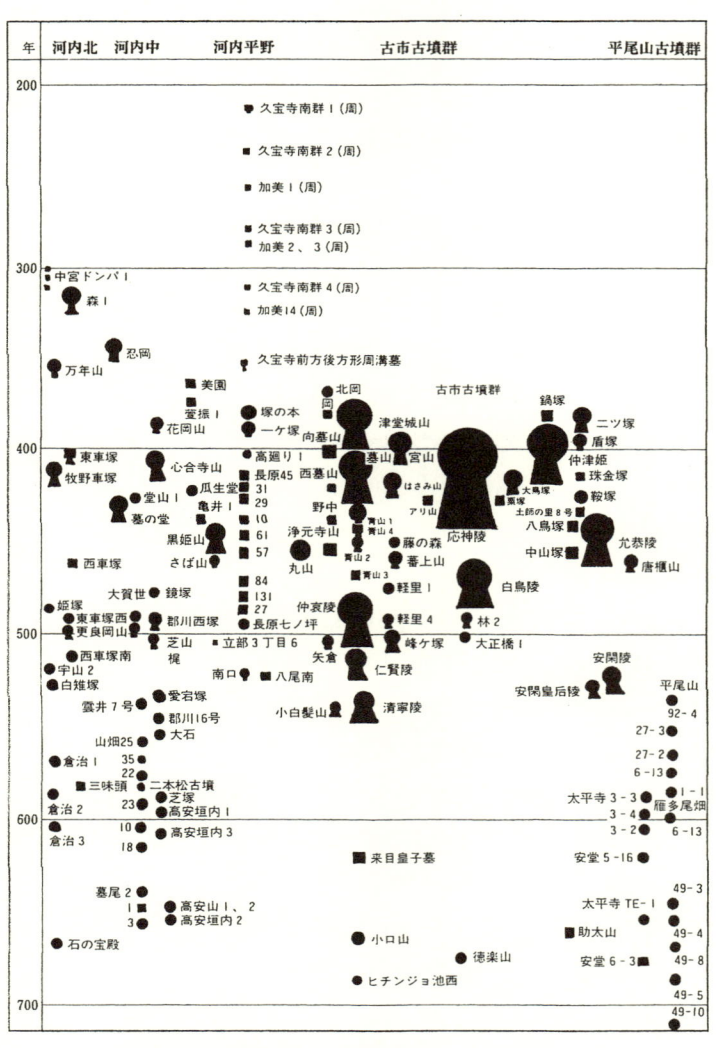

図283 古市古墳群の古墳編年表（石野 1995より）

ここで、古市古墳群の古墳の編年表を図283に示す。ただし、古市窯跡群はこの編年表には組み込まれてはいない。どの古墳に古市窯跡群の埴輪が供給されていたのかは、年代関係は不明なので、蛍光X線分析によって、古墳出土埴輪の胎土を古市窯跡群の埴輪の胎土に結び付けるほかない。古市古墳群の最大の前方後円墳は誉田御廟山古墳（応神陵古墳）である。この古墳の周りには多数の埴輪が並べられている。そのために、古市窯跡群で大量の埴輪を生産した可能性がある。この古墳から出土した埴輪の判別図を図284に示す。明らかに、古市領域に分布しており、古市窯跡群で作られた埴輪が誉田御廟山古墳へ供給されていたことがわかる。誉田白鳥古墳に大量の埴輪を供給するために、古市窯跡群で埴輪の大量生産を行ったと考えられる。

他方、三島野古墳群の古墳編年表を図285に示す。この編年表には新池窯跡群の埴輪も掲載されている。新池跡窯群の操業と同時期の古墳は三島野古墳群内の最大の前方後円墳である太田茶臼山古墳と今城塚古墳である。ここで、太田茶臼山古墳出土埴輪の分析データを前記、判別図上にプロットした結果を図286に、また、今城塚古墳出土埴輪の産地推定の結果を図287に示す。いずれの古墳の埴輪も新池領域に対応しており、両古墳に大量の埴輪を並べるために、新池窯跡群で埴輪の大量生産を行ったと考えられた。かなり長期間にわたって、新池窯群が操業した訳である。

それでは、これらの巨大古墳と同時期に築造された周辺の古墳の埴輪の胎土はどうなのであろうか。まず、図285の古墳編年表からみて、今城塚古墳と同時期の昼神車塚古墳の埴輪の両分布図と判別図を図288に示す。明らかに、新池窯跡群の埴輪であることがわかる。さらに、南塚、梶原古墳群と、時期的には太田茶臼山古墳に近い番山古墳の埴輪の両分布図と判別図を図289に示す。いずれの古墳の埴輪も新池窯跡群の埴輪であることがわかる。このデータから、新池窯跡群は三島野古墳群で最大級の前方後円墳である太田茶臼山古墳と今城塚古墳へ埴輪を供給するために開設された埴輪窯跡群であるが、これらの古墳の周辺に在る、同時期の古墳へも埴輪を供給していたことがわかる。このことはこれらの古墳の被葬者たちは血縁関係にあったことを示す重要なデータである。

新池窯跡群が操業に入る以前の古墳の埴輪は当然、新池窯跡群で作られた埴輪ではない。しかし、三島野古墳群のある地域内で作られた埴輪であれば、その胎土は新池窯跡群の埴輪胎土と類似した化学特性をもっていることが予想された。図285の編年表からみて、新池窯跡群の操業以前の古墳である、萩之庄1、2号墳の埴輪の両分布図と判別図を図290に示す。明らかに、新池領域を少しずれた領域に分布する。新池窯跡群で作られた埴輪ではないことを示している。しかし、両分布図からみると、新池領域の近くに分布しており、その化学特性は類似していることがわかる。三島野古墳群が所在する地域内で作られた野焼きの埴輪であると考えられる。図285の三島野古墳群の編年表から、新池窯跡群の操業以前の古墳として、紅茸山C1、C3、C7、C9号墳の埴輪の両分布図を図291に示す。両分布図で新池領域に対応する古墳の埴輪は一つもない。野焼きの埴輪であることを示している。また、その分布領域は古墳ごとに異なっており、同じ地域内の別場所で採取された粘土を使用していることを示している。

他方、古市古墳群側では古市窯跡群の操業年代が提示されていないので、三島野古墳群の場合とは別の方法で古墳出土埴輪の胎土を調べてみた。まず、両分布図で古市窯跡群の領域に分布する埴輪と、分布しない埴輪にわけてみた。前者をA群、後者をB群とした。A群埴輪の両分布図と判

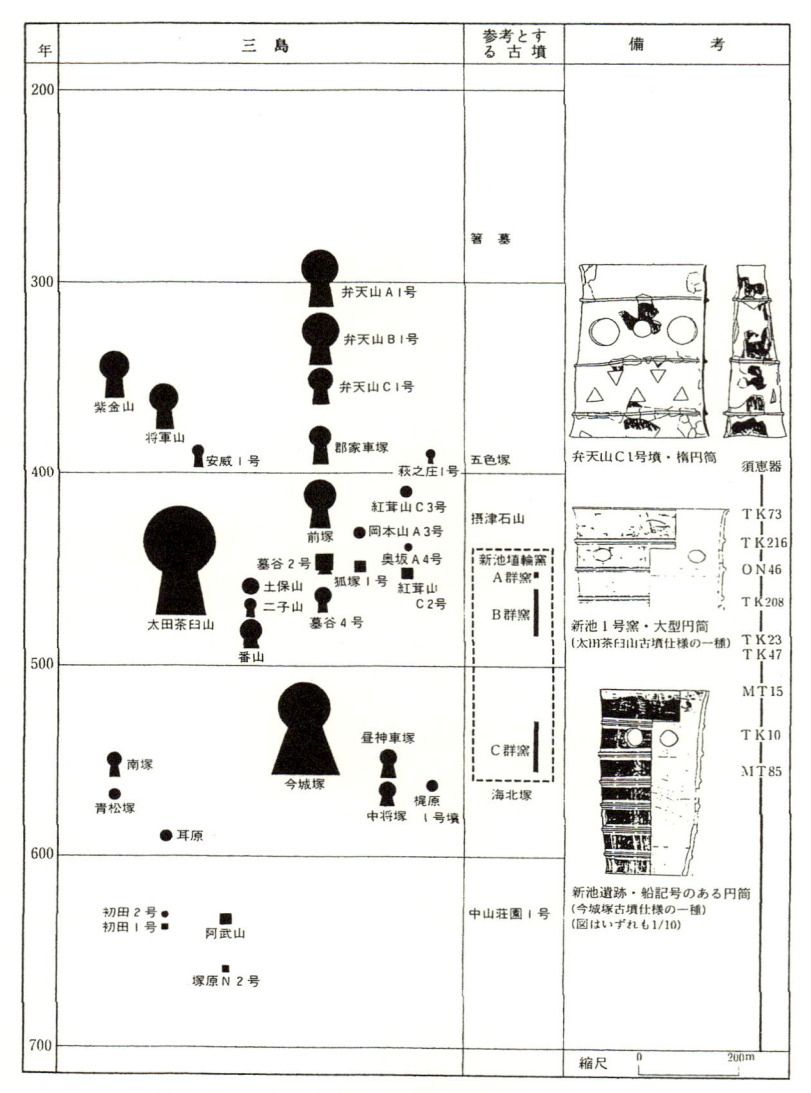

図285　三島野古墳群の古墳編年表（石野 1995 より）

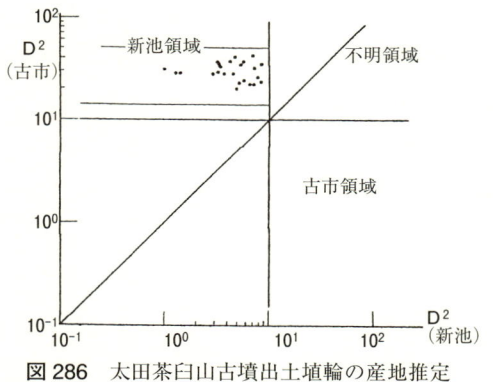

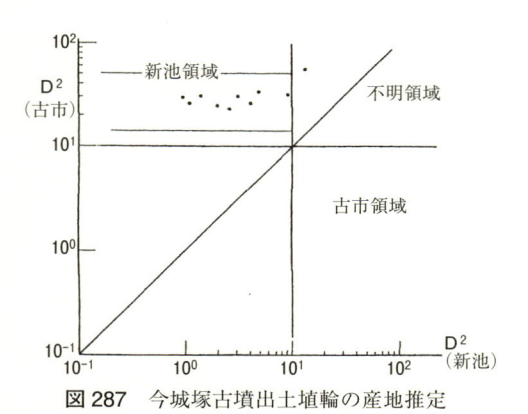

図286　太田茶臼山古墳出土埴輪の産地推定

図287　今城塚古墳出土埴輪の産地推定

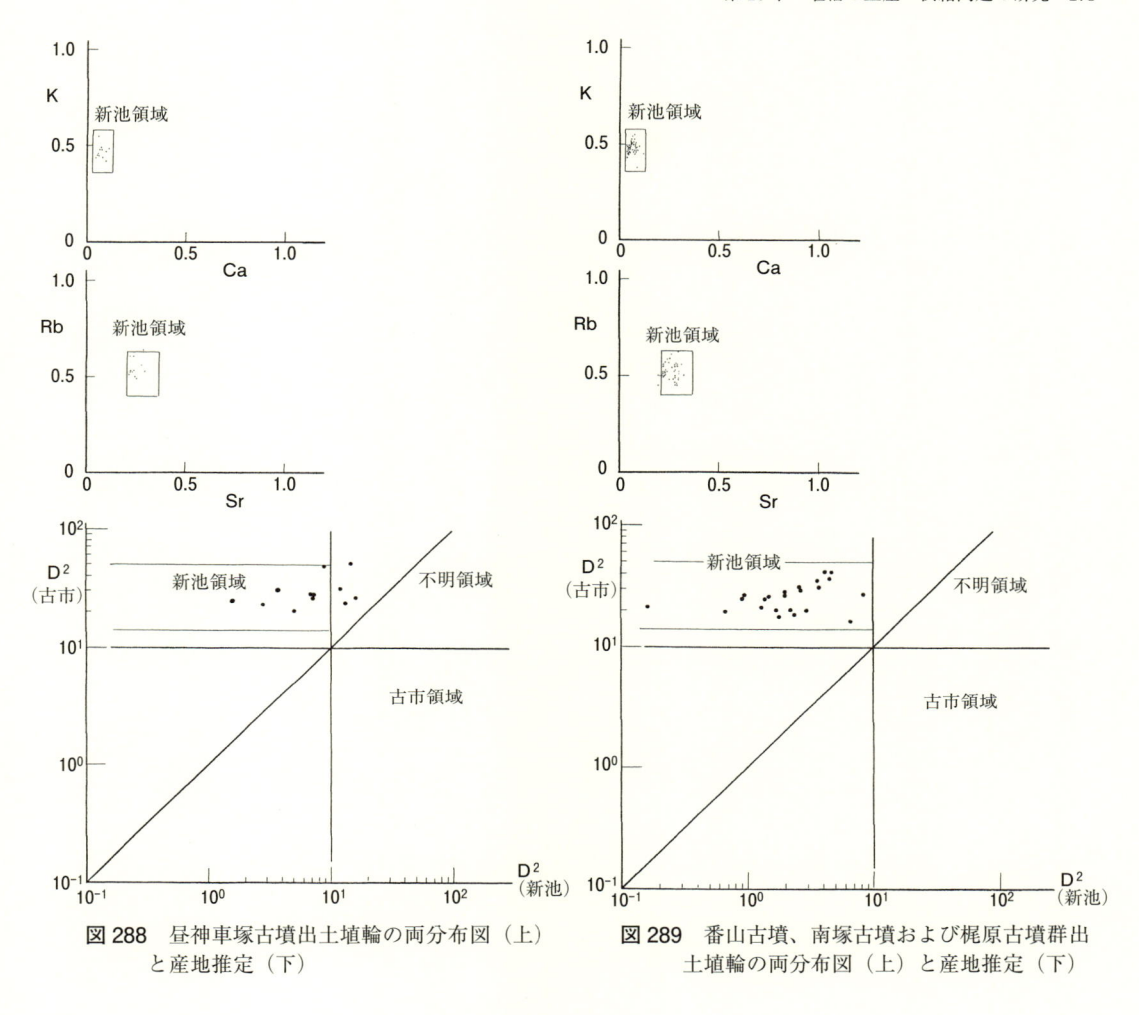

第 10 章 埴輪の生産・供給問題の研究　173

図 288 昼神車塚古墳出土埴輪の両分布図（上）と産地推定（下）

図 289 番山古墳、南塚古墳および梶原古墳群出土埴輪の両分布図（上）と産地推定（下）

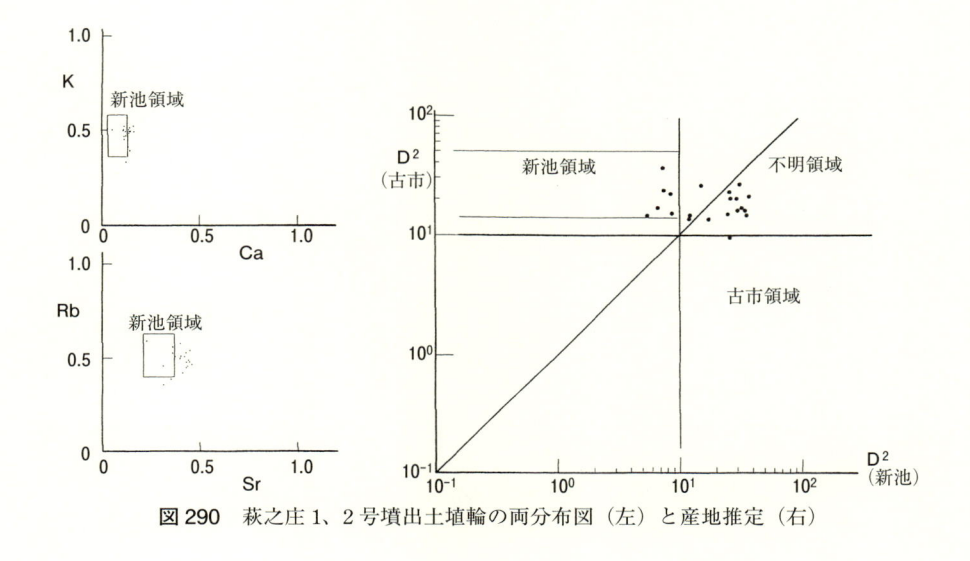

図 290 萩之庄 1、2 号墳出土埴輪の両分布図（左）と産地推定（右）

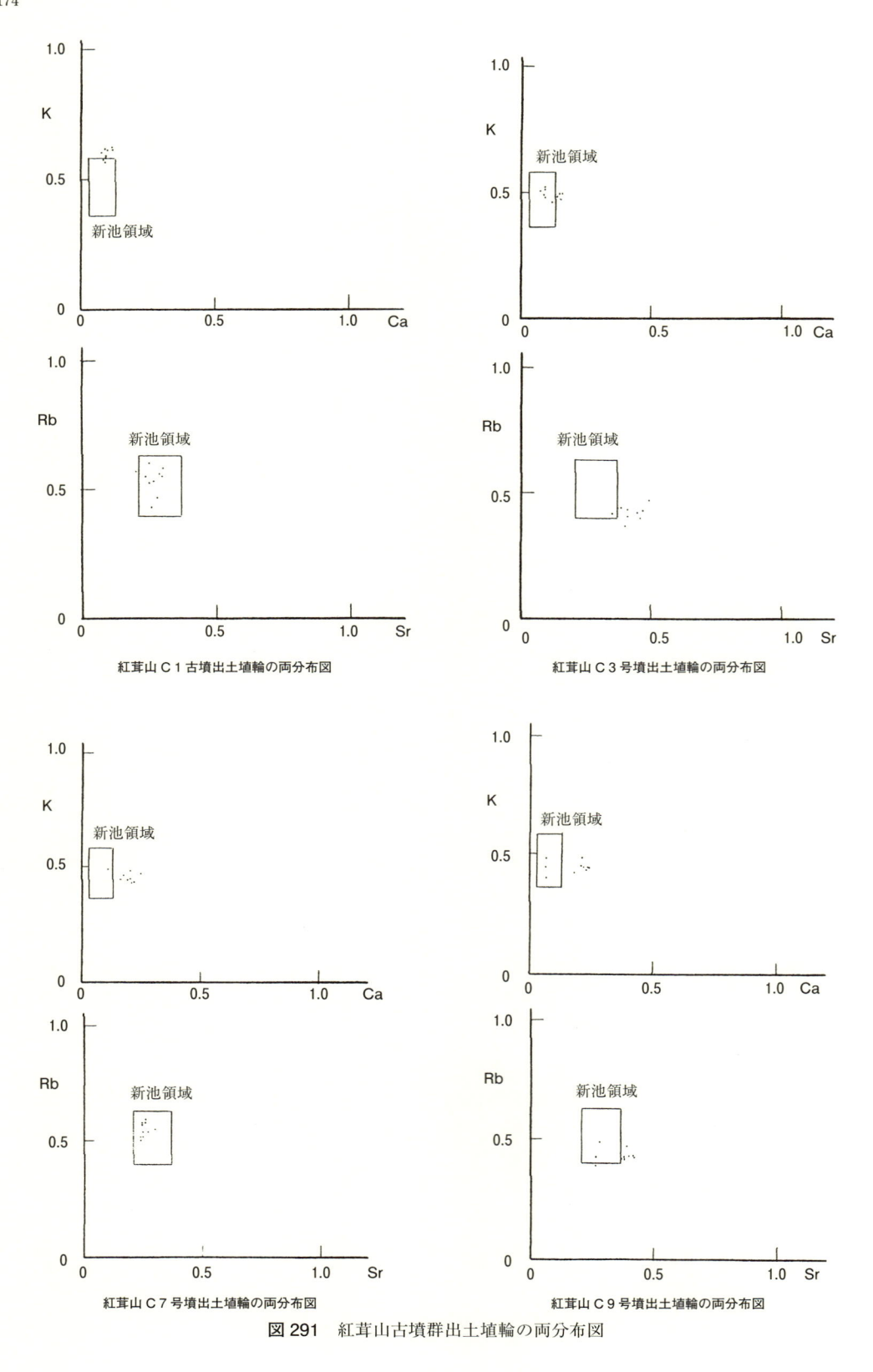

紅茸山 C1 号墳出土埴輪の両分布図　　　　　　　　紅茸山 C3 号墳出土埴輪の両分布図

紅茸山 C7 号墳出土埴輪の両分布図　　　　　　　　紅茸山 C9 号墳出土埴輪の両分布図

図 291　紅茸山古墳群出土埴輪の両分布図

別図を図292に示す。A群埴輪が出土した古墳は林2号墳、青山古墳群、野中古墳、矢倉古墳、允恭陵外堤、狭山古墳、茶山古墳などである。いずれも、誉田御廟山古墳以降に築造された古墳である。これらの古墳の埴輪は古市窯跡群で作られた埴輪である可能性が高い。判別図をみると、古市領域をずれて分布する埴輪も若干あり、必ずしも、すべてが古市窯跡群で作られた埴輪ではない。ただ、両分布図での分布は古市領域に対応しており、古市古墳群内で作られた埴輪であることは間違いない。両分布図で古市領域に対応しないのがB群埴輪である。このうち、Caが比較的少ない埴輪をB1群、比較的多い埴輪をB2群とした。B1群の埴輪の両分布図と判別図を図293に示してある。鍋塚、大鳥塚、向墓山古墳などから出土した埴輪である。B2群埴輪の両分布図と判別図は図294に示してある。岡古墳、墓山古墳、浄元寺山古墳、仲津姫陵古墳などの埴輪である。判別図における分布位置からみて、B1群埴輪も、B2群埴輪も古市窯跡群で作られた埴輪ではないことがわかる。しかし、その化学特性は古市窯跡群の埴輪に類似していることは確かである。古市古墳群内で作られた野焼きの埴輪と考えられる。

　この結果、三島野古墳群と古市古墳群の間には地域を越えた埴輪の生産・供給関係がなかったことがわかった。魏志倭人伝には倭国の葬儀のことに関する記述もある。一族の家長が中心となって葬儀が執り行われたことを記している。このことを前提として考えると、古市古墳群と三島野古墳群間に地域を越えた埴輪の生産・供給関係がなかったという分析データは、両古墳群に埋葬されている豪族の首長たちの間には血族関係がなかったことを示すと考えられる。三島野古墳群内にある今城塚古墳は継体天皇陵であると考古学者は考えている。「日本書紀」によると、倭王継体は「誉田天皇（応神天皇）五世孫、彦主人王之子也」と記されている。現代でも、五世の孫になると、親戚扱いはしないであろう。「日本書紀」の記述が真実であったとしても、両古墳群間に埴輪の生産・供給の関係がなかったことは理解できる。

　しかし、両古墳群間に血族的な関係があったことを示唆する唯一のデータがある。三島野古墳群の編年表に記載されている、4世紀代末の郡家車塚古墳から出土した鰭付き円筒埴輪である。この古墳から出土した普通円筒埴輪と鰭付き円筒埴輪の両分布図を図295に示す。この図には、同時期の古市古墳群側の前方後円墳である津堂城山古墳（藤井寺市）出土の鰭付き円筒埴輪の両分布図も示してある。郡家車塚古墳の円筒埴輪は両分布図での分布位置からみて、三島野古墳群内で作られた埴輪であることを示している。しかし、鰭付き円筒埴輪は普通円筒埴輪の胎土とは異なることを示している。その分布位置は津堂城山古墳の鰭付き円筒埴輪の分布位置に対応している。胎土分析のデータからは、郡家車塚古墳出土の鰭付き円筒埴輪は津堂城山古墳側から供給された可能性があることを示している。当時、大阪府高槻市教育委員会に勤務していた大船孝弘氏がその可能性を指摘して、埴輪試料を提供されたのである。この問題の研究をさらに進めるためには、津堂城山古墳の円筒埴輪も分析してみなければならない。何故、鰭付き円筒埴輪だけが津堂城山古墳側から郡家車塚古墳へ供給されたのかも問題である。今後の研究課題である。

　こうして、大量の埴輪を生産した窯跡群を擁する古墳群内の古墳出土埴輪の胎土研究に理化学的胎土分析が適用された結果、窯跡群出土埴輪が供給された古墳がわかったが、野焼きの埴輪もその胎土の化学特性は窯跡群出土埴輪の化学特性と類似しており、同じ古墳群内で作られた野焼きの埴

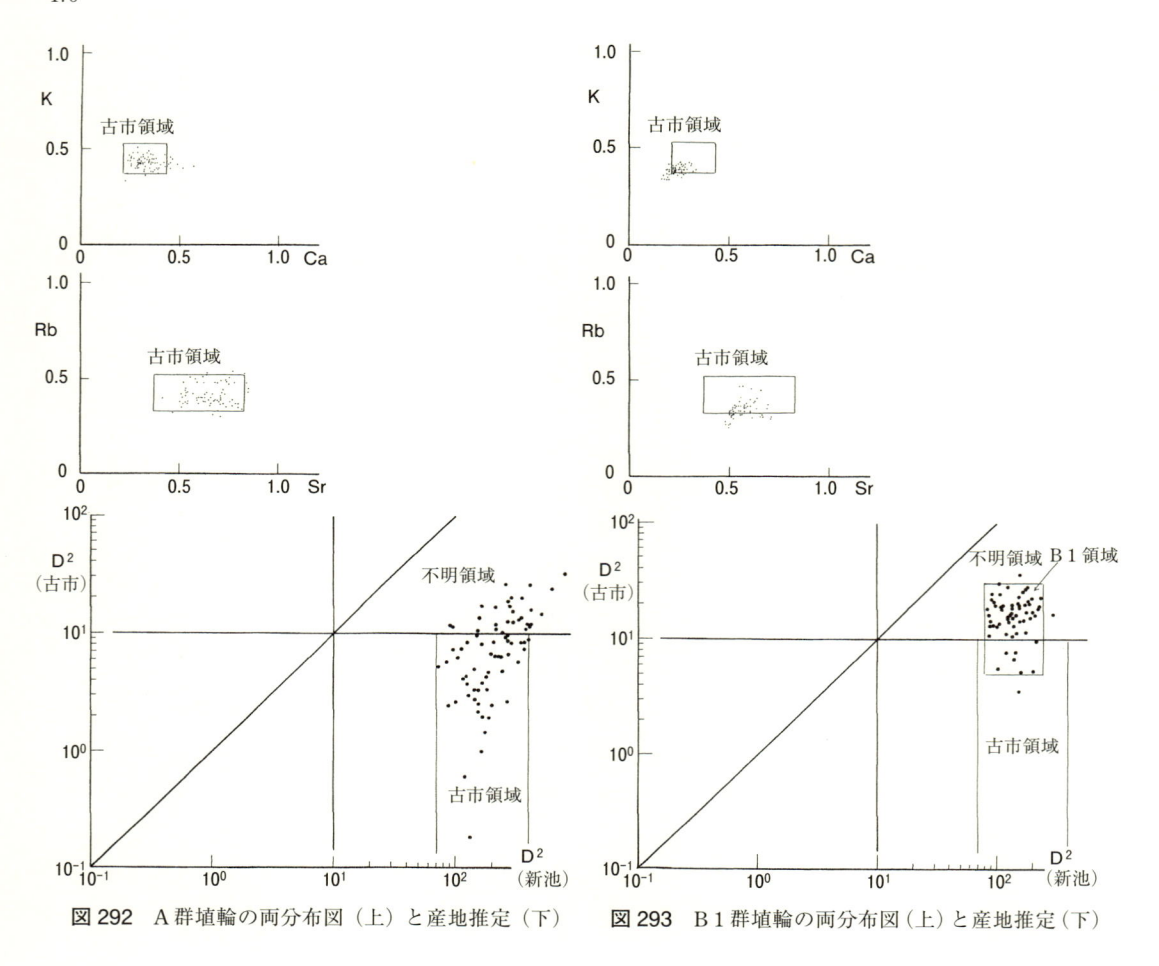

図 292　A群埴輪の両分布図（上）と産地推定（下）　　図 293　B1群埴輪の両分布図（上）と産地推定（下）

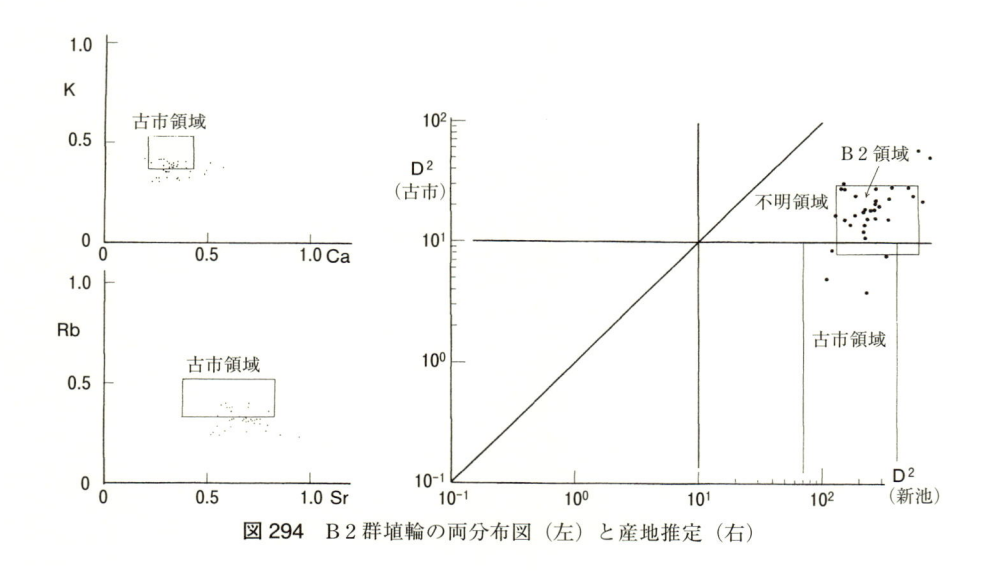

図 294　B2群埴輪の両分布図（左）と産地推定（右）

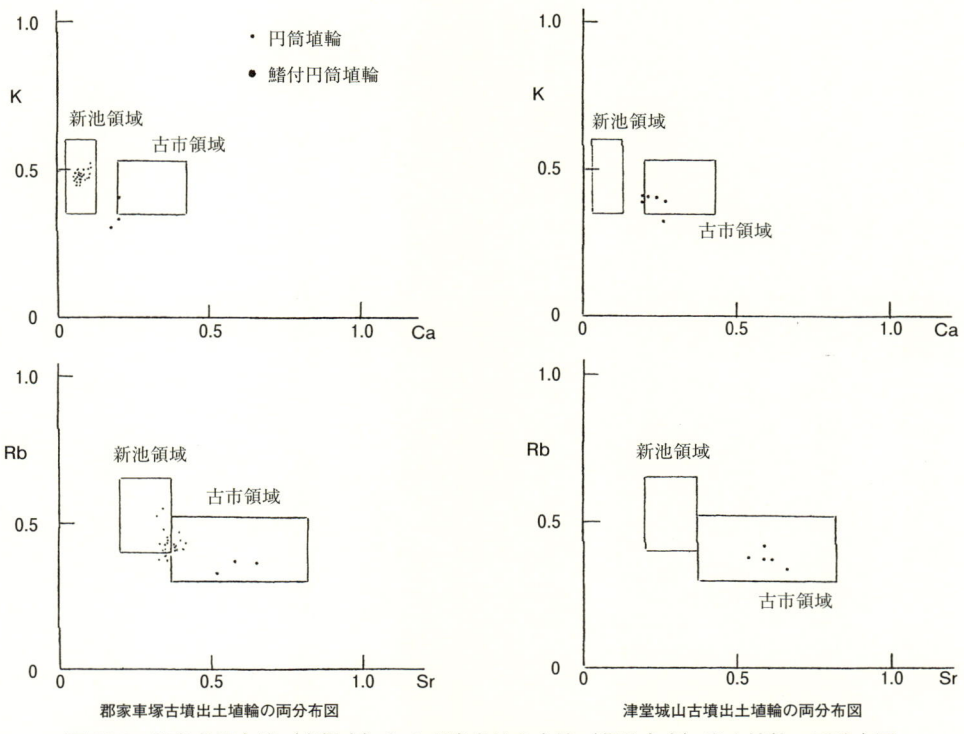

図 295　郡家車塚古墳（高槻市）および津堂城山古墳（藤井寺市）出土埴輪の両分布図

輪であることもわかった。このことは窯跡群出土須恵器が一定の化学特性をもっているのと同様、埴輪胎土も古墳群として、一定の化学特性を持つことを示す。このことは窯跡群出土須恵器と同様、古墳群出土埴輪も在地産の粘土を素材として作られたことを物語る。そうすると、窯跡群をもたない各地の古墳群の埴輪も古墳群として、一定の化学特性を持っている可能性がある。このことはこれから、理化学的胎土分析による実験データを通して確かめていかなければならない。このことが実証されれば、古墳群間で埴輪の生産・供給関係があったかどうかを知る研究が可能となり、埴輪の新しい研究法となる。全国各地の古墳群出土埴輪胎土の考古科学的研究の進展が期待される。

2. 古墳群出土埴輪の化学特性

　古市古墳群、三島野古墳群に続いて、畿内の古墳群の埴輪の理化学的胎土分析が開始された。
　まず、小さな古墳群から、古墳群として一定の化学特性をもつかどうかの検討から始めた。大阪府柏原市に在る玉手山古墳群の埴輪を分析した。玉手山古墳群（玉手山1、2、3、6、9号墳と松岳山古墳）出土埴輪の両分布図を図296、図297に示す。玉手山古墳群の埴輪としてよくまとまって分布していることがわかる。このことは玉手山古墳群として一定の化学特性をもつことを意味する。これらの玉手山古墳群の埴輪を包含するようにして、玉手山領域を描いてある。この領域は古市領域に近い。柏原市は古市窯群が所在する羽曳野市に近いことからも理解できる。図296、図297には、玉手山古墳群の個々の古墳出土埴輪の両分布図を示してある。個々の古墳出土埴輪は玉手山領

(1) 玉手山古墳群（1～3・6・9号墳）・松岳山古墳出土埴輪の両分布図

(2) 玉手山1号墳出土埴輪の両分布図

(3) 玉手山2号墳出土埴輪の両分布図

(4) 玉手山3号墳出土埴輪の両分布図

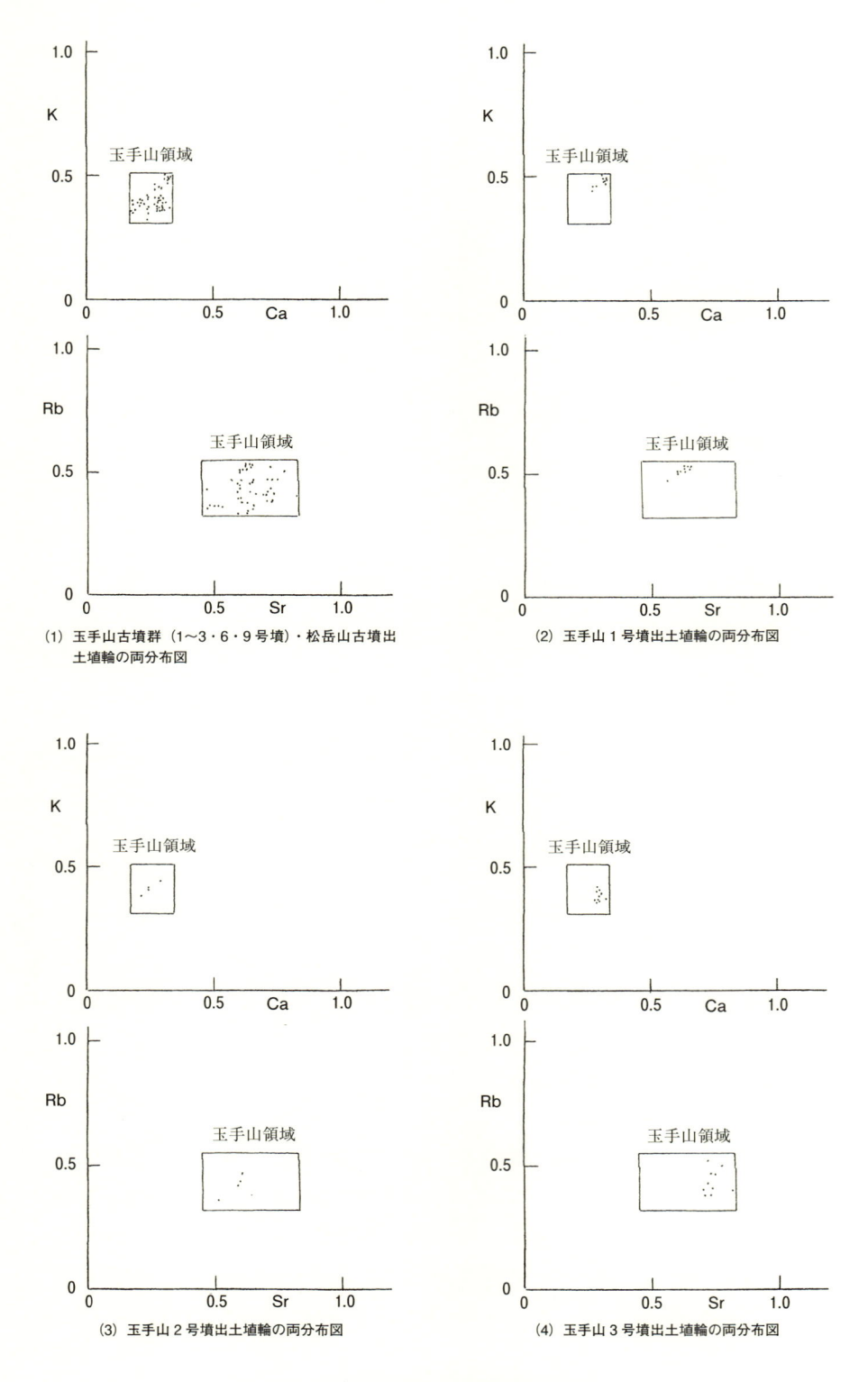

図296　玉手山古墳群出土埴輪の両分布図（1）

(5) 玉手山6号墳出土埴輪の両分布図　　(6) 玉手山9号墳出土埴輪の両分布図

(7) 松岳山古墳出土埴輪の両分布図

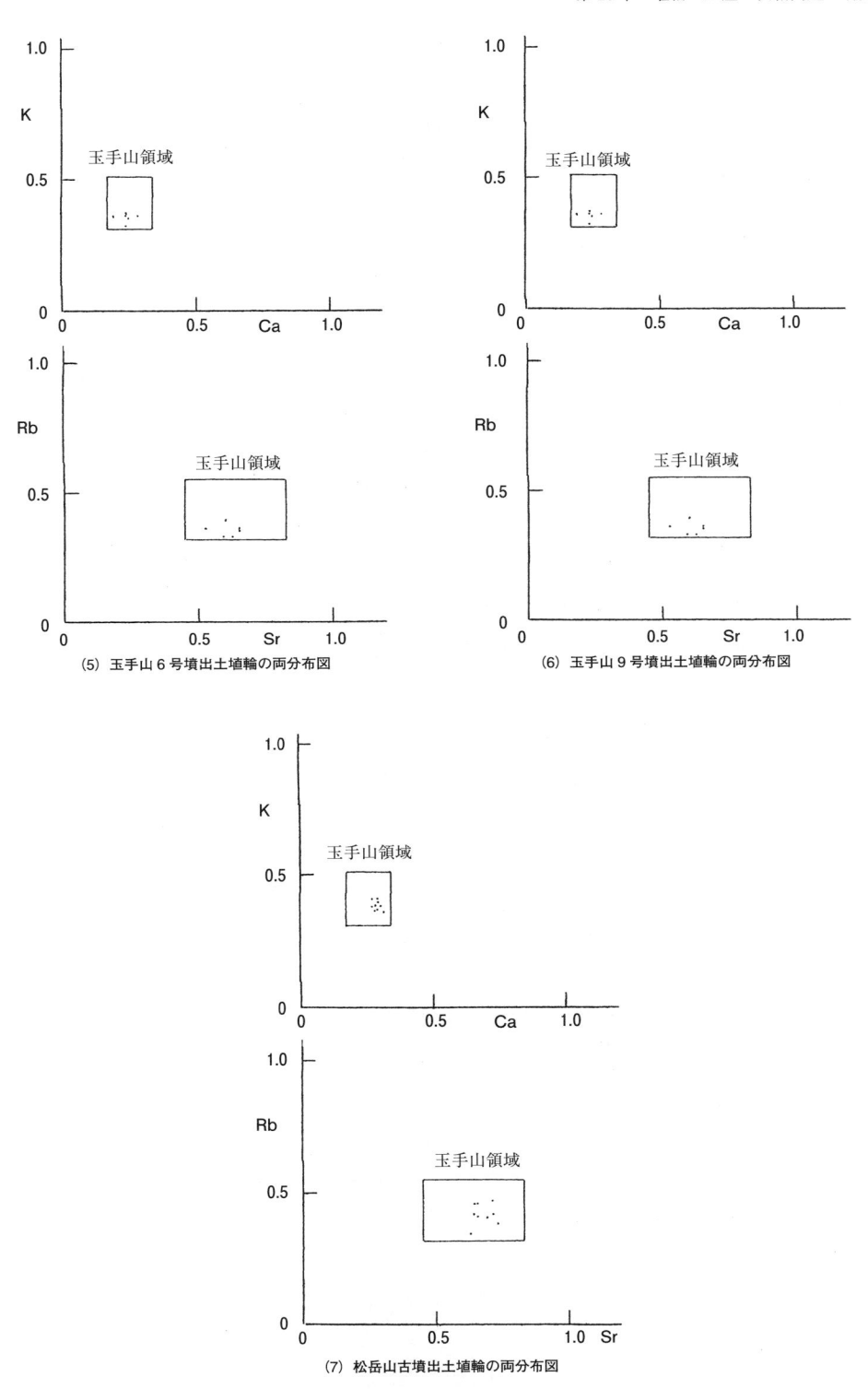

図297　玉手山古墳群出土埴輪の両分布図（2）

域の中で、それぞれ、偏って分布していることがわかる。例えば、1号墳の埴輪はK-Ca分布図では玉手山領域の上部右端に、Rb-Sr分布図では玉手山領域の上部の領域に偏って分布するが、玉手山9号墳の埴輪は両分布図で玉手山領域の下部領域に偏って分布することがわかる。他の古墳の埴輪も、それぞれ、まとまって、異なる位置に分布していることがわかる。この小さな地域差は自然界における粘土の不均質性に起因する。したがって、これらの古墳の埴輪は玉手山古墳群内の別場所の粘土を素材として作られた野焼きの埴輪であると考えられる。こうして、玉手山古墳群の埴輪は古墳群としてまとまり、一定の化学特性をもつことを示した。

次は、もっと大きな古墳群の埴輪も古墳群として両分布図でまとまって分布するかどうかを検討してみた。

奈良県内には、いくつかの地域に古墳群がある。まず、馬見丘陵にある古墳群出土埴輪の分析結果から説明する。金剛山地の東側に在る馬見古墳群の埴輪の両分布図を図298の（1）に示してある。三吉新木山古墳、狐井城山古墳、中良塚古墳、河合城山古墳、巣山古墳、乙女山古墳の埴輪の分析データである。K-Ca分布図では比較的まとまって分布するので、これらの埴輪を包含するようにして、馬見領域を描いてある。他方、Rb-Sr分布図ではばらつきが大きく、2群に分かれる。Rbの分析値が比較的高い小グループは狐井城山古墳の埴輪である。他の古墳の埴輪はまとまって分布するので、これらをまとめて馬見領域を描いた。馬見領域は玉手山領域に比べて、Ca、Srが多いことがわかる。この結果、馬見古墳群として両分布図上でまとまって分布することがわかった。

天理市南部から桜井市にかけて分布する古墳群の埴輪の分析結果をまとめて、図298の（2）に示してある。東殿塚古墳、櫛山古墳、メスリ山古墳の埴輪である。K-Ca分布図では2群に分かれる。Caが比較的少ないのは東殿塚古墳の埴輪である。櫛山古墳とメスリ山古墳の埴輪にはCaが比較的多い。それぞれ、同じ地域内の別場所で採取された粘土を使用したものと推察される。天理南部領域は馬見領域に近いが埴輪の分布領域は異なる。金剛山地を構成する花崗岩類に由来する粘土が素材となったとみられる。

奈良市北部の平城山丘陵に在る佐紀古墳群の埴輪の両分布図を図298の（3）に示してある。ウアナベ古墳、ヒシャゲ古墳、五社神古墳、佐紀瓢箪山古墳、コナベ古墳の埴輪である。奈良県南部の古墳出土埴輪に比べて、Ca、Srが少ないという特徴があることがわかる。佐紀古墳群としてまとまって分布しており、古墳群として一定の化学特性をもつことがわかる。平城丘陵の麓の大和西大寺には菅原東窯跡群がある。この窯跡群の1～4、6、7号窯跡から出土した埴輪の両分布図を図298の（4）に示してある。まとまって分布しており、佐紀古墳群の埴輪の分布領域と重なる部分が多いことがわかる。この窯跡群で作られた埴輪がどこの古墳へ供給されたのかはまだ、わかっていない。今後の研究課題の一つである。

畿内に在るもう一つの大きな古墳群は和泉地域にある百舌鳥古墳群である。和泉北部、中部、南部にわけて両分布図を作成した。その結果は図299にまとめてある。北部の古墳は乳の岡古墳、百舌鳥大塚山古墳、イタスケ古墳、七観山古墳、百舌鳥御廟山古墳、御廟表塚古墳、土師ニサンザイ古墳、和泉黄金塚古墳であり、中部の古墳は摩湯山古墳、貝吹山古墳、丸笠古墳、玉塚古墳、大園古墳であり、南部の古墳は西陵古墳、西陵第一陪塚、淡輪ニサンザイ古墳である。これらの古墳出

(1) 馬見古墳群出土埴輪の両分布図

(2) 奈良盆地東南部地域の古墳出土埴輪の両分布図

(3) 佐紀古墳群出土埴輪の両分布図

(4) 菅原東窯出土埴輪の両分布図

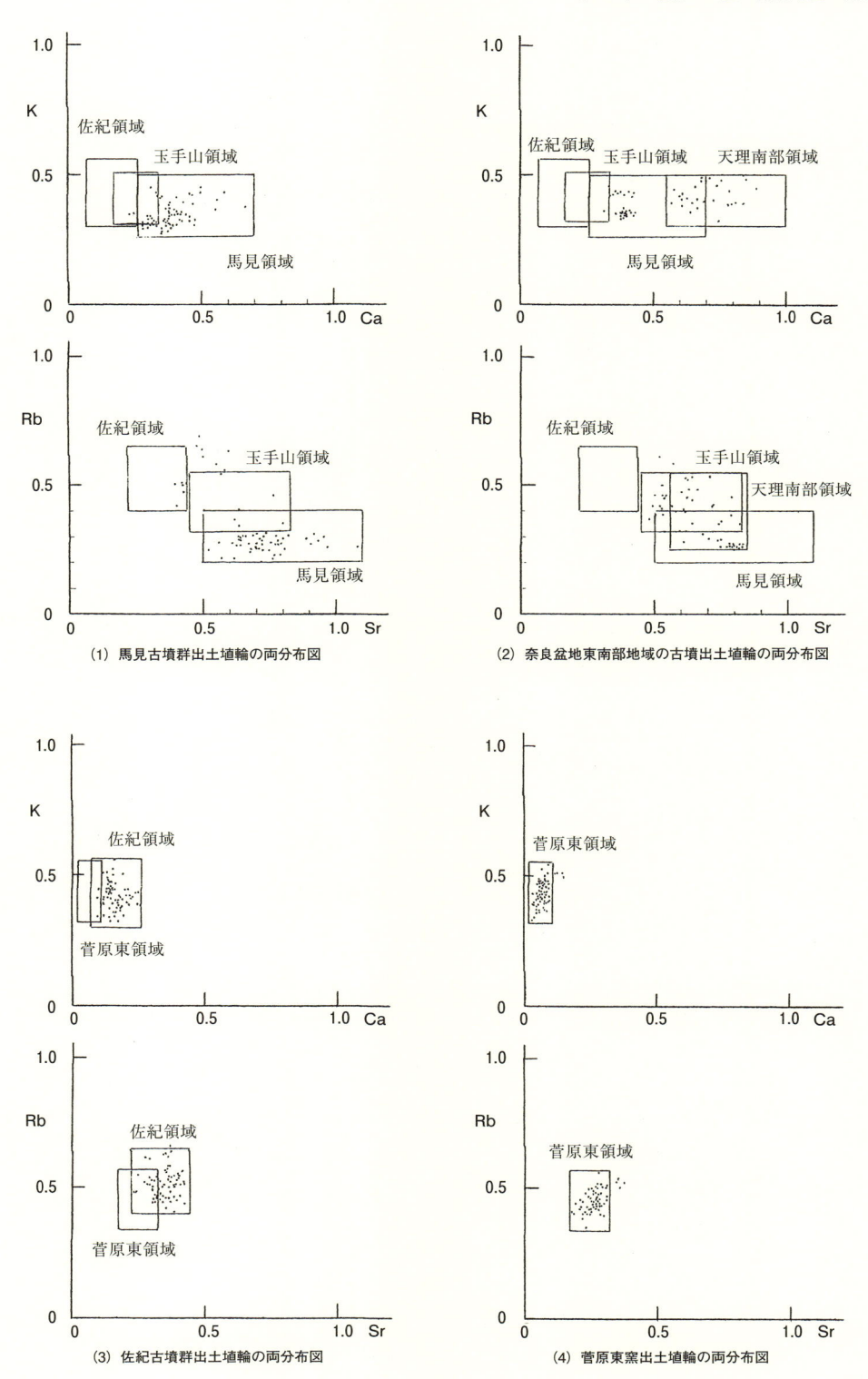

図298　奈良県内の古墳群出土埴輪の両分布図

(1) 和泉北部地域の古墳出土埴輪の両分布図

(2) 和泉中部地域の古墳出土埴輪の両分布図

(3) 和泉南部地域の古墳出土埴輪の両分布図

(4) 日置荘窯跡出土埴輪の両分布図

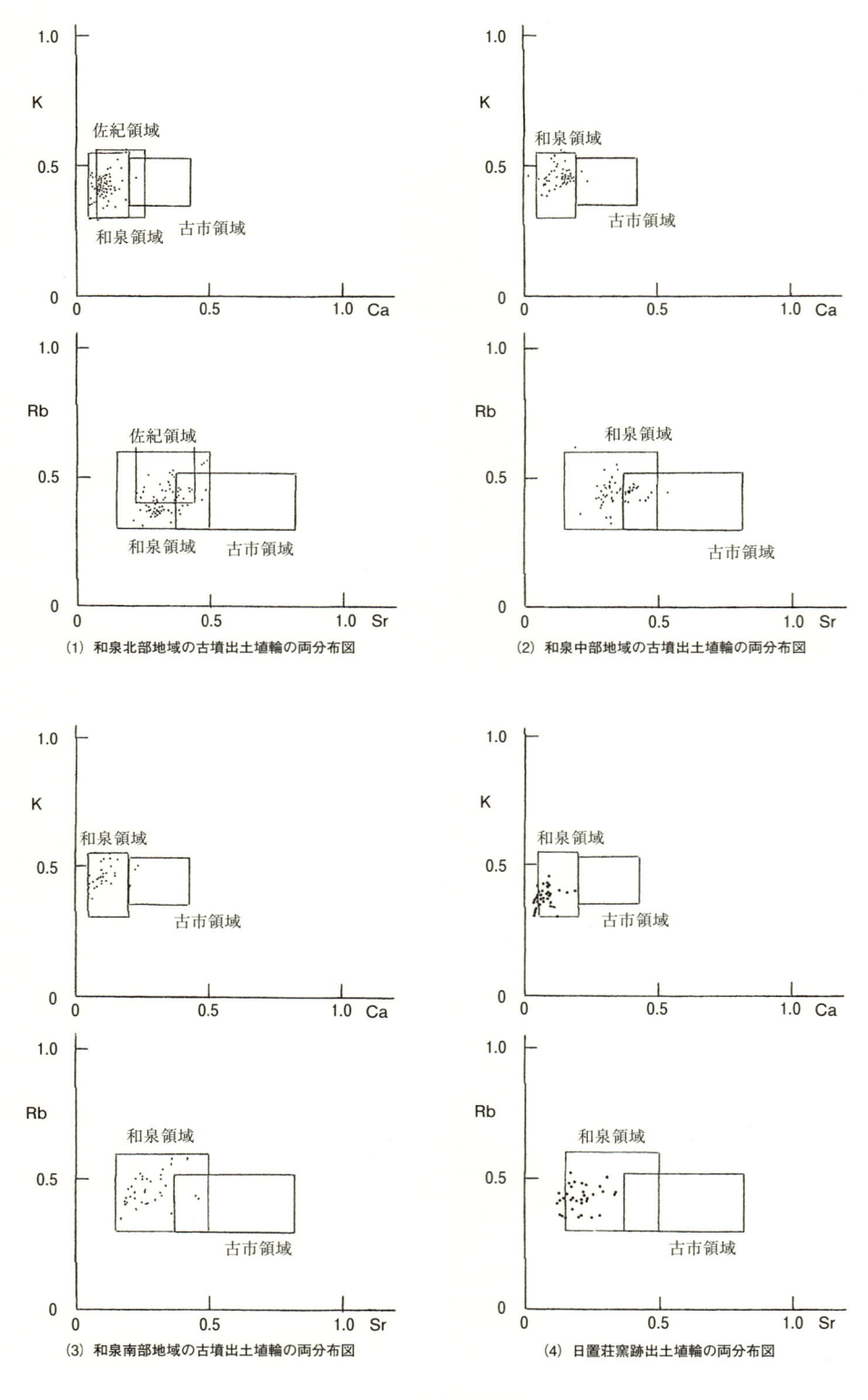

図 299　和泉の古墳群出土埴輪の両分布図

土埴輪を包含するようにして、和泉領域を描いてある。北部、中部、南部で多少の偏在はあるが、和泉地域の古墳群としてまとまって分布することがわかる。和泉の古墳群の埴輪も古墳群としてまとまって分布し、一定の化学特性をもつことがわかった。なお、和泉地域には日置荘窯跡という埴輪窯跡が1基発見されている。日置荘窯跡出土埴輪の両分布図を図299の（4）に示してある。和泉領域の左側に偏って分布することがわかる。日置荘窯跡の埴輪の供給先もまだ、わかっていない。

以上のように、畿内でも小さな古墳群である玉手山古墳群はもちろん、大きな古墳群である馬見古墳群、天理南部古墳群、佐紀古墳群、和泉古墳群も、それぞれ、古墳群として両分布図上にまとまって分布し、一定の化学特性をもつことが明らかになった。いずれも、在地産の粘土で作られた野焼きの埴輪であると考えられる。

堺市に在る百舌鳥御廟山古墳出土埴輪を大量に分析する機会があったので、次に、このデータを紹介する。図300には百舌鳥御廟山古墳出土埴輪の両分布図をまとめてある。まず、（1）には宮内庁調査分の円筒埴輪の両分布図を示してある。両分布図でよくまとまって分布しており、同じところで作られた埴輪であることを示している。これらを包含するようにして、御廟山領域を描いてある。（2）には堺市調査分の円筒埴輪の両分布図を示してある。大部分の試料は御廟山領域に分布するが、この領域を逸脱して、古市領域に分布する試料もあることがわかる。（3）には蓋形埴輪の両分布図を示してある。明らかに、御廟山領域には分布せず、古市領域に分布する試料が多いことがわかる。Rb-Sr分布図ではまとまって分布しているが、K-Ca分布図では古市領域に分布する試料と、御廟山領域の右端に偏って分布する試料があり、2種類の胎土の埴輪があることがわかる。いずれにしても、蓋形埴輪は円筒埴輪とは素材粘土は別である。このことはそれぞれ、別場所で作られた埴輪であることを示している。（4）には形象埴輪の両分布図を示してある。（3）と（4）を比較すると、形象埴輪も蓋形埴輪と同じ胎土であり、同じ所で作られた埴輪であることがわかる。円筒埴輪と、蓋形埴輪、形象埴輪とは別場所で作られた可能性が高い。その場所とは、両分布図での分布位置からみて、円筒埴輪は在地産であり、蓋形埴輪と形象埴輪は古市古墳群で作られた可能性が高い。したがって、羽曳野市側から堺市へ供給された可能性があることになる。また、御廟山古墳から出土した土師器も蓋形埴輪や形象埴輪と同じ領域に分布し、古市古墳群側から供給された可能性をもつ。古墳から出土する土師器の胎土分析はあまり行われていない。その生産・供給問題もこれから解明しなければならない問題である。

峯ヶ塚古墳、矢倉古墳II類埴輪のように、和泉的胎土をもつ埴輪が古市古墳群側の古墳から出土すること、逆に、百舌鳥古墳群側の御廟山古墳の蓋形埴輪、形象埴輪のように、古市的胎土をもつ埴輪が出土するということは古市古墳群と百舌鳥古墳群の間には埴輪の生産・供給関係があり、同じ大和政権の墳墓群であることを実証しているという点で意味がある。

もう一つの古墳群として、名古屋台地周辺の古墳群出土埴輪の胎土についても検討した。石野博信編の『全国古墳編年集成』から引用した、名古屋台地周辺の古墳群の編年図を図301に、また、大垣市野古墳群の編年図を図302に示す。この地域で発見されている唯一の埴輪窯跡群は春日井市に在る下原窯跡群である。この窯跡群では須恵器も焼成された。埴輪胎土と須恵器胎土は理化学的胎土分析によって同じであることが確認されている。下原窯跡群から出土している埴輪胎土には2

(1) 百舌鳥御廟山古墳出土埴輪（宮内庁調査分）の両分布図

(2) 百舌鳥御廟山古墳出土円筒埴輪（堺市調査分）の両分布図

(3) 百舌鳥御廟山古墳出土蓋形埴輪（堺市調査分）の両分布図

(4) 百舌鳥御廟山古墳出土形象埴輪（堺市調査分）の両分布図

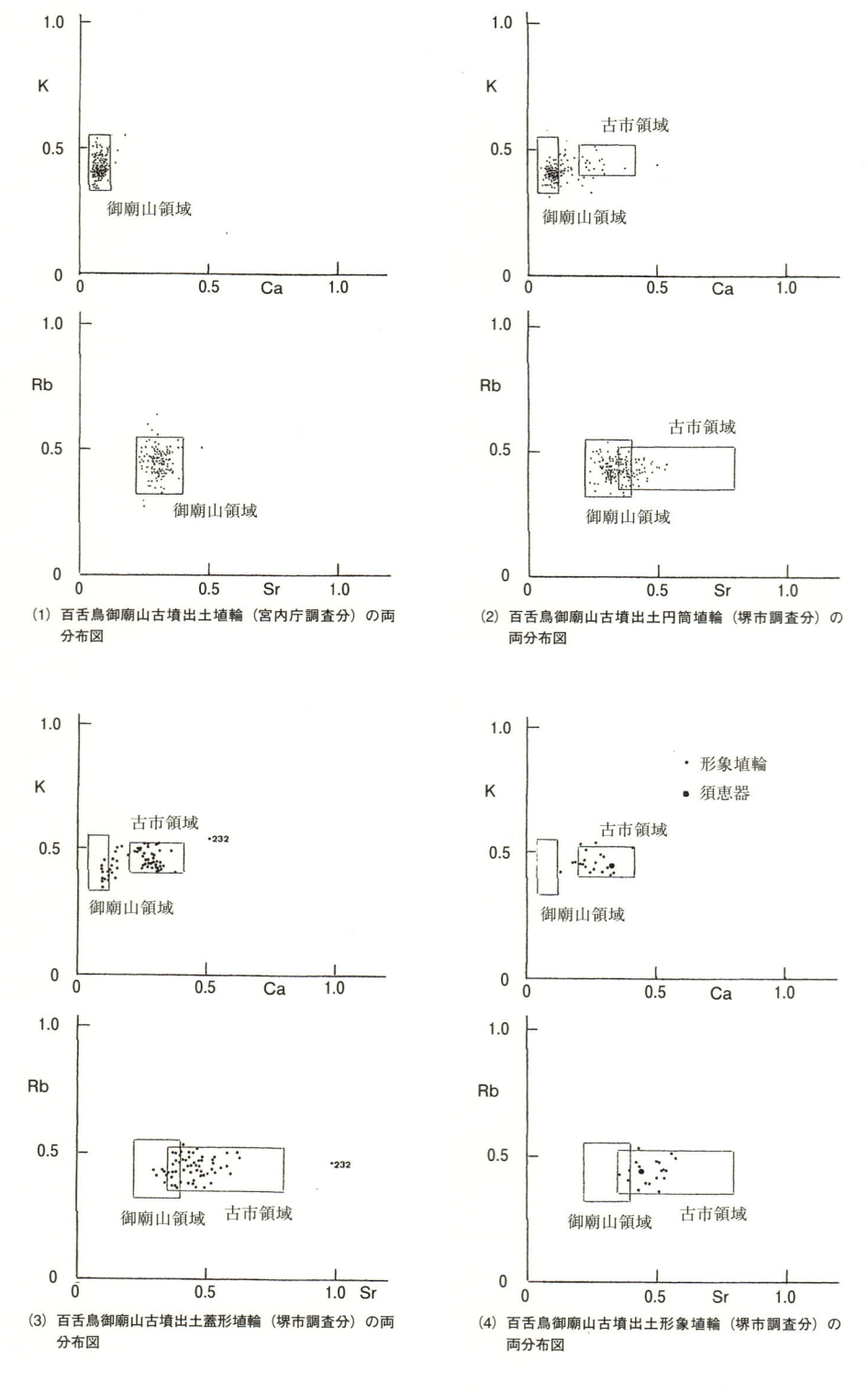

図300　百舌鳥御廟山古墳出土埴輪の両分布図

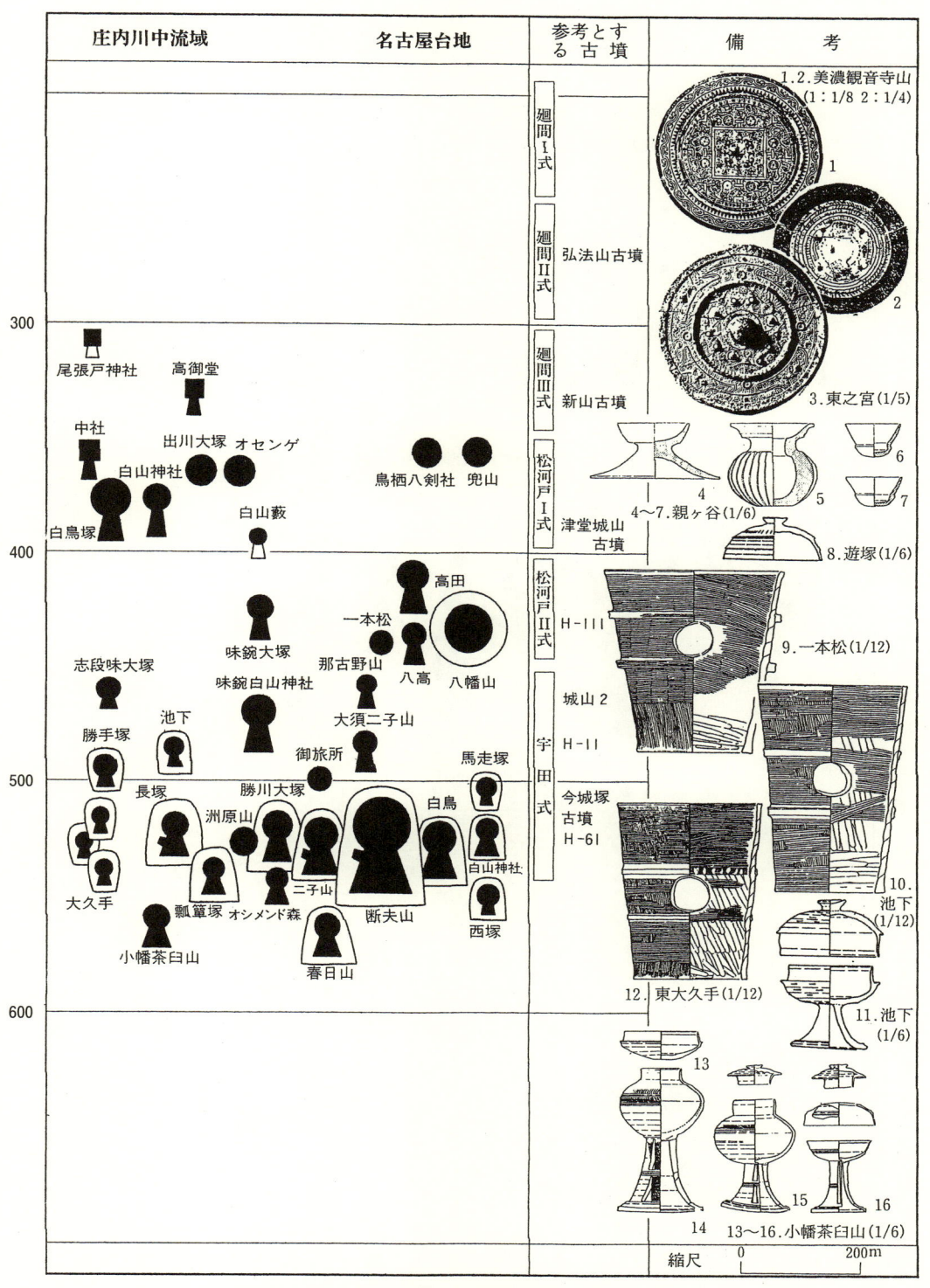

図301 名古屋台地周辺の古墳編年表（石野 1995 より）

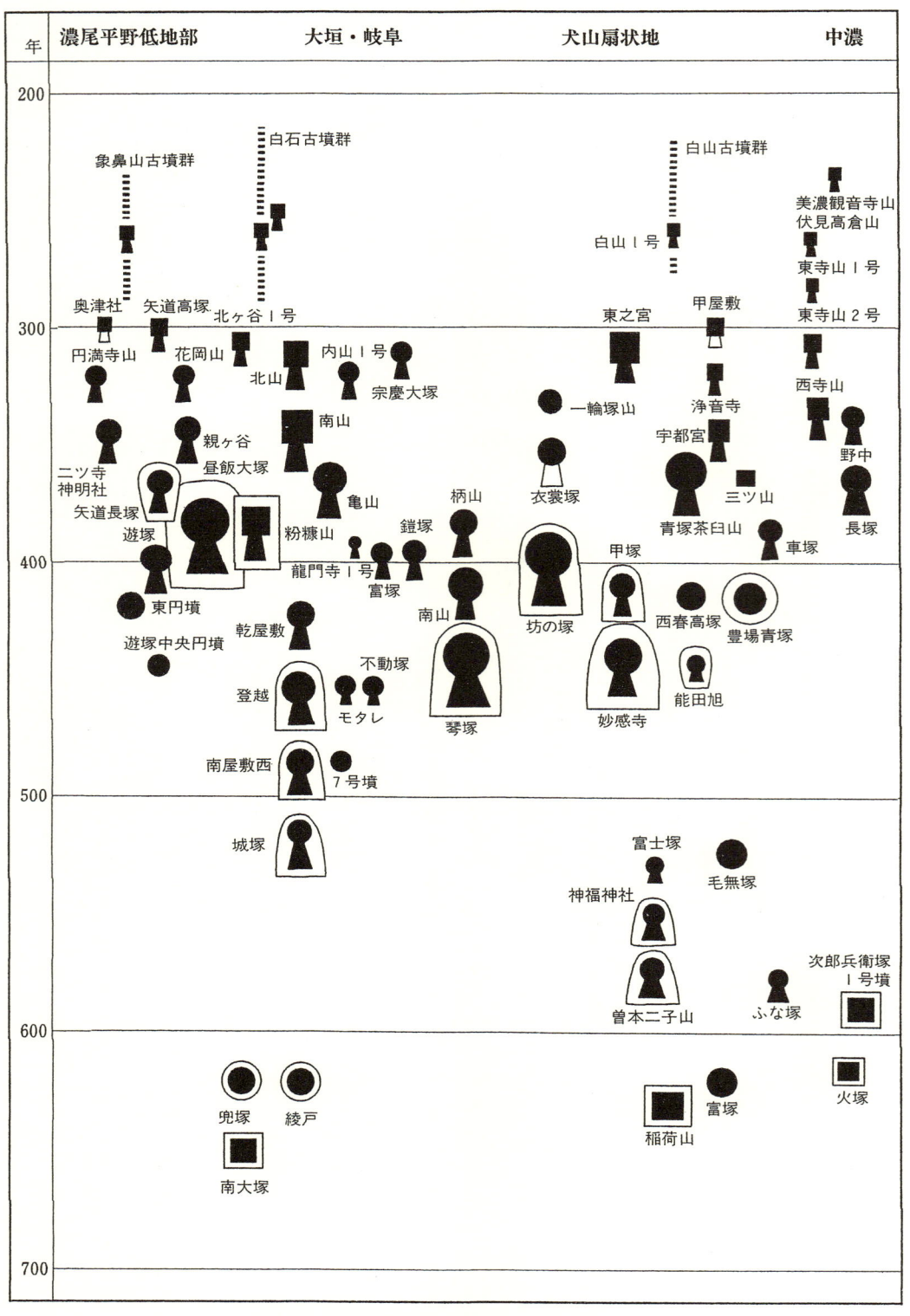

図 302 野古墳群の古墳編年表（石野 1995 より）

種類ある。K、Rb が比較的多い埴輪を I 群とし、その両分布図を図 303 に示してある。他方、K、Rb が比較的少ない II 群埴輪の両分布図を図 304 に示してある。I 群埴輪は 1 号窯、2 号窯、3 号窯、6 号窯、8 号窯から出土しており、II 群埴輪は 4 号窯、9 号窯、10 号窯から出土している。同地域内の別場所で採取された粘土を素材として使用したものと考えられる。I 群、II 群間の 2 群間判別図は図 305 に示してある。重複領域があるものの、大部分の試料は分離して分布しており、その相互識別は十分可能であることを示している。

　他方、名古屋台地では 5 世紀代後半から 6 世紀代前半にかけて、多数の古墳が築造された。その中心は東海地域最大の前方後円墳である断夫山古墳である。断夫山古墳出土埴輪の両分布図を図 306 に示してある。味美二子山古墳二重周溝部、白鳥古墳、御旅所古墳出土埴輪も同じ領域に分布したので、これらを包含するようにして尾張領域を描いてある。この領域は下原 II 群領域と重なる部分があるので、断夫山古墳の埴輪は下原 II 群に帰属するかどうかを検討した。下原 I 群、II 群間の判別図上に断夫山古墳の埴輪をプロットしたのが図 307 である。ほとんどの試料は不明領域に分布しており、断夫山古墳の埴輪胎土は下原 II 群埴輪の胎土とは異なることが判明した。同様に、名古屋台地の他の古墳出土埴輪も下原 II 群埴輪の胎土とは異なることがわかった。この結果、名古屋台地の古墳群の埴輪をまとめて、尾張群とした。尾張群と下原 II 群間の判別図を図 308 に示す。重複領域があるものの、両者の試料群のほとんど試料が分離して分布しており、尾張群の埴輪の胎土は下原 II 群埴輪胎土とは異なることが示された訳である。守山瓢箪塚古墳、長坂 4、5、6 号墳、離れ松 2、4、6、9 号墳の埴輪も尾張群に帰属することがわかった。

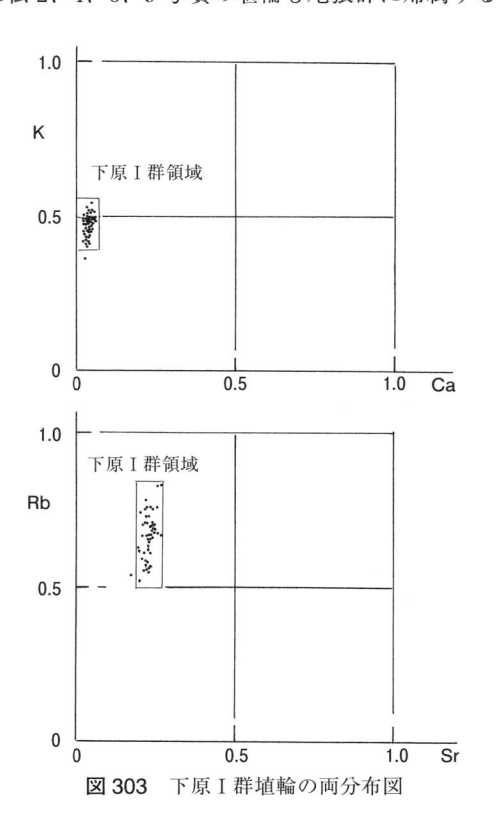

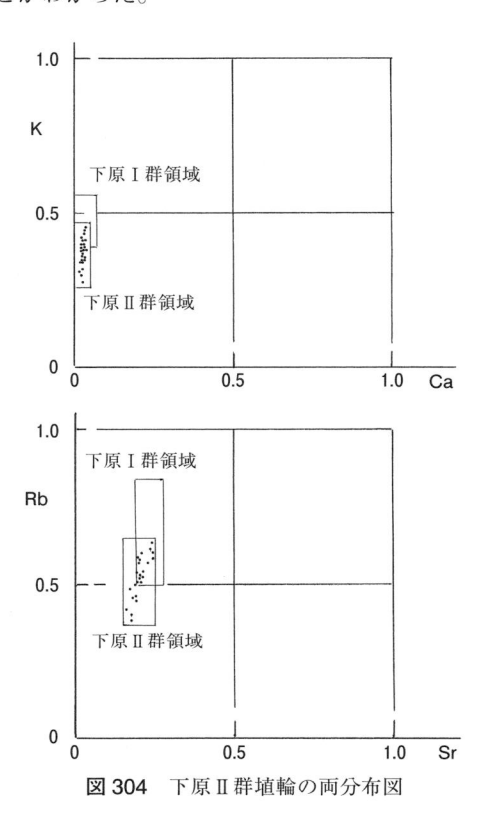

図 303　下原 I 群埴輪の両分布図

図 304　下原 II 群埴輪の両分布図

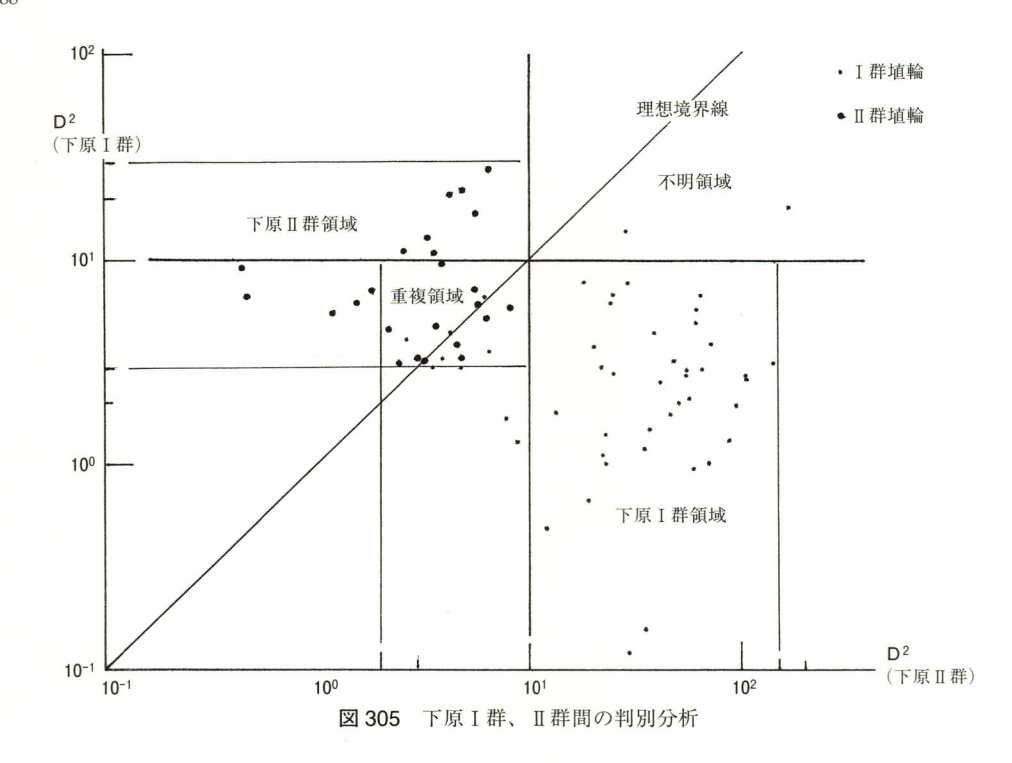

図305 下原Ⅰ群、Ⅱ群間の判別分析

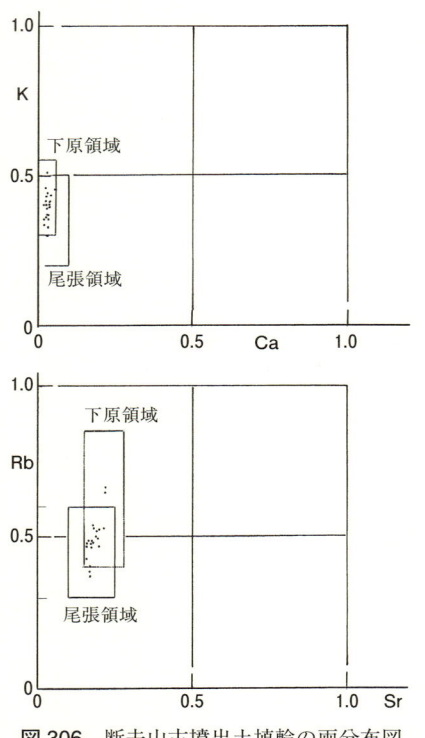

図306 断夫山古墳出土埴輪の両分布図

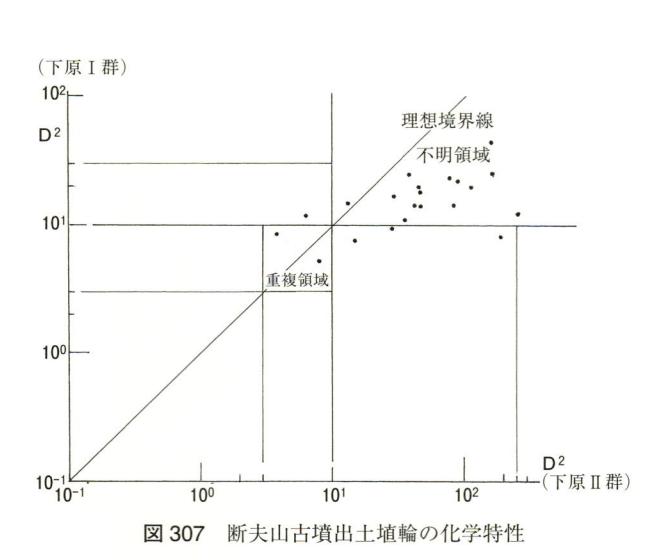

図307 断夫山古墳出土埴輪の化学特性

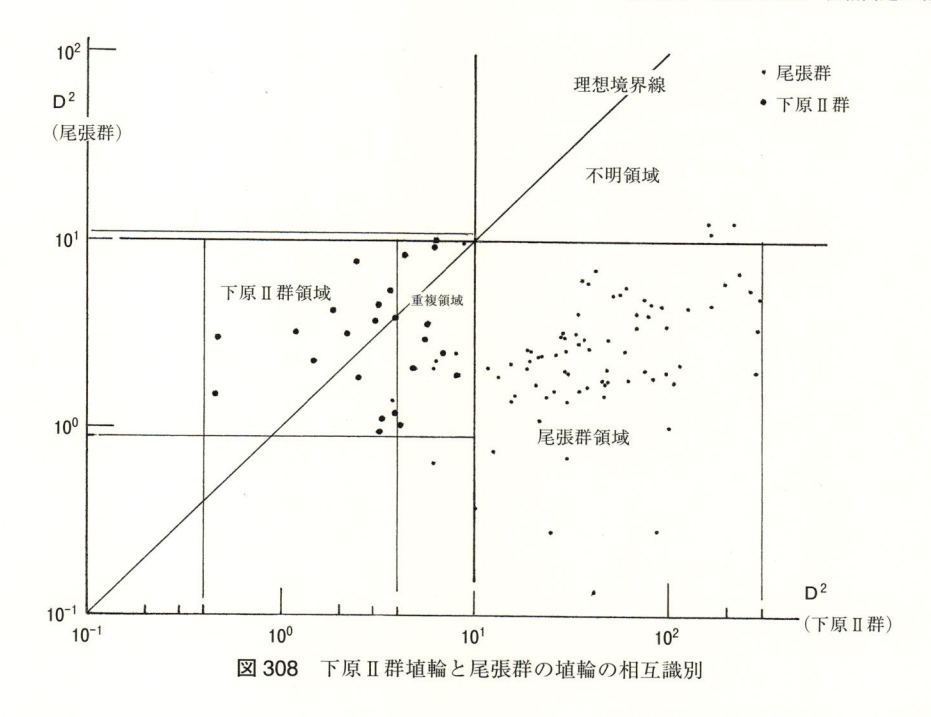

図308 下原Ⅱ群埴輪と尾張群の埴輪の相互識別

　一方、岐阜県大垣市には野古墳群がある。一例として、野15号墳出土埴輪の両分布図を図309に示す。野10号墳、11号墳、モタレ古墳、遊塚中央円墳の埴輪も同じ領域に分布したので、これらの試料を包含するようにして野領域を描いてある。ここで、両分布図における下原領域、尾張領域、野領域を図310に比較してある。この地域の埴輪も須恵器もその胎土にはCa、Srが比較的少ないという共通した特徴がある。それでも、下原領域、尾張領域、野領域は微妙にずれており、分布図上でも、その違いがわかる。しかし、互いに、重複領域があるので、判別分析でどの程度、相互識別できるかを確かめていかなければならない。

　尾張群と野群間の2群間判別図を図311に示す。両群の試料は完全に分離して分布しており、その相互識別は容易であることがわかる。ところが、野古墳群の古墳の中に、尾張型の胎土をもつ埴輪が出土する古墳が見つかった。図312には不動古墳、図313には南屋敷西古墳、図314には後平茶臼古墳出土埴輪の化学特性を示してある。いずれも、地元、野領域には分布せず、明らかに尾張領域に分布し、尾張型の胎土をもつ埴輪であることがわかる。尾張側から供給された埴輪である可能性が高い。これらの古墳はいずれも、5世紀代後半の古墳であり、名古屋台地で多くの古墳が築造される時期に一致する。埴輪の生産・供給の関係は被葬者の血族関係を表すとすれば、この時期に尾張の豪族と大垣の豪族の間に血縁関係があったことを示すデータとなる。ちなみに、野古墳群で4世紀末と推定される前方後円墳である昼飯大塚古墳の埴輪の両分布図を図315と図316に示す。この古墳には2種類の胎土の埴輪があり、主成分はA群埴輪である。少数派のB群はA群埴輪に比べて、Ca、Srが多い埴輪である。図315と図316を比較すればわかるであろう。これらの埴輪胎土は尾張型ではなく、野型である。在地産の野焼きの埴輪であると推定される。このようにして、古墳群の埴輪の化学特性が把握されると、外部の古墳群から供給された埴輪を摘出すること

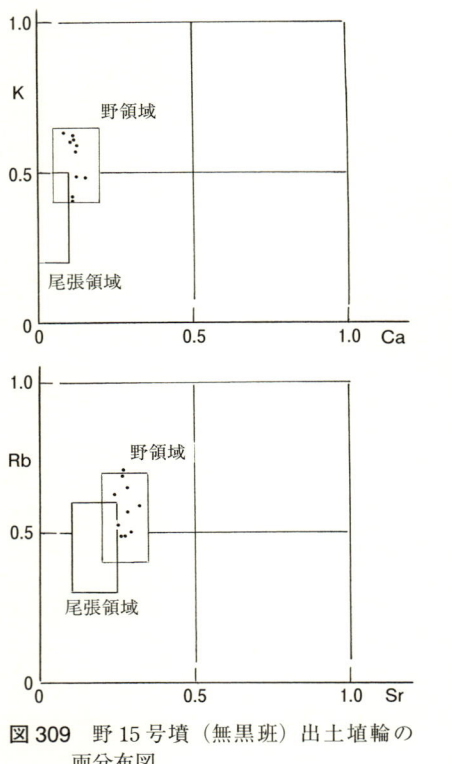

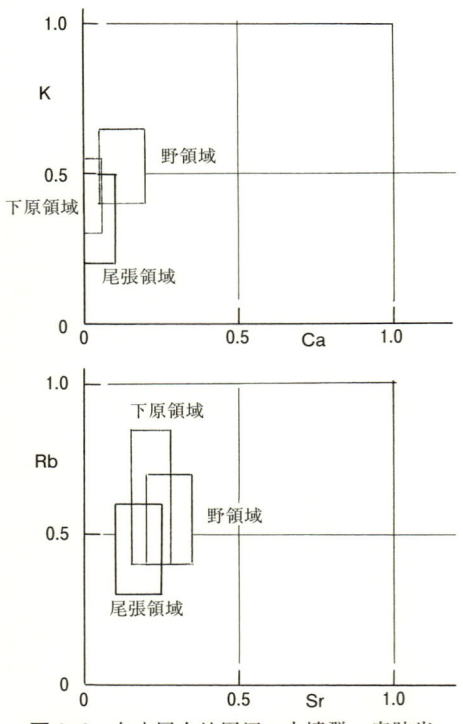

図309　野15号墳（無黒斑）出土埴輪の両分布図

図310　名古屋台地周辺の古墳群、窯跡出土埴輪の分布領域の比較

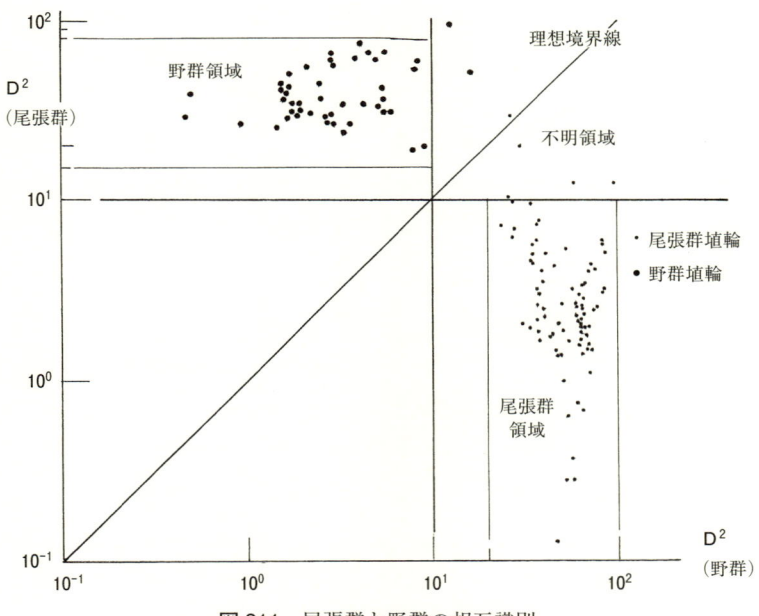

図311　尾張群と野群の相互識別

第 10 章 埴輪の生産・供給問題の研究 191

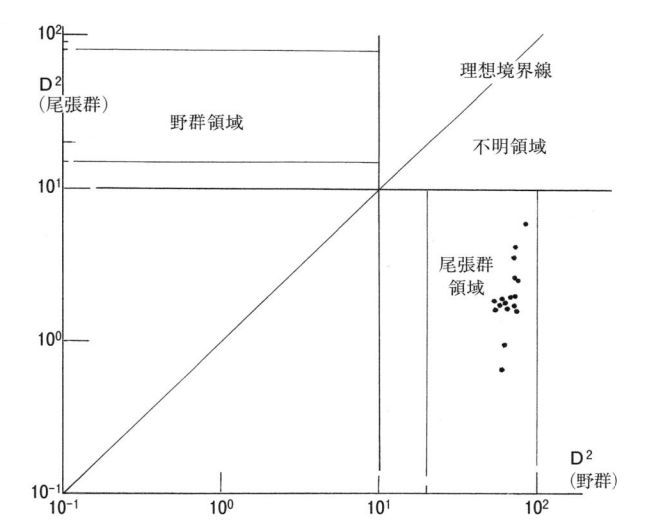

▶図 312 不動古墳出土埴輪の化学特性

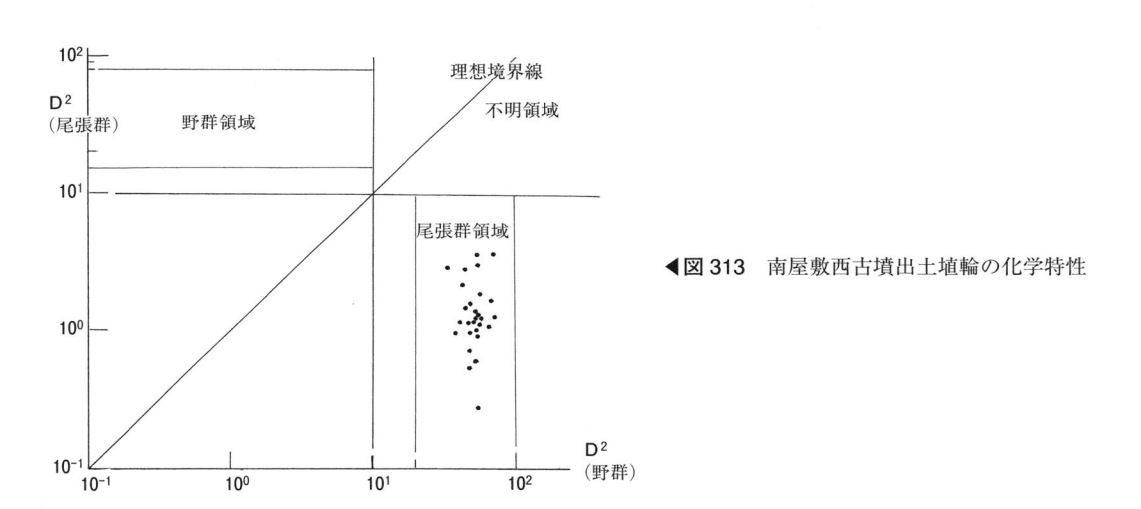

◀図 313 南屋敷西古墳出土埴輪の化学特性

▶図 314 後平茶臼古墳出土埴輪の化学特性

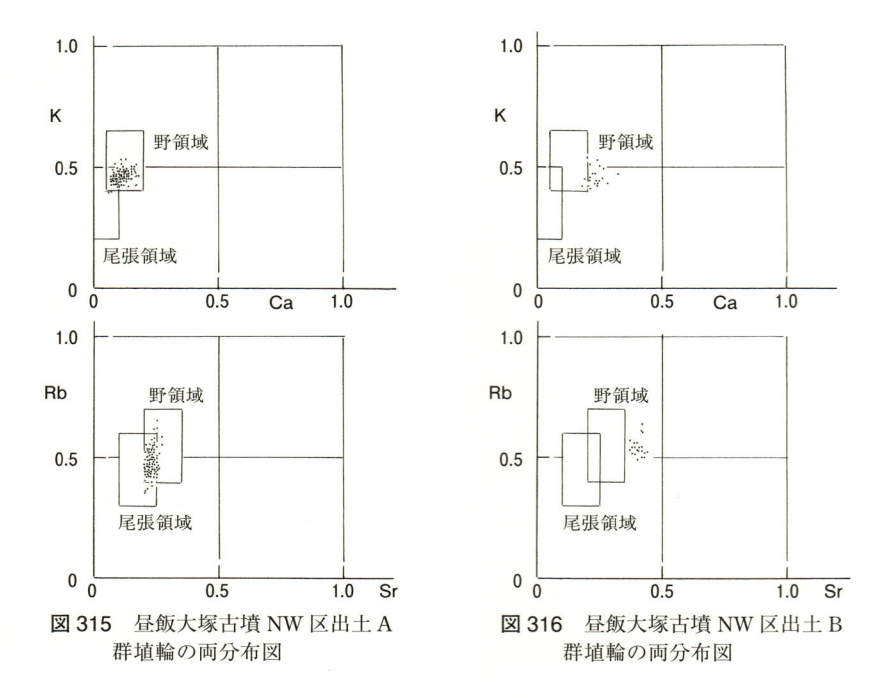

図315　昼飯大塚古墳NW区出土A群埴輪の両分布図

図316　昼飯大塚古墳NW区出土B群埴輪の両分布図

ができる。これも、理化学的胎土分析を使った埴輪の研究法の一つである。

3. 古墳での埴輪配置と胎土との関係

ほとんどの古墳から出土した埴輪の胎土は一色であったが、稀に、化学特性が異なる2種類の胎土をもつ埴輪を並べた古墳がある。上述した野古墳群の昼飯大塚古墳や後平茶臼古墳もその例であるが、この場合はCaとSrに若干違いが見られたに過ぎない。野古墳群か、その周辺の別場所で作られた埴輪であると推定されている。

古墳での埴輪の配置と埴輪型式（胎土）の間に関係があることを示した最初の例が山口県柳井市に在る、4世紀代後半の前方後円墳、柳井茶臼山古墳である。普通円筒埴輪の両分布図を図317に示す。他方、朝顔形I類系の埴輪の両分布図を図318に示す。K、Ca、Rb、Srの4因子で両者には明らかに違いがあることがわかる。別産地で作られた埴輪であると考えられている。また、両者の判別図を図319に示す。両者はともにまとまって分布しており、それぞれ、一定の化学特性をもっていることを示している。それぞれ、別の生産地で作られた埴輪であることは明白であるが、どこで作られた埴輪であるかは不明である。今後の研究課題である。

両分布図で円筒埴輪と朝顔形I類系埴輪は別々に分布しており、別の生産地で作られた埴輪であることも明示している。この古墳には朝顔形II類系埴輪、器台形埴輪、壺形埴輪、蓋形埴輪、家形埴輪などの形式の異なる埴輪も出土している。朝顔形I類系埴輪と同じ胎土をもつ埴輪は器台形埴輪のみで、他の形式の埴輪はすべて、円筒埴輪と同じ胎土をもつ埴輪であることがわかった。これらの埴輪は形式が違うが、同じ所で作られた埴輪である。つまり、柳井茶臼山古墳には明らかに化

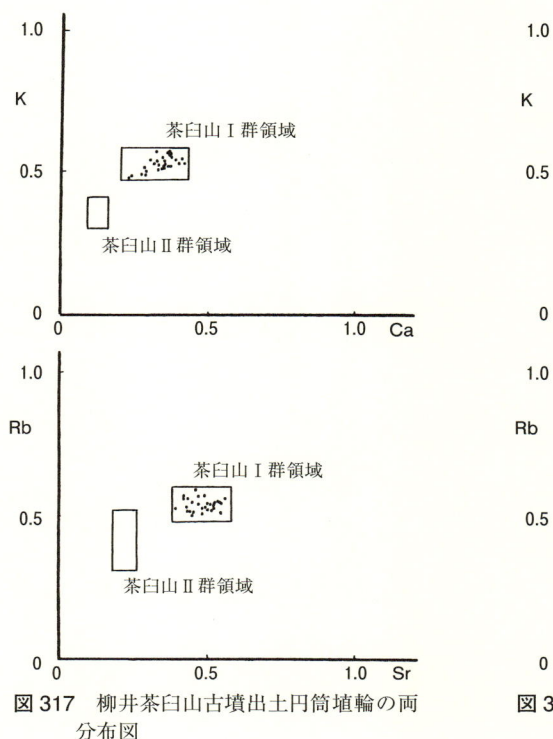

図317　柳井茶臼山古墳出土円筒埴輪の両分布図

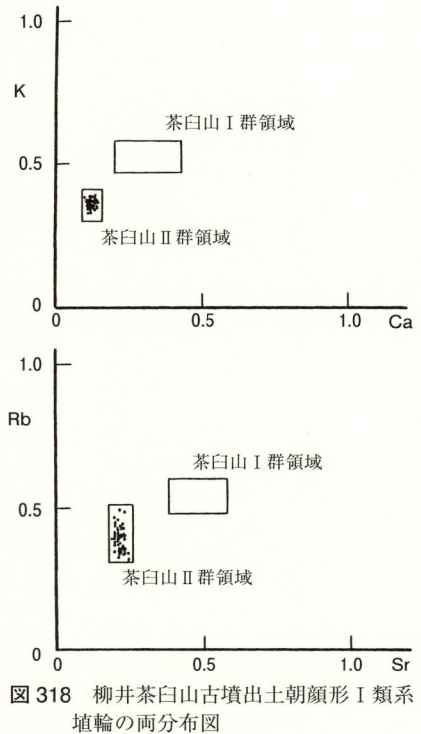

図318　柳井茶臼山古墳出土朝顔形Ⅰ類系埴輪の両分布図

　学特性が異なる、2種類の埴輪が並べられていたのである。別々の生産地で作られた埴輪が並べられていたのである。
　さらに、これらの埴輪の古墳での樹立痕が残っていた。この樹立痕と埴輪の形式を対応させてみた。図320には各形式の埴輪の配置図を示してある。柳井茶臼山古墳は3段築成の堂々たる前方後円墳である。上段には2点の朝顔形Ⅰ類系埴輪があるが、他はすべて、多数派の円筒埴輪と同じ胎土をもつ家形埴輪、壺形埴輪、蓋形埴輪である。中段に並べられた壺形埴輪、蓋形埴輪、朝顔形Ⅱ類系埴輪もすべて、多数派の円筒埴輪と同じ胎土をもつ埴輪である。上、中段には同じ生産地で作られた埴輪が並べられていた訳である。ところが、下段には多数派の埴輪と少数派の埴輪が混ざって並べられていた。別の生産地で作られた埴輪が混ざって並べられていた訳である。その配置をよくみると、古墳の後円部に埋葬されている被葬者からみて、左側には多数派の円筒埴輪のみが配置されており、右側と前方部には少数派の胎土をもつ朝顔形Ⅰ類系埴輪と器台形埴輪を中心に多数派の胎土をもつ円筒埴輪も混ざって配置されている。さらに、前方部の両端の隅には朝顔形Ⅰ類系埴輪が配置されている。この配置をみていると、でたらめに種々の形式の埴輪を配置したとは考え難い。多数派の埴輪を中心に埴輪を配置したと考えられる。多数派の埴輪の配置を中心に考えると、下段前方部の左側に多数派の胎土をもつ埴輪を意識的に配置したと推測された。そこで、このような例が他の古墳にもないか探ってみた。
　畿内の古市古墳群内に在る、6世紀代初頭と推定されている矢倉古墳から出土した埴輪も大量に分析できる機会があった。矢倉古墳にはCaとSrからみて2種類の胎土をもつ円筒埴輪が並べら

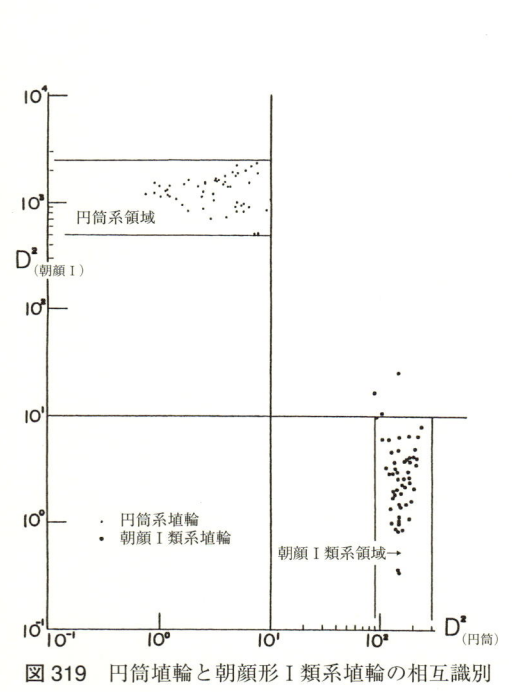

図319 円筒埴輪と朝顔形Ⅰ類系埴輪の相互識別 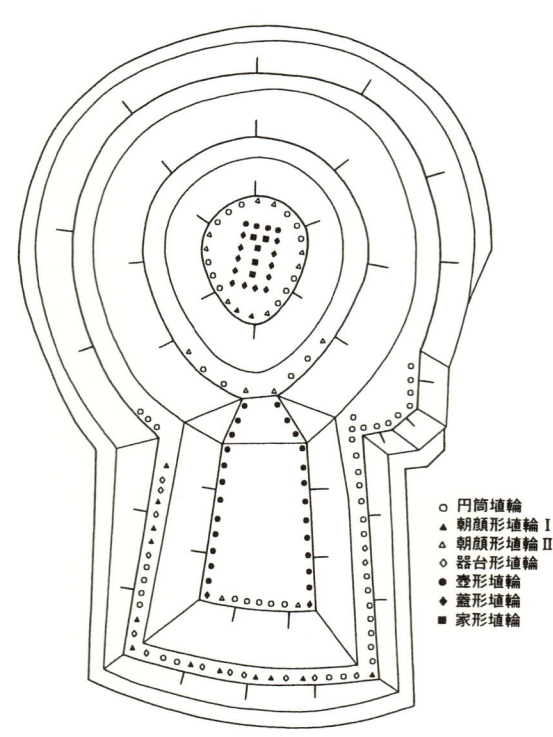　　**図320** 柳井茶臼山古墳出土埴輪の形式と古墳での配置図

れていた。CaとSrが比較的多く、両分布図で古市領域に分布するⅠ群円筒埴輪が多数派で、Ca、Srが比較的少なく、和泉の古墳群の埴輪と同じ化学特性をもつⅡ群円筒埴輪が少数派である。Ⅱ群埴輪と同じ胎土を持つ埴輪は矢倉古墳と同時期の峯ヶ塚古墳からも出土している。このことは古市古墳群と和泉の古墳群の間に血族関係があったことを示す材料になる。ともに、大和政権の墳墓群であると考えられている。Ⅰ群埴輪とⅡ群埴輪の判別分析の結果は図321に示してある。両者は完全に分離しており、その化学特性は全く異なる。それぞれ、別産地で作られた埴輪である。矢倉古墳の埴輪も考古学的には13種類に分類されているが、少数派のⅡ群型胎土をもつのは円筒埴輪Ⅱ群だけである。他の形式の円筒埴輪の胎土はすべてⅠ群型であり、地元、古市古墳群で作られた埴輪である。Ⅱ群埴輪は和泉側から搬入された埴輪である可能性が高い。これらの埴輪の復元された配置図を図322に示す。この古墳は帆立貝式の古墳であるが、後円部の被葬者からみて、右側のくびれ部に少数派のⅡ群胎土の円筒埴輪Ⅱが並べられている。これに対して、左側のくびれ部には多数派のⅠ群胎土をもつ円筒埴輪Ⅳが並べられている。さらに、古墳の左側のくびれ部には形象埴輪がまとめて置かれていた。形象埴輪を分析することはできなかったが、形象埴輪をまとめて乗せた土台の胎土を分析することができた。その胎土は多数派のⅠ群型の胎土であった。このことから、矢倉古墳でも、柳井茶臼山古墳の場合と同様、多数派の胎土をもつ埴輪は被葬者からみて古墳の左側に配置されていた。埴輪配置におけるこの傾向は矢倉古墳の後円部の後ろ側にも残されていたことは図322からわかる。多数派を上位と仮定すると、被葬者からみて左側が上位ということになる。

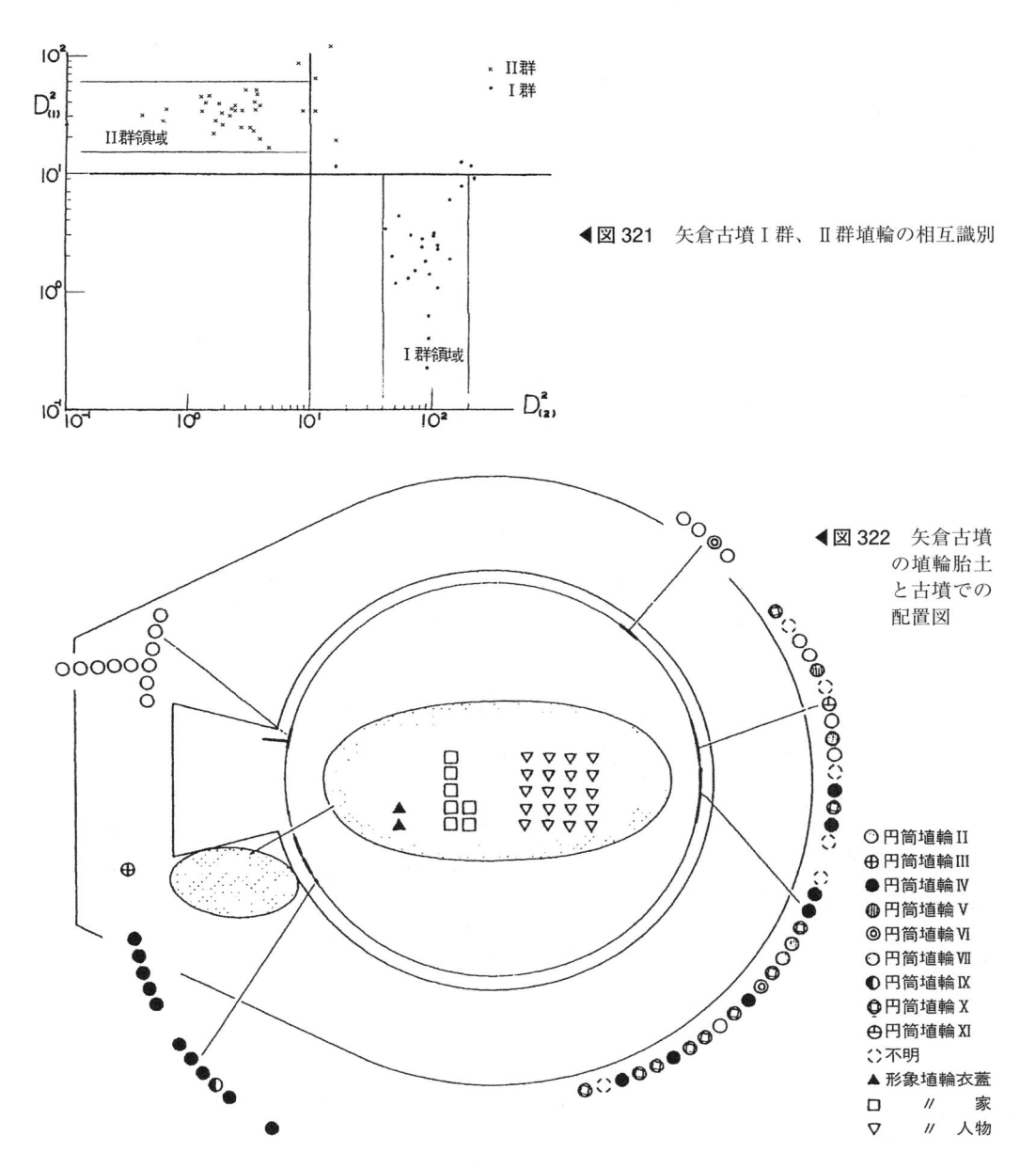

◀図 321　矢倉古墳Ⅰ群、Ⅱ群埴輪の相互識別

◀図 322　矢倉古墳の埴輪胎土と古墳での配置図

○ 円筒埴輪Ⅱ
⊕ 円筒埴輪Ⅲ
● 円筒埴輪Ⅳ
◍ 円筒埴輪Ⅴ
◎ 円筒埴輪Ⅵ
○ 円筒埴輪Ⅶ
◐ 円筒埴輪Ⅸ
⊖ 円筒埴輪Ⅹ
⊕ 円筒埴輪Ⅺ
◌ 不明
▲ 形象埴輪衣蓋
□ 〃　家
▽ 〃　人物

多数派、少数派は何を意味するのかはわからないので、「上位」の意味も不明である。さらに、それ以上に大きな問題は何故、一つの古墳に別々の生産地で作られた埴輪が供給されたのかである。その理由はまだわかっていない。筆者は女性が埋葬されている可能性があると考えている。女性とその配偶者の男性側から供給された埴輪であると推定している。このことは実証されたわけではない。古墳内の副葬品についても検討することも必要であり、今後の研究課題である。ただ、二色の胎土をもつ埴輪の配置から、古墳使用における左上位の考え方があったのではないかという新たな問題がここに提起されることになった。円墳では外部からみて左右の区別は難しい。前方後円墳を築造した時点ではじめて、古墳使用における「左右問題」が出てきた可能性がある。被葬者からみ

た「左右問題」である。

　後年、太政官制ができると、玉座の左右に控える左大臣と右大臣には官職上、上下の差別がある。左大臣のほうが上位である。ここにも、玉座（天皇）からみた「左右問題」がある。中国では「左右」の用語はあまり使用されていない。唐代百官表をみても、左大臣、右大臣の名称はない。そればかりではない。中国古代長安城では東西南北の名称は使用するが、左、右の名称は使用されていない。中国には左右の意識はあまりなかったものとみえる。ところが、長安城をまねて造営した日本の古代都城である平城京、平安京では東西南北の名称は使われず、左京、右京の名称が使用された。平城京では大極殿から南へ朱雀大路が一直線に走る。大極殿からみて左側（東側）が左京であり、右側（西側）が右京である。同様に、平安京でも左京、右京がある。平安京では左京にあたる東山一帯に貴族の邸宅跡が多い。平城京でも長屋王の邸宅跡は左京三条二坊に在った。一連のこれらの事実は「左」上位であることを示している。都城制にも、大極殿からみた「左右問題」があったのである。

　平城京や平安京の古代都城では左京側は東側にあたる。日が没する西側に対して、日出ずる東側が上位であると考えることができる。古代日本は古代エジプトと同様太陽信仰であった。天照大神は太陽神である。日本の国旗も太陽を象徴する「日の丸」である。「天の岩戸」神話は古代日本も太陽信仰であったことを示している。したがって、日が昇る東側は日が没する西側に対して上位であると考えられる。左上位は日本の古代太陽信仰と関係がある可能性がある。そうであれば、遣隋使が隋の皇帝に差し出した国書に、「日出る処の天子、書を日没する処の天子に致す」と書かれた文面には、「二人の天子のうち、日出る処の天子の方が上位である」という意味が込められていたことが考えられる。「冠位十二階の制」では「大」、「小」の間に上下の差異があることは明らかである。これに加え、太政官制や都城制では「左」と「右」の間にも差異があったことは興味深い。

　「左右問題」は現代でも見られる。現代の葬儀でも、死者からみて左側に第一近親者の席があり、第一近親者の供え物も左側の脇に置かれる。他方、第二近親者は右側の席に座る習慣がある。この他にも、例えば、NHKの政治討論会の番組である、日曜討論会でも司会者を挟んで、左・右の座席の問題もある。司会者からみて左側には与党が、右側には野党が座る。政権が交代すると、座席は左右、入れ替わることは、自民党政権から、民主党政権へ政権交代したときにみられたし、また、今回、民主党政権から自民党政権へ交代したときにもみられた。この「左右問題」は日本特有の形をもつ前方後円墳を構築した古墳時代に始まり、現代まで引きずっている、日本的風習なのかもしれない。興味深い問題である。もしかしたら、古墳内に置かれている副葬品にも、埋葬されている被葬者の左右問題があるのかもしれない。筆者はまだ確かめたことはない。

第11章　その他の土器の胎土研究の方法

1. 律令体制下の須恵器の生産・供給問題

　固いやきものである須恵器は熱伝導性が悪いため、煮沸用の土器としては役立たないが、堅固であるため水瓶のような保存容器として日常生活には必要であることが認識され、大量に需要されることになった。律令体制下では須恵器生産は古代最大の窯業生産として発展し、全国各地で大量の須恵器が生産されることになった。その窯跡は行政発掘によって、全国各地で発掘調査されている。この時期の須恵器の生産と供給問題の研究は窯跡の数が多いので、古墳時代に比べて産地推定の作業は難しい。何らかの形で生産地を整理することが必要である。そのためには、分析化学者と考古学者の緊密な共同研究が求められる。

　大宝律令が施行された8世紀代には、同じ郡内での須恵器の生産・供給が先行したと推察されるので、筆者は富山県をモデル地域として、考古学者と共同で、県内の遺跡から大量に出土する須恵器を同じ郡内の窯跡群に結び付ける研究を行っている。考古学側では土器型式や胎土の観察から須恵器を分類しているので、この分類結果と理化学的胎土分析の結果を対応させ、どの程度一致するのかを検討している。したがって、土器型式などの考古学的条件が把握された試料が分析されることになる。この作業過程で、考古学側の理化学的胎土分析の理解が一層深まることが期待される。

　9世紀代に入り、律令体制にゆるみが出ると、郡域を越えて須恵器は生産・供給される可能性が出てくる。したがって、外部地域の生産地との対応が必要となる。例えば、9世紀代には須恵器生産が行われていなかった青森県内の遺跡にも多数の須恵器が出土しており、外部地域から供給された須恵器であることは間違いない。どの地域から供給された須恵器であるのか未解明の問題である。

　9～10世紀代には本州中央部でも須恵器生産は衰退するが、逆に、須恵器生産の北限や南限地域で須恵器生産が活発化する。青森県五所川原市には30基程度の窯跡が発見されている。五所川原窯跡群である。この窯跡群が操業に入ると、青森県全域から五所川原製品が検出されるが、日本海側の遺跡からは多く出土しているのに対して、太平洋側の遺跡からはそれほど多くは出土していない。その代わり、岩手県奥州市の胆沢城周辺の瀬谷子窯跡群の製品と推定される須恵器がしばしば検出されている。日本海側と太平洋側に分かれて須恵器が青森県内の遺跡へ供給されていた可能性がある。今後、検証しなければならない問題である。五所川原製品は北海道全域の遺跡からも出土しているが、北海道の遺跡からは五所川原製品以外の須恵器も多数検出されており、その製品の多くは東北地方日本海側の窯跡群の製品と推定されている。秋田県男鹿市の海老沢窯跡群も産地候補

の一つである。北海道の遺跡へ供給された須恵器は本州のどの地域の製品であるのか、これも今後に残された問題である。

畿内でも、兵庫県明石市近くの魚住窯跡群には多数の窯跡が発見されている。瀬戸内海の沿岸部に位置する魚住窯跡群の須恵器は兵庫県内の他の窯跡群の須恵器胎土とは少し異なる化学特性をもつ。土器領域の第3象限に分布する。魚住窯跡群の製品が何処へ供給されたのかも今後、解明しなければならない問題である。

須恵器生産の南限は鹿児島県徳之島である。古代末から中世にかけて、大量の固いやきものを生産した。100基を超える窯跡が発見されており、カムイヤキ窯跡群と呼ばれている。カムイヤキ製品は南西諸島の島々の遺跡から出土しているが、鹿児島県の本土の遺跡からも出土している。しかし、宮崎県内の遺跡からは検出されていない。カムイヤキ窯跡群の製品の伝播に関する研究も今後の研究課題である。

この他にも、古代末から中世初頭にかけて須恵器を大量に生産した窯跡群があるが、いずれも、その製品の供給先はまだわかっていない。このように、平安時代以降の須恵器の生産・供給問題は未解明の領域である。この他にも、名古屋市を中心とした東海地域で作られた灰釉陶器の生産と供給問題もある。東海産の灰釉陶器は全国各地の遺跡から出土しており、高級の須恵器と考えられている。

2. 中世陶器の生産・供給問題

律令体制下では、須恵器は全国各地で生産されたが、中世に入ると、六古窯(猿投、常滑、信楽、越前、丹波、備前)に代表されるように、中世陶器の生産地は集約されてくる。これらの地域はいずれも、後背地に花崗岩類を持つ地域である。花崗岩類に由来する粘土が固いやきものの素材粘土として適していることを示している。六古窯の製品の化学特性もすでに求められているが、須恵器に比べて、土器形式の研究が著しく進んでおり、形式観察で中世陶器の伝播が追跡される場合が多い。しかし、今後、六古窯の製品の伝播に関する研究にも、分析化学者が参加する可能性は十分ある。東北地域の遺跡からも六古窯の製品と推定される中世陶器が多数出土している。これまでのデータでは、日本海側の遺跡には備前陶器、越前陶器、信楽陶器が多く、太平洋側の遺跡には常滑陶器が多い。中世陶器を東北地域や北海道へ運んだルートも今後の研究課題の一つである。

六古窯以外にも、中世陶器を生産した地域がある。石川県珠洲市の珠洲陶器もその一つである。珠洲陶器の化学特性もすでに求められており、その伝播の研究も着手されている。ただ、珠洲陶器に外見上類似した陶器がある。「珠洲系陶器」と通称されている。「珠洲系陶器」を生産した窯跡は富山県越中八尾市で発見されているが、秋田県内にも2か所で珠洲系陶器の窯跡が発見されている。珠洲陶器と珠洲系陶器の識別には理化学的胎土分析は不可欠である。珠洲陶器はこれまでの考古学研究で北上するが、南下はしないといわれている。岩手県平泉から出土する珠洲陶器とみられる中世陶器が珠洲陶器なのか、それとも、珠洲系陶器なのかも今後に残された問題である。珠洲陶器だけではない。備前陶器にも、外見上類似した備前系陶器がある。山口市に備前系陶器の窯跡も発見

されている。備前系陶器の胎土は地元、山口市に在る周防陶窯跡群の須恵器胎土と同じで胎土であることが確認されている。周防地域の遺跡から出土する備前陶器が本物の備前陶器なのか、それとも、備前系陶器なのかも今後の研究課題となるであろう。この他に、東海地域で生産された「山茶碗」の生産と供給問題もある。

3. 縄文土器、弥生土器、土師器の伝播

　一般的に、生産地である窯跡が残っていない軟質土器の伝播に関する研究は難しい。しかし、自然界に広く分布する粘土に地域差があれば、これらの軟質土器の伝播に関する研究も可能となる。その研究を遂行しようとすれば、須恵器の産地問題の研究で重要な役割を果たした長石系因子が地域差の鍵を握っていると考えられる。したがって、窯跡群出土須恵器の化学特性も参考になる。
　東北地域では日本海側と太平洋側で窯跡群出土須恵器の化学特性が異なることはすでに述べた。このデータを参考にすると、青森県内に日本海側と太平洋側の遺跡から出土する縄文土器の胎土は異なる化学特性をもつ可能性がある。そのことは実験データで示さなければならない。まず、日本海側の遺跡出土縄文土器の胎土から見てみよう。図323には青森市の小牧野遺跡出土縄文土器の両分布図を示す。両図において、比較対象の領域として小牧野領域を描いてある。予想に反して、分

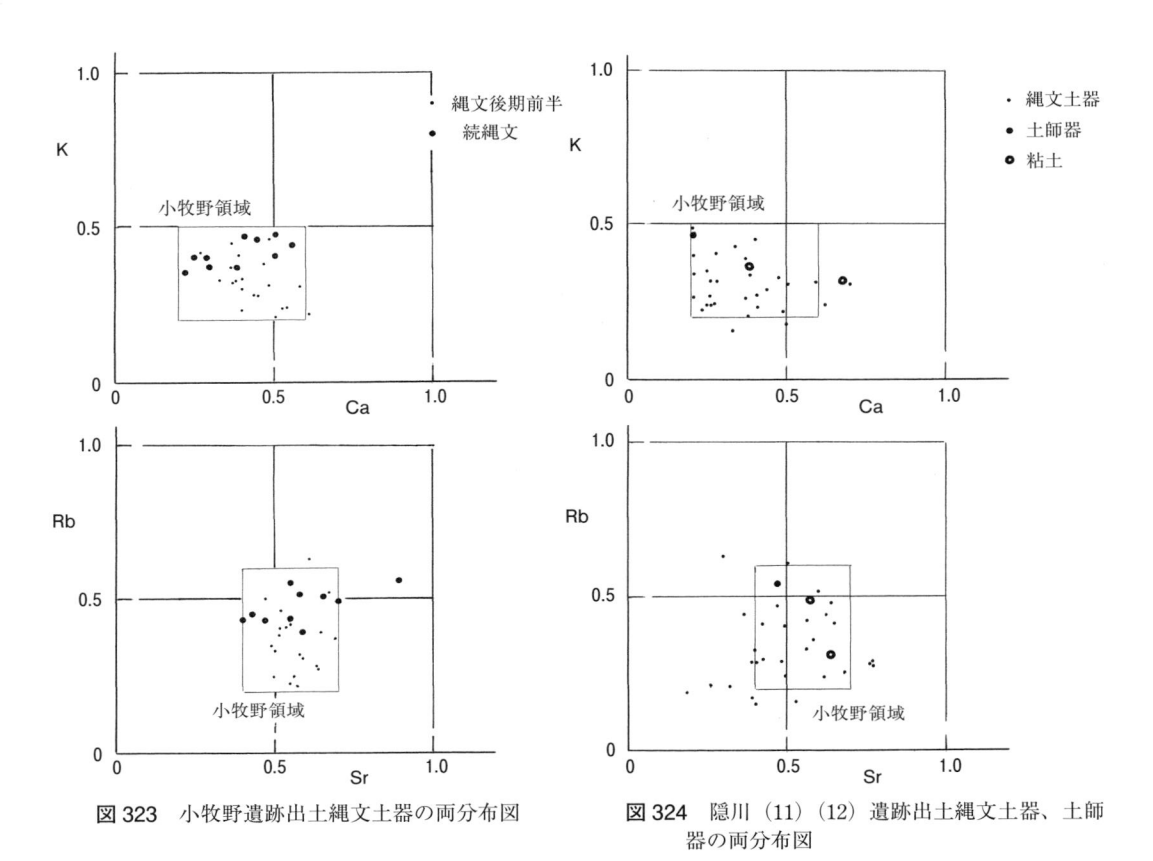

図323 小牧野遺跡出土縄文土器の両分布図　　**図324** 隠川 (11) (12) 遺跡出土縄文土器、土師器の両分布図

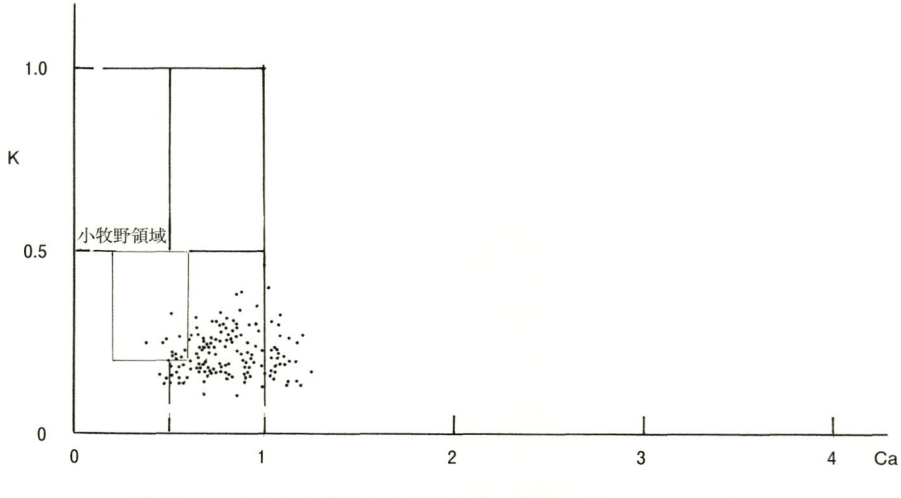

図325 こみわたり遺跡出土縄文土器（粗製深鉢）のK-Ca分布図

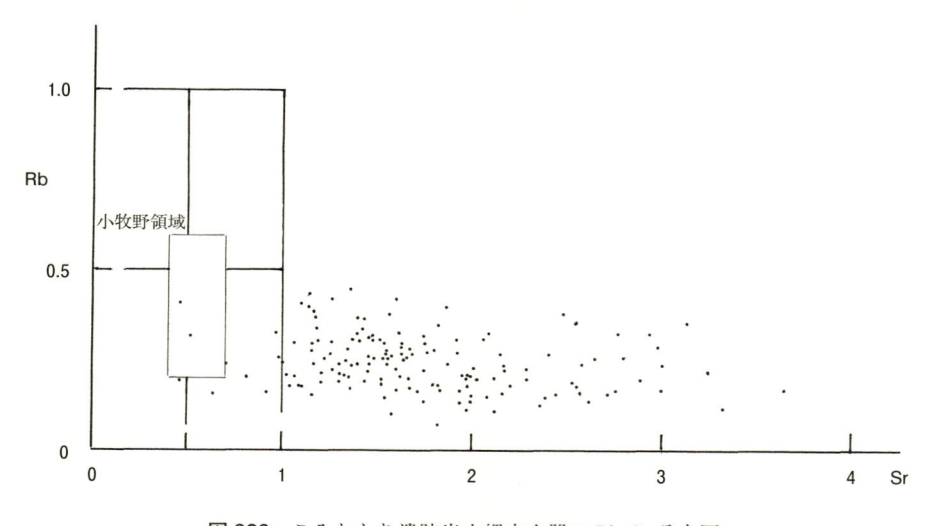

図326 こみわたり遺跡出土縄文土器のRb-Sr分布図

析試料はまとまって分布した。小牧野遺跡は環状列石遺跡であるので、あちこちから土器が持ち込まれていたと予想されていた。分析試料がまとまって分布したことは注目された。何故なら、分析した縄文土器試料は在地産の粘土を素材として作った土器群であると考えられるからである。図324には五所川原市の隠川（11）（12）遺跡から出土した縄文土器の両分布図を示す。多くの試料が小牧野領域に分布することがわかる。他の遺跡出土縄文土器も小牧野領域内で偏在はあるものの、ほぼ、小牧野領域を中心に分布した。このことは青森県の日本海側の遺跡から出土する縄文土器胎土の共通した化学特性であると考えられ、これらの地域内で作られた在地産の土器であると考えられた。

　他方、太平洋側の遺跡である青森県三戸郡福地村のこみわたり遺跡から出土した縄文土器のK-Ca分布図を図325に、Rb-Sr分布図を図326に示す。K-Ca分布図ではほとんどの試料が小牧野領

域には対応せず、小牧野領域外に分布し、日本海側の遺跡出土縄文土器の胎土とは主成分元素でも異なることを示した。さらに、Rb-Sr 分布図では Sr が異常に大きくばらついて分布している。この原因はわからないが、これも青森県の太平洋側の遺跡から出土する縄文土器の特徴であると考えられる。Sr 以外の K、Ca、Rb ではまとまって分布しており、日本海側の遺跡出土縄文土器の胎土とは明らかに異なる化学特性をもつことがわかった。他のいくつかの遺跡出土縄文土器も同じような化学特性をもっていることがわかった。このようにして、縄文土器にも日本海側と太平洋側で地域差があることがわかった。これらのデータを見る限り、日本海側と太平洋側の遺跡の間で、他地域で作られた縄文土器が伝播していなかったことを示している。このようにして、遺跡出土縄文土器の胎土に見られる地域差のデータを集積していけば、理化学的胎土分析による縄文土器の伝播に関する研究も可能となる。地域間で遺跡出土縄文土器の胎土を比較するのも、縄文土器の伝播に関する研究の方法の一つである。

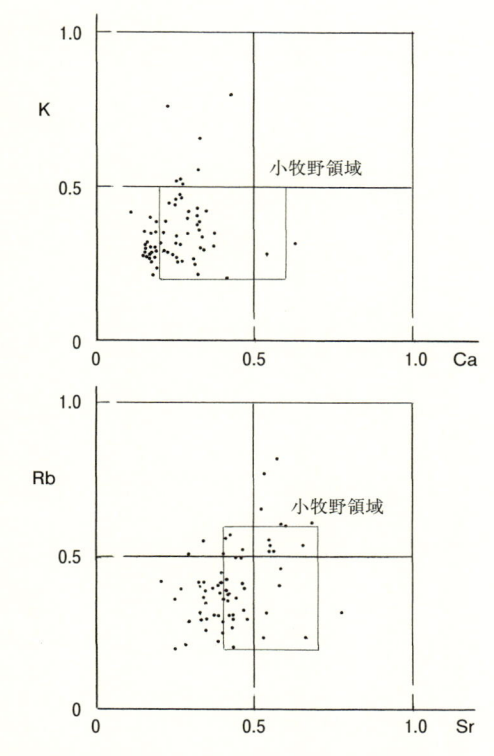

図 327 隠川（4）（12）遺跡出土土師器の両分布図

　さらに、図 327 には五所川原市の隠川（4）（12）遺跡から出土した土師器の両分布図を示す。図 324 と比較すると、試料群の分布位置は少しずれるが、隠川（11）（12）遺跡から出土した縄文土器の分布領域と類似した領域に分布していることがわかる。縄文土器と土師器は同じところで採取した粘土ではないが、同じ地域内で採取された在地産の粘土を素材として土師器を作ったと考えられた。同じ複合遺跡から出土する弥生土器も土師器や縄文土器と類似した胎土をもつことがわかった。このことは弥生土器や土師器も縄文土器と同じ地域内で作られた在地産土器であることを物語る。このようにして、同じ複合遺跡から出土した縄文土器、弥生土器、土師器の胎土の類似性を研究することもこれらの軟質土器の伝播に関する研究の方法の一つである。

　もう一つの方法は特異な化学特性をもつ縄文土器、弥生土器、土師器の伝播に関する研究である。1000℃ を超える高温で固く焼成する須恵器では素材粘土も花崗岩類のような酸性岩に由来する粘土に限定された。しかし、摂氏数百度程度で焼成する軟質土器は玄武岩などの塩基性岩に由来する粘土でも焼成できる。言い換えれば、軟質土器はどこにでもある粘土が素材となる訳である。特異な化学特性をもつ岩石に由来する粘土が素材として使われた場合がある。近畿地方の中央部に在る生駒山西麓遺跡群から出土する土器である。

　生駒山西麓には数キロメートル四方の地域内に縄文時代から古墳時代にかけての、50 基ほどの遺跡が集中して分布している。通称、生駒山西麓遺跡群と呼ばれている。この遺跡群からは多数の

表17 生駒山西麓遺跡群出土土器の化学特性

群名	試料数		K	Ca	Fe	Rb	Sr	Na
I群	(124)	分析値	0.156	2.14	4.32	0.083	1.44	0.178
		標準偏差	0.037	0.235	0.617	0.025	0.399	0.04
		変動係数（%）	23.7	11	14.3	30.1	27.7	22.5
II群	(92)	分析値	0.353	1.94	3.96	0.203	1.28	0.277
		標準偏差	0.052	0.187	0.509	0.035	0.271	0.056
		変動係数（%）	14.7	9.6	12.9	17.2	21.1	20.2
III群	(39)	分析値	0.409	1.07	3.68	0.287	0.833	0.178
		標準偏差	0.069	0.265	0.582	0.069	0.226	0.047
		変動係数（%）	16.9	24.8	15.8	24	27.1	26.4

　縄文土器や弥生土器が出土している。角閃石や斜長石を多く含む特色のある胎土をもっているので、早くから考古学者たちは肉眼観察による胎土分析を行い、生駒山西麓遺跡群産の縄文土器や弥生土器の伝播に関する研究を進めていた。ここでは、生駒山西麓遺跡群の土器遺物の蛍光X線分析の結果について述べる。

　この地域一帯は地質時代には堆積環境の変動が激しかった地域であるといわれている。土器の素材となる粘土の化学特性も単純ではないかもしれないので、まず、生駒山西麓遺跡群から出土した多数の縄文土器、弥生土器を分析してみた。その結果、K、Ca、Rb、Srの4因子で土器胎土は3種類に分類できることがわかった。3種類の土器胎土の分析結果を表17にまとめてある。これらの土器にはK、Rbが異常に少なく、Ca、Srが異常に多いという共通した特徴がある。Feも多い。生駒山西麓土器群と通称されている。図328には、これら3群の土器の両分布図を示してある。3群の土器のうち、I群土器はK、Rbが最も少なく、逆に、Ca、Srが最も多い胎土をもつ。I群土器胎土は典型的な生駒山西麓土器の胎土であり、庄内式甕もこの化学特性をもつ胎土である。逆に、III群の土器はK、Rbが最も多く、Ca、Srが最も少ない胎土をもつが、出土量は少数である。II群の土器はその中間に分布することが図328からわかる。念のため、両分布図で近接して分布するI群とII群間の2群間判別分析を試みた。その結果は図329に示されている。両群の試料は完全に分離して分布しており、容易に相互識別できることがわかる。また、図330にはII群とIII群の土器の2群間判別図を示してある。II群試料とIII群試料も完全に分離しており、その相互識別は容易である。図328の両分布図からみて、I群とIII群の土器は判別分析するまでもなく、両分布図上でも、容易に相互識別できることがわかる。このように、生駒山西麓遺跡群内で作られた土器の胎土にも3種類の胎土があることがわかった。ここで、生駒山西麓遺跡群の後背地を構成する岩石を分析した。角閃石斑糲岩とよばれる変成岩の一種である。この岩石の両分布図を図331に示す。K、Rbが異常に少なく、逆に、Ca、Srが異常に多い岩石であることがわかる。また、Feも多い。この岩石の特徴が生駒山西麓土器の胎土に反映されていることが理解できる。したがって、生駒山西麓遺跡群の土器は生駒山西麓遺跡群内で作られた土器であり、外部から供給された土器ではない。言い

第11章 その他の土器の胎土研究の方法　203

(1) 生駒山Ⅰ群のK-Ca分布図

(2) 生駒山Ⅰ群のRb-Sr分布図

(3) 生駒山Ⅱ群のK-Ca分布図

(4) 生駒山Ⅱ群のRb-Sr分布図

(5) 生駒山西麓Ⅲ群のK-Ca分布図

(6) 生駒山西麓Ⅲ群のRb-Sr分布図

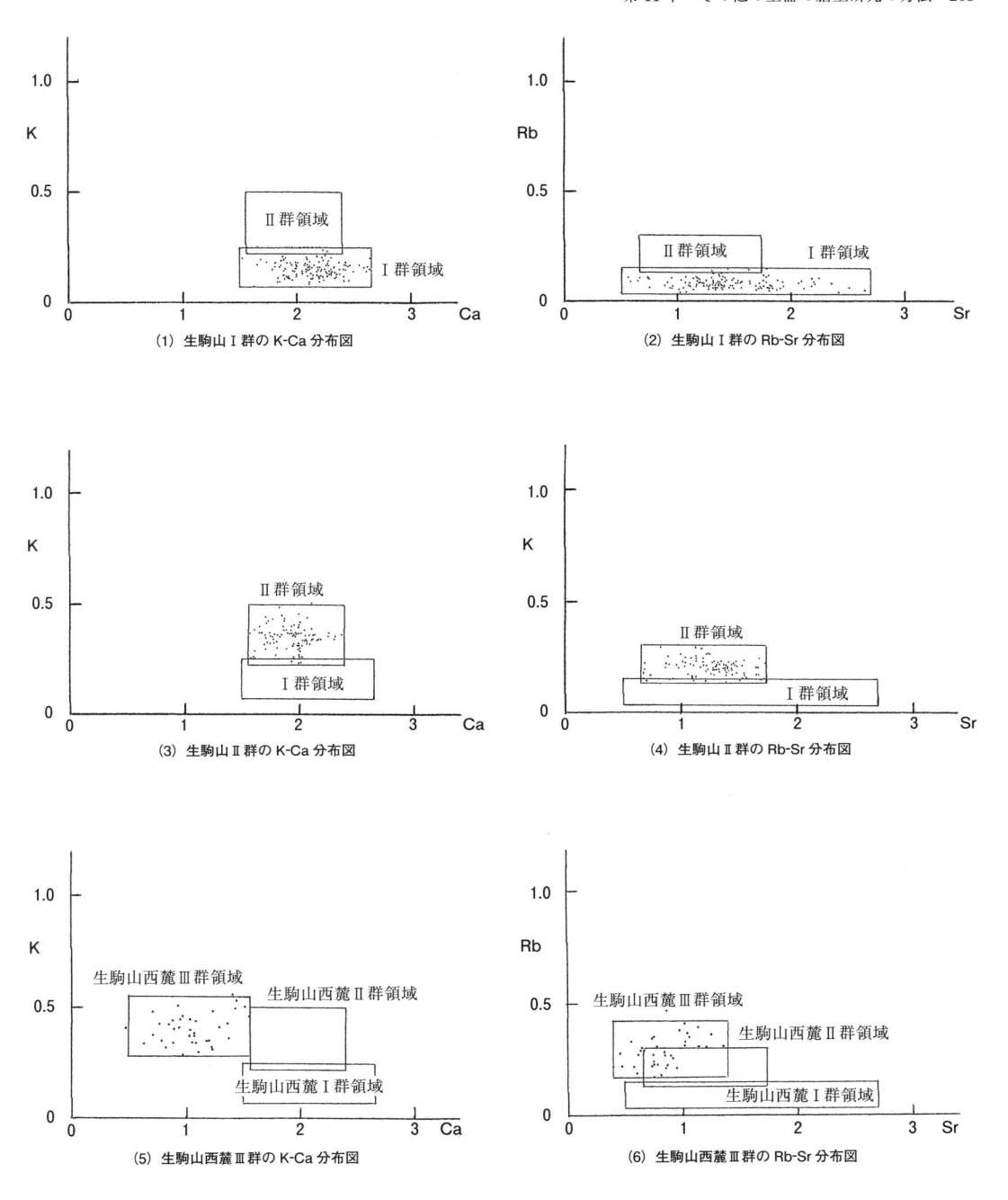

図328　生駒山西麓遺跡群の土器の両分布図

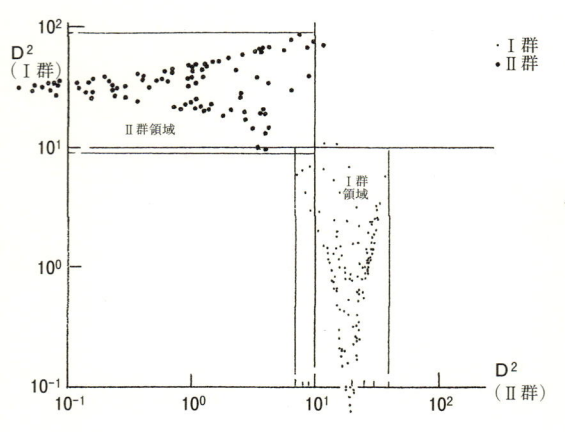

◀図329　生駒山西麓遺跡群出土Ⅰ群、Ⅱ群土器の相互識別

▶図330　生駒山西麓遺跡群出土Ⅱ群、Ⅲ群土器の相互識別

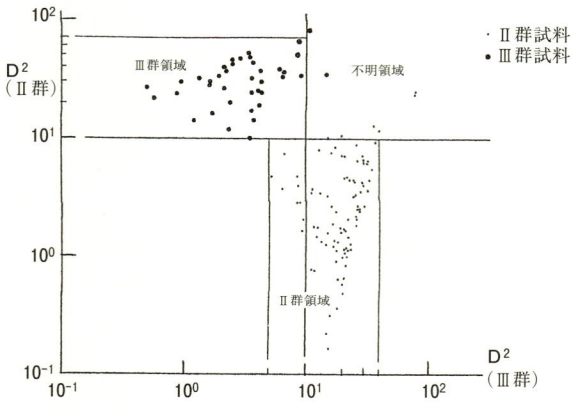

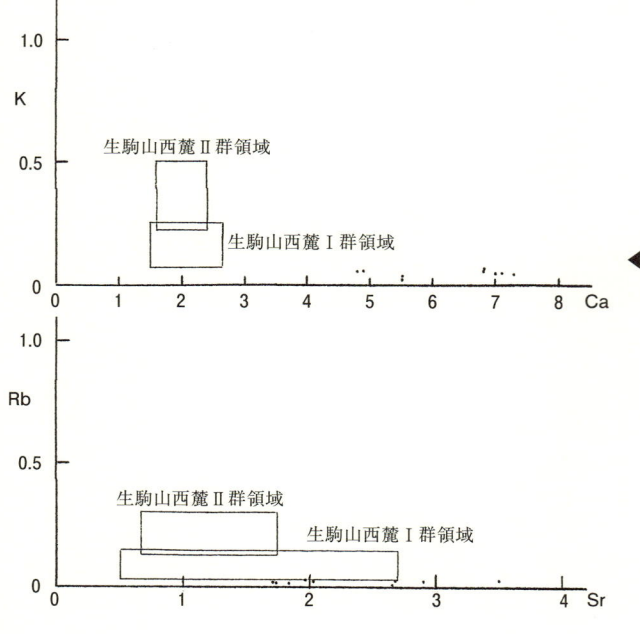

◀図331　生駒山西麓で採取された斑糲岩の両分布図
　　　　上：生駒西麓採集岩石のK-Ca分布図
　　　　下：生駒西麓採集岩石のRb-Sr分布図

馬場川遺跡（第6次調査）出土土器（縄文晩期前半）のK-Ca分布図

馬場川遺跡（第6次調査）出土土器（縄文晩期前半）のRb-Sr分布図

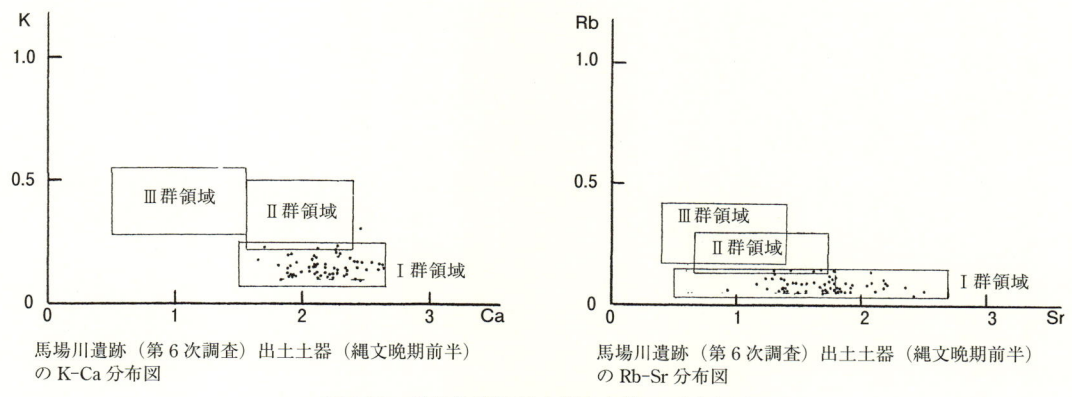

図332 馬場川遺跡出土縄文土器の両分布図

馬場川遺跡（第4次調査）出土土器（弥生後期末）のK-Ca分布図

馬場川遺跡（第4次調査）出土土器（弥生後期末）のRb-Sr分布図

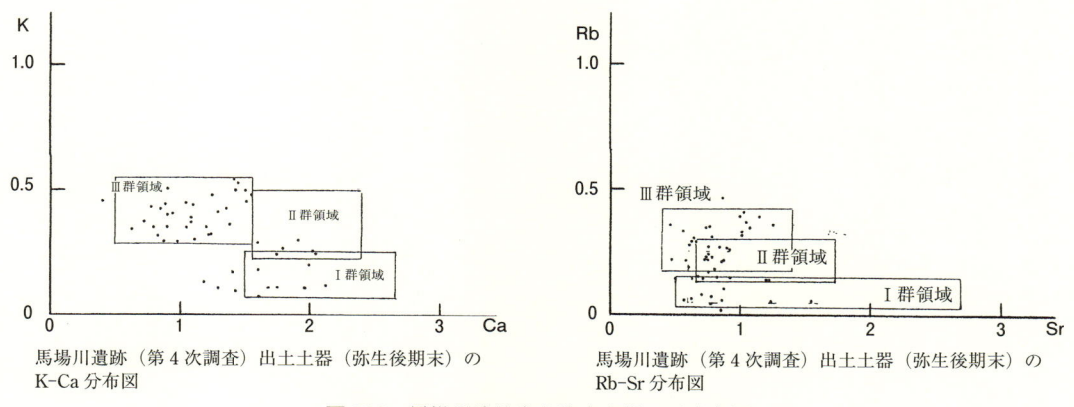

図333 馬場川遺跡出土弥生土器の両分布図

換えれば、生駒山西麓遺跡群は須恵器の窯跡群や埴輪の古墳群と同様に一つの土器生産地として把握できることを示している。その土器胎土が3種類あるということは、粘土が堆積した環境が激しく変動したことの反映であると解釈される。

　ここで、一例として、生駒山西麓遺跡群内の遺跡から出土した土器胎土の両分布図を示そう。図332には馬場川遺跡出土の縄文晩期前半の土器の両分布図を、また、図333には同じ馬場川遺跡から出土した弥生後期末の土器の両分布図を示す。同じ遺跡から出土した土器ではあるが、前者はⅠ群領域に分布し、後者はⅢ群領域に分布する。化学特性が異なる胎土をもつ土器が同じ遺跡から出土しているのである。その違いは年代の違い、すなわち、年代によって、粘土の採取場所が異なっていたことを示している。このようなデータから、生駒山西麓遺跡群内の各遺跡から出土する土器胎土が時代によって、どのように変遷するかを研究することも必要である。また、特異な化学特性をもつ胎土であるだけに、生駒山西麓遺跡群の土器の伝播に関する研究も可能である。もちろん、これまで、生駒山西麓遺跡群の土器の肉眼観察のデータも集積されているから、考古学側と自然科学側の共同研究を推進することによって、これまでに得られていない、新しい情報を引き出すことができるであろう。

ここで、新しい方法をつかって、生駒山西麓遺跡群の伝播を研究した例を示す。生駒山西麓遺跡群が在る東大阪市に隣接する八尾市の木の本遺跡からは種々の形式の軟質土器が出土している。これらの土器の胎土を調べた。まず、図334には、布留式高坏の両分布図を示す。これらの試料を包含するようにして布留式領域とした。これらの土器が生駒山西麓遺跡群の土器でないことは図328と比較すればわかる。これらの土器が奈良県の布留遺跡から供給された土器であるかどうかを調べるために、布留遺跡出土土師器を分析した。その結果は図335に示してある。ほとんどの試料を包含するようにして、布留領域を描いてある。布留領域と布留式領域とは異なることがわかる。したがって、木の本遺跡から出土した布留式土器は布留遺跡から供給された土器ではなく、木の本遺跡周辺で作られた土器である可能性がでてきた。図336には木の本遺跡から出土した土師器（甑）と韓式土器の両分布図を示してある。ほとんどの試料は布留式領域に分布することがわかる。土師器（甑）も韓式土器も同じところで作られた土器である。このことから、木の本遺跡では種々の形式の軟質土器を作っていたことがわかる。もし、これらの形式の異なる土器を木の本遺跡で作っていたとすれば、素材粘土は同じであると考えられるから、布留式領域は木の本領域に置き換えられることになる。図337には木の本遺跡から出土した庄内式高坏の両分布図を示す。ほとんどの試料が布留式領域、すなわち、木の本領域に分布しており、木の本遺跡で作られた土器である可能性が高いことを示している。これらのデータは木の本遺跡には、種々の形式の土器を作る工人がいたことを示しており、木の本遺跡の性格を示している。これに対して、図338には庄内式甕の両分布図を示してある。ほとんどの試料はK、Rbが少ない生駒山西麓遺跡群のI群土器胎土の特徴をもっており、生駒山西麓遺跡群から供給された土器であると推定された。しかし、4点の庄内式甕は木の本遺跡領域に分布しており、木の本遺跡で作られた庄内式甕であることを示す。木の本遺跡には形式的に庄内式甕と同じ形式の甕を作る工人がいたことになる。距離的には、木の本遺跡と生駒山西麓遺跡群とは近いので、工人自身が生駒山西麓遺跡群から木の本遺跡へ移動した可能性も考えられる。このことから、生駒山西麓遺跡群以外の遺跡でも、庄内式甕を作っていた可能性が出てきた。このことは庄内式甕の伝播を研究する上に、一つの問題点を提供する。さらに、この結果をFe因子でも調べてみた。生駒山西麓遺跡群の軟質土器にはFeも多い特徴があるからである。

　図339には、木の本遺跡から出土した種々の形式の土器のFe因子を比較してある。他の形式の土器に比べて、生駒山西麓遺跡群で作られた土器と推定された庄内式甕にはFeが多く、Fe因子でも生駒山西遺跡群の土器の特徴をもっていることを示した。図338で示した両分布図で、4点の庄内式甕は生駒山西麓遺跡群の土器の分布領域には対応せず、木の本遺跡の他の形式の土器と同じ領域に分布した。この4点の庄内式甕はFe因子でも、他の形式の土器のFeに対応し、生駒山西麓遺跡群の庄内式甕とは対応しなかった。この4点の庄内式甕が木の本遺跡で作られた土器であることはほぼ間違いない。また、他の型式の土器にはFeは比較的少なく、生駒山西麓遺跡群の土器胎土の特徴をもっていないこともわかった。これらの種々の形式の土器は木の本遺跡で作られた土器である可能性が高まった。新しい方法は庄内式甕の伝播の研究にも役立つことであろう。今後、考古学側との共同研究が進めば、庄内式甕の伝播に関する研究はさらに大きく前進することが期待され、畿内の縄文時代、弥生時代の歴史研究に役立つことも期待される。

第 11 章 その他の土器の胎土研究の方法　207

木の本遺跡出土布留式高坏の K-Ca 分布図　　　　木の本遺跡出土布留式高坏の Rb-Sr 分布図

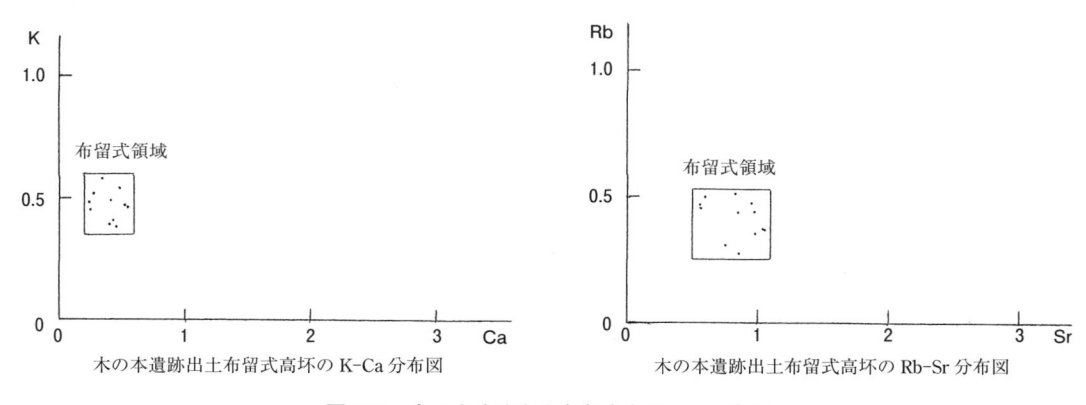

図 334　木の本遺跡出土布留式高坏の両分布図

布留遺跡出土土師器の K-Ca 分布図　　　　布留遺跡出土土師器の Rb-Sr 分布図

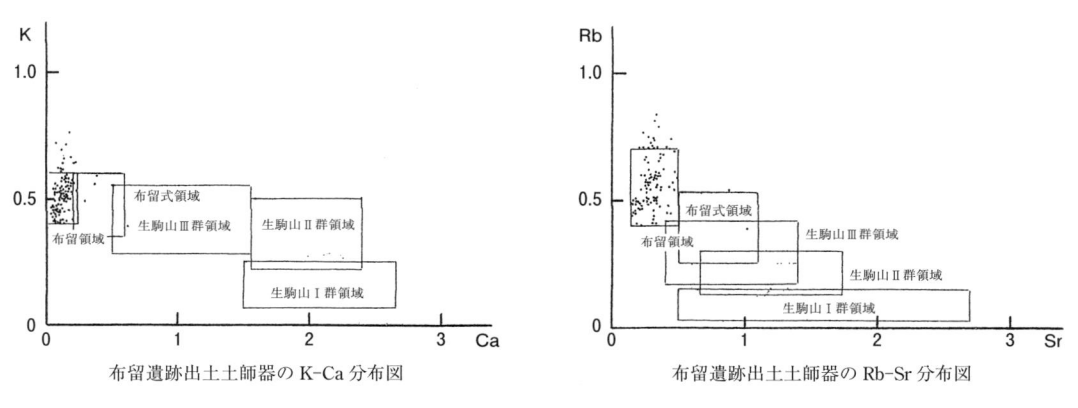

図 335　布留遺跡（奈良県）出土土師器の両分布図

木の本遺跡出土土師器（甑）と韓式土器の K-Ca 分布図　　　　木の本遺跡出土土師器（甑）と韓式土器の Rb-Sr 分布図

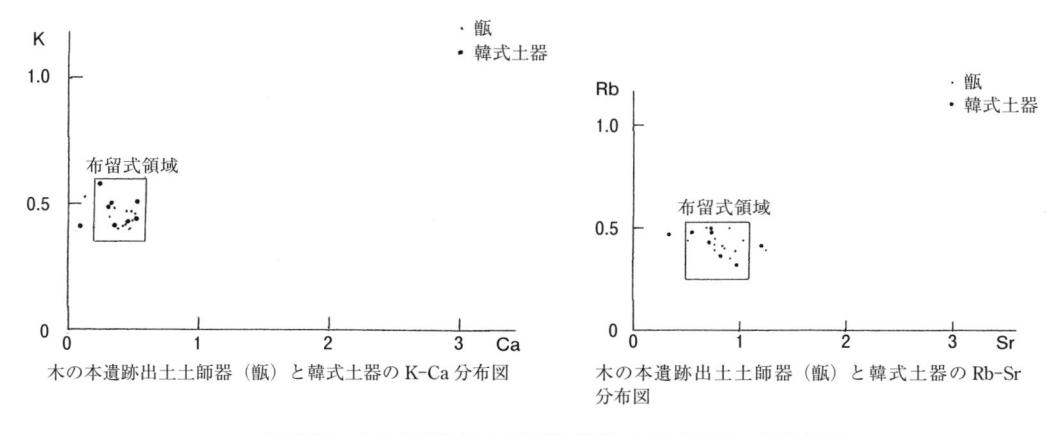

図 336　木の本遺跡出土土師器（甑）と韓式土器の両分布図

木の本遺跡出土庄内式高坏の K-Ca 分布図　　　　木の本遺跡出土庄内式高坏の Rb-Sr 分布図

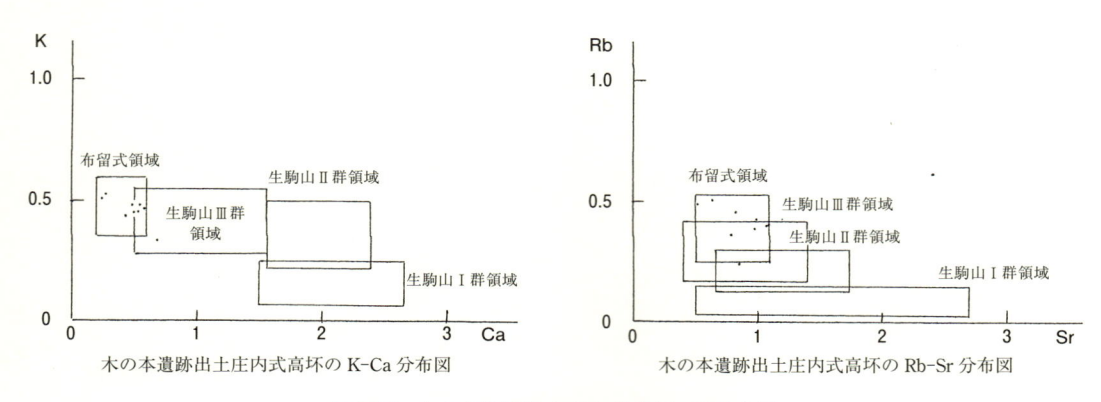

図 337　木の本遺跡出土庄内式高坏の両分布図

木の本遺跡出土庄内式甕の K-Ca 分布図　　　　木の本遺跡出土庄内式甕の Rb-Sr 分布図

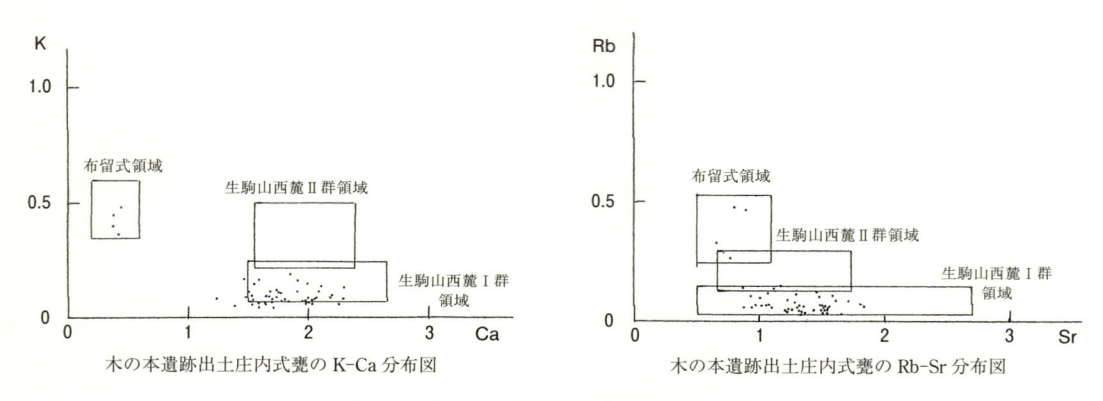

図 338　木の本遺跡出土庄内式甕の両分布図

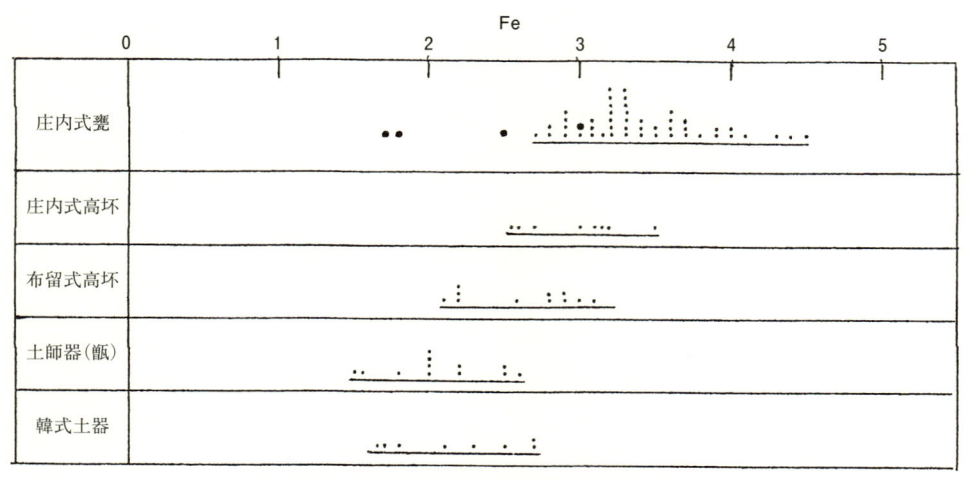

図 339　木の本遺跡出土土器の Fe 因子の比較

なお、生駒山西麓遺跡群内には須恵器窯跡は発見されていない。この遺跡群内で採取される粘土にはCaが異常に多い。つまり、斜長石の微粒子が多いので、1000℃を超える高温で焼成すると、斜長石の微粒子は融解し、粘土が固く焼結することを妨げる。したがって、この遺跡群内にある粘土では須恵器は焼成できないことがその理由である。

　奈良県の纒向遺跡からも生駒山西麓遺跡群の土器が多数検出されている。纒向遺跡が祭祀遺跡であれば、今後、纒向遺跡から出土する土器群に新しい方法を適用すれば、新しい情報を引き出すことができる。このように、特異な化学特性をもつ軟質土器の伝播に関する研究にも新しい方法は適用できる。

　このようにして、須恵器産地推定法は生産地が残っている須恵器、灰釉陶器や中世陶器の産地問題の研究に止まらず、生産地が残っていない縄文土器、弥生土器、土師器などの軟質土器の伝播に関する研究にも適用できる。土器の国、日本における土器遺物の胎土研究に役立つことがわかった。この方法は今後、多くの研究者に活用されることが期待される。

第12章　分析化学者からみた土器遺物の考古科学的研究

　日本における考古遺物の自然科学的研究の発端は、今から40年ばかり前、東村武信京都大学原子炉実験所教授が中心となって進めていた、考古遺物を自然科学の方法で研究することに興味をもつ研究者が集まる同好会にある。この同好会には京都大学文学部や理学部の研究者たちが参加していた。この同好会が発行していた同好会誌が「考古学と自然科学」である。その後、この同好会は日本文化財科学会として発展した。その学会誌の名前に現在でも、「考古学と自然科学」の名称が残されている。この同好会の目的はC-14法、熱ルミネッセンス法、考古磁気法など年代測定法や、サヌカイト、黒曜石などの石器や土器遺物などの産地問題の研究のために元素分析法をどのように活用するかということにあった。こうした同好会が活動を始めた背景には行政発掘による遺跡の発掘作業の進展がある。第2次世界大戦後の荒廃した国土の開発が進むにつれて各地で遺跡が発掘され、遺物が出土していた。この事業は規模が大きすぎて、大学では手に負えず、国家的事業が必要であった。そして1950年には文化財保護法が施行され、全国各地の都道府県・市町村の教育委員会が中心となって遺跡の発掘作業が進められることになった。東村先生が非常勤講師（物理学担当）として、奈良教育大学へ来られていたことが機縁となって、東北大学金属材料研究所から奈良教育大学へ転勤した直後の筆者もこの同好会に参加することとなった。そのときはじめて、研究テーマとして「土器遺物の産地問題」があることを知った。分析化学を専門とする筆者は「土器遺物の産地問題」に興味をもった。

　大阪府羽曳野市には大和政権の墳墓群である古市古墳群がある。その中に、5世紀代前半の前方後円墳、墓山古墳がある。その陪塚の一つである野中古墳から出土した硬質土器が朝鮮半島の伽耶地域産の陶質土器であるのか、それとも、和泉陶邑産の須恵器であるのかを元素分析法で判断できるかという問題がその頃、筆者のところにもち込まれた。考古学的型式論では判断できなかったからである。試料は北野耕平さん（当時、神戸商船大学教授）から提供された。当時、筆者は京都大学理学部の小山睦夫さんの研究グループで海水中の微量元素の放射化分析を京都大学原子炉実験所で行っていた。そのときはじめて、土器試料も放射化分析された。筆者にとってはじめての、土器遺物の元素分析であった。しかし、放射化分析でも、その判断はできなかった。どの元素が地域差を示すのかもわかっていなかったので、当然の結果であった。その頃、同好会「考古学と自然科学」の研究発表会で、纒向遺跡から出土した軟質土器の蛍光X線分析の結果の発表があった。その席上で、都出比呂志氏（当時立命館大学）が「考古学の型式論で分類した結果に合わせて元素分析のデータを解読しているだけではないのか」と質問した。言い換えれば、土器遺物の元素分析のデータを解読する自然科学の方法論がまだできあがっていないのではないかということである。この質

問はまさに、土器遺物の産地問題の自然科学的研究に対する正鵠を射た質問であった。この質問の本質は 30 年後の今でも生きている。この時、筆者は生涯をかけて、土器遺物の産地を推定する方法論の開発研究を決意した。この方法論が開発されない限り、土器遺物を元素分析しても、産地問題の難問は解決できないからである。

野中古墳の硬質土器の産地問題の研究で、当時、大阪府教育委員会に所属し、陶邑窯跡群の発掘調査を指揮していた中村浩さん（現大阪大谷大学名誉教授）と出会い、陶邑の窯跡群を案内してもらった。陶邑（大阪府堺市）には数キロメートル四方の地域内に数百基もの須恵器窯跡がある、日本最大の須恵器窯跡群である。1 基の窯跡（灰原も含めて）からでも、膨大な量の須恵器破片が出土しているのを見て、これらの須恵器破片を分析すれば、その窯跡から出土する須恵器の化学特性が求められるに違いないと思った。当時は多数の土器遺物を分析することは常識的には考えられなかったのである。しかも、このような須恵器窯跡が全国各地に数千基はあると聞いて、これらの窯跡出土須恵器を分析すれば、各地の窯跡出土須恵器の化学特性が比較でき、須恵器産地推定法が開発できるかもしれないという「夢」をもった。この「夢」を実現するためには、全国各地の都道府県・市町村の教育委員会から大量の土器試料を提供してもらい、根気強く分析作業を重ねることである。こうして、土器遺物の考古科学的研究の第一歩として、「窯跡出土須恵器」が分析対象としてきまった。古墳出土須恵器とは違って生産地である窯跡出土須恵器片試料は比較的容易に提供してもらえたこともその背景にある。

本来、分析化学者が分析対象とする試料は均質系試料である。通常、溶液試料として分析するか、粉末試料にして準均質系試料として分析する。野外に出て試料採集することはなかった。実験室内にもち込まれた試料が「実験系」となる。野中古墳出土の硬質土器の分析がその例である。しかし、陶邑の須恵器窯跡の発掘現場をみて、窯跡出土須恵器の考古科学的研究では試料を野外でサンプリングする作業から始めなければならないと思った。「実験系」は実験室にもち込まれた、単なる土器片試料ではなく、窯跡から出土する須恵器全体である。しかし、これらをすべて試料として分析することは不可能である。これらの中から、任意に試料を選択して分析することになる。このときはじめて、数理統計学の教科書でしばしば出会う「試料集団」と「母集団」の認識が必要であることを知った。ただし、この認識を身につけるには、全国各地の多数の窯跡群出土須恵器の分析作業の積み重ねが必要であった。発掘現場を見ただけでは簡単にこの認識は身につけられるものではない。同時に、野外にある、これらの試料は均質系ではなく、不均質系であることにも気が付いた。このことは窯間の相互識別をする場合に、多数の試料の分析データをどのように取り扱うのかという問題を提起した。各窯間で試料集団の分析値の平均値をとって比較しても、あまり意味がないからである。これらのことは従来の分析化学研究に従事してきた分析化学者には異次元の別世界のことのように思われた。これが 30 年ほど前に、土器遺物の考古科学的研究をはじめたときの、土器遺物から受けた印象である。従来の分析化学の研究にはなかった、新しい考え方を取り入れない限り、須恵器産地推定法を開発することはできないことを悟った。

窯跡群出土須恵器試料の分析作業が始まると、全国各地から多数の試料が提供された。放射化分析ではとても処理できる試料数ではなかった。もっと多数の土器試料の分析処理ができる方法がな

いかと模索していたところ、京都大学原子炉実験所での研究者仲間から、新型のエネルギー分散型の蛍光X線分析装置が市販されたことを聞いた。完全自動式の蛍光X線分析装置であった。同時多元素分析ができる蛍光X線分析では波長分散型の装置が先に普及した。分光結晶が開発されれば、X線の検出は容易であったからである。しかし、半導体検出器が開発されると、新型の蛍光X線分析装置も1970年代には市販されることになった。しかも、完全自動式の分析装置であった。完全自動化されたエネルギー分散型の装置が波長分散型の装置より先に市販されることになったのである。この装置を使えば、試料の入れ替え、データの打ち出しが自動的にできる。さらに、試料処理法は土器試料を粉砕し、錠剤試料を作成して、自動試料交換器にマウントするだけでよい簡便のものであった。この装置を使えば、多数の土器試料の分析が可能である。幸運にも、この装置を筆者が勤務する奈良教育大学に設置することができた。まさに神の恵みともいうべき僥倖であった。この装置を13年間つかって、全国各地の窯跡出土須恵器にはK、Ca、Rb、Sr因子からみて地域差があることが実証された。その後、分析能力がより高い波長分散型の蛍光X線分析装置も完全自動化され、筆者は30年間にわたり、都合3台の完全自動式の蛍光X線分析装置を駆使し、土器試料、花崗岩類の岩片試料を含めて、10万点を超える試料の分析データを出すことができた。3台の完全自動式の蛍光X線分析装置を特にトラブルもなく、30年間にわたって運転できたことは、これまた不思議なくらい幸運であった。この間、膨大な数の土器試料の粉砕、錠剤試料の作成、データの整理などの作業過程を通して、筆者自身が精神的にも鍛えられた。これらの作業は几帳面に、かつ、根気強く進めなければならなかったからである。3台の装置で、繰り返し分析された試料も多い。こうした作業過程を通して、筆者は絶対的といっても過言ではないくらい、分析データに自信をもつことができた。実験研究者としては重要なことである。

　全国各地の多数の窯跡出土須恵器を分析していく過程で、「母集団」と「試料集団」の認識が深まった。窯跡出土須恵器全体が「母集団」である。そこから任意に採取された試料群は「試料集団」である。ところが、全国各地には数千基の窯跡がある。「母集団」の数が多すぎて、このままでは産地推定の作業には入れないことは明白であった。何らかの形で「母集団」を整理しておかなければならない。このとき、窯跡群内のどの窯跡出土須恵器も、その化学特性が類似していることに気がついた。在地産の粘土を素材としているからである。ここから、多数の窯跡をより大きな窯跡群として整理できることがわかった。

　大自然を理解するには、デカルトが「方法序説」、「精神指導の規則」の中で提唱した「最大単純性の原理」が有効であった。こうして、多数の、小さな「母集団」をより大きな、少数の「母集団」へと単純化していくという作業過程が考え出された。この考え方は砂浜のビーチサンドの分析化学的研究を通して、花崗岩類の分析化学的研究にも適用された。露頭の花崗岩類がまず、小さな母集団として把握された。一つの露頭で採取された岩片試料の化学特性はまとまっており、露頭の岩石全体が一つの「母集団」として把握できることがわかった。さらに、類似した化学特性をもつ花崗岩類の露頭をまとめてできる、より大きな母集団が花崗岩類の岩体として把握された。こうして得られた岩体は地質図に描かれた岩体と一致した。地質図が大いに役立った訳である。こうして、全国各地の花崗岩類の岩片試料を多数分析した結果、K-Ca、Rb-Srの両分布図上における「花崗岩

類のベルト帯」が発見され、火成岩生成過程における斜長石、曹長石、カリ長石間の Ca、Na、K のイオン置換に関する久野理論を実証することができた。花崗岩類の地域差は花崗岩類を構成する主成分鉱物の長石類が支配していることがわかった。そして、窯跡群出土須恵器の地域差も窯跡群の後背地を構成する花崗岩類が関係することがわかり、窯跡群出土須恵器の地域差の原因も理解できることになった。素材粘土も在地産であることも理解できた。こうして、研究の当初は別世界に見えた世界は次第に理解できるようになった。この 30 年間の研究過程は研究者として、これほど楽しいことはなかった。

最後は産地推定法を考え出すことである。産地推定の作業には統計学の方法の導入が不可欠である。確率の考え方を根底に置く、数理統計学の方法はなじみにくい。しかし、「母集団」と「試料集団」の認識が深まるにつれて、「試料集団」の試料群の分散分布式と、「試料集団」の分布範囲を決める「検定」の意味が理解しやすくなった。そして、試料群の分散分布式は「母集団」にも適用できる一般の分散分布式であることを知った。産地推定における産地とは「母集団」の試料全体、すなわち、窯跡群で生産された須恵器全体であることを知った。こうして、陶邑産と推定される意味が理解されることになった。

遺跡出土須恵器の産地推定の研究には考古学の知識も必要である。考古科学的方法論として提示された産地推定法は「最大単純性の原理」にしたがって、窯跡数が少ない古墳時代の須恵器の産地問題の研究に適用された。その結果、陶邑産須恵器が一方的に、全国各地の大中小の古墳へ供給されていることがわかった。はじめて得られた、考古学の成果である。この結果は陶邑における大規模な須恵器生産と結び付けられて解釈された。その解釈に自然科学側の考え方であるポテンシャル論が適用された。

地域差の原因が地質的なものであれば、K、Ca、Rb、Sr の長石系因子を中核とした須恵器産地推定法は他の土器の生産・供給問題や伝播に関する研究にも適用できるはずである。縄文土器、弥生土器や土師器の伝播に関する研究の方法についても検討を試みた。

こうして、30 年の年月をかけて、土器遺物の産地を推定する方法論ができあがった。研究テーマは無数にある。行政発掘によって、膨大な量の土器遺物を発掘した日本では、土器遺物を考古学研究に役立てなければならない。そうでなければ、行政発掘は考古学にとって何の意味ももたなくなる。今後、考古科学的方法で土器遺物の新しい研究が進めば、日本の土器考古学は世界で特異な場を築きあげるであろう。

最後に、筆者がお会いした日本考古学のお二人の碩学から教わった話を二つ紹介しておこう。そのうちのお一人は東京大学の三上次男先生である。先生のお誘いで、上海で開催された第 1 回、「世界陶磁器に関する国際会議」に出席する機会があった。この国際会議のあとのエクスカーションで 1 週間ばかり中国国内の窯跡を先生と一緒に旅行することができた。景徳鎮の窯跡も訪ねた。陶器や磁器の破片が散在する小さな窯跡では先生は破片を次々に選別されておられた。そして、後ろに控えていた私に、「今、私は肉眼観察で土器片を手分けしているが、もっと、きちんとした方法で土器を分類し、研究しなければならない」と言われた。土器の肉眼観察に固執する研究者は多いが、先生ほどの陶磁器研究の大家で、これほどまでに、素直に、ご自分の意見を述べられた研究者は後

にも先にも、先生お一人である。真理を探る研究者は自分の研究態度に素直であることが必要であることを教えられた。そうでないと、見えるものまで見えなくなってしまう。見えなくなると、研究者としての進歩は阻害されるであろう。すでに、鬼籍に入られた先生の柔和なお顔は今でも目に浮かぶ。

　もうお一人の日本考古学の権威は京都大学の小林行雄先生である。高槻市教育委員会が開催する集会で、筆者が新池窯跡群から出土した埴輪の胎土分析の講演をしたあと、質問があるということで、先生の控室に呼ばれ、質問された。先生のご質問とは「須恵器も含めて、窯跡で須恵器や埴輪を焼成する場合、外部地域から素材粘土を運び込むことはないか」というご質問であった。現代窯業では素材粘土を遠方から運び込んでいる。古代や中世の窯業生産でも素材粘土を外部地域から運び込んでいた可能性はありうる訳である。筆者は陶邑で採取した粘土が陶邑産須恵器の胎土と類似した化学特性をもっていること、また、新池窯跡群の後背地の山土や、埴輪工房に積まれていた粘土の化学特性も新池窯跡群の埴輪の化学特性と類似しているというデータをもっていたが、このデータだけでは先生のご質問に対する十分な解答にはならないと判断し、以下のようにお答えした。「須恵器・埴輪生産において、素材粘土を遠方から運んだ、運ばないという直接的な証拠はない。しかし、素材粘土を外部地域から運び込んでいないという間接的な証拠はある。第1点はこれまでの分析データでは、全国どこの窯跡群出土須恵器も窯跡群として一定の化学特性をもっていることが実証されている。例外は何処にもない。窯跡群内のすべての窯が同時に操業していた訳ではない。操業年代の異なる窯もある。もし、どれかの窯で、素材粘土を外部地域から搬入して、須恵器を生産しておれば、窯跡群出土須恵器の分析データはまとまらないはずである。全国どこの窯跡群にも、その例はない。第2点は窯跡群の後背地を構成する岩石は花崗岩類である場合が多い。母岩の花崗岩類の化学特性と窯跡群出土須恵器の化学特性が例外なく対応する。この2点から、窯跡群で生産された須恵器の素材粘土は在地産であると判断できる。つまり、素材粘土を求めて窯を設定する。これが古代・中世窯業の基本形である」とお答えした。このとき、先生は「ウーン」と唸られて、そのまま次の言葉を発せられなかった。先生の沈黙は何を意味するのかはわからなかったが、先生のご質問は理化学的胎土分析の研究の基本に関わる問題である。この点に関する解答をもっていなければ、理化学的胎土分析の研究を継続できるものではない。この質問をされた土器研究者は一人もいない。後にも先にも先生、お一人だけであった。先生は筆者の研究には否定的ではないことを悟って、その場を辞した。先生の研究に対する慎重な態度に改めて敬服するとともに、自らを戒めた。優れた先人からは教わることは多い。

参 考 文 献

石野博信編　1995『全国古墳編年集成』雄山閣。
久野　久　1976『火山及び火山岩』第2版、岩波書店。
佐藤　信　2007『推計学のすすめ』講談社。
杉山高一　1984『多変量データ解析入門』朝倉書店。
高橋正樹　1999『花崗岩が語る地球の進化』岩波書店。
田中豊・脇本和昌　1984『多変量統計解析法』現代数学社。
中村正一　1984『例解　多変量解析入門』日刊工業新聞社。
浜田青陵　1976『考古学入門』講談社学術文庫17、講談社。
東村武信　1990『改訂　考古学と物理化学』学生社、93-106頁。
前野昌弘　1993『粘土の科学』日刊工業新聞社。
三辻利一　1983『古代土器の産地推定法』(考古学ライブラリー14) ニュー・サイエンス社。
三辻利一　1992「初期須恵器の産地推定法の開発」『X線分析の進歩23』アグネ技術センター、205頁。
三辻利一　1994「蛍光X線分析法による古代土器の産地推定法の開発」『理学電機ジャーナル』25-1、理学電機図書出版社、32頁。
三辻利一　1995「新池遺跡出土遺物の胎土分析」『「新池」高槻市埋蔵文化財調査報告書』第17冊、高槻市教育委員会、283-297頁。
三辻利一　1995「土器の産地推定」『新しい研究法は考古学になにをもたらしたか』(田中琢・佐原眞編) クバプロ、265-274頁。
三辻利一　1996「古代・中世土器の産地推定法の開発」『放射化分析』No.3、放射化分析研究会、18頁。
三辻利一　1999「蛍光X線分析による埴輪の研究」『図説古墳研究の最前線』(大塚初重編) 新人物往来社、136-143頁。
三辻利一　2000「女塚貝塚出土初期須恵器の蛍光X線分析」『女塚貝塚』付編I、加藤建設(株)埋蔵文化財調査部、1-4頁。
三辻利一　2002「後平茶臼古墳出土埴輪の蛍光X線分析」『後平茶臼古墳・後平遺跡』(岐阜県文化財保護センター調査報告書第77集・第24分冊) 岐阜県文化財保護センター、25-29頁。
三辻利一　2003「昼飯大塚古墳出土埴輪の蛍光X線分析」『史跡昼飯大塚古墳』(大垣市埋蔵文化財調査報告書第12集・本文編) 大垣市教育委員会、346-359頁。
三辻利一　2010「長石系因子からみた近畿地方の花崗岩類、土壌および窯跡出土須恵器の胎土」『志学台考古』第10号、大阪大谷大学文化財学科、29頁。
三辻利一　2010「統計学の手法による古代・中世土器の産地問題に関する研究 (第29報) ―倭の五王と須恵器生産―」『情報考古学』第16巻1号、日本情報考古学会、9-27頁。
三辻利一　2011「胎土分析とは何か」『情報考古学』16-2、日本情報考古学会。
三辻利一　2012「土器の考古学研究と分析化学」『志学台考古』第121号、大阪大谷大学文化財学科。
三辻利一　2013「母集団と試料集団」『志学台考古』第13号 (印刷中)。
三辻利一・円尾好宏・山本成顕・高林俊顕　1985「敦賀半島のビーチサンドの分析化学的研究」『X線分析の進歩16』アグネ技術センター、77頁。

三辻利一・大船孝弘・森田克行・笠井敏光　1998「摂津と河内の埴輪の胎土研究」『情報考古学』4-1、日本情報考古学会、1-32 頁。

三辻利一・笠井敏光・森田和伸・藤坂隆一・野田光代　1998「矢倉古墳出土埴輪の蛍光 X 線分析」『情報考古学』4-2、日本情報考古学会、23-44 頁。

三辻利一・大船孝弘・笠井敏光・森田和伸・吉沢則男・虎間英喜・入江正則・西野啓吾　1999「和泉の窯跡および古墳出土埴輪の蛍光 X 線分析」『情報考古学』5-1、日本情報考古学会、18-44 頁。

三辻利一・大船孝弘・清水慎一・泉武・鐘方正樹・秋森秀巳・高場慎太郎　1999「奈良県内の窯跡および古墳出土埴輪の蛍光 X 線分析」『情報考古学』5-2、日本情報考古学会、33-45 頁。

三辻利一・伊藤晴明・広岡公夫・杉直樹・黒瀬雄士・浅井尚輝　2000「K、Ca、Rb、Sr 因子からみた花崗岩類の地域差」『X 線分析の進歩 31』109 頁。

三辻利一・尾崎雅一・永野牧子　2000「柳井茶臼山古墳出土埴輪の蛍光 X 線分析」『考古学と自然科学』第 39 号、日本文化財科学会、33-53 頁。

三辻利一・松井敏也　2002「K、Ca、Rb、Sr 因子による須恵器窯の分類」『X 線分析の進歩 33』73 頁。

三辻利一・福永信雄・原田昌則　2008「生駒山西麓遺跡群出土の軟質土器の化学特性」『情報考古学』13-2、情報考古学会、10-23 頁。

三辻利一・中村浩　2008「統計学の手法による古代・中世土器の産地問題に関する研究（第 25 報）―古墳時代の須恵器の産地問題」『情報考古学』第 14 巻 1・2 合併号、日本情報考古学会、10-39 頁。

三辻利一・犬木努・近藤麻美　2012「畿内の古墳群出土埴輪の蛍光 X 線分析」『志学台考古』第 12 号、大阪大谷大学文化財学科、1-35 頁。

三辻利一・犬木努・近藤麻美　2012「名古屋台地とその周辺の古墳群出土埴輪の蛍光 X 線分析」『志学台考古』第 13 号、大阪大谷大学文化財学科、1-28 頁。

三辻利一・中園聡・平川ひろみ　2013「土器遺物の考古科学的研究」『分析化学』62-2、日本分析化学会、73-87 頁。

メイスン、B.（松井義人・一国雅巳訳）1970『一般地球化学』岩波書店。

山口県教育委員会文化課編　1983『生産遺跡分布調査報告書』（山口県埋蔵文化財調査報告第 74 集）山口県教育委員会。

ランバート、ジョーゼフ・B.（中島健訳）1999『遺物は語る』青土社、83-92 頁。

Catling, H. W. and A. Millet 1965 "A. Study of the Inscribed Stirrup-Jars from Thebes." *Archaeometry*, vol.8, p.3-85.

Catling, H. W., E. E. Richards, and A. E. Blin-Stoyle 1963 "Correlations between Composition and Provenance of Mycenaean and Minoan Potter." *Annual of the British School of Archaeology at Athens*, vol.58, p.94-115.

Lambert, J. B., C. D. McLaughlin, and A. Leonard, Jr. 1978 "X-ray Photonelectron Spectroscopic Analysis of the Mycenaean Pottery from Megiddo." *Archaeometry*, vol.20, p.107-122.

あ と が き

　この研究は 30 年ほど前にスタートした。当初は基礎データは何もなかった。基礎データを出すことから始めなければならなかった。前半の 20 年間は奈良教育大学で、アメリカの Kevex 社製のエネルギー分散型の装置と日本の理学電機製 3270 型（波長分散型）の装置を駆使し、学生たちとともに、全国各地の窯跡群出土須恵器の分析作業に専念した。タングステンカーバイド製乳鉢で連日土器片を粉砕する作業は黒色の実験台の上で行われた。そのため、この実験台は長い間の粉砕作業で、乳鉢で土器を粉砕していた実験台の表面部分だけがはげて白くなった。粉砕作業に参加した学生たちとともに、あの実験台は忘れられない思い出である。奈良教育大学はこの研究の土台となる、基礎データを集積する場であった。この大学には吉備塚（遣唐使吉備真備の墓？）と呼ばれる古墳がある。この古墳の上には数本の巨大なクヌギの木がある。奈良教育大学の象徴ともいえる木々である。私はこの古墳の側を通るたびに、この研究を推進するよう、絶えず、叱咤激励される思いであった。奈良教育大学を定年退官後は、大阪大谷大学で 12 年以上にわたって、理学電機製 RIX 2100（波長分散型）の装置を使い、一人で年間 2000 点程度の土器、岩石試料を分析しつつ、大量の分析データをどのようにしてまとめるか、考察を重ね続けた。同時に、大阪大谷大学、奈良大学、鹿児島国際大学の 3 大学で講義を続けることもできた。これらの大学の講義では、毎年のように、講義ノートを書き換え、自己問答を繰り返した。年がかわるごとに、新しい展望が開けることに大きな充実感を覚えた。こうした過程を経てできあがったのが本書である。

　この間、全国各地の教育委員会、博物館、大学、研究所から、大量の土器片、岩石片試料を提供していただいた。その数は 10 万点を超える。このご厚意がなかったら、この研究はここまで進めることはできなかったであろう。土器試料を提供された多くの関係機関および関係者諸氏に厚くお礼申し上げます。今、やっと責任を果たしたという思いです。また、この 30 年間にわたって、蛍光 X 線分析装置の安全維持のため、毎年、装置を点検していただいた理学電機（株）に対しても、深謝の意を表します。この研究の底辺を支えた、この援助がなかったら、この研究を 30 年間もの長きにわたって継続することはできなかったであろう。当然、この研究を成就することもできなかったであろう。私は多くの幸運に恵まれたわけである。

　最後に、この本の出版を快諾され、その後は絶えず、励ましのお言葉をいただいた、同成社社長、佐藤涼子氏、さらに、多数の図面の整理や文章の点検に多大のご尽力をいただいた、同成社編集部三浦彩子さんに対しても、厚くお礼申し上げます。
　2013 年 9 月

三 辻 利 一

新しい土器の考古学
あたら ど き こうこがく

■著者略歴■

三辻　利一（みつじ・としかず）

1935年、福井県敦賀市生まれ。
京都大学理学部地質学鉱物学科（鉱物学専攻）卒業、京都大学大学院理学研究科（化学・分析化学専攻）修士課程修了、同博士課程中退。京都大学理学博士。
東北大学金属材料研究所助手を経て、奈良教育大学教育学部教授（1976～2001年）、大阪大谷大学文学部教授（2002～2003年）、日本文化財科学会評議員、同会会長（1998～2000年）。
現在、奈良教育大学名誉教授、鹿児島国際大学国際文化学科客員教授。

〔主な著書〕
『古代土器の産地推定法』（ニュー・サイエンス社、1983年）、『第四紀試料分析法』（共著、東京大学出版会、1993年）、『発掘を科学する』（共著、岩波新書、1994年）、『新しい研究法は考古学になにをもたらしたか（共著、クバプロ、1995年）、『図説・古墳研究最前線』（共著、新人物往来社、1996年）、『古墳時代の考古学8　隣接科学と古墳時代研究』（共著、同成社、2012年）。その他、論文、報告書多数。

2013年11月25日発行

著　者　三辻利一
発行者　山脇洋亮
印　刷　亜細亜印刷㈱
製　本　協栄製本㈱
発行所　東京都千代田区飯田橋4-4-8
　　　　（〒102-0072）東京中央ビル　㈱同成社
　　　　TEL 03-3239-1467　振替 00140-0-20618

©Mitsuji Toshikazu 2013. Printed in Japan
ISBN978-4-88621-646-5 C3021